国家出版基金项目
NATIONAL PUBLICATION FOUNDATION

欧亚历史文化文库

总策划 张余胜

兰州大学出版社

鸠摩罗什及其时代

丛书主编 余太山

尚永琪 著

图书在版编目（ＣＩＰ）数据

鸠摩罗什及其时代 / 尚永琪著. -- 兰州 : 兰州大
学出版社，2014.12
（欧亚历史文化文库 / 余太山主编）
ISBN 978-7-311-04660-6

Ⅰ．①鸠…　Ⅱ．①尚…　Ⅲ．①鸠摩罗什（344～413）
—人物研究　Ⅳ．①B949.92

中国版本图书馆CIP数据核字(2014)第299677号

策划编辑　施援平
责任编辑　马继萌　施援平
装帧设计　张友乾

书　　名　鸠摩罗什及其时代
主　　编　余太山
作　　者　尚永琪　著
出版发行　兰州大学出版社　（地址：兰州市天水南路222号　730000）
电　　话　0931-8912613(总编办公室)　　0931-8617156(营销中心)
　　　　　0931-8914298(读者服务部)
网　　址　http://www.onbook.com.cn
电子信箱　press@lzu.edu.cn
网上销售　http://lzup.taobao.com
印　　刷　天水新华印刷厂
开　　本　700 mm×1000 mm　1/16
印　　张　22.75(插页2)
字　　数　305千
版　　次　2014年12月第1版
印　　次　2014年12月第1次印刷
书　　号　ISBN 978-7-311-04660-6
定　　价　70.00元

（图书若有破损、缺页、掉页可随时与本社联系）

出 版 说 明

　　随着 20 世纪以来联系地、整体地看待世界和事物的系统科学理念的深入人心，人文社会学科也出现了整合的趋势，熔东北亚、北亚、中亚和中、东欧历史文化研究于一炉的内陆欧亚学于是应运而生。时至今日，内陆欧亚学研究取得的成果已成为人类不可多得的宝贵财富。

　　当下，日益高涨的全球化和区域化呼声，既要求世界范围内的广泛合作，也强调区域内的协调发展。我国作为内陆欧亚的大国之一，加之 20 世纪末欧亚大陆桥再度开通，深入开展内陆欧亚历史文化的研究已是责无旁贷；而为改革开放的深入和中国特色社会主义建设创造有利周边环境的需要，亦使得内陆欧亚历史文化研究的现实意义更为突出和迫切。因此，将针对古代活动于内陆欧亚这一广泛区域的诸民族的历史文化研究成果呈现给广大的读者，不仅是实现当今该地区各国共赢的历史基础，也是这一地区各族人民共同进步与发展的需求。

　　甘肃作为古代西北丝绸之路的必经之地与重要组

成部分,历史上曾经是草原文明与农耕文明交汇的锋面,是多民族历史文化交融的历史舞台,世界几大文明(希腊—罗马文明、阿拉伯—波斯文明、印度文明和中华文明)在此交汇、碰撞,域内多民族文化在此融合。同时,甘肃也是现代欧亚大陆桥的必经之地与重要组成部分,是现代内陆欧亚商贸流通、文化交流的主要通道。

基于上述考虑,甘肃省新闻出版局将这套《欧亚历史文化文库》确定为2009—2012年重点出版项目,依此展开甘版图书的品牌建设,确实是既有眼光,亦有气魄的。

丛书主编余太山先生出于对自己耕耘了大半辈子的学科的热爱与执著,联络、组织这个领域国内外的知名专家和学者,把他们的研究成果呈现给了各位读者,其兢兢业业、如临如履的工作态度,令人感动。谨在此表示我们的谢意。

出版《欧亚历史文化文库》这样一套书,对于我们这样一个立足学术与教育出版的出版社来说,既是机遇,也是挑战。我们本着重点图书重点做的原则,严格于每一个环节和过程,力争不负作者、对得起读者。

我们更希望通过这套丛书的出版,使我们的学术出版在这个领域里与学界的发展相偕相伴,这是我们的理想,是我们的不懈追求。当然,我们最根本的目的,是向读者提交一份出色的答卷。

我们期待着读者的回声。

总 序

　　本文库所称"欧亚"(Eurasia)是指内陆欧亚,这是一个地理概念。其范围大致东起黑龙江、松花江流域,西抵多瑙河、伏尔加河流域,具体而言除中欧和东欧外,主要包括我国东三省、内蒙古自治区、新疆维吾尔自治区,以及蒙古高原、西伯利亚、哈萨克斯坦、乌兹别克斯坦、吉尔吉斯斯坦、土库曼斯坦、塔吉克斯坦、阿富汗斯坦、巴基斯坦和西北印度。其核心地带即所谓欧亚草原(Eurasian Steppes)。

　　内陆欧亚历史文化研究的对象主要是历史上活动于欧亚草原及其周邻地区(我国甘肃、宁夏、青海、西藏,以及小亚、伊朗、阿拉伯、印度、日本、朝鲜乃至西欧、北非等地)的诸民族本身,及其与世界其他地区在经济、政治、文化各方面的交流和交涉。由于内陆欧亚自然地理环境的特殊性,其历史文化呈现出鲜明的特色。

　　内陆欧亚历史文化研究是世界历史文化研究中不可或缺的组成部分,东亚、西亚、南亚以及欧洲、美洲历史文化上的许多疑难问题,都必须通过加强内陆欧亚历史文化的研究,特别是将内陆欧亚历史文化视做一个整体加以研究,才能获得确解。

中国作为内陆欧亚的大国,其历史进程从一开始就和内陆欧亚有千丝万缕的联系。我们只要注意到历代王朝的创建者中有一半以上有内陆欧亚渊源就不难理解这一点了。可以说,今后中国史研究要有大的突破,在很大程度上有待于内陆欧亚史研究的进展。

古代内陆欧亚对于古代中外关系史的发展具有不同寻常的意义。古代中国与位于它东北、西北和北方,乃至西北次大陆的国家和地区的关系,无疑是古代中外关系史最主要的篇章,而只有通过研究内陆欧亚史,才能真正把握之。

内陆欧亚历史文化研究既饶有学术趣味,也是加深睦邻关系,为改革开放和建设有中国特色的社会主义创造有利周边环境的需要,因而亦具有重要的现实政治意义。由此可见,我国深入开展内陆欧亚历史文化的研究责无旁贷。

为了联合全国内陆欧亚学的研究力量,更好地建设和发展内陆欧亚学这一新学科,繁荣社会主义文化,适应打造学术精品的战略要求,在深思熟虑和广泛征求意见后,我们决定编辑出版这套《欧亚历史文化文库》。

本文库所收大别为三类:一,研究专著;二,译著;三,知识性丛书。其中,研究专著旨在收辑有关诸课题的各种研究成果;译著旨在介绍国外学术界高质量的研究专著;知识性丛书收辑有关的通俗读物。不言而喻,这三类著作对于一个学科的发展都是不可或缺的。

构建和发展中国的内陆欧亚学,任重道远。衷心希望全国各族学者共同努力,一起推进内陆欧亚研究的发展。愿本文库有蓬勃的生命力,拥有越来越多的作者和读者。

最后,甘肃省新闻出版局支持这一文库编辑出版,确实需要眼光和魄力,特此致敬、致谢。

余太山

2010 年 6 月 30 日

目 录

1

1　绪论

　　五胡十六国时期的混乱与割据,彻底打破了自秦汉以来建立起来的王朝一统秩序。具体而言,在社会结构及意识形态上,北方少数民族的南下,将秩序井然的小农社会撞成了碎片,以儒家思想为主体的农业文明意识形态和北方游牧文明意识形态都失去了完整存在的合法性,这就为外来文化在中原文明体系中的拓展提供了机遇。

　　自东汉以来就传入中国的佛教由此找到了进一步发展的缝隙——标志性的事项是鸠摩罗什对佛经的流畅翻译,对印度佛学思想的准确传达,开启了佛学完整和深刻地融入中华文化体系的一个新时代。

1.1　对鸠摩罗什在中国文化史上地位的
概括性认识

　　从汉明帝永平年间(58—75)到西晋灭亡的200多年时间里,由于中国传统文化的强势存在和佛教经典翻译及理解的支离破碎,佛教一直在一个较低水平的思想理解程度上存在着,对华夏社会与文化的影响非常微弱。

　　五胡十六国时期被前秦大将吕光从龟兹掳掠而来的西域高僧鸠摩罗什(Kumarajiva)的到来,开启了完整翻译和理解印度佛学思想体系的先河,培养了大批学问僧,从而使得佛教和佛学开始在实质上融入了中华文明体系之中,因而,我们将探究鸠摩罗什的译经传教史实作为理解这个时代的一个关键节点。

　　鸠摩罗什(344—413),原籍天竺,生于西域龟兹,是享誉中土的著名佛教学者,是佛学东渐时期一位伟大的思想家,也是我国佛教传播

·欧·亚·历·史·文·化·文·库·

时期的著名翻译家。鸠摩罗什一生翻译佛经70余部、300多卷。这个数量,虽然与唐代的玄奘不能比肩,但是玄奘所翻译的佛经,大多是作为经藏默默地在文献库中保存着,而鸠摩罗什所翻译的佛经,则大都是东亚佛教界和佛学界流传非常广泛的译本,几乎是家喻户晓。

鸠摩罗什是有天竺血统的西域高僧,他的生平与宗教生涯富有传奇色彩。在344年之前的不确切年代,天竺人鸠摩炎翻越葱岭,来到龟兹,龟兹国王敬仰鸠摩炎的博学与品德,聘任他为龟兹国师,并将女儿耆婆嫁给他,于344年生下鸠摩罗什。

鸠摩罗什7岁的时候随母亲出家做沙弥,先后拜龟兹阿含学大师佛图舍弥和罽宾“说一切有部”高僧槃头达多为师,最终成为名震西域的一代高僧。

东晋穆帝永和十二年(356),13岁的鸠摩罗什在沙勒国跟随须利耶苏摩学习大乘佛法,从小乘僧人转向大乘中观信仰。

东晋穆帝升平元年(357),14岁的鸠摩罗什随母亲到温宿国,同一外道学者论难,初露锋芒,声誉鹊起,龟兹王将之迎归故国,为王女阿竭耶末帝开讲《方等经》,开始宣扬大乘佛法。东晋哀帝兴宁元年(363),鸠摩罗什在龟兹王宫受具足戒,跟随卑摩罗叉学习《十诵律》;是年,罗什母亲耆婆远走天竺,罗什于新寺侧故宫中得《放光经》。东晋哀帝兴宁二年(364),在雀离寺读大乘经论,与老师槃头达罗讨论经义,使老师折服,信从大乘。

东晋孝武太元九年(384),鸠摩罗什41岁,前秦大将吕光攻陷龟兹,俘获鸠摩罗什。在吕光的逼迫诱骗下,罗什与龟兹王女成婚,破戒。东晋孝武帝太元十一年(386),吕光在凉州称帝,建立后凉。此后的15年中,鸠摩罗什在后凉京城姑臧(今甘肃武威)做政治顾问。

东晋安帝隆安五年(401),后秦姚兴出兵西伐吕凉,凉军大败,58岁的鸠摩罗什被邀于十二月二十日从凉州抵达长安,受到国师般的礼遇,开始了长安译经。东晋安帝义熙九年(413),鸠摩罗什于四月十三日在大寺去世,在逍遥园外按西域、天竺僧人的丧仪火化,身体成灰而舌头不焦不烂,享年70岁。

在中国古代文化史的舞台上，鸠摩罗什是一个"闯入者"，他所携带的足以让自身在历史深处闪闪发光的思想来自天竺，而不是中华本土的传统知识资源和思想体系。

对于这个问题，我们可以想见的是，来自异域的新奇物质资料能让贪求口腹及身体欲望的上层统治者和民众忽略其原产地背景，然而，一个来自异域的思想者能在讲究"华夷之辨"的中国古代社会成为知识传承或思想传播领域的经典人物，其不可复制的历史机遇就是至为关键的了。

简要而言，鸠摩罗什能成为五胡十六国时代一个典型的文化经典人物，有以下几个引人瞩目的关键因素：

第一，五胡十六国时期是以黄河流域为中心的儒家文明体制遭到最大破坏的时期，以贵族政治为特征的西晋政权的南移和以匈奴、羯、氐、羌等传统的边疆胡族为中心的五胡政权的建立，彻底打破了从秦汉以来形成的中原统治的政治、文化体系和社会组织结构。

前后相继或并立的十六国之间的不断战争，导致杀戮横行、民不聊生，而胡汉之间的族类不同更导致了社会结构的分崩离析。在此背景下，佛教作为外来的思想和宗教成为弥合社会结构断裂的一个便利工具。因而，以天竺知识背景为底色的佛教思想才有可能在这一时段内广泛而深入地融入中国社会。

第二，在4世纪的中亚、东亚地区，鸠摩罗什是具有区域内国际声望的佛学学者，他无论是对佛教"说一切有部"经典知识的掌握，还是对大乘中观思想的研究、阐发，直至他从西北印度到天山南北道诸国的论辩才能，在那个时代都是无人可及的。

广大的西域地区，自汉代以来就一直是中原政权在欧亚陆上通道延伸其统治范围的主要区域，彼时的西域诸国都以佛教立国，因而鸠摩罗什这样一个具有广泛影响的佛学大师，对于北方胡族政权向西伸展、继承自汉代以来就形成的对西域诸国的统治权，具有非常重要的价值。企图一统江南、领有西域诸国的前秦王苻坚就是看中了这一点，因而，在发动对西域大国龟兹的讨伐战争中，将俘获鸠摩罗什也作为

·欧·亚·历·史·文·化·文·库·

一项特别任务。

第三,由于罽宾、龟兹佛教僧人在早期佛教东传中是主力,因而关于鸠摩罗什这个优秀佛学僧人的消息在中原佛界早有传闻。早期到中原传教的以罽宾僧人为多,罽宾是小乘"说一切有部"的学术大本营,所以对于大乘经典的解说与传播就相对要弱化得多,因而中原佛教界以释道安为代表者,就希望能有一个真正有才学的大乘高僧翻译佛典、宣扬经论。确切而言,当时用"格义"方式翻译解读佛经的办法已经不能适应中原佛教思想的发展,就在这个佛教经典翻译与解说处于瓶颈的关键阶段,鸠摩罗什的到来,是恰逢其时。

第四,在文化交流中,语言、文字的流畅沟通非常重要,早期的翻译者主要是以竺法护为代表的中原西北僧人或一些粗通华语的西域僧人,语言的不熟练就决定了佛经的版本选择和文字翻译支离破碎,而鸠摩罗什不但在罽宾、疏勒、龟兹饱读大小乘各类佛教经典,而且在抵达中原后,在凉州整整待了 15 年,对于汉语言的学习达到了一个比较成熟的程度。这就使得他无论在汉语言文字句式的锤炼方面,还是在同中原学问僧在经义探讨的口头交流方面,都达到了前人未曾触及的高度,从而尽可能地用汉语言的句式习惯表达出了完整的天竺思维的佛经经义。

第五,后秦国主姚兴倾国力崇佛,为鸠摩罗什建立译场,完成了宗教势力与政治权力的结缘,从而使得一批大乘著名经论被高质量地翻译出来,为佛教的中国化奠定了文本基础。尤其重要的是,追随鸠摩罗什翻译佛经的 5000 高僧,在这场长达 10 多年的长安译经中,迅速成长为一个学问僧集团,在不同的佛学学术取向上为中国古代佛教宗派的分化、发展积累了思想资源。

鸠摩罗什长安译经是中国佛教和文化历史中具有划时代意义的一件大事,他第一次把印度佛学按照真正意义翻译并引进来,不但对后世佛教诸宗的产生发展发挥了决定性作用,而且影响到以后中国的整个思想和文化的发展走向,使佛教与中国传统的儒道并立而形成具有中国特色的文化基础。

1.2　考察鸠摩罗什时代的
路径与节点的选择

时代的复杂性难以言说,历史记录者找到的最简约方法,就是将那些在政治、经济和文化领域最引人瞩目的人物及其相关事件书写在书籍、雕刻在石头上。因而,就古代史研究而言,从历史的角度为过去的时代与人物之间的联系做出描摹,有两个可以回溯的通道被我们经常性地使用。

(1)以王权体系为中心的构建。不论是传统的编年史还是断代史,王权或皇权是构建历史时代及其典型人物的核心原点。这是一个圈层描摹体系,离皇权越近,历史人物被一系列可记录的事件定位的几率就越高,人物形象及时代面貌就越清晰,反之则越模糊。

(2)以思想谱系为脉络的构建。这种构建在本质上其实无法脱离皇权体系的影响,例如,就老子、孔子或释迦牟尼而言,其出身背景与思想张扬都无法离开同时代及后世皇权或王权的支撑。然而,思想本身的内在理路,可以说在一定程度上脱离了王权这个圈层体制,而形成一个变动不居的、非常宽阔的历时性长流——因而,当政治、经济发生翻天覆地的变化时,思想的继承性往往在上千年的时代差距中仍然被突出地强调。

问题在于,虽然思想的系统性、派别脉络及概念体系的继承性有利于对思想发展谱系的长时段梳理,但是"思想的弥散性"也会导致梳理脉络过于狭窄或过于宽泛,往往无法准确地定位一个历史人物——最为矛盾的是,思想者之思想的"高蹈性"往往同思想者本人的"肉体欲望"有一些反差,直接导致了"思想掩盖人物"的弊病。

就鸠摩罗什而言,在佛教宗教史上,他是一位从小乘的"说一切有部"转向"性空幻有"的大乘中观僧人;在中国文化史上,他是一位佛教大乘经典的翻译家,因而,他本人并没有像孔夫子或释迦牟尼成为一个宗教或学派的创立者,而仅仅是一个传播者、解说者和信仰者。那么

·欧·亚·历·史·文·化·文·库·

他的思想其实更多的是来自既成经典的系统思想。如果有什么不同的话,也往往是对某些经典文句解释、翻译或体会的不同。

由此,如果从思想的路径来认识鸠摩罗什,仅就其独有的那些体会性解说出发,我们所得到的可能就是非常模糊的东西;而如果从更广泛的思想去讨论,也许我们讨论的内容就不仅仅是鸠摩罗什本人,而是释迦牟尼、龙树、提婆等先贤了——这就是我所说的"思想的弥散性"。

因而,我在这里并没有打算走思想回溯的通道,而是选择了传统史学的路径。但在方法的选择上,则倾向于社会史的视角。

社会史的当代研究,往往是以当下的社会信息资源存有量及其构成与分布为参照的,这种办法应用到明清社会史研究中尚有可力所能及的地方——毕竟由于文献资料的多样化存在,明清社会的中层、底层信息相比前代要丰富一些。但是对于明清之前的社会而言,所有的自明文献都是围绕皇权而展开,因而,应用社会史的方法或视角来研究,就只能是一种尽力而为的探索。

从历史事件发展的序列性与人和事的密切相关的角度来考虑问题,本课题并没有按照传统的以事件和时间排列来描摹历史人物的方式来进行,而是选择了一些关键性节点,穷尽式地搜罗了关于鸠摩罗什的相关资料,采用专题论述的结构,在纵横两个轴向上展开考察。并注意到建立各个专题之间的互补关系,尽可能将之放进中亚、东亚文化交流的时代环境中来认识问题。

坚持以上的原则,选择了以下几个具有相互连接、补充关系的节点或专题进行了论述。

《古龟兹国王族及帛姓僧侣与佛教东传》则考察了自汉代到五胡十六国时期龟兹国王族成员及帛姓僧侣对佛教东传所做出的重要贡献。鸠摩罗什及其母亲既是龟兹国王族,又同佛图舍弥等帛姓僧侣有师承关系。通过这样的梳理,我们将鸠摩罗什所处时代前后的龟兹僧人等传教者同鸠摩罗什联系了起来,使得龟兹王世子帛延、龟兹王族帛尸梨密多罗(Bo Shrimitra)、龟兹高僧佛图澄(Buddhasimha)、鸠摩罗什之母耆婆、龟兹阿含学大师佛图舍弥等前后相继的佛教传播者在历时性和共时性中得到了比较全面的考索,在细碎的史实基础上构建了一个相对完整而开阔的背景或视域。这种背景和视域的构建,将中原佛教同西域佛教的传承关系铺垫出具体的时代底色。

《早期佛教与帝王政治的共生因缘》是纵向立论,对鸠摩罗什从西北印度的罽宾到西域直至中原之后同帝王的关系做了全面梳理。这不仅对于认识鸠摩罗什的一生具有长编式意义,而且便于考察佛教传播过程中传教策略的形成脉络。

《从"智慧第一"到"谬充传译"》是认识鸠摩罗什传教生涯的定性式研究,按僧史文献与学界的惯常评价,鸠摩罗什在佛经翻译方面的成就被重度解说。然而,翻译佛经对于鸠摩罗什本人而言,实际上是阴差阳错的无奈之举,从西域佛教界对他个人才华的期许及鸠摩罗什本人的志向,"造作"佛教经论、摧伏一切论师才是其内心的最高追求。但是,由于中原佛教界的需要及鸠摩罗什不得已破戒结婚的现实,阻断、打破了他实现抱负的路径,只能从一个"智慧第一"的高僧成为"谬充传译"的译经人。为论述这个问题,我在本课题中注意到了前人几乎很少置论的一些与鸠摩罗什有关联的佛史人物及其在佛教史上的典型意义,如舍利弗(Shariputra)、优波掘多(Upagupta,优婆毱多)、迦旃延子(Katyayaniputra)等,他们对鸠摩罗什的宗教生涯与佛学趋向有非常深刻的影响。而他们在佛教史上的成就与形象,也正是认识鸠摩罗什理想人生与现实人生冲突的最好符号,通过对他们的形象及成就的考察,不仅对鸠摩罗什的学术取向有了更为清晰的认识,而且非常明朗地构建了鸠摩罗什作为一个天竺裔佛教高僧同古印度文化的内在关联。

《鸠摩罗什的"被掳掠者"身份及其文化偏见》重点讨论鸠摩罗什的来华机缘及其天竺中心主义问题。其实这两方面的问题也往往是僧史文献和研究者有意无意遮蔽的问题。如关于鸠摩罗什来华问题,僧史文献完全将之描写成一个在很年轻的岁月里就誓死要传道东土的圣僧形象,事实上,对比僧史文献与正史记载,就可以发现,鸠摩罗什来华其实就是一个被掳掠者,而非主动传教者。而作为"说一切有部"

·欧·亚·历·史·文·化·文·库·

出身的鸠摩罗什,他有着完整的天竺知识体系和天竺思维定式,"天竺中心论"是其与生俱来的、难以改变的文化优越心理底色,因而其对于华夏文化的理解自然就会有一些我们不易察觉或不想察觉的偏见,这从他的言论中可以看出来。所以,我在尊重佛教神性思维文献知识的前提下,尽量做到适度解读,期望穿透上千年的时光来彰显这种文化交流中不可避免的碰撞与冲突,从而为认识五胡十六国时代的社会意识状态提供一个观照点。

《鸠摩罗什译经时期的长安僧团》则是对鸠摩罗什长安译场的一个概括性考察。佛经翻译当然不会是一个孤立性事件,在鸠摩罗什之前,竺法护僧团与释道安僧团所做的努力是有目共睹的,而后秦弘始三年(401)抵达长安的鸠摩罗什在后秦政权的支持下翻译佛经,使得长安僧团由此迎来了一个不仅在长安佛教史上,而且在中国佛教史上也非常重要的大发展时期。[1] 鸠摩罗什抵达长安后,随着其佛经翻译工作的开展,长安僧团在三个方面发生了重大变化:一是逐步将一些重要经典正确地翻译介绍给了中国思想界和佛教界,为佛教思想融入中国文化奠定了基础;二是在译经、讲经过程中培养了大批的学问僧人,为正确消化、理解和传播佛学思想准备了本土人才;三是在正确传译佛教经典的基础上开始产生新的思想,为佛教进一步的中国化及向东亚诸国传译开辟了路径。

《鸠摩罗什和他的弟子们》集中对鸠摩罗什译经长安时期的长安僧团核心成员做了描摹,是对《鸠摩罗什译经时期的长安僧团》这一议题的补充性论述。在当时的长安,鸠摩罗什僧团号称有 5000 大德高僧,可能依附他的僧人远远不止此数。并且在鸠摩罗什的身边,还有许多来自龟兹等西域国家的弟子跟随他。在跟随鸠摩罗什翻译佛经的岁月里,经过长时间的经义探讨和学习,在这 5000 弟子中,涌现出了著名的"十哲":僧䂮、僧肇、僧睿、道融、道生、昙影、慧严、慧观、道恒、道

---

〔1〕长安佛教文化的发展与释道安、鸠摩罗什的传道译经有非常直接的关系。参阅刘跃进:《六朝僧侣:文化交流的特殊使者》,载《中国社会科学》2004 年第 5 期。

标；其中的僧䂮、僧肇、僧睿、道融、道生、昙影、慧严、慧观又被称为"八俊"；而僧睿、道融、道生、僧肇这 4 位最出色的弟子被称为"关中四子"，他们都是当时以学问、禅修著称的杰出佛学知识分子，是鸠摩罗什时代及其后推动佛教进一步中国化的主体力量。

《鸠摩罗什与来华西域胡僧之关联》则是对《古龟兹国王族成员及"帛姓"僧侣与佛教东传》《鸠摩罗什译经时期的长安僧团》这两个论题的一个必要性补充与拓展。对鸠摩罗什而言，其佛学知识渊源与宗教生涯与罽宾、龟兹关联最为密切，前者是他接受系统的"说一切有部"知识的地方，后者是他的出生乡邦及早期主要传教地。而罽宾僧人或曾在罽宾学习过的西域僧人是鸠摩罗什时代到中原地区传教的主要群体，其中的佛驮跋陀罗（觉贤，Buddhabhadra）、卑摩罗叉（Vimalakshas）、佛陀耶舍（Buddhayashas）、弗若多罗（Punyatara）、昙摩流支、昙摩耶舍（Dharmayashas）、昙摩掘多等就是典型的代表，他们在三个方面同鸠摩罗什有关联：（1）学术传承方面的联系，如卑摩罗叉（Vimalakshas）和佛陀耶舍（Buddhayashas）是鸠摩罗什在西域时期的老师；（2）在长安僧团中有重要影响的成员，如佛驮跋陀罗（觉贤，Buddhabhadra）在长安时期同鸠摩罗什僧团成员发生了剧烈的冲突；（3）鸠摩罗什翻译佛经的主要合作者。这个论题的考察，可以为我们认识身处华夏文化体系中的天竺思维文化群体，是如何在两种具有深刻差别的文化碰撞中调整自身的文化立场的。

《西域幻术与鸠摩罗什之传教》是鸠摩罗什研究中不被注意的问题，虽然僧史文献中有大量的记录，但是由于两方面的原因，这些记载从不被重视，一是因为幻术记载总是羼杂着各种神性思维表述，无法用现代知识体系做恰当定位；二是鸠摩罗什作为大乘中观思想的表述者和经典翻译者，用幻术手段传教本身就不是其宗教生涯的主要取向，因而，这些文献记载总是被一带而过。但是，在其之前的龟兹僧人佛图澄之所以传教成功，就是应用了大量的幻术类手段来取信于后赵统治者，才使得佛教在北方被广泛崇信。鸠摩罗什在凉州的 15 年，其有迹可循的史实就是幻术手段的大量使用，况且敦煌文献中也有鸠摩

9

罗什使用"纳镜于瓶"幻术来取信于后秦国主姚兴的记载,因此,对鸠摩罗什幻术的知识源头与应用问题的考察,拓展了我们对佛教传播所依凭的天竺、西域知识体系的认识范围,可以在一个独特的视角上审视鸠摩罗什同天竺知识体系的渊源关系,从而通过把握幻术使用在传教的不同阶段的特征,来认识佛教知识体系在中土的进化历程。

《鸠摩罗什对〈维摩诘所说经〉的翻译与注释》这个论题其实是学界讨论甚多的,但是由于鸠摩罗什所撰著的著作非常有限,而存留下来的就更少,其主要著作《实相论》2卷与卷数不详的《注维摩经》都已亡佚。然而由于其所翻译的《维摩诘所说经》影响巨大,为了探讨《维摩诘所说经》同后世"维摩诘造像"之间的对应关系,本课题系统梳理了几种《维摩诘经》的版本流传,仔细比对鸠摩罗什所译经文与支谦译本的细微差距,从而对北朝至隋唐的维摩诘造像问题做了详细论辩,得出了两个结论:(1)判断《文殊问疾品》早期维摩诘图像蓝本的一个关键标准;(2)支谦本《佛说维摩诘经》是炳灵寺维摩诘造像的经文蓝本。这两个结论对于认识鸠摩罗什译经之于佛教造像的影响应该说具有典型价值。

佛教以"像教"而著称,在不同时代有大量的具有时代风格的造像产生,并且很多造像、经变绘画同汉译佛教经典有一一的对应关系。前贤也注意到了鸠摩罗什翻译的经典对于佛教造像绘画的影响,并且有一批学术成果产生,但是我在这里的路径可能稍具独特,即只以具体史实实证的办法来寻找可以对应的"经典—图像"关系,而不从泛化的抽象层面立论,如关于鸠摩罗什所译《维摩诘所说经》与支谦译《维摩诘经》同石窟寺壁画中的"问疾品"之间的关系,是从经文之异同与图像对勘,从而判定佛经与壁画之间的真实关系。

在此基础上,我对"佛像"的讨论在个案上又做了一个比较成功的努力,尽量注意到了过去的佛教史家所忽略的一些看似细微但却关涉佛教传播的一些关键问题,如关于"优填王旃檀瑞像"的探索,从唐代文献中就建立了其与鸠摩罗什父子东来传播的说法,但是历代对于这一问题都没能做完全清晰、严肃的梳理,我在本课题中就花了大量的篇幅来追索这个问题,在文献对比与美术考古成果的基础上,做了一个详细的梳理,给出了一个清晰的说法。认为释迦牟尼佛瑞像的制作与流传是一个介于传说与史实之间的"历史事项",而"优填王旃檀瑞像"之产生是佛教释迦偶像崇拜产生和发展的造像起点,其通过不同途径来华,主要有三端:一是鸠摩罗什带来的龟兹旃檀瑞像,二是南朝宋孝武帝征扶南所得旃檀瑞像,三是梁武帝遣使求取的瑞像。基本可以确定的是,鸠摩罗什所带来的龟兹瑞像和宋孝武帝征扶南所获旃檀佛像,其传入时间、途径及流传脉络模糊不清。而梁武帝天监十八年(519)由扶南国进贡的"天竺旃檀瑞像",是在中国传世的"优填王旃檀瑞像"。此像在北宋朝廷南渡之前流传脉络清晰,正史、僧史、笔记都有相同的记载,被梁武帝、隋文帝、宋太宗等历代帝王供奉。此像先是被安置在梁荆州大明寺,梁武帝去世后,被移到金陵。西魏灭梁,僧珍法师以漆布漫像的方法避免了此像被北运过江的命运;隋唐时期在长安大兴善寺曾供奉过此像的仿刻像。唐高宗永徽至麟德初年(650—664)之间,此像身上的漆布被除去,唐僧释道宣亲见此像。到宋太宗太平兴国末年此像被从金陵移至洛阳宋太宗的"神御之殿"启圣禅院侧殿供奉。日本僧人奝然于北宋太平兴国八年(983)八月入宋,雍熙元年(984)正月在汴京参拜了"优填王旃檀瑞像",雍熙二年(985)雇工摹刻,带入日本。至今保存在日本京都清凉寺内的这尊瑞像,就是梁武帝获自扶南的"优填王旃檀瑞像"的仿刻像。1107—1109年,在汴京的"优填王旃檀瑞像"被从启圣禅院侧殿移往正殿供奉,蔡縧是此次事件的策划者或参与者之一,留下了详细的记录。但是,随着金人南下、北宋朝廷的灭亡,此像最终不知去向。

《鸠摩罗什对般若学及东亚文化的贡献》总结性地概括了鸠摩罗什在中国、东亚思想界所发挥的重要作用和做出的重大贡献。

以上几个节点的选择,是建基于现有的关于鸠摩罗什的文献记载和考古资料的充分利用之上的,这几个专题具有很强的互补性,坚持了在不同维度和层面的论述,应该对认识鸠摩罗什及其时代提供了一个具有相对深度的阐释体系。

· 欧 · 亚 · 历 · 史 · 文 · 化 · 文 · 库 ·

2 古龟兹国王族及帛姓僧侣 与佛教东传

——从佛图澄到鸠摩罗什

　　龟兹国是西域中路上的重要国家,在汉代就成为西域的五大国之一,在鸠摩罗什(Kumarajiva)时代,它同焉耆一样是周边很多小国的宗主国,国力处在一个比较鼎盛的阶段。龟兹是佛教东传的主要驻足地,3 世纪后期,龟兹的佛教已相当流行,《晋书·西域传》载龟兹国"俗有城廓,其城三重,中有佛塔庙千所"。《出三藏记集》也说龟兹国中"寺甚多,修饰至丽。王宫雕镂,立佛形象,与寺无异"[1]。就是说在龟兹王宫中,装饰的佛像与所进行的佛事活动已经同寺庙没有什么差别了,可见当时龟兹王宫礼佛风气之盛。虽然我们没有资料证明罗什的父亲国师鸠摩炎也是虔诚的佛教徒,但是罗什显然也是在佛教气氛浓厚的环境下出生的。

　　事实上,僧传中来自龟兹王族的佛教信仰者也很多,如三国时期参与佛经翻译的帛延、两晋时期在敦煌等地参与佛经翻译的龟兹居士帛元信,后赵时期的著名神僧佛图澄(Fo Tocheng),他们要么是身份很明确的龟兹王族成员,要么就是与龟兹王室有密切关联的人物。今新疆库车、拜城一带古龟兹国境内有多处开凿于 3、4 世纪的石窟,就是当时龟兹佛教兴盛的最好证明。

　　从鸠摩罗什最早的小乘学派老师佛图舍弥到佛图澄传教后赵,直至鸠摩罗什在长安大规模翻译佛经,龟兹国"帛姓"僧人及王族成员对

---

　　[1]僧祐:《出三藏记集》序卷第 11,见《大正新修大藏经》第 55 册《目录部全》,台北:佛陀教育基金会,1990 年。

于佛教东传发挥了至为关键的作用。因而,本章将以鸠摩罗什为中心,对龟兹佛寺情况、鸠摩罗什的龟兹背景及来自龟兹的传教者做一考索。

2.1 龟兹王族及龟兹帛姓僧侣与佛教之东传

关于佛教传入龟兹国的时间,由于资料的缺乏,很难取得一致的看法,但可以断定,在佛教传入中国的汉明帝时代,龟兹国已经是西域佛教的一个重要传播地。对于龟兹佛教发展的情况,不同文献中的记载差别很大,《晋书》卷97《西戎》:

> 龟兹国,西去洛阳八千二百八十里,俗有城郭,其城三重,中有佛塔庙千所。人以田种畜牧为业,男女皆翦发垂项。王宫壮丽,焕若神居。

龟兹这样一个小国家,仅仅在都城就有塔庙1000所,确实有些不可思议。《晋书》的这个记载可能同吕光在建元二十年(384)远征龟兹所获得的知识有关。譬如关于龟兹王宫的描述,就是来自吕光的这次征讨所获得的印象,吕光进入龟兹都城,"见其宫室壮丽,命参军京兆段业著《龟兹宫赋》以讥之"[1]。而唐玄奘在《大唐西域记》记载龟兹国的僧、寺数量是:

> 屈支国……伽蓝百余所,僧徒五千余人,习学小乘教说一切有部。经教律仪取则印度。[2]

龟兹国有100多所佛寺、5000多僧人,这个数目应该比较切合实际,我们稍加对比就可明白。以后秦时期的长安城为例,鸠摩罗什译经时期,长安僧团最多的时候有僧人5000多人,那么作为"城有三重,广轮与长安地等"[3]的龟兹城有100所寺庙、5000多僧人也是可以理解的。

---

[1]《晋书》卷122《吕光载纪》。

[2]《大唐西域记》卷1《屈支国》,见《大正新修大藏经》第51册《史传部三》。

[3]《太平御览》卷125《偏霸部九》,北京:中华书局,1960年,第604页。

正是因为具有如此众多的寺庙和僧侣,才会有大批龟兹的佛教高僧东来中原传教。

佛教之东传中国,西域诸国是主要中介,其中古龟兹国僧侣与居士是传教、译经的主要力量之一。就文献记载来看,龟兹王族与帛(白)姓僧侣最为引人注目。僧史材料中记载的有帛延、帛元信、帛尸梨蜜、帛法巨、佛图澄、鸠摩罗什、耆婆、佛图舍弥等人。

按苏北海先生的考证,龟兹帛(白)姓来源于铁勒之"仆骨"部落名称的汉译,认为"仆""白"乃一音之转[1],是否如此,尚待更多证据。龟兹王室姓帛或白,从东汉时期的81年白霸登上龟兹王位开始,直到唐代白环为止的800年中,龟兹王室的白姓是一脉相承的。但是龟兹白姓并不仅限于王族,史料记载中有很多龟兹乐人、农民、战士、武官也都姓白。[2] 可能这个帛(白)姓是龟兹大姓,也可能由于受龟兹王室姓白的影响,所以我们今天能追索其事迹的东来传教的龟兹僧人,基本都是姓帛(白)的,这是一个很有趣的现象。下面我们就来看看这些帛(白)姓龟兹僧人的情况。

2.1.1 来自龟兹的两个帛延(白延)

来自龟兹国的帛延(白延)有2人,一为三国时期到中原洛阳译经,一为东晋时期在凉州译经,文献中关于此2个同名译经僧人的记载非常混乱。

关于三国曹魏时期来到洛阳的帛延,《出三藏记集》传上卷第13《安玄传第三》云:

> 白延者,不知何许人。魏正始之末重译出《首楞严》,又《须赖》及《除灾患经》凡三部云。

"魏正始之末"乃曹魏正始末年,正始为三国魏齐王曹芳年号,起止年为240至249年,因而由此记载可知,此处之白延至迟在249年就

---

[1]苏北海:《丝绸之路与龟兹历史文化》,乌鲁木齐:新疆人民出版社,1996年,第69-70页。

[2]苏北海:《丝绸之路与龟兹历史文化》,乌鲁木齐:新疆人民出版社,1996年,第66-67页。

已在洛阳。

《高僧传》卷1《昙柯迦罗》云：

> 沙门帛延，不知何人，亦才明有深解。以魏甘露中，译出《无量清净平等觉经》等凡六部经，后不知所终焉。

甘露为三国魏高贵乡公曹髦的年号，起止年为256至260年。

《出三藏记集》录上卷第2：

> 《首楞严经》二卷（阙）、《须赖经》一卷（阙）、《除灾患经》一卷（阙）；右三部，凡四卷，魏高贵公时，白延所译出，别录所载。

由以上3条记载可知，在三国魏曹芳正始末年（249）到高贵乡公甘露年间（256—260），龟兹高僧帛延（白延）在洛阳，所译经典有《无量清净平等觉经》《首楞严经》《须赖经》《除灾患经》等6部经典。关于这个"白延"的身份，我们不知道他是否属于龟兹王族，只能从他姓帛或白上来推断他是来自龟兹的"沙门"。

对于另一个帛延，《出三藏记集》序卷第7《首楞严后记第十一》：

> 咸和三年岁在癸酉。凉州刺史张天锡。在州出此《首楞严经》。于时有月支优婆塞支施仑，手执胡本。支博综众经，于《方等》、《三昧》特善，其志业大乘学也。出《首楞严》《须赖上金光首如幻三昧》。时在凉州，州内正听堂湛露轩下集。时译者归慈王世子帛延善晋胡音。延博解群籍，内外兼综。受者常侍西海赵潚、会水令马奕、内侍来恭政。此三人皆是俊德，有心道德。时在坐沙门释慧常、释进行。凉州自属辞，辞旨如本，不加文饰。饰近俗，质近道，文质兼唯圣有之耳[1]

由此段文献我们可以得到关于帛延的以下几端认识：

（1）此"帛延"在东晋咸和三年（328），同月氏居士塞支施仑及赵潚、马奕、来恭政及僧人释慧常、释进行，在凉州合作翻译《首楞严经》、《须赖经》等佛经。文中之"凉州自属辞，辞旨如本，不加文饰"之"凉州"，当指凉州刺史张天锡，可见他也参与了此次译事。

---

[1]《出三藏记集》序卷第7《首楞严后记第十一》。

（2）此"帛延"是"龟兹王世子"，属于龟兹王族，是一个"博解群籍，内外兼综"的东来传道者。

（3）此"帛延"所译经典居然同三国曹魏末年到洛阳译经的"白延"所译经典完全相同。

正是因为文献记载中曹魏"白延"与东晋"帛延"所译经典完全相同的原因，所以造成了后世文献记载的进一步混乱，研究者亦据此认为二者乃同一人。但是，既然《出三藏记集》将二人并列记载，可以相信，三国时期在洛阳的白延与东晋时期在凉州的帛延，是两个不同的传道译经者，他们都是来自龟兹国，前者可能是一般"沙门"，而后者是龟兹国王子出身。

2.1.2　帛元信、帛法巨与竺法护译经

帛元信与帛法巨都是著名译经高僧"敦煌菩萨"竺法护译经僧团中的主力成员，竺法护作为早期译经僧人，其译经僧团成员中应该有相当数量的来自天竺、西域的传道者，现有文献中记载的就有天竺沙门竺力[1]、来自龟兹的帛元信[2]、帛法巨[3]，来自安国的安文惠，来自康国的康殊。

当然，竺法护译经僧团中绝不会仅止于这么几个来自西域的传道者，竺法护本人的"月支人"出身及其到西域诸国的游历经历，显然有利于他同这些异域僧人或佛教居士的沟通与交流。据《高僧传》载：

> 法护，其先月支人。本姓支氏，世居燉煌郡。年八岁出家，事外国沙门竺高座为师，诵经日万言，过目则能。天性纯懿，操行精苦，笃志好学，万里寻师，是以博览六经游心七籍。虽世务毁誉，未尝介抱。是时晋武之世，寺庙图像虽崇京邑，而方等深经蕴在葱外。护乃慨然发愤，志弘大道。遂随师至西域，游历诸国，外国异言三十六种，书亦如之，护皆遍学。贯综诂训，音义字体，无不备

---

[1]《弘赞法华传》卷2，见《大正新修大藏经》第51册《史传部三》；《出三藏记集》序卷第8《正法华经记》第六《出经后记》。

[2]《弘赞法华传》卷2，见《大正新修大藏经》第51册《史传部三》。

[3]《出三藏记集》序卷第7《普曜经记第六》。

识。遂大赍梵经,还归中夏。自燉煌至长安,沿路传译,写为晋文……后立寺于长安青门外。精勤行道,于是德化遐布,声盖四远,僧徒数千咸所宗事。[1]

在晋武帝之世,竺法护发愿西行,求取经典,学习西域语言。而据记载,在晋武帝泰始二年(266),帛元信已经在长安翻译佛经,可见帛元信在此之前就已经来到了中原,而竺法护西域取经、学习要在稍后的岁月,因而可以断定帛元信在中原译经的历史要比竺法护为早。帛元信最早参与的译经活动是对《须真天子经》的翻译,据《须真天子经记》云:

> 《须真天子经》,太始二年十一月八日,于长安青门内白马寺中,天竺菩萨昙摩罗察口授出之,时传言者,安文惠、帛元信。手受者,聂承远、张玄泊、孙休达,十二月三十日未时讫。

昙摩罗察是天竺人,其所口授经典应该是来自梵文,帛元信作为龟兹居士能为之做"传言",可见帛元信对天竺语言与华语都已经相当精通。需要注意的是,此处所说的"太始二年"应该是晋武帝"泰始二年"(266),《出三藏记集》录上卷第2云:"《须真天子经》二卷(或云《须真天子问四事经》太始二年十一月八日出),右一部二卷。晋武帝世,天竺菩萨沙门昙摩罗察口授出,安文惠、白元信笔受。"

当竺法护从西域返回中原,在西晋武帝太康七年(286),也就是帛元信参与翻译《须真天子经》之后的20年,他又参加了竺法护翻译《法华经》的工作,据蓝谷沙门惠详撰《弘赞法华传》卷2云:

> 法护……自燉煌至长安,沿路传译,写为晋文。所译《贤劫》、《正法花》等一百六十五部。孜孜所务,唯以弘道为业。终身写译,劳不告倦。经法所以广流中夏者,护之力也。以西晋大康七年八月十日,护手执梵本,口宣出前经二十七品。优婆塞聂承远、张仕明、张仲政共笔受,九月二日讫。天竺沙门竺力、龟兹居士帛元信共参校。元嘉元年二月六日重覆。又元康元年,长安孙伯虎、虞

---

[1]《高僧传》卷1《竺昙摩罗刹》。

世雅等,以四月十五日写素讫。[1]

竺法护此次所译的《法华经》应该就是一种西域语言所写就的,可能是龟兹文字,所以对"外国异言三十六种"非常精通的竺法护自己担任了翻译的主要工作,帛元信只是作为参校者,担负了对译文做拾遗补阙、斟酌经义的辅助性任务。

至于帛法巨的身份,其是否是来自龟兹的僧人,尚存疑问。关于其人的资料很少,较清晰者只有一条,《普曜经记》云:

> 《普曜经》,永嘉二年太岁在戊辰五月,本斋菩萨沙门法护,在天水寺,手执胡本,口宣晋言。时笔受者,沙门康殊、帛法巨。

由此可知帛法巨之活动时间在西晋永嘉时期(307—313),在竺法护翻译《普曜经》时担任笔受者,这种角色一般都是由文字修养较好的中原人来担任,所以我们初步判断,帛法巨可能并不是龟兹人。《出三藏记集》序卷第九《渐备经十住胡名并书叙第三》说"帛法巨亦是博学道士",那么此人显然是出家僧人,而不是像帛元信一样的在家居士。

当时的中原僧界,僧人随着其所受师教的不同,往往会追随西域僧人的姓,如当时前后姓"帛"的中原僧人就有帛法祖[2]、帛昙邃、帛法桥、帛道猷、帛僧光等,这些中原僧人既然都以西域龟兹王族帛姓为姓,显然是深受来自龟兹僧人的影响。

2.1.3　帛尸梨密多罗与龟兹王室之关系

帛尸梨密多罗(Bo Shrimitra)是龟兹王族,《高僧传》卷1《帛尸梨密多罗》云:

> 帛尸梨密多罗,此云吉友,西域人,时人呼为高座。传云:国王之子,当承继世,而以国让弟。阇轨太伯,既而悟心天启,遂为沙门。密天姿高朗,风神超迈。直尔对之,便卓出于物。晋永嘉中,始到中国,值乱,仍过江,止建初寺。丞相王导一见而奇之,以为吾之徒也,由是名显。

---

〔1〕《弘赞法华传》卷2,见《大正新修大藏经》第51册《史传部三》。

〔2〕《高僧传》卷1《帛远》:"帛远字法祖,本姓万氏,河内人。父达,以儒雅知名,州府辟命皆不赴。祖少发道心,启父出家,辞理切至,父不能夺,遂改服从道。"

帛尸梨密多罗是西晋永嘉年间来到江南地区的,僧传中说他是龟兹国"国王之子,当承继世,而以国让弟"。对于僧传中这种东来传教僧人王族身份的记述,其可信度并不是很高,如前面我们考察过的东晋时期的帛延,也是"归慈王世子"[1]。但是有一个问题我们也应该注意到,西域是一个小城国林立的地区,并且佛教在西域的传播同西域各国王室力量的支持密切相关,如龟兹国就"王宫雕镂,立佛形象,与寺无异"[2],因而,不能排除东来传教的僧人中有部分确实是西域国家的直系王族成员。

帛尸梨密多罗(Bo Shrimitra)在永嘉(307—313)中来到中原,晋咸康(335—342)中以80多高龄在江南去世,而"归慈王世子"帛延在东晋咸和三年(328)尚在凉州译经;如果说他们两人都是龟兹王族的话,那么二人必有亲缘关系。如果这种王族身份的表述不是一种"托大"的借口,那么在同一时段有这样两位自称为"龟兹王世子"的人来到中原传教,必有其特定的历史背景。

据目前可查的世袭,永嘉前后之间的龟兹国,国王是白山,但是在285至326年之间,也就是东晋咸和六年(328)之前[3],龟兹被焉耆征服,国王白山被焉耆王龙会所杀,龙会在自此之后的很多年做龟兹国王,那么自焉耆王龙会破龟兹国始,龟兹王族尤其是国王直系子弟之外逃,则是其必然选择。

由此事件来推断,帛尸梨密多罗(Bo Shrimitra)如果真是"国王之子",那么在时间段上可能是龟兹国王白山的同辈,至于其东来中原,就同龟兹被焉耆灭国的事件有关。当然这样的推断未必严密,但至少帛尸梨密、帛延同当时的龟兹王白山及其后的龟兹王白纯具有较近的亲缘关系。

僧传文献中对于帛尸梨密的记载,似乎隐隐表明,他到中原并没有努力传播佛教经典的积极意愿,倒是善于摆贵族架子,所以连王导

〔1〕《出三藏记集》序卷第7《首楞严后记第十一》。
〔2〕《出三藏记集》序卷第11,见《大正新修大藏经》第55册《目录部全》。
〔3〕刘锡淦、陈良伟:《龟兹古国史》,乌鲁木齐:新疆大学出版社,1996年,第68页。

这样的上层人物一见面就产生了相互间"人以群分"的一种"类"的认同感,所谓"王导一见而奇之,以为吾之徒也"[1]。如果我们再看看这个帛尸梨密的其他做派,这个问题就更为清楚了:

> 密性高简,不学晋语。诸公与之语言,密虽因传译,而神领意得,顿尽言前。莫不叹其自然天拔,悟得非常。密善持咒术,所向皆验。初江东未有咒法,密译出孔雀王经明诸神咒,又授弟子觅历高声梵呗,传响于今。晋咸康中卒,春秋八十余。

僧皎用"性高简"来为帛尸梨密"不学晋语"做解释,其所透露的恰恰是帛尸梨密此人并没有将在中原地区传播佛教作为一项主要追求的信息。在当时的背景下,任何一个以传教为己任的外来僧人,努力掌握本土语言都是能在最大限度上传教的最基本需求,而帛尸梨密在从永嘉(307—313)到咸康(335—342)的30多年时间里,居然拒绝学习汉语言。因而,可以推断,帛尸梨密是帛(白)氏龟兹亡国后迫不得已而避地中原的龟兹王族,是江南地区最早的密教咒法传播者之一。

2.1.4 帛姓高僧佛图澄在后赵的传教

在早期佛教传播史上,西域高僧佛图澄(Buddhasimha)是至为重要的人物,正是由于他的努力,佛教才在后赵王室的支持下,在北方获得了迅速发展。《高僧传》卷9云:

> 竺佛图澄者,西域人也,本姓帛氏。少出家,清真务学,诵经数百万言。善解文义,虽未读此土儒史,而与诸学士论辩疑滞,皆合若符契,无能屈者。自云再到罽宾受诲名师,西域咸称得道。以晋怀帝永嘉四年来适洛阳,志弘大法。善诵神咒,能役使鬼物。

佛图澄既然本姓帛,那他显然是龟兹高僧,曾到罽宾受教于名师。最令人感兴趣的是,佛图澄是永嘉四年(310)来到中原的,正好在我们前面所讲的龟兹国被焉耆灭国的时段内(285—326),是否佛图澄的东来,也同龟兹王白山被焉耆王龙会所杀的国内变故有关?这是一个值得探讨的问题,可惜资料有限,只能聊存一说。

---

[1]《高僧传》卷1《帛尸梨密多罗》。

佛教作为一种信仰被北方胡族广泛接受,始于佛图澄传教于后赵。佛图澄于晋怀帝永嘉四年(310)来到洛阳,意欲在洛阳立寺传法。永嘉五年(311)匈奴人刘曜、刘粲攻陷长安,佛图澄立寺的愿望没法实现,只好"潜泽草野以观世变"[1],由此可以推断前赵政权对佛教是不崇信的,否则佛图澄也不至于"潜泽草野"。

前赵政权是匈奴建立的,关于内迁匈奴对于佛教的信仰,由于其种族部落的复杂性,我们很难得出较为完整或中肯的结论,不过我们可以从后来的相关记载做一个相对性的判断,《高僧传》卷10《宋伪魏长安释昙始传》载:

> 晋末,朔方凶奴赫连勃勃破擭关中,斩戮无数。时始亦遇害,而刀不能伤。勃勃嗟之,普赦沙门悉皆不杀。始于是潜遁山泽,修头陀之行。

既然直到东晋末年,朔方赫连勃勃所部匈奴还能斩戮释昙始这样的高僧,最后因为其显示的神通之术而使得赫连勃勃大为嗟叹,才释放了释昙始并下令"沙门悉皆不杀"。即使这样,释昙始也还是得"潜遁山泽,修头陀之行",因而赫连勃勃下令不杀沙门之后,出家人的处境还是相当危险的。如果没有性命之忧,释昙始就没必要做头陀的样子潜遁山泽之中了。这正好说明,其时匈奴的一些部落至少是赫连勃勃所统匈奴是不信佛教的。赫连勃勃大破关中在义熙十四年(418)十一月,那么这种情况就相对地表明,在此之前的310年,建立前赵的匈奴也可能是不信仰佛教的,至少没有上升到具有国家意义的普遍信仰的地步。

佛图澄(Buddhasimha)传教后赵的历程,《高僧传》卷9有很详尽的记载:

> 时石勒屯兵葛陂,专以杀戮为威,沙门遇害者甚众。澄悯念苍生欲以道化勒,于是杖策到军门。勒大将军郭黑略素奉法,澄即投止略家。略从受五戒崇弟子之礼。略后从勒征伐,辄预克胜负。

---

[1]《高僧传》卷9《竺佛图澄传》。

·欧·亚·历·史·文·化·文·库·

勒疑而问曰:"孤不觉卿有出众智谋。而每知行军吉凶,何也?"略曰:"将军天挺神武,幽灵所助。有一沙门术智非常,云将军当略有区夏,已应为师。臣前后所白,皆其言也。"勒喜曰:"天赐也。"召澄问曰:"佛道有何灵验?"澄知勒不达深理,正可以道术为征,因而言曰:"至道虽远,亦可以近事为证。"即取应器盛水烧香咒之,须臾生青莲花,光色曜目,勒由此信服。澄因而谏曰:"夫王者德化洽于宇内,则四灵表瑞。政弊道消,则彗孛见于上。恒象著见,休咎随行,斯乃古今之常徵,天人之明诫。"勒甚悦之。

佛图澄不畏生死,以其广泛深厚的知识背景和智慧以及那些神奇的法术,赢得了石勒的信服,确实值得佩服。

此外,很值得注意的是,在佛图澄传教后赵、接近石勒之时,他首先是找到了石勒的大将——"素奉法"的郭黑略,通过郭黑略为石勒出谋划策,从而得到了石勒的信任,使石勒也信奉佛法,最终打开了让佛教成为国家佛教的大门。在这个过程中,可以说郭黑略起了很大的作用,他本身就是信佛的佛教徒,那么他本人的族属也许可以加深我们对此前问题的认识,郭黑略是石勒十八骑之一[1],他肯定不是汉族。据陈连庆先生考证,郭氏是匈奴姓氏,也是屠各姓氏。[2] 由此我们应该注意到,在北方匈奴诸种中,佛教至少在个别贵族中还是有一定的信仰基础的。

不过,佛教在关中得到广泛信仰,并开始得到国家政权的支持,要归功于佛图澄的不畏艰险和自身素质。在佛教传扬的前期,教义的明朗化本身并不重要,关键是怎么能得到信徒的信服,所以早期传教僧人的个人知识储备和智慧程度就显得相当重要,像佛图澄这样的所谓"神僧"就为后来专门译经讲经的义学僧人开辟了道路。

《高僧传》说佛图澄"以麻油杂胭脂涂掌,千里外事皆彻见掌中如对面焉",这显然都是虚饰夸大之词,我相信佛图澄绝没有手掌里看电

---

〔1〕《晋书》卷 104《石勒载记上》。

〔2〕陈连庆:《中国古代少数民族姓氏研究》,长春:吉林文史出版社,1993 年,第 31 页。

视的本事,但是他的医术和劝谏统治者的技巧还是相当高的:

> 凡应被诛余残,蒙其益者,十有八九,于是中州胡晋略皆奉佛。

> 时有痼疾世莫能治者,澄为医疗应时瘳损,阴施默益者不可胜记。

石勒好杀成性,正是因为佛图澄的及时劝谏,使得不知多少人免于被杀,正是这一点,使得中原的胡人、汉人感念于他的慈悲,开始信奉佛法,而他的医术更为其传播佛教尤其在一般民众中传教发挥了很大的作用。

及至石虎当政的时期,佛教在后赵已经非常兴盛,以致引起了传统汉族士大夫的注意和排斥情绪,石虎的中书著作郎王度上书说:

> 夫王者郊祀天地,祭奉百神,载在祀典,礼有尝飨。佛出西域,外国之神,功不施民,非天子诸华所应祠奉。往汉明感梦,初传其道,唯听西域人得立寺都邑,以奉其神,其汉人皆不得出家。魏承汉制,亦修前轨。今大赵受命,率由旧章,华戎制异,人神流别。外不同内,飨祭殊礼,华夏服祀,不宜杂错。国家可断赵人悉不听诣寺烧香礼拜,以遵典礼。其百辟卿士,下逮众隶,例皆禁之。其有犯者,与淫祀同罪。其赵人为沙门者,还从四民之服。[1]

这正是传统的中国观念中的“华戎之别”的典型样本。王度的理由,就是要遵从华夏典礼,不让赵人到佛寺中烧香拜佛,禁止出家。我们在这里需要注意的是,王度说的是“赵人”不是胡人,也不是汉人。我想此处所指的恐怕还是以胡人为主的胡汉各民族,之所以称为赵人,可能与当时统治者的忌讳有关,史载石勒“制法令甚严,讳胡尤峻”[2],到石虎时期,这种忌讳可能也不会有什么太大的松动。

---

〔1〕《高僧传》卷9《竺佛图澄传》。
〔2〕《晋书》卷105《石勒载记下》。

图 2 - 1　佛图澄与石虎

（敦煌莫高窟第 323 窟初唐壁画,表现的是佛图澄在为石虎说法时,幽州城失
火,佛图澄做法降雨灭火的传说,石虎坐在右侧。图版采自孙修身:《敦煌石窟全
集·敦煌佛教东传故事画卷》,香港:商务印书馆,1999 年,第 140 页。）

我们看看当时的石虎是怎么应对王度的这份表章的,石虎在诏书
中说:

> 度议云:佛是外国之神,非天子诸华所可宜奉。朕生自边壤,
> 忝当期运,君临诸夏。至于飨祀,应兼从本俗。佛是戎神,正所应
> 奉。夫制由上行,永世作则。苟事无亏,何拘前代。其夷赵百蛮有
> 舍其淫祀,乐事佛者,悉听为道。[1]

石虎的态度倒是蛮可爱的,他先说明佛教确实不适应于"天子诸
华",而后就欣欣然说自己生在边疆,正好可以供奉佛这种"戎神",也
算是保留了自己的一点本地风俗。并且认为那些"夷赵百蛮"只要自
己乐于信仰佛教,就只好让他们自由选择了。这真是给了王度一个不

---

〔1〕《高僧传》卷9《竺佛图澄传》。

大不小的软钉子,此诏一下,"慢戒之徒因之以厉"[1],佛教在北方之发展,在胡族统治者的鼓动下,自此一发而不可收,并进而传遍大江南北。

此后相继建立的北方诸胡人政权,都开始在国家提倡下信仰佛教,尤以凉州为中心的河西诸小国及北魏等北朝政权为代表,使中国佛教走上了一个兴盛时期。

2.2 龟兹王族及帛姓僧侣
与中国尼寺戒律之建立

文献中虽然没有载明佛图舍弥是龟兹王族,但是从他掌管龟兹国王族成员出家修道的著名寺院可以推断,他应该同龟兹王族有非常亲近的关系。

另外,按照目前的研究成果,来自龟兹国的帛姓僧侣之"帛"姓[2],可能跟 Buddha 在龟兹语中的读音有关,是由 Buddha 读为 Pu dnaKte,汉译为"白""帛"或"佛图"。如佛图澄,僧传中就直接说他"姓帛",可见,"佛图"与"白""帛"是同词的不同译语。

按陈世良先生的研究,佛教传入龟兹、焉耆地区后,无论僧俗都在名前冠以 Buddha,表示自己为佛教信仰者,因而来到中原的龟兹僧人就冠以"帛""白"或"佛图",当道安倡导"以释为姓"之后,来到中原的龟兹僧人就不再冠以"帛""白"或"佛图",但是龟兹王族和俗人在名前冠以"白姓"仍然保留了下来。[3] 当然,对于佛图舍弥之"佛图"也应如此理解,他对于龟兹小乘佛教的延续发展发挥了至关重要的作用。

不仅如此,佛图舍弥对于中国尼寺戒律的建立也有非常重要的

---

〔1〕《高僧传》卷9《竺佛图澄传》。

〔2〕在正史文献中,自东汉龟兹王白霸开始,龟兹王族以"白"为姓就频频见于史籍,汉唐之际内迁到中原地区的龟兹民众中,也有不少姓"白"或"帛"者,如陕西省白水县纵目镇前秦《广武将军□产碑》在碑阴和碑侧,清晰可辨识者总共有龟兹移民首领白安、帛初、白禽、帛大谷、白国、白平君等6人,由此可见不光是龟兹王族和僧人以帛为姓。参见钱伯泉:《汉唐龟兹人的内迁及其扩散》,载《西域研究》2001 年第 2 期;关于《广武将军□产碑》的碑阴释文,可参见马长寿:《碑铭所见前秦至隋初的关中部族》,桂林:广西师范大学出版社,2006 年,第 22 – 23 页。

〔3〕陈世良:《龟兹白姓和佛教东传》,载《世界宗教研究》1984 年第 4 期。

欧·亚·历·史·文·化·文·库

影响。

2.2.1 鸠摩罗什母亲耆婆是龟兹国著名的比丘尼

古代龟兹、焉耆地区的佛教发展史上,比丘尼的高调存在是一个非常特殊的现象。关于龟兹佛教中的比丘尼问题,季羡林先生有过一个很敏锐的说法:

> 在中原地区讲佛教,高僧都是和尚,讲比丘尼的地方,即使有,也如凤毛麟角。而在龟兹焉耆地区……比丘尼占相当重要的地位,人数也十分可观。其中原因,我现在还没有满意的解释。是否与民族性以及民族风习有关?我不敢说。[1]

焉耆地区情况如何,目前的资料比较稀缺,但是龟兹国则在比较早的时候就有比丘尼的存在,据《增一阿含经》卷3载:

> 我声闻中第一比丘尼,心怀忍辱,如地容受,所谓昙摩提比丘尼是……我声闻中最后第一比丘尼,拔陀军陀罗,拘夷国比丘尼是。[2]

按《增一阿含经》的这个说法,声闻中最后第一比丘尼拔陀军陀罗就来自拘夷国,在《释迦谱》卷1也有相同的说法:

> 名闻比丘尼五十人……最后取证,即拔陀军陀罗,拘夷国尼。[3]

显然,这个说法并不可靠,因为龟兹国佛教的历史能否追溯到"声闻比丘尼"的那个阶段,是很难说的。但这种资料至少表明,龟兹国有比丘尼是非常早的。龟兹国出家比丘尼比较多的情况,从其尼寺的盛行也可以看出来。

我们根据僧纯在《比丘尼戒本所出本末序》所讲的龟兹佛寺的情况,统计达慕蓝、北山寺致隶蓝、剑慕王新蓝、温宿王蓝共有比丘350人,而在阿丽蓝、输若干蓝、阿丽跋蓝3座尼寺共有比丘尼260人,并且

---

〔1〕季羡林:《鸠摩罗什时代及其前后龟兹和焉耆两地的佛教信仰》,载《孔子研究》2005年第6期。

〔2〕《增一阿含经》卷3,见《大正新修大藏经》第2册《阿含部下》。

〔3〕《释迦谱》卷1并序,见《大正新修大藏经》第50册《史传部二》。

"此三寺尼,多是葱岭以东王侯妇女,为道远集斯寺"[1]。此中所透露的消息,一方面说明当时佛图舍弥所统管的大寺中,龟兹比丘尼的数量确实不少,已经几乎要赶上比丘的数量了;另一方面也说明葱岭以东王侯之家的妇女出家者不在少数。

当然,来自僧纯的关于龟兹比丘尼有260人的这个信息,仅仅是指依佛图舍弥"受法戒"的阿丽蓝等3座尼寺的情况,而据在僧纯前后曾到龟兹的凉州僧人竺道曼的转述,龟兹国的尼寺不止这3座,而是有5所之多,共有比丘尼300人:

> 凉州道人竺道曼,于丘慈因此异事来与燉煌道人。此沙门各各所住祠,或二百或三百人为一部僧。比丘尼向三百人,凡有五祠,各各从所使僧祠依准为界内,无共说戒法也。

显然,在龟兹国的中心地区至少是龟兹国王城左近的著名大寺中,比丘尼的数量占出家僧侣的比例应该是非常高的。这种情况,也可以从鸠摩罗什的母亲耆婆及其表妹阿竭耶末帝公主的情况得到证明。

鸠摩罗什之母耆婆即是龟兹国著名的比丘尼,据《高僧传》卷2载:

> 鸠摩罗什……父鸠摩炎,聪明有懿节,将嗣相位,乃辞避出家,东度葱岭。龟兹王闻其弃荣,甚敬慕之,自出郊迎请为国师。王有妹,年始二十,识悟明敏,过目必能,一闻则诵。且体有赤黡,法生智子。诸国娉之并不肯行,及见摩炎,心欲当之,乃逼以妻焉。既而怀什,什在胎时,其母自觉神悟超解有倍常日。闻雀梨大寺名德既多,又有得道之僧,即与王族贵女德行诸尼,弥日设供,请斋听法。什母忽自通天竺语,难问之辞,必穷渊致,众咸叹之。有罗汉达摩瞿沙曰:"此必怀智子!"为说舍利弗在胎之证。及什生之后,还忘前言。顷之,什母乐欲出家,夫未之许,遂更产一男名弗沙提婆。后因出城游观,见冢间枯骨异处纵横,于是深惟苦本,定誓出家,若不落发,不咽饮食。至六日夜,气力绵乏,疑不达旦,夫乃惧

―――――――――
〔1〕《出三藏记集》序卷第11,见《大正新修大藏经》第55册《目录部全》。

27

而许焉。以未剃发故,犹不尝进。即敕人除发,乃下饮食。次旦,受戒,仍乐禅法,专精匪懈,学得初果。什年七岁,亦俱出家[1]

按照这个记载,鸠摩罗什的母亲耆婆最早是在龟兹国雀离大寺与"王族贵女、德行诸尼"一同听高僧说法而产生了出家为比丘尼的想法。不过耆婆随后出家为尼,可能并不是在雀离大寺。做出这个判断,有两点理由:(1)据考证,雀离大寺就是现有遗址的苏巴什佛寺,而苏巴什佛寺距离古龟兹城尚有相当远的距离[2],因而,王族妇女是否会在此处家,值得怀疑。(2)僧纯在《比丘尼戒本所出本末序》记述龟兹国的阿丽蓝、输若干蓝、阿丽跋蓝3座尼寺"多是葱岭以东王侯妇女,为道远集斯寺"[3],可见这3座尼寺应该就在龟兹国城内或离城很近的地方,作为龟兹国公主的耆婆同其他王后妇女在此出家自然情在理中。

虽然龟兹国具有深厚的佛教基础,龟兹王公贵族也非常信仰佛教,但是像耆婆和儿子鸠摩罗什这种母子双双出家修道,在当时的龟兹国还是一件具有轰动效应的大事。龟兹国的佛教信徒们对这对母子宠爱有加,源源不断地为他们送来各种各样丰富而精美的供养之物。这样的情况显然违背了耆婆率儿子出家的初衷。本来出家的目的之一就是要摆脱世俗的荣华、求证精神的体悟,可是王室成员的身份为他们带来了更多的世俗宠爱,耆婆害怕这种优裕的生活和奢华的环境会妨碍儿子的修行,于是决定带鸠摩罗什离开龟兹。

当然,耆婆带儿子离开龟兹绝不仅仅是因为要离开这个过于热闹优裕的环境,更重要的是,在鸠摩罗什成长的八九年时间里,也可能以雀离大寺为中心的龟兹附近的佛学中心,已经无法再为鸠摩罗什提供

---

[1]《高僧传》卷2《鸠摩罗什》。

[2]如果按玄奘在《大唐西域记》卷1所载,雀离大寺在"荒城北四十余里",现存的苏巴什佛寺遗址位于库车西北偏东30公里,无论古龟兹王城是在"荒城"还是今天库车附近,那么这个寺庙同龟兹国都城之间的距离都不会太近。关于屈支国(龟兹)都城在汉唐时代的变迁问题,由于资料的缺乏,至今没有非常明确的结论,有可能在今库车县城附近的地方。相关意见可参见周建宽:《屈支国考》,载张国领、裴孝曾主编《龟兹文化研究》(一),乌鲁木齐:新疆人民出版社,2006年,第26-29页。

[3]《出三藏记集》序卷第11,见《大正新修大藏经》第55册《目录部全》。

更多新的知识和启悟。

图2-2 鸠摩罗什母亲出家的新疆库车苏巴什佛寺大塔(作者摄影)

耆婆在龟兹佛教史上的活动时间段,主要是在东晋康帝建元二年
(344)到东晋哀帝兴宁元年(363)的20年时间。东晋穆帝永和六年
(350),耆婆带7岁的儿子鸠摩罗什出家,东晋穆帝永和八年(352),耆
婆带儿子鸠摩罗什渡辛头河,到罽宾拜槃头达多学习小乘学,东晋穆
帝永和十一年(355),耆婆带儿子鸠摩罗什返回龟兹途中到沙勒(疏
勒)国,东晋穆帝永和十二年(356),鸠摩罗什在沙勒国跟随须利耶苏
摩学习大乘佛法,东晋穆帝升平元年(357),耆婆带鸠摩罗什经温宿国
回到龟兹,东晋哀帝兴宁元年(363),耆婆远走天竺。

作为龟兹国公主,耆婆在以龟兹为中心的葱岭以东地区出家为尼
20年,她对于龟兹尼寺应该是有一定影响力的,而龟兹比丘尼寺院恰
恰是对中国尼寺戒律建立发挥直接影响的西域寺院。

图 2 - 3　北印度及龟兹供养女像

（斯瓦特地区供养女与龟兹王后供养像,由此可追寻鸠摩罗什母亲耆婆的形象。图版分别采自 Isao KURITA［栗田功］,*A Revised and Enlarged Edition of Gandharan Art* 2:*The World of the Buddha*,Tokyo:Nigensha Publishing Co. Ltd.［二玄社］,p.131;曹永军:《龟兹壁画临摹集》,乌鲁木齐:新疆人民出版社,第 38 页。）

2.2.2　佛图澄、佛图舍弥与中国尼寺戒律之建立

佛图澄传教后赵,培养了以释道安为代表的一批中原优秀僧人,我们也应该注意到,佛图澄对于北方比丘尼出家修道的也有重要的影响,如后赵外兵郎徐仲的女儿就是在佛图澄的帮助下才得以出家为尼,《比丘尼传》载其史事云:

安令首,本姓徐,东莞人也。父仲仕伪赵为外兵郎,令首幼聪敏好学。言论清绮,雅性虚淡,不乐人间。从容闲静,以佛法自娱,不愿求娉。父曰:"汝应外属,何得如此?"首曰:"端心业道,绝想人外。毁誉不动,廉正自足,何必三从然后为礼?"父曰:"汝欲独善一身,何能兼济父母?"首曰:"立身行道,方欲度脱一切。何况二亲耶?"

仲以问佛图澄,澄曰:"君归家洁斋,三日竟可来。"仲从之。澄以茵支子磨麻油傅仲右掌,令仲视之,见一沙门在大众中说法,形状似女,具以白澄。澄曰:"是君女先身。出家益物,往事如此。

若从其志,方当荣拔六亲,令君富贵。生死大苦海,向得其边。"忡还,许之。

　　首便剪落从澄,乃净捡尼受戒,立建贤寺。澄以石勒所遗剪花纳七条衣及象鼻澡灌与之。博览群籍,经目必诵。思致渊深,神照详远,一时道学莫不宗焉,因其出家者二百余人。又造五六精舍,匪惮勤苦,皆得修立。石虎敬之,擢父忡为黄门侍郎、清河太守。[1]

佛图澄能以说辞与法术劝说后赵外兵郎徐忡同意其女儿出家为尼,在佛教于北方刚刚传播的初期,是非常艰难的一件事情。

不过,可以推断的是,当时北方地区尼寺的数量应该是很有限的,但是其规模并不小,如追随安令首出家的比丘尼有200多人,由此她还开创了5至6座精舍。这样的规模与数量,应该与石虎的支持是分不开的,据《比丘尼传》的说法,石虎正是因为安令首在佛教传播方面的业绩,才擢拔安令首的父亲徐忡为黄门侍郎、清河太守。是否如此,无从肯定性判断,但是可以看出由于佛图澄的支持,女性出家做比丘尼在北方地区有了一定的宽松环境。

要认识佛图澄之于中原地区比丘尼修道的作用,就不能不追溯在其之前的西域僧人在这方面所做的努力。据《比丘尼传》卷1《净捡传》的记载,最早在黄河流域支持女性出家修道的西域僧人是智山:

　　净捡,本姓仲,名令仪,彭城人也。父诞,武威太守。捡少好学,早寡家贫,常为贵游子女教授琴书,闻法信乐,莫由咨禀。

　　后遇沙门法始,经道通达,晋建兴中于宫城西门立寺,捡乃造之,始为说法,捡因大悟。念及强壮以求法利,从始借经,遂达旨趣。他日谓始曰:"经中云,比丘比丘尼,愿见济度。"始曰:"西域有男女二众,此土其法未具。"捡曰:"既云比丘比丘尼,宁有异法?"始曰:"外国人云,尼有五百戒便应是异,当为问和上。"和尚云:"尼戒大同细异,不得其法,必不得授。尼有十戒,得从大僧

〔1〕《比丘尼传》卷1,见《大正新修大藏经》第50册《史传部二》。

受。但无和上，尼无所依止耳。"捡即剃落，从和上受十戒，同其志者二十四人，于宫城西门共立竹林寺。未有尼师，共咨净捡，过于成德。

和上者，西域沙门智山也，住罽宾国，宽和有智思，雅习禅诵。晋永嘉末来达中夏，分卫自资，语必弘道。时信浅薄，莫知祈禀，建武元年还反罽宾。

后竺佛图澄还述其德业，皆追恨焉。捡蓄徒养众，清雅有则，说法教化，如风靡草。[1]

这篇《净捡传》所包含的历史信息很丰富，中原地区比丘尼之产生，源于法始和尚的开创，然而，其间罽宾沙门智山也发挥了重要的作用。智山在中原的传教没有取得大的进展，但是却以大和尚的身份，开创了度化女子仲令仪做比丘尼的先河。

所谓的"后竺佛图澄还述其德业"之说，表明智山的后继者就是佛图澄，从《净捡传》来看，佛图澄对净捡传教应该有很重要的帮助。但是，当时比丘尼戒律却无从着手，来自罽宾的智山只能拿出简单的"十戒"。不过，不光是比丘尼戒律，当时的比丘戒也非常缺。据释道安在《比丘大戒序》中云：

大法东流，其日未远，我之诸师，始秦受戒。又之译人考挍者鲜，先人所传相承谓是，至澄和上多所正焉。

由释道安的这个说法可知，佛图澄对于中原地区零星讹误的比丘戒有所纠正，那么，从常理来推断，其对比丘尼戒也应该会有所贡献。如佛图澄不但继承智山之志业，而且极力促成安令首出家为尼，而安令首出家所依的老师就是智山授戒的净捡。由此可见，由智山到佛图澄，对中原地区比丘尼的产生、一定数量和规模的尼寺之建立、比丘尼戒律的完善诸方面，都发挥了转折性的重要作用。

佛图舍弥是同中国尼寺戒律的建立关系最为密切的人物。由于西域有比较早的女子出家为比丘尼的传统，所以其比丘尼戒律的实行

---

[1]《比丘尼传》卷1，见《大正新修大藏经》第50册《史传部二》。

也是比较早的,鸠摩罗什的母亲耆婆在东晋穆帝永和六年(350)就出家为尼,而中原直到 379 年左右,尼寺的戒律还不完备。

后秦建元十五年(379),中原僧人僧纯、昙充从西域龟兹国取《比丘尼戒本》经返回,对于中原地区比丘尼出家的影响是巨大的:

> 秦建元十五年十一月五日,岁在鹑尾,比丘僧纯、昙充从丘慈高德沙门佛图舌弥许,得此授《大比丘尼戒仪》及《二岁戒仪》。从"受坐"至"嘱授"诸杂事,令昙摩持出,佛图卑为译,慧常笔受。凡此诸事,是所施行之急者。若为人师而不练此,此无异于土牛后人也。[1]

这个《比丘尼戒本》的求取,也是颇费了一番周折的:

> 今所出《比丘尼大戒》本,此寺常所用者也。舌弥乃不肯令此戒来东,僧纯等求之至勤,每嗟此后出法整唯之斯戒,末乃得之。[2]

虽然佛图舌弥起初不愿意将戒律传给中原僧人,但是最终还是玉成此事。

2.3 鸠摩罗什
与佛图舍弥的学术渊源关系

佛图舍弥是龟兹阿含学大师,也是鸠摩罗什最早的有部老师,但是关于他同鸠摩罗什之间的学术渊源关系,无论是《出三藏记集》还是《高僧传》的《鸠摩罗什传》都没有明确记载,下面我们将通过对僧祐和慧皎对于《鸠摩罗什传》的书写意图方面的探讨出发,对鸠摩罗什与佛图舍弥的学术渊源关系做一些考察。

2.3.1 鸠摩罗什追随佛图舍弥学习小乘概况

对于罗什出家机缘及早期的随师学习情况,《出三藏记集》云:

---

[1]《关中近出尼二种坛文夏坐杂十二事并杂事共卷前中后三记》,见《出三藏记集》序卷第11,《大正新修大藏经》55 册《目录部全》。

[2]《比丘尼戒本所出本末序》,见《出三藏记集》序卷第11,《大正新修大藏经》55 册《目录部全》。

·欧·亚·历·史·文·化·文·库·

什之在胎,其母慧解倍常。往雀梨大寺听经,忽自通天竺语,众咸叹异。有罗汉达摩瞿沙曰:"此必怀智子。"为说舍利弗在胎之证。

既而生什,岐嶷若神。什生之后忘前语。顷之,其母出家修道,学得初果。

什年七岁,亦俱出家。从师受经,口诵日得千偈,偈有三十二字,凡三万二千言。诵毗昙既过,师授其义,即自通解,无幽不畅。

时龟兹国人以其母王女,利养甚多,乃携什避之〔1〕

僧祐所写的这个传记中,对于童年即在龟兹出家修道的鸠摩罗什只是说他"从师受经",并没有明言这个"师"是何人。

慧皎在《高僧传》的罗什本传中说:

什在胎时,其母自觉神悟超解有倍常日。闻雀梨大寺名德既多,又有得道之僧。即与王族贵女德行诸尼,弥日设供,请斋听法。什母忽自通天竺语,难问之辞,必穷渊致,众咸叹之。有罗汉达摩瞿沙曰:"此必怀智子。"为说舍利弗在胎之证。

及什生之后,还忘前言。顷之,什母乐欲出家,夫未之许,遂更产一男名弗沙提婆。后因出城游观,见冢间枯骨异处纵横,于是深惟苦本,定誓出家。若不落发,不咽饮食。至六日夜,气力绵乏,疑不达旦,夫乃惧而许焉。以未剃发故,犹不尝进,即敕人除发,乃下饮食。次旦,受戒,仍乐禅法,专精匪懈,学得初果。

什年七岁,亦俱出家,从师受经,日诵千偈,偈有三十二字,凡三万二千言。诵毗昙既过,师授其义,即自通达,无幽不畅。

时龟兹国人以其母王妹,利养甚多,乃携什避之〔2〕

虽然慧皎的这段记载比僧祐的记载文字量大增,有了很多细节,但是最基本的要素没有变化,罗什之母是在受到雀离大寺高僧达摩瞿沙的启示下,才发愿要出家修道。而达摩瞿沙预言耆婆"此必怀智子"

---

〔1〕僧祐:《出三藏记集》中卷传第14《鸠摩罗什》。
〔2〕慧皎:《高僧传》卷2《鸠摩罗什》。

的断语,也为鸠摩罗什出家修道奠定了基础。

对比前面两段文字,我们会发现一个有趣的现象,那就是从僧祐到慧皎,在撰写《鸠摩罗什传》的时候,似乎都在做一种"拾遗补阙"的工作,他们在坚持几个"基本叙事要素"——雀离大寺、达摩瞿沙、七岁出家、从师受经、无幽不畅——不变的前提下,为鸠摩罗什的出家修道寻找合理的基础或借口。

僧祐的文本中,只是有"此必怀智子",并且搬出了"舍利弗在胎之证"。舍利弗在佛弟子中以"智慧第一"而著称,《增一阿含经》(*Numerical Agama*)云:

> 诸童子白佛言:"如来,智慧力者,何者是乎?"
>
> 世尊告曰:"我昔亦有弟子名舍利弗,智慧之中最为第一。如大海水纵横八万四千由旬,水满其中。又须弥山高八万四千由旬,入水亦如是。然阎浮里地,南北二万一千由旬,东西七千由旬。今取较之,以四大海水为墨,以须弥山为树皮,现阎浮地草木作笔,复使三千大千刹土人民尽能书,欲写舍利弗比丘智慧之业。然童子当知。四大海水墨、笔、人之渐渐命终,不能使舍利弗比丘智慧竭尽。"[1]

既然舍利弗(Shariputra)具有四大海水当墨都无法描述尽的智慧,那么他必定有不同于常人的因缘,这就是所谓的"舍利弗在胎之证"。《佛说本行集经》《增一阿含经》都有相关说法,而隋代吉藏在《维摩经义》《无量寿经义疏》中的解释更为明白易晓。据《无量寿经义疏》之说:

> 舍利弗,此名身子。舍利弗外祖善相,见舍利弗父作国大相,妻女与之,孕舍利弗。共弟拘絺罗论义,母胜于弟,弟窃思:"惟我姊未孕时不如我,今屡胜我,必怀聪明之子。我当入山学读,外甥长大共论。"则入山读十二违陀,无暇不揃爪,故呼其号名长爪梵志。

---

[1]《增一阿含经》卷36,见《大正新修大藏经》第2册《阿含部下》。

后生身子,始年八岁,骋十六大国,论议无类。[1]

显然,这是一个早就安排好的"故事模式":舍利弗"在胎",母亲变得聪慧无比,出生后的舍利弗(Shariputra)智慧第一、论辩无人能胜;而从《出三藏记集》到《高僧传》,就将鸠摩罗什安排进了同样的"故事模式"。

因而,关于耆婆"此必怀智子"的预言完全就是对《佛本行集经》和《增一阿含经》中"舍利弗因缘故事"的套用。虽然不能断定这就是僧祐的创造,但至少也是当时僧界要为鸠摩罗什的非凡寻找"证据"的创造。

问题在于,为了使这个"证据"更为充分、更有合法性,慧皎在此基础上又加上了两个扩展情节:(1)"什母乐欲出家,夫未之许,遂更产一男名弗沙提婆"。这个创造也许更合中国传统的胃口,因为只有再生出一个儿子来,才不会断了鸠摩炎的家族香火,才能使得鸠摩罗什的出家具有"孝道"和"妇道"的合理性。(2)"出城游观,见冢间枯骨异处纵横,于是深惟苦本,定誓出家。"这完全是释迦出家因缘故事的翻版。

如此对比,我们就发现,虽然僧祐与慧皎在关于鸠摩罗什出家的"合理性""合法性"方面不遗余力地寻找或拓展证据,但是对于鸠摩罗什最早所师法的高僧老师则未做任何更进一步的说明,仅仅以"从师受经"及"师授其义,即自通达,无幽不畅"这样的交代一笔带过。当然,该段文献的描写意在突出鸠摩罗什的非凡与出家修道的"必然性""合法性"和"合理性",况且佛图舍弥是小乘高僧,而鸠摩罗什以大乘学名世,因而此处对其所师法的老师是谁,就可不必用过多笔墨。

2.3.2　鸠摩罗什来华之前在中原地区的声望

关于鸠摩罗什与佛图舍弥师承关系的信息,来自后秦西行求法僧人僧纯、昙充。后秦建元十五年(379),中原僧人僧纯、昙充从西域龟兹国取《比丘尼戒本》经返回,此经即来自龟兹名僧佛图舍弥,在《关中

---

〔1〕吉藏撰:《无量寿经义疏》,见《大正新修大藏经》第37册《经疏部五》。

近出尼二种坛文夏坐杂十二事并杂事共卷前中后三记》[1]中记载此事云：

> 秦建元十五年十一月五日，岁在鹑尾，比丘僧纯、昙充从丘慈高德沙门佛图舌弥许，得此授《大比丘尼戒仪》及《二岁戒仪》，从"受坐"至"嘱授"诸杂事，令昙摩持出，佛图卑为译，慧常笔受。

既然佛图舌弥是《比丘尼戒本》的授经高僧，那么僧纯、昙充不但对于佛图舌弥及其所统管的龟兹佛寺有比较详细的了解，而且极有可能见过当时尚在龟兹讲经说道的鸠摩罗什，因而在《比丘尼戒本所出本末序》中对龟兹佛寺及鸠摩罗什与佛图舍弥的关系有详细记载：

> 拘夷国寺甚多，修饰至丽。王宫雕镂立佛形像，与寺无异。
>
> 有寺名达慕蓝（百七十僧），北山寺名致隶蓝（五十僧），剑慕王新蓝（六十僧），温宿王蓝（七十僧）。右四寺，佛图舌弥所统。寺僧皆三月一易屋床座或易蓝者。未满五腊，一宿不得无依止。
>
> 王新僧伽蓝（九十僧，有年少沙门字鸠摩罗，才大高，明大乘学，与舌弥是师徒，而舌弥阿含学者也）。
>
> 阿丽蓝（百八十比丘尼），输若干蓝（五十比丘尼），阿丽跋蓝（三十尼道），右三寺，比丘尼统，依舌弥受法戒。比丘尼，外国法不得独立也。此三寺尼，多是葱岭以东王侯妇女，为道远集斯寺，用法自整，大有检制，亦三月一易房或易寺，出行，非大尼三人不行。多持五百戒，亦无师，一宿者辄弹之。[2]

这段资料是现存文献中关于佛图舍弥本人的最详尽介绍。佛图舍弥是小乘僧人，对阿含部经典很有研究，在龟兹国内具有最高僧官一样的高贵地位，不但管理着龟兹的达慕蓝、北山寺致隶蓝、剑慕王新蓝、温宿王蓝这4座佛寺——所谓"右四寺，佛图舍弥所统"，共有比丘350人，而且女信徒出家的阿丽蓝、输若干蓝、阿丽跋蓝也受其"法戒"，

---

〔1〕关于此三记之出处，苏晋仁在《出三藏记集》校勘记云："《关中近出尼二种坛文夏坐杂十二事并杂事共卷前中后三记》第十三，《长房录》八载苻秦昙摩持译《比丘尼大戒本》一卷，又《教授比丘尼二岁坛文》一卷，均佚。上三记当即出于其中也。"参见释僧祐：《出三藏记集》校勘记第71，苏晋仁等点校，北京：中华书局，1995年，第425页。

〔2〕《出三藏记集》序卷第11，见《大正新修大藏经》第55册《目录部全》。

有比丘尼 260 人。

我们应该注意到,"年少沙门"鸠摩罗什所在的"王新僧伽蓝"不在佛图舍弥的统管之下。王新僧伽蓝在文献中出现始于东晋哀帝兴宁元年(363),是年鸠摩罗什 20 岁,在龟兹王宫受具足戒,跟随卑摩罗叉学习《十诵律》;是年,罗什母亲耆婆远走天竺,罗什于"新寺侧故宫中得《放光经》(*Light-emitting Prainaparanita*)"[1]。那么这个所谓的在故宫边的"新寺"就是"王新僧伽蓝",是专门为鸠摩罗什设在龟兹王宫中的一个新寺庙,估计此佛寺的设置有以下几个原因:(1)鸠摩罗什乃大乘僧人,同当时以小乘为主的龟兹其他僧人显然很难同寺修道;(2)鸠摩罗什是受龟兹王邀请而从温宿国返回龟兹,单独为其立寺也在情理之中;(3)鸠摩罗什为王女阿竭耶末帝开讲《方等经》(*Vaipulya*),显然也是立寺的前提之一。

图 2-4　克孜尔石窟前的鸠摩罗什造像(作者摄影)

---

[1]《高僧传》卷 2《鸠摩罗什》。

38

由此可知,在僧纯所记录的这段文献中,佛图舍弥和鸠摩罗什已经是分庭而立的龟兹国两个佛教中心势力,王新僧伽蓝是龟兹大乘学的中心。

僧纯所记录的是龟兹佛教379年前不久的状况,对比鸠摩罗什年谱[1],鸠摩罗什与佛图舍弥相处的时间分前后两段:

第一阶段,东晋穆帝永和六年(350)鸠摩罗什7岁随母出家,受教于佛图舍弥,到东晋穆帝永和八年(352),鸠摩罗什9岁,随母渡辛头河,至罽宾从槃头达多学习小乘学。此一阶段鸠摩罗什追随佛图舍弥学习阿含学经典2年。

第二阶段,从东晋穆帝升平元年(357)鸠摩罗什随母亲返回龟兹,为龟兹王白纯女阿竭耶末帝公主开讲《方等经》,开始宣扬大乘佛法,到东晋孝武太元九年(384)前秦吕光攻破龟兹。鸠摩罗什同佛图舍弥在此一阶段相处27年左右。

从僧纯所取《比丘尼戒本》的译出时间379年来推断,大约在376年,僧纯在龟兹向佛图舍弥求取该经,并见到了当时在王新僧伽蓝的鸠摩罗什。因而中原佛教界知道鸠摩罗什这个龟兹高僧,与僧纯的此次取经经历有密切关联,《出三藏记集》卷14载:

> 符氏建元十三年(377)岁次丁丑正月,太史奏有星见外国分野,当有大德智人入辅中国。坚素闻什名,乃悟曰:"朕闻西域有鸠摩罗什,将非此耶?"十九年(383)即遣骁骑将军吕光将兵伐龟兹及焉耆诸国。临发谓光曰:"闻彼有鸠摩罗什,深解法相,善闲阴阳,为彼(后)学之宗。朕甚思之。若克龟兹,即驰驿送什。"

僧纯在377年左右回到中原,而此时文献中就有前秦太史"当有大德智人入辅中国"之奏,有国王符坚之"朕闻西域有鸠摩罗什"之语,可见僧纯所带回来的关于佛图舍弥与鸠摩罗什的消息,对中原僧俗界都产生了一定影响。

当然,鸠摩罗什做佛图舍弥的学生学习阿含学,是在其少年时代

---

[1]尚永琪:《鸠摩罗什》,昆明:云南教育出版社,2009年,第148-150页。

的 350 至 352 年的这 2 年时间里。从 357 至 384 年,鸠摩罗什已经是大乘学高僧,虽然同佛图舍弥有师徒之名分,但是在佛学取向上已经完全不同。357—384 年的龟兹国佛教界,长于阿含学的佛图舍弥掌管达慕蓝、北山寺致隶蓝、剑慕王新蓝、温宿王蓝这 4 座佛寺;而"才大高,明大乘学"的鸠摩罗什掌管王新僧伽蓝这座位于王宫旁的王室佛寺。

至少从鸠摩罗什与佛图舍弥的关系来推断,当时龟兹佛教的大、小乘之间,相处还是相当宽容的。

历来的研究著作中都认为,在鸠摩罗什于 357 年返回龟兹后,龟兹即流行大乘佛教,而鸠摩罗什于 384 年离开龟兹到凉州后,龟兹佛教又变回为以小乘为主。问题可能不会如此简单,既然在 379 年左右的龟兹,如达慕蓝、北山寺致隶蓝、剑慕王新蓝、温宿王蓝这 4 座历史传承悠久的佛寺尚有小乘学大师佛图舍弥掌管,那么大乘学是否在这些寺庙占据主流地位,尚缺材料支持。由此,绝不能简单地说,鸠摩罗什返回龟兹,龟兹就突然流行大乘了,离开后就又流行小乘了。[1]

综上所述,龟兹王族及帛姓僧侣对佛教东传发挥了不可替代的作用,尤其是佛图澄与鸠摩罗什,他们是在两个关键阶段为佛教东传中国做了转折性的开拓工作。

(1)佛教作为一种需要民间力量广泛参与或加入的信仰,自汉代以来就传入中国,但是其并没有得到大面积的普及,而佛图澄则是让佛教在北方地区广泛传播的开拓者,他不但激励、培养了大批佛教徒,而且使佛教成为后赵的国教,为后来专门译经讲经的义学僧人开辟了道路。

(2)佛图澄扫清了在中原传教的障碍,使得佛教信仰在民间很快普及并深入,但是,随着信仰者的增加,拥有大批僧侣或信众的中国佛教面临佛教经典翻译和解释方面的瓶颈。在这个关键当口,鸠摩罗什的到来,并在后秦国王的支持下,为中国佛教的进一步发展翻译出了

---

[1]丁明夷先生的一个说法是比较中肯的:"龟兹佛教向重小乘,但也有大乘。至少在罗什居停龟兹期间,龟兹的大乘佛教应占有一定的地位。"参见丁明夷:《鸠摩罗什与龟兹佛教艺术》,载《世界宗教研究》1994 年第 2 期。

准确的大乘经典,培养了大批学问僧人。

概而言之,佛图澄解决了信众的问题,而鸠摩罗什解决了经义的问题,他们在不同的阶段、不同的层面上,让佛教传播与发展所需要的人与思想两方面获得了转折性的变化。

3 早期佛教
与帝王政治的共生因缘

——论鸠摩罗什
从罽宾到长安同帝王的关系

宗教传播者与世俗的关系往往是变动不居的,尤其在涉及政治利益的背景下,帝王、贵族、执政阶层或许由于文明水平的提高、思维能力的发达及对于物质欲望的过度满足而会在更大程度上摆脱人作为肉体对物欲的渴求,从而转向对于精神领域的探索和寻找终极价值,但是这并不是唯一的政教联系线条,政治利益借助宗教势力扩张利益最大化或寻求政治统治的安全性、稳定性,也是交叉其中的主线。这一点,我们从鸠摩罗什与帝王的关系可以得到很好的解读。

在鸠摩罗什的佛教生涯中,与其传教译经事业密切相关的先后有从西域到中原的 6 个帝王:罽宾王、疏勒王、龟兹王、前秦王苻坚、前凉王吕光、后秦王姚兴。从鸠摩罗什同他们的交往,可以透视出早期佛教传播同帝王政治之间非常鲜明的共生关系。更为重要的是,通过这样一位高僧从出家到成长的过程中,在不同时段、不同文化背景下与不同帝王之间的政教关系,既可以观察佛教传播者如何在政治与传教之间寻找合适的发展策略,又可以透视帝王政治中个人层面上的终极追寻与国家层面上的统一意识形态之关联。

3.1 "国主"与"法事"的平衡:
传教者的策略选择

就中原地区的现实情况而言,佛教要得到发展,如果没有教团领袖及其成员同政治权势的结盟与建立良好关系,是不可能有所作为的。

问题恰恰就在于,与进取方向非常高蹈的宗教体系相比较,世俗政治势力之"品德卑劣"与血腥暴力几乎可以说是同宗教之"慈悲为怀""清静无为""诸法皆空"等背道而驰的。如果将这样两个不同方向甚至具有"强酸"与"强碱"性质的东西融合在一起,一切宗教的追求、政治的努力将会归于 nothing。

然而,事实正如我们所看到的,这样归零的结局并没有出现。"放下屠刀,立地成佛"的投机法门和"法轮常转,皇图永固"的讨好技巧,为宗教与政治的执掌者找到了共同的发展路径。

以注重在历时性延续中扩展思想从而试图扩展对人的控制能力的宗教势力,同注重在共时性存在中以控制尽可能多的肉体的人并进而企图控制其思想的政治势力,达成了一种发展的"共识"。这种"共识"在全球范围内有三种模式,一是政教分离、神王与人王各掌一摊,资源界限清晰而利益共享;二是政教一体、神人合一,用神的名义服务执政者,用执政者的资源维护神的权威;三是神与人若即若离,资源界限不明,执政者处于绝对优势的控制地位,但神职阶层与执政者能做到相互支持。佛教在中原的发展事实上就是走了第三个合作模式。

此种模式之形成,显然会有一个比较清晰的发展路径。佛教从天竺传到西域南海诸国,再由西域传向中原地区,在不同的地域积累了不同的生存发展的经验。传播到中原的佛教之所以形成与帝王政治合作的模式,应该是奠基在三种经验之上:天竺的商团依赖路径、西域的王国政治经验、中原的帝王支持模式。

3.1.1 天竺经验:商团对佛教僧团的支持

佛教在印度的发展,同商人的关系非常密切,佛经中有大量的关于释迦牟尼佛及其弟子们同商人密切交往的记载。

据《释迦谱》(*Life of Shakyamuni*)的说法,悉达多太子出生时,就有大商人来为他祝贺:

> 又有诸大商人,从海采宝还迦毗施兜国,彼诸商人各赍奇彩诸珍宝奉贡。王慰诸人,汝等入海,悉皆吉利,无苦恼不?及诸伴

侣,无遗落耶? 彼诸商人答言,大王,所经道路,极自安隐。王闻此言,甚大欢喜,即遣请诸婆罗门等。婆罗门众皆悉集已,设诸供养。或与象马及以七宝,田宅僮仆。供养毕已,抱太子出。即便白诸婆罗门言,当为太子作何等名,诸婆罗门即共论议而答王言,太子生时一切宝藏皆悉发出,所有诸瑞莫非吉祥,以此义故。当名太子为萨婆悉达。瑞应本起云,五百伏藏一时发出,海行兴利一时集至,梵志相师普称万岁,即名太子为悉达多[1]。

释迦牟尼刚刚成佛时,最先向他奉献食品的也是两个商人,如《方广大庄严经》(*Vaipulya-mahavyuha-sutra*)卷10《商人蒙记品》:

> 时北竺国兄弟二人,为众商之主。一名帝履富婆,一名婆履……时护林神忽现其形,语商人言:"汝诸商人,勿怀恐惧。汝于长夜流转生死,今得大利。所以者何? 有佛世尊出现于世,初成正觉,住此林中,不食已来四十九日。汝等应将种种饮食而以上之。"[2]

因而,佛教创始人乔达磨·悉达多的成长与修道都同商人有密切的关系,他在讲经中说:"譬如在于旷野之中,而欲欺诳商人导师,众生堕大黑暗之中,茫然不知所止住处,菩萨为然大智慧灯。"[3]释迦牟尼将商人称作"导师",并且预言欺诳商人要"堕入黑暗之中",可见他本人对于商人是敬重有加的。

在《佛本行经》(*Buddhacharita-kavya Sutra*)[4]、《中本起经》(*Madhyama-ityukta Sutra*)[5]、《佛所行赞》(*Buddhacharita-kavya-sutra*)[6]等经书中,都有关于佛陀与商人交往活动的记载。季羡林先生在《商人与佛教》一文中对此做了很详尽的考察,指出由于印度商人和佛教徒在经济利益和思想方面都有许多共同之处,所以他们结成了水

---

〔1〕《释迦谱》卷1,见《大正新修大藏经》第50册《史传部二》。
〔2〕《方广大庄严经》卷10《商人蒙记品》,见《大正新修大藏经》第3册《本缘部上》。
〔3〕《释迦谱》卷3,见《大正新修大藏经》第50册《史传部二》。
〔4〕《佛本行经》卷4《转法轮品》,见《大正新修大藏经》第4册《本缘部下》。
〔5〕《中本起经》卷上,见《大正新修大藏经》第4册《本缘部下》。
〔6〕《佛所行赞》卷3《阿惟三菩提品》,见《大正新修大藏经》第4册《本缘部下》。

乳交融的关系。季先生从经济关系、来源关系、意识形态、共同的历史使命这四点来论述了印度商人同佛教徒关系密切的原因。从经济关系来讲,商人是施主,佛教徒有求于商人,早期的佛教徒同商人一样,主要居住在城市,结交官府,这样在政治上双方互相依靠;从来源关系来讲,新兴的佛教徒和商人一样,都是受婆罗门歧视的对象;从意识形态来讲,佛教不杀生非暴力等学说也正是商人所希望的,因为商业的繁荣必须要有稳定和平的环境,况且沙门思想体系总体上是对抗婆罗门思想体系的,而商人也同婆罗门对立;从共同的历史使命来讲,商人和佛教徒共同到印度的深山密林中的野蛮部落,前者带来先进技术等,后者带来佛教教义,帮助部落组成新的社会组织,推动了社会的进步。[1]

然而,商团对佛教的支持,同时也伴随着天竺诸国国王对佛教势力的推进。从"优填王"造像活动到"八王分舍利",直至阿育王对佛教的支持,都表明早期以天竺为中心的诸国王族对佛教的支持是全方位的,只不过商人的支持是此一时段内的主要力量之一。寻求商人与政治权势人物对佛教的支持,实际上是佛教自诞生以来就融化在其血液中的不可改变的传教策略。

3.1.2 西域经验:帝王扶持与商队伴随

如果释迦牟尼时代的教团发展线索因为其具有神化性质而不能完全落实到现代意义上的"史实"层面的话,佛教在西域地区的传播主要是受到西域诸国帝王、王族支持则是史实脉络非常清晰的。

从文献记载来追索,法显的记载是最能说明问题的,按其行次,鄯善国"其国王奉法,可有四千余僧,悉小乘学"[2],如于阗国不仅全民奉佛法,而其国王及夫人则是主力支持者。法显对这一地域诸国王供奉支持佛教的情况做的简单总结是:

---

〔1〕相关论述参见季羡林:《商人与佛教》,载《季羡林文集》第7卷,南昌:江西教育出版社,1998年,第177－197页。

〔2〕法显撰,章巽校注:《法显传校注》,北京:中华书局,2008年,第7页。

> 岭东六国诸王,所有上价宝物,多作供养,人用者少〔1〕

所谓"岭东六国",指西域南道的鄯善、且末、精绝、扜弥、于阗、莎车,这些国家的国王倾举国之力支持佛教。而大月氏、疏勒、龟兹王族对于佛教的支持也是不遗余力。

同时,商人仍然是佛教传播的主要支持者,西域商人对僧人传教的帮助,主要在于商业路线和商队对于传教僧人的远途旅行支持,是商队和商船同僧人的结伴而行,以及商人的商业网络体系对佛经的传递等方面,当然,造像等崇拜行为需要大量的财力支持,商人也是政治势力之外最有经济能力的群体。

最值得我们注意的是,西域商人具有严密的商业链条和体系,为佛教徒提供了很好的传教帮助。

经书的传递有赖于西域商人,下为事例:

> 或乃护公在长安时,经未流宣,唯持至凉州,未能乃详审。泰元元年,岁在丙子,五月二十四日,此经达襄阳。释慧常以酉年,因此经寄互市人康儿,展转至长安。长安安法华遣人送至互市,互市人送达襄阳,付沙门释道安。襄阳时齐僧有三百人,使释僧显写送与扬州道人竺法汰。〔2〕

此处的释慧常就是利用了粟特商人的商业网络来为释道安传送经书,先是由"互市人"康儿将经书从凉州带到长安,然后转交给在长安的安法华,安法华又派人把经书送到互市,再有别的"互市人"把经书送达在襄阳的释道安之手。"互市"是中原政权同边境诸族交易的地方,一般设在边境地区。此处所说的"互市"是在凉州甚至长安这样的大都会中,显然就是指当时居住在这些地方经商的西域商人的居所或商业点。从姓名来看,康儿、安法华这两个人都是粟特人。那么文中所说的"互市人",也就是对西域商人的称呼。与此相关的记载还有以下一条:

---

〔1〕所谓"岭东六国"指西域南道的鄯善、且末、精绝、扜弥、于阗、莎车。参见法显撰,章巽校注:《法显传校注》,北京:中华书局,2008 年,第 13 页。

〔2〕《出三藏记集》卷9《渐备经十住梵名并书叙第三》。

耶舍后辞还外国,至罽宾得《虚空藏经》一卷,寄贾客,传与凉州诸僧,后不知所终。[1]

佛陀耶舍(Buddhayashas)在十六国时期来到中原,先后到达姑臧、长安,并同竺佛念等翻译《长阿含》等经典,他后来回归罽宾后,又通过西域商人将《虚空藏经》(Akashagarbha Sutra)1卷带回凉州交给凉州僧人,说明在西域同凉州僧人以及中原之间有一个托付于西域商人网络的佛经传播渠道。

西域商人同佛教徒的密切关系,我们还可以从以下几方面得到印证:

一是来自西域的僧人甚至印度僧人和到印度、西域求法的中原僧人往往都同西域商队结伴而行:

(1)僧伽跋摩(Sanghapala),此云众铠,天竺人也。少而弃俗……跋摩游化为志,不滞一方。既传经事讫,辞还本国,众咸祈止,莫之能留。元嘉十九年,随西域贾人舶还外国。[2]

(2)其日有从长安来者,见域在彼寺中。又贾客胡湿登者,即于是日将暮,逢域于流沙,计已行九千余里。既还西域,不知所终。[3]

二是有部分传教僧人本身就出生于在中原经商的西域商人之家:

(1)康僧会(Sanghavarman),其先康居人,世居天竺。其父因商贾,移于交趾。会年十余岁,二亲并亡,以至性闻。既而出家,砺行甚峻。[4]

(2)元嘉中,外国商人竺婆勒久停广州,每往来求利。于南康郡生儿,仍名南康,长易字金伽。后得入道,为昙摩耶舍弟子,改名法度。其人貌虽外国,实生汉土,天竺科轨,非其所谙。[5]

这两条史料虽然讲的都是在中国南方经商的西域胡商及出自胡

---

[1]《高僧传》卷2《晋长安佛陀耶舍传》。
[2]《高僧传》卷3《僧伽跋摩传》。
[3]《高僧传》卷9《耆域传》。
[4]《出三藏记集》卷13《康僧会传第四》。
[5]《出三藏记集》卷5《小乘迷学竺法度造异仪记第五》。

商之子出家为僧的事情,但可以想见,在西域商人分布比较广泛的北方地区,也免不了这种情况。不仅如此,其实在来华的西域商人中,就有人是一边经商一边传播佛教,这样的事例我们只发现下面一例,但很能说明问题:

> 时又有优婆塞安玄,安息国人。性贞白,深沉有理致,博诵群经多所通习。亦以汉灵之末,游贾洛阳,以功号曰骑都尉。性虚靖温恭,常以法事为己任,渐解汉言,志宣经典。常与沙门讲论道义,世所谓都尉者也。玄与沙门严佛调共出《法镜经》。[1]

安玄(An Xuan)是一个汉学修养很高的西域知识分子,来自安息国。他在东汉灵帝时期来到中土,"游贾洛阳",那么显然就是西域商团的成员,但是他又是个在家佛教信徒,所以同严佛调等僧人共同译经传教,在当时是非常有名的佛经翻译大师。

大约在南朝梁天监年间,一位来自康居国的商人放弃商务,在竹林寺出家为僧:

> 释道仙,一名僧仙,本康居国人,初以游贾为业,后值僧达禅师为其说法,遂沈宝船于江,辞妻子投灌口竹林寺而出家焉。[2]

三是来自西域的僧人可能在不同程度上都得到了在中原经商的本国商人的照顾和善待:

> 有外国沙门昙摩难提(Dharmanandi)者,兜佉勒国人也……以秦建元二十年来诣长安,外国乡人咸皆善之。[3]

能在长安居住的"外国乡人",只能就是驻扎在当地的商团成员,因而,在长安的外国人同东来的外国僧人关系是相当密切的。

四是西域商人及其家属在一定程度上应该是佛教在中原初传时期的主要信徒之一。

自汉代佛教传入之后,就有"唯听西域人得立寺都邑,以奉其神,其汉人皆不得出家"的禁令,而在佛图澄传教后赵、北方胡人没有普遍

---

〔1〕《高僧传》卷1《支楼迦谶传》。
〔2〕《神僧传》卷5《道仙传》。
〔3〕《出三藏记集》卷9《增一阿含经序第九》。

信仰佛教之前,可能来自西域的商人及其家属就是支撑佛教生长的主要力量之一。即使佛教在中原普及之后,西域商人也是主要的信徒力量之一。譬如在敦煌莫高窟294窟南壁就有北周商胡竹某的题名:

清信商胡竹□□居□供养

清信商胡竹□供养佛时[1]

西域商人作为佛教的有力支持者,不但同他们的庞大财力有关,也同他们与政治权势阶层所结成的利益共同体有一定关系。

3.1.3　佛图澄与释道安的经验:不依国主则法事难立

佛教传入中国后,情况就发生了很大的变化,商人不再是主要的支持者,正如季羡林先生所言,"在中国,佛教与商人风马牛不相及"。佛教在中国的传播和发展,主要得力于皇室和王公贵族的支持。

为什么天竺和西域商人会成为佛教的主要支持者,而中原商人会退出这一舞台?原因在于,佛教是有大量经典的高级宗教,它不像"萨满"等以法术和神灵附体为主要操作手段,而是要用整套的教义来让信徒得到世俗的解脱,所以它在意识形态领域对世俗君主的统治就会形成一定的威胁。

对专制政权来讲,意识形态领域的斗争是一根最脆弱的神经,尤其是成规模的宗教活动,如果不是在官方体制监督下进行的话,那将是对专制政权的极大挑战,是对统治者言说权和教化权的侵害。把言说权和教化权掌握在政府手里,是中国古代专制政权确立自身合法性的主要手段之一。这种对意识形态的掌控,主要是通过对传统儒家经典的官方解释和发挥来进行的,这种解说不仅用来培养政府的官吏,也是庶民在生活层面上必须遵守的伦理规则和行为规范,在一定程度上具有法的意义。所以,任何试图侵蚀这些解说和规则的意识形态方面的尝试,都是非常危险的行为。

那么,佛教作为来自异域的意识形态体系,就难以得到商人成规

---

[1]《敦煌莫高窟北周商胡竹某题名》,在莫高窟294窟南壁,墨书,全2行,稍残。见王素、李方:《魏晋南北朝敦煌文献编年》,台北:新文丰出版公司,1997年,第273页。

模的支持。因为在小农生产背景下的专制体制内，商人本身就是在伦理上缺乏足够合法性的一种阶层，他们随时面临着被强权无理剥夺的威胁，如果再同佛教僧人结盟的话，那将是非常危险的。在《洛阳伽蓝记》的记载中，洛阳诸寺修造寺庙者有皇帝、太后、王公大臣和来自西域的胡人，而鲜有商人立寺的记载。如洛阳大商人刘宝"资财巨万，州郡都会之处，皆立一宅，各养马一匹。至于盐粟贵贱，市价高下，所在一例。舟车所通，足迹所履，莫不商贩焉。是以海内之货，咸萃其庭。产匹铜山，家藏金穴。宅宇踰制，楼观出云。车马服饰拟于王者"[1]，即使这样一个人物，也没有立寺的记载。因而，投靠政治势力就成了佛教在中国传播发展的唯一大道。

这样，寺院的高级僧侣和各级僧官实际上就成了地主阶级的一个重要组成部分。所以，集聚了巨额财富的本土商人，显然不会很大方地将这些财富用在佛事活动中，而是投入政治事务方面，以求获得特权地位。

后赵时期的佛图澄明白这个道理，所以千方百计通过信奉佛教的后赵大将郭黑略同后赵皇帝石虎接近，最终取得了"大国师"的地位，使得佛教在后赵政权的支持下扎根北方，突破了"赵人悉不听诣寺烧香礼拜"的禁令。

释道安传道河北、讲法襄阳，也非常明白依靠政治权势是佛教能在中原得以传播的唯一大道，在新野分遣徒众分散传教时，他嘱咐说："今遭凶年，不依国主则法事难立，又教化之体，宜令广布。"因而，"依国主"乃是当时佛教能在政局纷扰、胡戎混战的北方存亡的关键所在。

按释道安的这个经验总结，"国主"是"法事"得以进行的决定性前提，因而，如何在"国主"与"法事"之间保持一种既有利于帝王政治，又无害于"佛教法事"的平衡，就成为传教者需要掌握的一种至关重要的技术。

鸠摩罗什在前凉政权的姑藏停留15年，由于前凉王吕光父子不信

[1]《洛阳伽蓝记》卷4《法云寺》。

佛教,所以在凉州的 15 年中,除了对汉语言的学习与熟练外,鸠摩罗什在佛教的传播方面可以说是一事无成。这种境遇使得鸠摩罗什深深明白"依国主"是何等重要,所以,以他为核心的 5000 长安学僧,自然就非常注重保持同后秦王室的密切关系,孜孜于"往来宫阙"以达到"盛修人事"的目的。

因而,在依靠"国主"与传播"法事"之间的平衡问题上,鸠摩罗什丰富的经历是具有典型的样本意义的。

3.2　罽宾王族与鸠摩罗什

鸠摩罗什是说一切有部出身的高僧和佛学家,他对于说一切有部学说的系统学习是在罽宾完成的。罽宾地区是第四次佛经结集地,有深厚的佛学文献与佛理传统。鸠摩罗什在罽宾的学习,奠定了他一生的佛学基本根底。

罽宾(Kubha),在中国古代历史文献中是没有一定界说的,在佛教文献中,罽宾就是迦湿弥罗(Kashmira)。迦湿弥罗位于印度东北境,喜马拉雅山的西麓,即今天的克什米尔地区,此处四面环山,在交通方面比较闭塞,所以迦湿弥罗的佛教传统较少受别国的影响,有其特殊的发展历程。在佛教发展史上,罽宾具有非常重要的地位。据《莲华面经》[1]、《阿育王传》等记载,释迦牟尼涅槃前曾预言罽宾国将会成为佛教大兴的一个地方,如《阿育王传》卷 4 即有释迦牟尼的弟子阿难陀转述老师的嘱托说:"尊者阿难语言,世尊以法付嘱于我而入涅槃,我今付嘱汝之佛法而入涅槃,尔等当于罽宾国中树立佛法。佛记:我涅槃

---

〔1〕《莲花面经》卷下:"佛告阿难……罽宾国,我涅槃后,其国炽盛安隐丰乐,如郁怛罗越。佛法炽盛,多有罗汉而住彼国,亦有无量如来弟子……优波提舍彼诸罗汉,结集如来十二部经,广造诸论。彼罽宾国犹如帝释欢喜之园,亦如阿耨清凉之池。复有颇罗堕逝宾头楼等皆乐住彼罽宾国土。不退佛乘阿罗汉等,亦住彼国。复有因陀罗摩那阿罗汉、白项阿罗汉等,复于如来所说法藏,有漏无漏之法,皆悉撰集广行流布。阿难,我涅槃已最后法身,彼等建立于未来。复后有金毗罗等五诸天子生罽宾国,广兴我法流布于世,大设供养。我诸弟子於阎浮提,初未曾有如是大会。佛告阿难,于未来世罽宾国土,当作如是大法之会。"《大正新修大藏经》第 12 册《宝积部下》《涅槃部全》。

51

后,当有摩田提比丘,当持佛法在罽宾国。"[1]

释迦牟尼佛涅槃后,共有四次佛经结集的盛事,其中第四次佛经结集就是在罽宾国进行的。[2] 据《婆薮槃豆法师传》(*Biography of Vasubandhu*)记载,释迦牟尼佛涅槃后 500 年,说一切有部僧迦旃延子(Katyayaniputra)往印度西北罽宾国,召集五百罗汉和五百菩萨,撰说一切有部《阿毗达磨毗婆沙》(*Abhidharma-madavibhasha shastra*)百万颂。[3]

佛教最早传入罽宾的时间大约在公元前 259 年,阿育王派遣摩田提比丘前去传教,据说当时信奉者 8 万人,剃度为僧者 10 万人。[4] 此后在历代王族的提倡下,罽宾佛教有盛有衰。

到 4 世纪,罽宾同东方各国在政治、商业方面交往频繁,佛教也日渐兴盛,尤其是说一切有部的学说,在罽宾非常兴盛,很多外国的僧人都到这里去学习有部知识,譬如中国初期佛教史上著名的佛图澄就曾到罽宾学习。[5] 正是因为罽宾具有曾经结集佛经的悠久历史,有深厚的佛学学术传统,所以鸠摩罗什的母亲耆婆才会选择带儿子到罽宾求学:

> 什年九岁,随母渡辛头河至罽宾,遇名德法师槃头达多,即罽

---

〔1〕《阿育王传》卷 4,见《大正新修大藏经》第 50 册《史传部二》。

〔2〕关于佛经的结集问题,佛经中的记载并不能完全当作信史来看待,佛经之结集成型,是经过了一个漫长的过程(参阅刘肃:《禅定与苦修》,上海:上海古籍出版社,2010 年,第 9 – 12 页),然而,如罽宾这样被归入佛经结集点的地域,在佛教史上则肯定是佛学文献丰富和部派高僧活动最为活跃的地区,如高僧佛图澄与鸠摩罗什都长途跋涉到此地学习,就说明这一地域的佛学地位之高。

〔3〕《婆薮槃豆法师传》:"佛灭度后五百年中有阿罗汉名迦旃延子,母姓迦旃延,从母为名,先于萨婆多部出家。本是天竺人,后往罽宾国,与五百阿罗汉及五百菩萨共撰集《萨婆多部阿毗达磨》,制为八伽兰他……广宣告远近,若先闻说阿毗达磨,随所得多少悉送来。于是若天诸龙夜叉及至阿迦尼师吒、诸天有先闻佛说阿毗达磨,若略若广乃至一句一偈,悉送与之。迦旃延子共诸阿罗汉及诸菩萨简择其义,若与修多罗毗那耶不相违背,即便撰铭;若相违背即便弃舍。是所取文句,随义类相关;若明慧义则安置慧结中,若明定义则安置定结中。余类悉尔。八结合有五万偈。造八结竟,复欲造毗婆沙释之……经十二年造《毗婆沙》方竟,凡百万偈。毗婆沙译为广解。表述既竟,迦旃延子即刻石立表云。"《大正新修大藏经》第 50 册《史传部二》。

〔4〕《阿育王传》卷 4,见《大正新修大藏经》第 50 册《史传部二》。

〔5〕《高僧传》卷 9《竺佛图澄》:"竺佛图澄者,西域人也……到罽宾受诲名师,西域咸称得道。"

宾王之从弟也,渊粹有大量,才明博识,独步当时;三藏九部,莫不该练。从旦至中,手写千偈。从中至暮,亦诵千偈。名播诸国,远近师之。

　　什至,即崇以师礼,从受《杂藏》、《中》、《长》二含,凡四百万言。达多每称什神俊,遂声彻于王。王即请入宫,集外道论师共相攻难。言气始交,外道轻其年幼,言颇不逊。什乘隙而挫之,外道折伏,愧惋无言。王益敬异,日给鹅腊一双、粳米面各三斗、酥六升。此外国之上供也。所住寺僧,乃差大僧五人、沙弥十人营视扫洒,有若弟子。其见尊崇如此。

　　至年十二,其母携还龟兹。诸国皆聘以重爵,什并不顾。[1]

　　鸠摩罗什在罽宾的学习历程,僧祐和慧皎的记录都比较简单,9岁的鸠摩罗什随母亲到罽宾拜槃头达多为师,学习了《杂藏》[2]、《中阿含》和《长阿含》,并得到槃头达多"神俊"的一个评价,被引荐给罽宾王,入宫同外道论难取胜,罽宾王给了鸠摩罗什母子当时罽宾国对待外国僧人的最上等的供养。12岁的时候,鸠摩罗什随母亲离开罽宾。

　　显然,鸠摩罗什及其母亲在罽宾是得到罽宾王族支持的,这种支持的获得据说是来源于对鸠摩罗什辩才的奖赏。

3.3　疏勒王对鸠摩罗什的扶植与利用

　　据《出三藏记集》中卷传第14《鸠摩罗什传》和《高僧传》卷2《鸠摩罗什传》的记载,虽然鸠摩罗什在罽宾国追随槃头达多学习了说一切有部的主要经典,但是,其小乘学问体系的知识构建和大乘转向,却是在疏勒国完成的。

　　疏勒国的学习和传教经历,是鸠摩罗什学问体系构建、宗教身份

---

　　〔1〕《高僧传》卷2《鸠摩罗什传》。
　　〔2〕《杂藏》即《杂法藏经》《杂宝藏经》,北魏吉迦夜、昙曜共译,10卷,由121个小故事组成,这些故事均为流传于印度民间的譬喻、寓言、本生故事,被佛教徒收集改编,糅进了佛教训诫。其中有《罗摩衍那》的早期流行形态,有弥兰陀王与那先比丘见面的叙述,均为研究印度古代史、佛教史、文学史的宝贵资料。

确立的关键阶段,是其宗教人生的一个决定性拐点。

东晋穆帝永和十一年(355),12 岁的鸠摩罗什结束了在罽宾的学习,随母返回龟兹,在途中到沙勒(疏勒)国留住。疏勒国,在佛教文献中也被称作"沙勒",意思是"玉市"或"玉山"。其地域即今天的新疆喀什地区,此地处在西域北道的要害之地,是葱岭东西交通的重要门户。在葱岭以东诸国中,疏勒是与佛教接触最早的国家,疏勒佛教可能与大月氏有关。在 2 世纪初期,疏勒国王名叫安国,他的舅舅叫作臣盘,在大月氏做人质,就是一个住在佛教寺庙中的信仰者。安国死后,臣盘回国继承王位,作为一个佛教信徒,臣盘大力推行弘扬佛教就是情在理中的事情。据此可以推断,至迟在 2 世纪初,疏勒已经有佛教的存在。疏勒国是帕米尔以东佛教扎根较早的国家,它盛行的小乘佛教来自犍陀罗,而龟兹的佛教又是通过疏勒传播过去的,所以疏勒国的佛学非常有特点,首先是在疏勒国,佛教及当时西域地区各个教派的经典非常丰富;其次是疏勒国有很多佛教的遗物,如佛牙、佛唾壶等,并且保护得比较好。

就佛学经典及各种杂学文献而言,仅从鸠摩罗什传记材料中提供的情况来看,关于印度文化的大部分重要典籍以及大乘中观学派的"三论"等经典,鸠摩罗什是在疏勒国读诵学习的,这说明在疏勒国,佛教文献及各种教派的典籍是非常丰富的,在文献种类的多样性方面可能已经不亚于当时的"说一切有部"的中心地区罽宾。

就佛教遗物来看,其中最著名的就是释迦牟尼佛曾经用过的佛钵,据文献记载,佛钵用青石造就,"光色紫绀,四际尽然",可以容纳三斛多的东西。

当时很多不远万里到西域求法的各国高僧,都期望能到疏勒国顶戴佛钵。据说顶戴这个佛钵发愿,随着自己心中意念的变化,会感觉到佛钵轻重不同的变化,依此可以检测自己的道心的虔诚与否。自然,鸠摩罗什也不会错过这次机会:

　　　　什进到沙勒国,顶戴佛钵,心自念言:"钵形甚大,何其轻耶!"
　　即重不可胜。失声下之,母问其故,答云:"儿心有分别,故钵有轻

图3-1　佛钵崇拜

（图版采自 Gilles Beguin, *Buddhist Art: An Historical and Cultural Journey*, Bangkok: River Books Co., Ltd., 2009, p. 125。）

重耳。"遂停沙勒一年。其冬诵《阿毗昙》，于《十门》修智诸品无所
窒碍，而备达其妙。又于《六足》诸问无所滞碍。[1]

也可能正是这次顶戴佛钵的神奇经历，使得鸠摩罗什对佛法有了
更进一步的体悟，于是决定留在疏勒国继续学习。停留在疏勒国的鸠
摩罗什不但潜心诵习阿毗昙，而且对《集异门足论》《法蕴足论》《施设
足论》《识身足论》《品类足论》《界身足论》这"六足论"及其他经论做
了系统深入的研读。

显然，鸠摩罗什在疏勒读过的书籍，并不仅仅限于佛学著作，尤其
是对一些所谓的"外道"的经典书籍的阅读学习，奠定了他庞杂的知识
结构。据文献记载，他读过的主要经典有三类：其一是同理解佛教经典
有关的各种各样的"经论"，通过学习"经论"，他熟练地掌握了文辞制

---

[1]《高僧传》卷2《鸠摩罗什》。

作和如何应对辩论问答等技巧。其二是对《四吠陀》及《五明论》的学习。《四吠陀》是婆罗门教最重要和最根本的经典,由《梨俱吠陀》《裟摩吠陀》《耶柔吠陀》《阿闼婆吠陀》等四部组成,蕴含丰富的神学思索,包括了语音、语法、词源、韵律、天文、占星、医学、音乐舞蹈、军事、建筑等方面的知识。《五明论》由五部分组成,分别是声明、工巧明、医方明、因明、内明,这是作为一个佛教僧人在传教过程中不可缺少的知识,这些知识,既有利于帮助修道者理解经典,更有利于运用这些知识为民众服务,从而展开传教。其三,鸠摩罗什还阅览了大量阴阳星算等方面的经典,这一部分可以称之为"杂学"。学习这些知识,一方面巩固了鸠摩罗什所学到的医学、星占等知识,一方面也使得他在星算占卜等这些技艺上有了更加广阔的知识积累。

关于鸠摩罗什在疏勒国的经历,佛教文献的记载中是不太一致的,《出三藏集记》认为罗什是先从罽宾到疏勒国,学习了《阿毗昙》《六足论》和《增一阿含经》,然后就回到了故国龟兹,在龟兹国学习了《四吠陀》《五明论》及阴阳星算等知识,并且同龟兹国的僧侣们在行为上有些格格不入。而在慧皎的《高僧传》中,鸠摩罗什是在疏勒国的时候诵读了以上这些经典,然后才由龟兹国王派人迎他回龟兹的。

在疏勒国的这段时间里,鸠摩罗什不仅如饥似渴地广读经书,而且还正式受教于两位著名的高僧大德,一位是出身婆罗门贵族之家、学富五车的罽宾僧人佛陀耶舍,一位是王族出身的须利耶苏摩。佛陀耶舍是一个对大小乘经典都很有研究的高僧,他熟读大小乘经典数百万言,可能是他第一次让鸠摩罗什接触了大乘理论,但是真正让罗什由小乘学转向大乘学的,是由于须利耶苏摩的点化和引导:

> 时有莎车王子、参军王子兄弟二人,委国请从而为沙门。兄字须利耶跋陀,弟字须利耶苏摩。苏摩才伎绝伦,专以大乘为化,其兄及诸学者皆共师焉。什亦宗而奉之,亲好弥至。
>
> 苏摩后为什说《阿耨达经》,什闻阴界诸入皆空无相。怪而问曰:"此经更有何义而皆破坏诸法?"答:"眼等诸法,非真实有。"什既执有眼根,彼据因成无实。于是研核大小,往复移时,什方知理

有所归,遂专务《方等》,乃叹曰:"吾昔学小乘,如人不识金,以鍮石为妙。"因广求义要,受诵《中》、《百》二论及《十二门》等。

由小乘而习大乘,是鸠摩罗什法师学业史上具有巨大转折意义的新起点,也是中古佛教发展历程中大放异彩的一页。苏摩成功地把他从一个熟读一切有部经典的佛教学者,点化成了一个信服大乘理论的年轻高僧。此后鸠摩罗什一鼓作气,在两年的时间里跟随苏摩学习了理解大乘经典的著名经论《中观论》《百论》和《十二门论》等,以这"三论"为主的论部著作,都是对部派小乘及其他学派进行破斥而彰显自宗的理论性著作,是体悟大乘思想的要旨法门。古印度龙树菩萨的《中观论》和《十二门论》使得罗什彻底洞彻了"诸法性空"的核心思想;古印度提婆大师所著的《百论》使得罗什对世界万有"毕竟空"有了更深刻的理解。

对鸠摩罗什本人而言,在疏勒国停留的时期是其宗教生涯的重要转折点,也是开启中原佛教发展变化新阶段的一个重要转折点。[1]

在喜见沙门的引荐下,鸠摩罗什同疏勒王建立了关系。疏勒王从一开始支持鸠摩罗什,就是出于政治考虑而非宗教原因,《高僧传》载:

> 沙勒国有三藏沙门名喜见,谓其王曰:"此沙弥不可轻,王宜请令初开法门。凡有二益:一国内沙门耻其不逮,必见勉强;二龟兹王必谓什出我国,而彼尊之是尊我也,必来交好。"王许焉,即设大会,请什升座,说《转法轮经》。龟兹王果遣重使,酬其亲好。

疏勒王之所以听从沙门喜见的建议,让年仅 12 岁的鸠摩罗什讲经说法,主要是为了利用鸠摩罗什龟兹王族的身份来讨好龟兹王,达到交好龟兹、保存国力的目的。这同疏勒国当时在西域所处的地位有关,

---

[1]David W. Chappell 将公元 6 世纪之前以翻译经典为主流的为中国佛教确立规范的佛教称之为圣典佛教,并将其经典解释分成了三个阶段,其中第一阶段的佛经解释以儒家或道教为参考框架,而第二个阶段就以鸠摩罗什翻译佛经为标志,是完全以印度佛典所提供的概念和内容做思考。可见,鸠摩罗什由小乘转向大乘,确实可以看作中原佛教发生转折性变化的一个节点。参见戴维·柴贝尔(David W. Chappell):《中国佛教的解释学阶段》,载唐纳德·罗佩兹(Donald S. Lopez)编《佛教解释学》,周广荣、常蕾、李建欣译,上海:上海古籍出版社,2009 年,第 170 - 172 页。

·欧·亚·历·史·文·化·文·库·

至少从汉代文献来看,疏勒是受制于龟兹的一个小国:

> 明帝永平十六年,龟兹王建攻杀疏勒王成,自以龟兹左侯兜
> 题为疏勒王。[1]

直到汉安帝元初(114—120)之后至汉顺帝永建二年(127)之前,莎车叛于阗而属疏勒,"疏勒以强,故得以龟兹、于阗为敌国矣"[2],而汉灵帝建宁三年(170),凉州刺史孟佗遣从事任涉率领敦煌兵 500 人,合焉耆、龟兹、车师前后部 3 万余人,讨伐疏勒。[3] 此次讨伐,虽然没有攻下疏勒的"桢中城",但是引起了"其后疏勒王连相杀害,朝廷亦不能禁"的后果。

由此可见,疏勒在当时的西域诸国中,一直处在龟兹的敌国地位,那么在实力弱小的时期向龟兹示好就是其必然选择,此处疏勒王以支持龟兹王族鸠摩罗什讲经说法作为交好龟兹的一个策略,并且取得了龟兹王的认同,缓和了两国关系。

正因为疏勒王支持鸠摩罗什讲经说法仅仅是一种外交策略,所以不能将疏勒王的这种支持理解为对大乘佛教的支持。这种迹象,我们可以从鸠摩罗什同疏勒小乘僧人的关系得到理解。按慧皎在《高僧传》中的说法,鸠摩罗什虽然得到了疏勒王的礼遇,但是疏勒小乘僧人对他却有一些非议:

> [鸠摩罗什]为性率达不厉小检,修行者颇共疑之,然什自得
> 于心,未尝介意。[4]

鸠摩罗什的这种有违戒律的做派,让疏勒国的僧侣们心里很不舒服,对他颇有微词。僧侣应该要过节制性的生活,要善于控制自己的感情、约束自己的行为,而才华横溢、少年得志的鸠摩罗什恰恰在这方面没有做到中规中矩。我们也不能不注意到,鸠摩罗什的行为之所以引起非议,应该有其大乘取向同疏勒小乘佛教僧团发生实质性冲突的

---

〔1〕《后汉书》卷88《西域·疏勒国》。
〔2〕《后汉书》卷88《西域·疏勒国》。
〔3〕《后汉书》卷88《西域·疏勒国》。
〔4〕《高僧传》卷2《鸠摩罗什》。

因素。

3.4 龟兹王帛纯与大乘佛教
在龟兹地区的发展

帛纯是什么时间成为龟兹王的,史无明文。但是按鸠摩罗什在龟兹活动的时间来梳理,涉及龟兹王的史实主要有以下几端:

3.4.1 龟兹王与鸠摩炎在西域的活动

按慧皎《高僧传》的记载,鸠摩罗什的父亲鸠摩炎离开罽宾到龟兹时,受到龟兹王重用:

> 鸠摩炎,聪明有懿节。将嗣相位,乃辞避出家,东度葱岭。龟兹王闻其弃荣,甚敬慕之,自出郊迎,请为国师。王有妹,年始二十,识悟明敏,过目必能,一闻则诵。且体有赤黡,法生智子。诸国娉之并不肯行,及见摩炎,心欲当之,乃逼以妻焉。[1]

对于这段文献,我们可以得到以下几点认识:(1)鸠摩炎作为外来者,不但成为龟兹王的国师,并且迎娶了龟兹王的妹妹耆婆;(2)在早期可信文献中,鸠摩炎仅仅出现了这样一次,此后无论在鸠摩罗什人生的关键节点,还是在龟兹面临亡国关头的生死时刻,这个以"聪明有懿节"而高调出场的、具有"龟兹国师"身份的人再也没有出现过,这是一个很奇怪的现象;(3)既然此处明确说明耆婆是龟兹王之妹,可以断定,其时的龟兹王,也就是在鸠摩罗什在龟兹活动时期的那个龟兹王帛纯,而非别人。

对于鸠摩炎,后代的文献中有一些别的说法,后周显德五年(958),金陵长先精舍僧人楚南在其《优填王所造旃檀释迦瑞像历记》中提到了鸠摩炎:

> 夫旃檀佛者,即释迦牟尼佛真容也……后鸠摩罗琰法师,背负其像,来自中天。昼即僧负像,夜乃像负僧。远涉艰难,无劳险

---

[1]《高僧传》卷2《鸠摩罗什》。

图 3 - 2　北印度王族人物形象

（鸠摩罗什的父亲鸠摩炎是来自北印度地区的王族，我们从斯瓦特地区出土的同时代王族造像中可以追寻到鸠摩炎的大致形象。图版采自 Isao KURITA［栗田功］，*A Revised and Enlarged Edition of Gandharan Art 2：The World of the Buddha*，Tokyo：Nigensha Publishing Co. Ltd.［二玄社］，p. 127，p. 128，p. 130。）

阻。至于龟兹国，缘师有儿，王纳为驸马，而有遗体子，即鸠摩罗什也。[1]

按这段后起于五代时期的文献的说法，鸠摩罗什的父亲天竺人鸠摩炎是一个虔诚的佛教传播者，他本来带了著名的旃檀瑞像欲到中原传教，但是中途被龟兹王截留。这种说法是值得怀疑的，因为鸠摩罗什从出家求学到转向大乘直至受具足戒，都是在母亲的指引监护下完成的，其父亲几乎没发挥什么作用，所有的早期文献中也没有关于鸠摩炎是佛教徒的记载，可见鸠摩炎本人可能并不是佛教徒。

3.4.2　帛纯对鸠摩罗什宣扬大乘的支持

鸠摩罗什及其母出家，是得到龟兹王帛纯支持的，所以他们出家后就出现了"时龟兹国人以其母王妹，利养甚多"的局面。除此之外，帛纯对于鸠摩罗什宣扬大乘佛学的支持，主要表现在以下三方面：

---

〔1〕高楠顺次郎：《大日本佛教全书》第14册，京都清凉寺藏本，东京：共同印刷株式会社，昭和六年(1931)，第309页。

（1）主动从温宿国将鸠摩罗什迎回龟兹，所谓"龟兹王躬往温宿，迎什还国，广说诸经，四远宗仰，莫之能抗"[1]。此时鸠摩罗什的大乘僧人身份已经非常明确，龟兹作为一个信仰小乘的佛教国家，帛纯能如此支持大乘发展，对于鸠摩罗什传扬大乘或其后在大乘学问方面的进一步学习奠定了基础。

（2）允许王室成员转向对大乘学说的学习，《高僧传》载：

> 时王子为尼，字阿竭耶末帝，博览群经，特深禅要。云已证二果，闻法喜踊。乃更设大集，请开《方等》经奥。什为推辩诸法皆空无我、分别阴界假名非实。时会听者莫不悲感追悼恨，悟之晚矣。[2]

在鸠摩罗什回到龟兹后，帛纯女儿阿竭耶末帝公主就支持鸠摩罗什宣讲大乘经典《方等经》，"推辩诸法皆空无我、分别阴界假名非实"，并且使听经者产生了"悟之晚矣"的慨叹，可见当时能皈依大乘的王族成员或贵族应该为数不少。这个阿竭耶末帝公主，可能就是后来在吕光的威逼下同鸠摩罗什结婚破解的龟兹王女。

（3）帛纯为鸠摩罗什宣扬大乘设立了著名的王新僧伽蓝。

关于王新僧伽蓝的记载，有两段文献值得注意。

首先，后秦建元十五年（379），中原僧人僧纯、昙充从西域龟兹国取《比丘尼戒本》经返回后带来的关于龟兹寺庙的信息，这两位僧人极有可能见过当时尚在龟兹讲经说道的鸠摩罗什：

> 有寺名达慕蓝（百七十僧），北山寺名致隶蓝（五十僧），剑慕王新蓝（六十僧），温宿王蓝（七十僧）。右四寺，佛图舌弥所统。寺僧皆三月一易屋床座或易蓝者。未满五腊，一宿不得无依止。

> 王新僧伽蓝（九十僧，有年少沙门字鸠摩罗，才大高，明大乘学，与舌弥是师徒，而舌弥阿含学者也）。[3]

他们的记载中将龟兹的寺庙明确分为两类：一类是龟兹小乘学大

---

〔1〕《高僧传》卷2《鸠摩罗什》。
〔2〕《高僧传》卷2《鸠摩罗什》。
〔3〕《出三藏记集》序卷第11，见《大正新修大藏经》第55册《目录部全》。

·欧·亚·历·史·文·化·文·库·

师佛图舍弥所统的小乘寺院,另一类就是鸠摩罗什所住的王新僧伽蓝。很明显,只有王新僧伽蓝是大乘寺院。

其次,对于鸠摩罗什在王新僧伽蓝的详细情况,《高僧传》的记载更为明确:

> [鸠摩罗什]留住龟兹,止于新寺。后于寺侧故宫中,初得《放光经》。始就披读,魔来蔽文,唯见空牒。什知魔所为,誓心逾固。魔去字显,仍习诵之。复闻空中声曰:"汝是智人,何用读此?"什曰:"汝是小魔,宜时速去,我心如地,不可转也。"停住二年,广诵大乘经论,洞其秘奥。龟兹王为造金师子座,以大秦锦褥铺之,令什升而说法。[1]

此处之"新寺"就是"王新僧伽蓝",可以确定是龟兹王帛纯为鸠摩罗什专门建立的大乘佛寺,其位置在"故宫"之侧,即龟兹王宫之侧。需要注意的是,鸠摩罗什既然在"故宫"中找到了大乘经典《放光经》,可见这个龟兹王宫是藏有相当数量的佛教经典的,其中自然包括大乘经典。

帛纯不仅在王宫旁为鸠摩罗什独立新寺,而且给予鸠摩罗什"造金师子座,以大秦锦褥铺之,令什升而说法"[2]的至高礼遇,说明他对大乘佛法的崇敬。如果《高僧传》中"西域诸国咸伏什神俊,每年讲说,诸王皆长跪座侧,令什践而登焉"的记载不是夸饰的话,龟兹王帛纯对于大乘佛教在龟兹地区的宣扬,确实是倾注了极大的热情和支持的。

然而,由于龟兹地区源远流长的小乘传统,大乘佛法并没有取得优势性的地位,直到玄奘取经路过,龟兹地区仍然是小乘说一切有部的天下,所谓"屈支国……伽蓝百余所,僧徒五千余人,习学小乘教说一切有部,经教律仪取则印度。其习读者,即本文矣。尚拘渐教,食杂三净。洁清耽玩,人以功竞"[3]。

从这个状况来推断,鸠摩罗什的王新僧伽蓝在龟兹的影响不仅仅

---

〔1〕《高僧传》卷2《鸠摩罗什》。
〔2〕《高僧传》卷2《鸠摩罗什》。
〔3〕《大唐西域记》卷1。

图 3-3　金狮子座形象

（狮子座是古代亚欧地区国王或神的座椅,往往以双狮子形象支撑椅子或以卧狮子形象来表现,佛、菩萨造像也采用了这一表达方式。鸠摩罗什坐在狮子座上说法,说明其地位高贵如国王。图中左边是出土于片治肯特壁画中的狮子座上的王,中间是坐在狮子座上的贵霜王朝的维马伽费沙国王,右边是狮子座佛造像。图版分别来自 *Republican Historical and Regional Study Museum Named After Rudaki*; 王琳编著《印度艺术》,石家庄:河北教育出版社,2003 年,第 141 页;T. W. Rhys Davids ,1000 *Buddhas of Genius*, Vietnam:Baseline Co Ltd. P.356。）

是阶段性的,还有可能是"高端性的"——在这个寺庙学习的有可能仅仅是一些像龟兹王帛纯的女儿阿竭耶末帝公主一样的具有较高文化修养、对新知识孜孜追求的上层阶级。

之所以如此推断,是因为在关于鸠摩罗什西域学习、传播大乘的记载中,出现的相关人物都具有不俗的出身,如一位是出身婆罗门贵族之家、学富五车的罽宾僧人佛陀耶舍,一位是王族出身的须利耶苏摩,再一位就是龟兹王女阿竭耶末帝公主。

大乘思想的"性空幻有",不是什么人都能够接受的,没有相当的文化理论素养,无法进入其中。我们不能忽略的是,直到唐代的西域石窟寺中,"看图说话讲故事"仍然是小乘寺庙的最佳选择,这就提示我们,大乘中观思想在小乘盛行的地域,其信仰者应该不会很多,范围很小。

以上的这个判断,有几个细微的情节可以提供一点支持,那就是关于鸠摩罗什的西域弟子问题。从东晋穆帝升平元年(357),龟兹王迎鸠摩罗什回国,为王女阿竭耶末帝开讲《方等经》开始,到东晋孝武太元九年(384)前秦大将吕光攻陷龟兹、俘获鸠摩罗什的27年时间里,如果大乘信仰者众多的话,鸠摩罗什应该会有一批优秀的西域弟子,可是在此后的岁月中,我们没有看到这方面的记载,只是在鸠摩罗什去世前才有一点蛛丝马迹,所谓"什未终日,少觉四大不愈,乃口出三番神咒,令外国弟子诵之以自救,未及致力,转觉危殆"〔1〕这个记载说明鸠摩罗什身边是有"西域弟子"的,但是这些西域弟子在鸠摩罗什译场并不是突出的人物,所以这可以从一个侧面说明,鸠摩罗什在西域传扬大乘时期,其弟子或追随者是有限的。但是,我们也不能忽略那些相反的例证,对于鸠摩罗什在龟兹国传扬大乘的最大成就,就是说服其罽宾的小乘学老师槃头达多皈依大乘,下面做专门分析。

3.4.3 对槃头达多皈依大乘事件的分析

关于槃头达多皈依大乘事件,僧祐对此有简明的记载:

> 后往罽宾,为其师槃头达多具说一乘妙义,师感悟心服,即礼什为师,言:"我是和上小乘师,和上是我大乘师矣。"西域诸国服什神俊,咸共崇仰,每至讲说,诸王长跪高座之侧,令什践其膝以登焉〔2〕

槃头达多是一代名师,还是罽宾王的弟弟,这样的一位人物被鸠摩罗什说服皈依大乘,在小乘盛行的龟兹地区是具有轰动效应的。关于这个事件,慧皎在《高僧传》中描摹得更为传神:

> 龟兹王为造金师子座,以大秦锦褥铺之,令什升而说法。什曰:"家师犹未悟大乘,欲躬往仰化,不得停此。"俄而大师槃头达多不远而至,王曰:"大师何能远顾?"达多曰:"一闻弟子所悟非常,二闻大王弘赞佛道,故冒涉艰危,远奔神国。"什得师至,欣遂

---

〔1〕《高僧传》卷2《鸠摩罗什》。
〔2〕《出三藏记集》中卷传第14《鸠摩罗什》。

本怀。为说《德女问经》，多明因缘空假。昔与师俱所不信，故先说也。

师谓什曰："汝于大乘，见何异相而欲尚之?"什曰："大乘深净明有法皆空，小乘偏局多诸漏失。"师曰："汝说一切皆空，甚可畏也! 安舍有法而爱空乎! 如昔狂人令绩师绩线，极令细好。绩师加意细若微尘，狂人犹恨其粗。绩师大怒，乃指空示曰:此是细缕。狂人曰:何以不见? 师曰:此缕极细，我工之良匠犹且不见，况他人耶。狂人大喜，以付织师，师亦效焉。皆蒙上赏而实无物。汝之空法，亦由此也。"什乃连类而陈之，往复苦至经一月余日，方乃信服。师叹曰:"师不能达，反启其志，验后今矣。"后是礼什为师，言:"和上是我大乘师，我是和上小乘师矣。"西域诸国咸伏什神俊，每年讲说，诸王皆长跪座侧，令什践而登焉。其见重如此。[1]

按僧祐在《出三藏记集》中的记载，鸠摩罗什曾重返罽宾说服了自己的老师槃头达多皈依大乘，而慧皎则记载槃头达多来到了龟兹，不但同龟兹王有一段生动传神的对话，而且同鸠摩罗什有一段激烈的口辩。僧史文献中的这种事件发生时间地点的记载歧异我们可以置而不论，而文献撰著者用"老师说服学生"的这种典型事例来凸显或证明鸠摩罗什在西域龟兹传播大乘思想成就的逻辑，在一定程度上却不能不让我怀疑其真实性。

关于槃头达多皈依大乘的个案，可以有两个解读路径:(1)这是普遍性中的一个最经典的实例，是繁多点阵中的一个亮点，是大乘思想在龟兹地区曾经相当普及、流行的一个标志性事件;(2)这仅仅是一个个案，是一个孤立的偶然。我倾向于第二个判断，因为从目前的文献和西域石窟寺来看，大乘思想在鸠摩罗什时代的西域龟兹影响有限。因而，槃头达多皈依大乘的实例，并不能证明鸠摩罗什在龟兹地区有众多的追随者。

---

[1]《高僧传》卷2《鸠摩罗什》。

· 欧 · 亚 · 历 · 史 · 文 · 化 · 文 · 库 ·

3.5　前秦王符坚的统一梦想与宗教策略

鸠摩罗什的东来中原,完全是因为前秦王符坚的政治策略所促成的。如果没有符坚在建元十九年(383)派大将吕光对龟兹的讨伐,鸠摩罗什可能就不会来到中原。符坚为什么在北方未稳的情况下要远伐龟兹,是非常值得探究的。

3.5.1　符坚的统一梦想及其远征意图

383 年淝水之战之前的前秦,已经基本上统一了黄河以北的大部分地区,这是宋代之前中央王朝的核心区域,占据了这一地区,实际上就意味着对传统的"华夏"或"中国"的全面统治。

之所以如此,从人文和地理的角度来讲,有两个原因:(1)以关中地区为核心的区域不但是传统的产粮区,也是中国有文明以来古王朝的核心文化区,是"中国"所在,是"正统王朝"的标志性地域;(2)在冷兵器时代,广大的北方地区无论在马匹的豢养、军队的培训还是战略空间的广阔展开方面,都是黄河以南地区所无法比拟的,因而,冷兵器时代的政权一旦退缩黄河以南就很难再有什么作为,而占据北方的政权在军事方面则有充足的自信。

对符坚而言,383 年之前的主要事务应该是如何安定和巩固在广大北方的统治,因为其时虽已表面统一,但是民族成分复杂、集团势力不一,很多民族集团都在寻找机会叛离前秦、树旗自立。对于符坚急于讨伐东晋王朝,符融所分析的天下大势是非常有道理的:

> 融泣曰:"吴之不可伐昭然,虚劳大举,必无功而反。臣之所忧,非此而已。陛下宠育鲜卑、羌、羯,布诸畿甸,旧人族类,斥徙遐方。今倾国而去,如有风尘之变者,其如宗庙何!监国以弱卒数万留守京师,鲜卑、羌、羯,攒聚如林,此皆国之贼也,我之仇也。臣恐非但徒返而已,亦未必万全。臣智识愚浅,诚不足采;王景略一时

奇士,陛下每拟之孔明,其临终之言不可忘也。"坚不纳[1]

符融之"鲜卑、羌、羯,攒聚如林,此皆国之贼也"一语道破当时北方统一之下的部族分裂矛盾,但是符坚对此不以为然,以今天的思想来看,符坚也许是想用一种速战速决的战术来做一次冒险性的"休克治理",一旦在短期内将东南平定,就可以名正言顺地接续晋王朝的"正统"而雄霸中国。我们从他同释道安的对话中基本可以看到他的意图:

> [符坚]谓安曰:"朕将与公南游吴越,整六师而巡狩,谒虞陵于疑岭,瞻禹穴于会稽,泛长江,临沧海,不亦乐乎!"安曰:"陛下应天御世,居中土而制四维,逍遥顺时,以适圣躬,动则鸣銮清道,止则神栖无为,端拱而化,与尧舜比隆,何为劳身于驰骑,口倦于经略,栉风沐雨,蒙尘野次乎?且东南区区,地下气疠,虞舜游而返,大禹适而弗归,何足以上劳神驾,下困苍生。《诗》云:'惠此中国,以绥四方。'苟文德足以怀远,可不烦寸兵而坐宾百越。"坚曰:"非为地不广、人不足也,但思混一六合,以济苍生。天生蒸庶,树之君者,所以除烦去乱,安得惮劳!朕既大运所钟,将简天心以行天罚。高辛有熊泉之役,唐尧有丹水之师,此皆著之前典,昭之后生。诚如公言,帝王无省方之文乎?且朕此行也,以义举耳,使流度衣冠之胄,还其墟坟,复其桑梓,止为济难铨才,不欲穷兵极武。"安曰:"若銮驾必欲亲动,犹不愿远涉江淮,可暂幸洛阳,明授胜略,驰纸檄于丹杨,开其改迷之路。如其不庭,伐之可也。"坚不纳[2]

在释道安看来,占据了以关中平原为中心的中原地区,就可以"居中土而制四维,逍遥顺时",根本用不着去征伐东南地区那种偏远地域。

然而,雄心勃勃的符坚却不这么认为,在他来看,儒家经典和汉文史书中有"高辛有熊泉之役,唐尧有丹水之师"的这种远征东南地区的

---

[1]《晋书》卷114《符坚载记下》。
[2]《晋书》卷114《符坚载记下》。

战例存在,那么他作为一代中原帝王,就应该"混一六合,以济苍生"。

苻坚在准备讨伐偏安江南的东晋政权之前,居然派遣 10 万大军讨伐龟兹,在今天来看,显然是一个非常奇怪的举动。从正常逻辑来讲,大战在即,分散兵力,这是军事大忌。在五胡十六国的纷乱局势里成长起来的苻坚应该不会犯这种低级错误。按《晋书》的记载:

> 明年,吕光发长安,坚送于建章宫,谓光曰:"西戎荒俗,非礼义之邦。羁縻之道,服而赦之,示以中国之威,导以王化之法,勿极武穷兵,过深残掠。"加鄯善王休密驮使持节、散骑常侍、都督西域诸军事、宁西将军,车师前部王弥寘使持节、平西将军、西域都护,率其国兵为光乡导[1]

由此段文献来看,苻坚派兵西伐龟兹,其主要目的并不在于仅仅获得鸠摩罗什,而在于对自汉武帝以来就开始陆续臣服中原正统王朝的西域诸国"示以中国之威,导以王化之法"。这种同前代的大汉帝国比肩而视的心理,是此时这个饱读诗书而又往往自卑于胡族身份的胡族领袖苻坚所无法绕过的一个情结,所以无论是西伐龟兹还是南征东晋,他都听不进臣下的无数规劝——苻坚的心理膨胀源于他对黄河流域的表面统一局势。

显然,此时的苻坚已经不从实际局势出发考虑问题了,他所考虑的是如何建立像儒家经典和历史书籍中记载的那些中原著名帝王一样的丰功伟绩。因此,南征东晋、西讨龟兹就是苻坚要建立像上古唐尧、汉武大帝一样的功勋的必然之举。

3.5.2　苻坚与鸠摩罗什的关系

正是苻坚的统一梦想,为鸠摩罗什来华提供了条件。我们认识鸠摩罗什与苻坚之间的关系,就必须从此原点出发来理解。

苻坚是五胡之中的氐人,7 岁就请求延聘家师诵读诗书,有"性至孝,博学多才艺"的美誉。应该说,在儒家文化修养方面,苻坚是具有相当水平的,也正是因为对儒家经典的透彻理解,所以苻坚非常看重

---

〔1〕《晋书》卷 114《苻坚载纪下》。

儒家经典所构建起来的王朝正统观念,并且自觉地把自己当成这种儒家正统观的维护者,即使是在最后的生死关头也没忘记这一点。当他兵败被羌人领袖姚苌俘获后,他们之间有一段很有意思的对话:

> 苌求传国玺于坚曰:"苌次膺符历,可以为惠。"坚瞋目叱之曰:"小羌乃敢干逼天子,岂以传国玺授汝羌也。图纬符命,何所依据?五胡次序,无汝羌名。违天不祥,其能久乎!玺已送晋,不可得也。"苌又遣尹纬说坚,求为尧舜禅代之事。坚责纬曰:"禅代者,圣贤之事。姚苌叛贼,奈何拟之古人!"坚既不许苌以禅代,骂而求死,苌乃缢坚于新平佛寺中,时年四十八。中山公诜及张夫人并自杀。是岁,太元十年也。[1]

同为北方胡族,氐人苻坚痛斥求得传国玺的羌人姚苌为"小羌",认为五胡次序中没有羌,所以羌人不配得到传国玉玺,声言玉玺已送往东晋朝廷。这种思维确实非常奇怪,这说明了一个问题,已经成为统治者的"五胡",想方设法要进入儒家文化构建的"华夏文明圈",然而却无法改变自己是"胡"的这样一种血缘身份,这本身就是一个难以完全调和的矛盾状态。那么,作为胡人建立的前秦政权,要接续中原王朝以儒家文明构筑起来的中原政权的正统性,就会陷入一种血缘身份与"华夷之辨"的社会意识形态思想来源相抵牾的尴尬状态。

由苻坚准备讨伐东晋的廷议言论中,可以窥见当时的前秦王朝所面临的"意识形态困局"。

> 太子左卫率石越对曰:"吴人恃险偏隅,不宾王命,陛下亲御六师,问罪衡越,诚合人神四海之望。但今岁镇星守斗牛,福德在吴。悬象无差,弗可犯也。且晋中宗,藩王耳,夷夏之情,咸共推之,遗爱犹在于人。"[2]

当时的前秦臣属都明白地意识到,当时的东晋政权是"夷夏之情,咸共推之,遗爱犹在于人",可见整个社会意识方面对东晋政权的拥护

---

[1]《晋书》卷114《苻坚载记下》。

[2]《晋书》卷114《苻坚载记下》。

是当时的一个共识。这可能就是苻坚为什么要罗致鸠摩罗什的一个重要原因——在军事占领和政治统治的基础上,期望得到一种新的社会意识或思想来源,来代替以儒家正统观为核心的社会意识形态,而鸠摩罗什所拥有的大乘思想正是这样一种截然不同于中原知识体系的胡族知识系统。

《高僧传》对吕光伐龟兹的解释,可以帮助我们深入理解苻坚与鸠摩罗什的关系。慧皎倾向于解释这是一场苻坚作为佛教信仰者为得到西域名僧鸠摩罗什所发动的一场带有宗教意味的战争:

> 临发,坚饯光于建章宫,谓光曰:"夫帝王应天而治,以子爱苍生为本。岂贪其地而伐之乎! 正以怀道之人故也。朕闻西国有鸠摩罗什,深解法相,善闲阴阳,为后学之宗。朕甚思之,贤哲者国之大宝,若克龟兹,即驰驿送什。"[1]

按慧皎的这个说法,苻坚是将鸠摩罗什作为他即将梦想建立的庞大帝国的"国之大宝"来看待的。用今天的话语体系来讲,苻坚是想在获得广大的中原和江南地区的时候,期望得到一种全新的、不同于华夏传统的思想意识形态支持,所以这场战争的目的不是"贪其地而伐之",而是"以怀道之人故也"。

然而,慧皎的这个说法其实是有夸大其词的一面,苻坚期望得到鸠摩罗什这样一个具有崭新知识体系的人,但这次战争绝不是仅仅为了得到鸠摩罗什,而主要是向西域诸国"示以中国之威,导以王化之法",从而准备在他征讨东晋胜利后构筑万国来朝的大帝伟业。

3.6　前凉王吕光与鸠摩罗什的破戒

苻坚寻求异域知识资源的努力,促成了吕光远征龟兹的军事行动,并为鸠摩罗什东来中原提供了契机。而作为征讨将军的吕光,由于其并不崇信佛教,竟然迫使鸠摩罗什成婚破戒,彻底改变了鸠摩罗什

---

〔1〕《高僧传》卷2《鸠摩罗什》。

的一生。

3.6.1　吕光西征之前的龟兹形势

至迟自汉代以来,西域诸国的政治形势变化同中原王朝政治秩序的稳定之间就存在一定的相关关系。自汉武帝时代展开的对于在西域地区之内的政治权力延伸,使得以城邦为核心的西域小国进入对东方华夏帝国的依赖性生存状态。随着五胡乱华和西晋帝国的瓦解,以长安为中心的北中国政治格局发生了翻天覆地的变化,西域诸国也随之进入一种不稳定状态之中。

对龟兹国而言,这种不稳定更为明显,龟兹不但是西域较大的、同中原王朝较早建立关系的国家,也是在文化辐射力上同中原地区关系比较密切的城邦国家,东汉和帝永元三年,班超统领之西域都护就设置在龟兹国。[1]

自汉代以来,疏勒、温宿等龟兹周边小国主要就是依靠汉朝廷的力量而勉强在龟兹、焉耆等大国的武力威胁下生存,要平定西域,征服龟兹、焉耆就是首选的关键目标。那么,随着中原北方地区的逐渐走向统一,从两晋时期开始相对摆脱中原控制的龟兹国也意识到了中原王朝对它的威胁。所以,远在 363 年,鸠摩罗什的母亲在离开龟兹,前往天竺修道时就告诫他的兄长龟兹王帛纯:"汝国寻衰,吾其去矣。"[2]

363 年是东晋哀帝兴宁元年,这时候可以短期统一北方的前秦王朝尚未建立,中原地区正处在混战之中,鸠摩罗什的母亲在这种情况下为什么会断定当时在西域如日中天的龟兹王国马上就要走到一个衰败的境地?恐怕这也同当时龟兹上层统治阶层的分化有关。

如果我们仔细研读《后汉书》之《西域传》和《班超传》,就发现以龟兹、疏勒等国为代表的西域城邦小国,其国王的拥立兴废往往受制于周边的强势部族或国家,如班超都护西域时期,龟兹、疏勒国王之拥立就受匈奴和班超代表的汉朝廷实力的左右:

---

〔1〕《后汉书》卷 88《西域传》。
〔2〕《高僧传》卷 2《鸠摩罗什》。

时龟兹王建为匈奴所立,倚恃虏威,据有北道,攻破疏勒,杀其王,而立龟兹人兜题为疏勒王。明年春,超从间道至疏勒,去兜题所居槃橐城九十里,逆遣吏田虑先往降之。敕虑曰:"兜题本非疏勒种,国人必不用命。若不即降,便可执之。"虑既到,兜题见虑轻弱,殊无降意。虑因其无备,遂前劫缚兜题。左右出其不意,皆惊惧奔走。虑驰报超,超即赴之,悉召疏勒将吏,说以龟兹无道之状,因立其故王兄子忠为王,国人大悦。忠及官属皆请杀兜题,超不听,欲示以威信,释而遣之。疏勒由是与龟兹结怨。[1]

《班超传》所记载的这种龟兹、疏勒王被兴废拥立的情况,实际上已经成为当时西域诸国国王更换的一种通行规则,如此后的龟兹王白霸之掌权也是出于班超的安排。

汉代是这种情况,那么五胡十六国时期也没什么太大变化。鸠摩罗什母亲出走之前的龟兹国也正面临着王权受到威胁的局面。据《高僧传》的说法,龟兹王的弟弟当时正在中原寻求中原王朝的支持,试图夺取帛纯的王权。《高僧传》卷2《鸠摩罗什》载:

时符坚僭号关中,有外国前部王及龟兹王弟,并来朝坚。坚引见二王,说坚云:"西域多产珍奇,请兵往定,以求内附。"

《高僧传》的这个记载指出劝谏符坚西伐龟兹的是车师前部王与龟兹王弟,而《晋书》卷114《符坚载纪下》却有不同的版本,认为是车师前部王弥实与鄯善王休密驮劝谏符坚西伐龟兹的:

车师前部王弥实、鄯善王休密驮朝于坚,坚赐以朝服,引见西堂。实等观其宫宇壮丽,仪卫严肃,甚惧,因请年年贡献。坚以西域路遥,不许,令三年一贡,九年一朝,以为永制。实等请曰:"大宛诸国虽通贡献,然诚节未纯,请乞依汉置都护故事。若王师出关,请为乡导。"[2]

从文献来源的可信度来讲,可能《晋书》对于国家大事的记载要比

---

〔1〕《后汉书》卷47《班超传》。
〔2〕《晋书》卷114《符坚载纪下》。

僧界史家所做的《高僧传》可靠。从这个基础来考虑问题,可见当时的车师、鄯善这些国家是极力推动前秦征伐西域的主要力量。可能也正是这种来自西域小国对于中原王朝的依靠和煽动,才使得鸠摩罗什的母亲对其兄龟兹王帛纯发出忧心忡忡的警告。

而当前秦国王苻坚终于发兵西伐之时,身为龟兹国王族的高僧鸠摩罗什对国王帛纯的警告则是:"国运衰矣,当有勍敌。日下人从东方来,宜恭承之,勿抗其锋。"[1]此中透露的消息是——无论是鸠摩罗什的母亲还是鸠摩罗什本人,对于龟兹国抵抗中原王朝的征伐都持否定态度,这是否预示着受龟兹国王支持的佛教势力显然是更倾向于和平解决问题? 有意思的是,在吕光攻打龟兹的记载中,《晋书》有这样一段文献值得我们注意:

> [吕光]进攻龟兹城,夜梦金象飞越城外。光曰:"此谓佛神去之,胡必亡矣。"[2]

由此可以推断,龟兹国的佛教势力是不支持国王帛纯抵抗中原大军的,这从佛教的教义中可以找到理论依据,从佛教的生存状态中也可以找到现实原因——毕竟战争不仅会增加杀戮,也会破坏佛教的生存环境。所以吕光所谓"佛神去之,胡必亡矣"的叫嚣,实际上绝不是一个神秘的预言或励军的呼喊——要知道龟兹是以佛教立国的,作为国教的佛教在这种生死关头的退缩或撤出,对国王当然是致命性的打击。

为挽救危亡,龟兹王帛纯所做的努力有两端:

(1)倾举国财力寻求狯胡的支持:

> 光攻城既急,帛纯乃倾国财宝请救狯胡。狯胡弟呐龙、侯将馗率骑二十余万,并引温宿、尉须等国王,合七十余万以救之[3]。

(2)向疏勒国求取救兵:

> 时苻坚遣吕光西伐龟兹,龟兹王急求救于沙勒。沙勒王自率

---

〔1〕《高僧传》卷2《鸠摩罗什》。
〔2〕《晋书》卷122《吕光载记》。
〔3〕《晋书》卷122《吕光载记》。

兵赴之,使耶舍留辅太子,委以后事。救军未至而龟兹已败。[1]

显然,以钱财为目的的狯胡和屡受龟兹欺压的疏勒是不会尽力救援的。最终,吕光攻破龟兹,帛纯的弟弟帛震被扶持为龟兹王。

通过上面的分析,我们可以得到两点至关重要的认识:

(1)由于西域地区是分散的城邦政治,决定了龟兹政治之不稳定,这种无常可能是国王及其民众支持佛教、崇信佛教的原因之一。

(2)正是因为城邦政治的不稳定性,龟兹政治势力同佛教势力的关系具有一定的平等性——佛教集团在一定程度上是独立于政治势力的掌控之外的。

3.6.2　吕光与鸠摩罗什之破戒

在吕光攻破龟兹之前,至少有部分僧人是选择离开这个是非之地的,如鸠摩罗什的律学老师卑摩罗叉就选择了暂时离开。[2] 按《晋书》的记载,战败后的龟兹国王帛纯也"收其珍宝而走"。[3] 那么,鸠摩罗什为什么不走? 这是一个无解的问题,可能的答案是,在龟兹地区,大乘佛教的流传范围有限,只有龟兹王新僧寺才是鸠摩罗什如鱼得水的传教圣地。但是,由于吕光不信佛教,导致了鸠摩罗什的被迫破戒:

> 光既获什,未测其智量,见年齿尚少,乃凡人戏之。强妻以龟兹王女,什距而不受,辞甚苦到。光曰:"道士之操不逾先父,何可固辞?"乃饮以醇酒,同闭密室。

这里涉及的问题是:被吕光强行婚配给鸠摩罗什的此"龟兹王女"是谁? 在关于鸠摩罗什及龟兹王室的现有文献中,有清晰背景和面貌的"龟兹王女"只有一位,即阿竭耶末帝:

> 时王子为尼,字阿竭耶末帝,博览群经,特深禅要。云已证二果,闻法喜踊。乃更设大集,请开《方等》经奥。什为推辩诸法皆空无我、分别阴界假名非实。时会听者莫不悲感追悼恨,悟之

---

〔1〕《高僧传》卷2《佛陀耶舍》。

〔2〕《高僧传》卷2《卑摩罗叉》:"卑摩罗叉……及龟兹陷没,乃避地焉。"

〔3〕《晋书》卷122《吕光载记》。

晚矣。[1]

图 3 - 4　敦煌鸠摩罗什白马塔

（此塔位于敦煌市七里镇,传说鸠摩罗什从龟兹到长安途中,所骑白马死于此,故立塔纪念。现有文献无此记载,而此塔始建于清代初年,民国时期重修,是藏传佛塔。作者摄影,相关介绍可参见甘肃省文物局编著:《甘肃古塔研究》,北京:科学出版社,2014 年,第 209 页。）

---

〔1〕《高僧传》卷 2《鸠摩罗什》。

东晋穆帝升平元年(357),14 岁的鸠摩罗什被龟兹王帛纯迎归故国,为王女阿竭耶末帝开讲《方等经》,开始宣扬大乘佛法。就是说,帛纯的女儿阿竭耶末帝是最早在龟兹国支持鸠摩罗什宣扬大乘的重要人物。那么,被吕光强行婚配给鸠摩罗什的"龟兹王女"是否就是此人,尚难确定。

鸠摩罗什之被迫破戒,是其宗教人生的一个破坏性的转折点。戒律是约束僧人静心修炼的基础法门,佛教寺院与僧人在宗教生活上的权威地位,不仅仅取决于佛学的高深,更重要的是要看是否遵守了佛门的清静之规。佛教寺院生活的戒律分为"性戒"和"遮戒",据《大涅槃经》卷 21,杀、盗、淫、妄语为"四性重戒";而"遮戒"是指饮酒、做生意短斤少两等这种很容易引起世人讥议的小的犯规。

制定戒律的用意在于防非止恶,据说释迦牟尼佛在世的时候就制定了戒律,小乘佛教为适应在家、出家及男女之间的分别而相应地制定了五戒、八戒、十戒、具足戒等,大乘佛教不仅遵循以上诸戒,还制定了菩萨戒。

鸠摩罗什在龟兹所受的是小乘佛教的具足戒,"具足戒"就是但凡佛教禁止的所有律条都必须遵守,如按《四分律》的规定,比丘戒有 250 条之多,就远远不是八戒、十戒能比得了的。能领受"具足戒"的当然是修为级别非常高的僧人。

吕光对鸠摩罗什宗教生活的恶意破坏,奠定了其同鸠摩罗什之间的关系的尴尬状态。所以从龟兹到凉州,鸠摩罗什只是作为一个可有可无的谋士一样的异域僧人而存在。尤其是在凉州的 15 年,是鸠摩罗什宗教生涯中最没有光彩的岁月。慧皎在《高僧传》中对吕光与鸠摩罗什之间关系的评价是极为准确的:

> 什停凉积年,吕光父子既不弘道,故蕴其深解,无所宣化。苻坚已亡,竟不相见。及姚苌僭有关中,亦挹其高名,虚心要请,诸吕以什智计多解,恐为姚谋,不许东入。[1]

---

[1]《高僧传》卷 2《鸠摩罗什》。

符坚的去世,决定了鸠摩罗什失去了可以在当时的中原地区找到一个支持其传扬佛教的权势者,而不信佛教的吕光不但不能为鸠摩罗什提供传教的支持,还对鸠摩罗什的智谋怀有防范之心。

3.7 后秦王姚兴与鸠摩罗什译场之建立

在中世佛教发展史上,后秦国主姚兴所发挥的作用,可以说是转折性的。正是因为他对佛教的倾国力支持,才使得鸠摩罗什在长安建立规模庞大的译场,聚集大批的佛学人才,使得佛经翻译能顺利进行下去,为大乘佛学的倡扬奠定了坚实的文献基础和人才条件。

姚兴同鸠摩罗什能建立良好的合作关系,有其内在的原因。

3.7.1 羌人是北方胡族中最早接受佛教的本土"胡人"

4—5 世纪,以匈奴为主体的北方胡人的广泛接受佛教,发挥了巨大的作用。东晋吏部尚书桓玄在和中书令王谧讨论僧人是否向君主致敬的信函中,就说:"曩者晋人略无奉佛,沙门徒众皆是诸胡,且王者与之不接,故可任其方俗。"[1]这正说明在早期佛教的传播过程中,北方胡人确实是信奉的主体人群。[2]

北方胡人大规模接受佛教的历史,在陇右的西羌是比较早的。5世纪的时候,有人写了《三破论》,攻击佛教是"破国、破家、破身"的祸害,并说"今中国有奉佛之人,必是羌胡之种"[3],可见羌人之于佛教的信仰,确实是非常早而且具有典型意义的。

晋惠帝末年,长安高僧帛远鉴于中原战乱、群雄交争,决定"潜遁

---

〔1〕《弘明集》卷 12《桓玄与王令书论道人应敬王事》。

〔2〕关于这个问题,刘淑芬先生使用了"非汉民族"一词,她认为:"回顾中国佛教发展史,可以发现非汉民族曾扮演一个重要角色。非汉民族对佛教在中国的流布,有相当的贡献。一则早年的僧人大都不是汉人,二则一直要到五胡十六国后期后赵建武元年,氐人君主石虎方正式准许汉人出家。"参阅刘淑芬:《从民族史的角度看太武灭佛》,载《中央研究院历史语言研究所季刊》第 72 本第 1 分,2001 年 3 月。

〔3〕《弘明集》卷 8《灭惑论》,《三破论》这篇文章已经亡佚了,但是刘勰在写作《灭惑论》时,引用了《三破论》中的一些主要观点来一一驳斥,因而我们得以从中了解《三破论》的一些立论要点。

陇右以保雅操",但是他还没到陇上,就因为得罪了一道同行的秦州刺史张辅,而被张辅杀害。此一事件,在当时引起了很大的震动,使得"戎晋嗟恸,行路流涕"。更为引人注意的是,帛远的被害,扑灭了陇上羌人欲迎帛远西归的愿望,引起了他们的强烈不满:

> 陇上羌胡率精骑五千,将欲迎祖西归。中路闻其遇害,悲恨不及。众咸愤激,欲复祖之雠。辅遣军上陇,羌胡率轻骑逆战。时天水故涨下督富整,遂因忿斩辅。群胡既雪怨耻,称善而还,共分祖尸各起塔庙。[1]

张辅杀害帛远,引起陇上羌胡的怨恨,以至于出兵为其复仇,那么其时陇上羌胡对佛教的信仰已是相当深切。当张辅被杀之后[2],他们又"共分祖尸各起塔庙",表明陇上羌人诸部已经普遍信仰佛教,建立寺庙。

及至"五胡乱华"之后,羌人建立的后秦政权大力提倡佛教,延请鸠摩罗什等高僧翻译佛经,为中国佛教的发展奠定了坚实的基础,实有其传统在内。

在后秦建立者姚氏的谋士队伍中,很早就不乏僧人的存在,据《晋书》卷116《姚弋仲、姚襄、姚苌载纪》载,姚襄的军队中当时就有一个叫智通的僧人做谋士:

> 襄寻徙北屈,将图关中……将战,沙门智通固谏襄,宜厉兵收众,更思后举。襄曰:"二雄不俱立,冀天不弃德以济黎元,吾计决矣。"会羌师来逼,襄怒,遂长驱而进,战于三原。襄败,为坚所杀,时年二十七,是岁晋升平元年也。

3.7.2 姚兴对鸠摩罗什长安译场的支持

羌人在中原文化体系中的地位与被认同程度显然远远低于氐人,

---

〔1〕《高僧传》卷1《晋长安帛远传》。

〔2〕张辅被杀的时间,《晋书》的记载不太一致,有永兴二年(305)六月和永嘉初(307年左右)的说法,但我们据此可以断定,"陇上羌胡"前来迎接帛远的时间,最晚也是在307年之前。参见《晋书》卷4《帝纪第四·孝惠帝》:"(永兴二年)六月甲子……陇西太守韩稚攻秦州刺史张辅,杀之。"《晋书》卷86《张轨传》:"永嘉初,会东羌校尉韩稚杀秦州刺史张辅。"

这从北方胡人贵族和江南知识分子的言论中可以得到很生动的认识。

事例一：太元十年，当氐人出身的前秦王苻坚被羌人姚苌俘获后，他对姚苌的轻蔑言辞，俨然他自己就是华夏正统文化的代表者：

> 苌求传国玺于坚曰："苌次膺符历，可以为惠。"坚瞋目叱之曰："小羌乃敢干逼天子，岂以传国玺授汝羌也。图纬符命，何所依据？五胡次序，无汝羌名。违天不祥，其能久乎！玺已送晋，不可得也。"[1]

苻坚怒斥姚苌为"小羌"，并认为"五胡次序，无汝羌名"，可见，在当时北方的社会意识形态中，"五胡"已经是一种具有正统性内涵的群体概念，而"羌"则是等而次之的。

当然，对羌人的轻蔑认识，身在江南的士大夫文人阶层可能就更为严重。

事例二：东晋官员辛恭靖对姚兴的态度。当辛恭靖受桓玄派遣到后秦出使时，姚兴以高官相诱，辛恭靖的反应就非常激烈：

> 恭靖至长安，引见兴而不拜，兴曰："朕将任卿以东南之事。"靖曰："我宁为国家鬼，不为羌贼臣。"兴怒，幽之别室。[2]

这种"宁为国家鬼，不为羌贼臣"的激烈态度，与苻坚"五胡次序，无汝羌名"的优越意识，可以反证：在当时的这种社会意识形态下，羌人政权寻求不同于中原传统意识形态的思想来源的迫切性是非常强烈的——这也许就是姚兴为什么大力支持鸠摩罗什翻译佛经的内在原因。

姚兴是后秦开创者姚苌的长子，是一个热爱读书但不完全沉迷于书本中的人。姚苌率军出征的时候，总是把后方的一切事情都交给姚兴来统帅调度，但是即使是在兵荒马乱的情况下，姚兴也没有中断同一些儒生官员讲经论籍的研习活动。显然，姚兴不仅仅是对佛学非常感兴趣，对于儒学当然也是非常支持的。当时的一些有名的儒生如天

---

[1]《晋书》卷114《苻坚载记下》。

[2]《晋书》卷117《姚兴载记上》。

·欧·亚·历·史·文·化·文·库·

水姜龛、东平淳于岐等都在长安招收门徒,据记载自远方而来学习者有成千上万的人,姚兴自己也经常去听这些学者讲课,共同探讨儒家经义。[1]

东晋安帝隆安五年(401),后秦弘始三年,后秦姚兴出兵西伐吕凉,凉军大败,58 岁的鸠摩罗什被邀于十二月二十日从凉州抵达长安,受到国师般的礼遇。

对姚兴来讲,佛教信仰可能有两方面的意义:首先是出于他本人对新知识的追求;其次则是出于利用佛教来加强统治的需要。

"佛本戎神",而后秦政权也是"胡人"——羌族建立的,"胡人"在以汉民族为中心的中原儒家文化体系里是不开化的"异族",那么寻求崭新的知识体系以支持自己的政权,就是当时北方的少数民族政权建立自己的"正统性"的需要。

在凉州无可奈何地以阴阳算卦而聊以自慰的鸠摩罗什,能碰到姚兴这样一个对知识具有渴求欲望、对智者能在理解的基础上尊敬的统治者,也是一件幸事。

至此可以说,罗什的博学、后秦的国力支持、姚兴的宽宏好智,三者结合在一起,就促成了中国文化史上一场规模宏大的佛经翻译事业:

> 兴既托意于佛道,公卿已下莫不钦附,沙门自远而至者五千余人。起浮图于永贵里,立波若台于中宫,沙门坐禅者恒有千数。州郡化之,事佛者十室而九矣。[2]

姚兴把国师鸠摩罗什先后安置在西明阁、澄玄堂、逍遥园、大寺等地译经讲道。西明阁和澄玄堂在哪里,具体的位置现在已经很难考证;逍遥园离长安不远,就坐落在渭水的北岸,而大寺就是今天陕西西安市户县的草堂寺。姚兴还在长安永贵里修建了佛塔,在皇宫中修建了一座波若台,供罗什及高僧大德们在这个台上坐禅修炼。在姚兴的提倡下,据说后秦的佛教信徒急剧扩大,到了十家就有九家是信仰佛教

---

〔1〕《晋书》卷 117《姚兴载记上》。
〔2〕《晋书》卷 117《姚兴载记上》。

的程度,这个比例确实很高。

尤其重要的是,姚兴在鸠摩罗什译场建立的过程中,在以下几方面做了开拓性的建设:

(1)以国王的身份明确要求和支持鸠摩罗什以"翻译佛经"为传道要务:

> 自大法东被,始于汉明,涉历魏晋,经论渐多,而支竺所出,多滞文格义。兴少达崇三宝,锐志讲集。什既至止,仍请入西明阁及逍遥园译出众经。[1]

(2)以国家政令的方式派遣当时关中最优秀的僧人做鸠摩罗什的助手和学生,这对于培养一个稳定的、高水平的学问僧集团产生了积极的推动作用:

> 什既率多谙诵,无不究尽。转能汉言,音译流便。既览旧经,义多纰僻,皆由先度失旨,不与梵本相应。于是兴使沙门僧䂮、僧迁、法钦、道流、道恒、道标、僧睿、僧肇等八百余人咨受什旨。[2]

(3)姚兴以国王的身份参与佛经翻译、讲论,或撰写佛学论文,直接提高或激励起长安译场佛学讨论的学术风气,对于佛经的准确、高质翻译有关键的示范效应:

> 更令出大品,什持梵本,兴执旧经,以相雠校。其新文异旧者,义皆圆通。众心惬伏,莫不欣赞。[3]

罗什的到来,让姚兴非常兴奋,有时候整天跟鸠摩罗什在一起酬对应答。他还经常到逍遥园同罗什的弟子及那些慕名而来的僧人一起听罗什讲经。

不仅如此,姚兴还认为佛教是一个以宣扬"行善"的宗教,人只有做到了"善",一切从"善"出发,才能修证佛法,超脱人世间的苦难。为此他还专门写了《通三世论》这篇文章,来解释人生的因缘果报关系,这种举动使得他的那些王公大臣们也都纷纷以"行善"相标榜,这显然

---

[1]《高僧传》卷2《鸠摩罗什》。
[2]《高僧传》卷2《鸠摩罗什》。
[3]《高僧传》卷2《鸠摩罗什》。

·欧·亚·历·史·文·化·文·库·

是有利于整个社会的。

这篇《通三世论》写好后,姚兴专门给鸠摩罗什写了一封信,请罗什给他的这篇文章提意见,这封信与罗什的回信都保存在唐代道宣编的《广弘明集》卷 21 中。在这封信中,姚兴很谦虚地说自己通三世的说法是"孟浪之言",认为"三世一统,循环为用。过去虽灭,其理常在",阐述了自己对于三世因果报应理论依据的理解。鸠摩罗什也很快写了一封回信,就三世之有无做了详细解说,并且赞誉姚兴的《通三世论》为"雅论"。

姚兴跟罗什最精彩的合作就是对《大品般若经》的翻译。汉文《大品般若经》有四译本,首先是西晋的无罗叉和竺叔兰于 291 年所译的《放光般若经》30 卷,其次有竺法护于 286 年所译《光赞般若经》15 卷,第三是鸠摩罗什译《摩诃般若经》27 卷,到唐代玄奘于 662 年译出《大般若经》。

《大品般若经》讲的是佛教大乘的基础理论,是把握佛教真理、达到觉悟解脱的重要经典,但是前人的翻译错讹较多,存在很多问题,所以鸠摩罗什才决定重新翻译《大品般若经》。这次译经,阵容华贵而庄严,鸠摩罗什手持《大品般若经》的梵文原本,后秦国王姚兴手持前人的汉文翻译本——可能就是竺法护翻译的《光赞般若经》,鸠摩罗什翻译梵本,姚兴就根据竺法护的"旧译本"跟他逐字逐句地相互对照。而以鸠摩罗什的弟子僧䂮、僧迁、法钦、道流、道恒、道标、僧睿、僧肇等为主体的 800 僧人,一边共同听鸠摩罗什译出新经,一边互相切磋。在他们的共同努力下,逐字逐句将旧译与新译对照讨论,这样使得每一句译文都能文气顺畅,意思明确。这次已经是如此细致、方法得当,所以翻译的质量很高,以至于后来唐代高僧玄奘译出的《大品经》,都没有鸠摩罗什他们这次译的具有权威性。

3.7.3 后秦王姚兴对鸠摩罗什破戒娶妻的鼓励问题

姚兴对佛教的崇信和对鸠摩罗什译经的支持无疑是相当虔诚和积极的,但是作为政治家的他,宗教信仰仅仅是其生活中一个很小的方面。在杂多庞大的世俗政治、军事关系背景下,鸠摩罗什的破戒问题可以帮助我们全面认识作为帝王这样一个掌控无上权力的佛教徒，是如何在"出世"与"入世"之间变换立场、把握尺度的。

按现有文献的记载，在鸠摩罗什一生中三次犯戒娶妻，其中到中原后破戒娶妻可能是出于姚兴的纵容或"安排"。

罗什第一次犯戒是在 384 年，他刚刚 40 岁，是龟兹国声誉如日中天的高僧，被前秦大将吕光威逼喝了大量醇香的美酒，同龟兹王的女儿关在了同一个密闭的屋子里。在酒醉情迷的状态下，鸠摩罗什终于应验了 20 多年前月氏北山罗汉的"破戒"预言，同他的表妹结成了夫妻。也许是撰写僧传的佛教学者们真的对破戒之事非常忌讳，所以关于罗什的这次婚姻，我们再也找不到任何存在或结束的蛛丝马迹。鸠摩罗什在离开龟兹到身陷凉州的 15 年时间里，这段姻缘是如何处理的？如果"龟兹王女"留在龟兹，她的生活肯定也是不堪的。显然，她并没有随罗什东来。

第一次破戒是罗什不得不屈服于强权暴力的结果，可是罗什到达长安后的第二、第三次破戒就显得有些荒唐。罗什的第二、第三次破戒，《高僧传》卷 2《鸠摩罗什传》和《晋书》卷 95《艺术传》的记载是不一致的。《高僧传》对此事的记载是：

> 什为人神情朗彻，傲岸出群，应机领会，鲜有伦匹者。笃性仁厚，泛爱为心，虚己善诱，终日无倦。
>
> 姚主常谓什曰："大师聪明超悟，天下莫二。若一旦后世，何可使法种无嗣！"遂以妓女十人逼令受之。自尔以来，不住僧坊，别立廨舍，供给丰盈。每至讲说，常先自说："譬喻如臭泥中生莲花，但采莲花，勿取臭泥也。"

既然连《高僧传》这样由严格遵循寺院戒律主义的僧人撰著的文献都对此事有如此详细的记载，可见鸠摩罗什在姚兴的诱导下同 10 个女子同居的史事是毫无疑问的。

问题在于：为什么会是如此？虽然鸠摩罗什对此有"譬喻如臭泥中生莲花，但采莲花，勿取臭泥"的自我辩解，姚兴也有"何可使法种无嗣"的堂皇理由，而长安僧团居然也保持了高度的一致沉默。其中所

·欧·亚·历·史·文·化·文·库·

隐含的玄机确实是值得探究的。

对于此事,《晋书》的记载却完全不同于慧皎:

> [鸠摩罗什]尝讲经于草堂寺,兴及朝臣、大德沙门千有余人
> 肃容观听,罗什忽下高坐,谓兴曰:"有二小儿登吾肩,欲鄣须妇
> 人。"兴乃召宫女进之,一交而生二子焉。兴尝谓罗什曰:"大师聪
> 明超悟,天下莫二,何可使法种少嗣。"遂以伎女十人,逼令受之。
> 尔后不住僧坊,别立廨舍,诸僧多效之。什乃聚针盈钵,引诸僧谓
> 之曰:"若能见效食此者,乃可畜室耳。"因举匕进针,与常食不别,
> 诸僧愧服乃止。[1]

按这个记载,鸠摩罗什在长安破戒共有两次,并且有一次是主动提出来的。我们不知道《晋书》的这个戏剧性情节是否真的有切实的史料来源,但是姚兴是有求必应,马上召宫女来,给鸠摩罗什做老婆。结果据说这个宫女很快就生下了两个孩子。这样一来,才引起了姚兴对鸠摩罗什"女人缘"的关注,他对鸠摩罗什说:"大师聪明超悟,天下莫二。何可使法种少嗣。"于是姚兴又召10个美女来,逼迫鸠摩罗什接受。这就是鸠摩罗什在长安的先后两次破戒。这样一来,鸠摩罗什的身边至少有了11位夫人,既然有了这么庞大的妻妾阵容,罗什同僧人弟子们同住在僧房,自然就不是很适合了,于是姚兴又为鸠摩罗什专门选择了单独的住处。

我们应该注意的是,《高僧传》中姚兴说的是"何可使法种无嗣","无嗣"那就是说当时鸠摩罗什没有后代,所以姚兴担心的是鸠摩罗什去世后不能留下后代来太可惜了;可是《晋书》记载说鸠摩罗什同宫女生了两个孩子,所以姚兴给鸠摩罗什10个美女的时候说"何可使法种少嗣","少嗣"就是后代少,那姚兴担心的就是鸠摩罗什去世后,后代太少了实在可惜。

那么鸠摩罗什到底有没有后代呢?这个问题谁也无法回答。不过到北魏时期,皇帝还曾关心过这件事情。据《魏书》卷114《释老志》记

---

[1]《晋书》卷95《鸠摩罗什》。

载,497年,北魏孝文帝不知道怎么记起了鸠摩罗什大师,他下了一道诏书,全文如下:

> 罗什法师可谓神出五才,志入四行者也。今常住寺,犹有遗地,钦悦修踪,情深遐远,可于旧堂所,为建三级浮图。又见逼昏虐,为道殄躯,既暂同俗礼,应有子胤,可推访以闻,当加叙接。[1]

诏书是下了,至于北魏的那些僧官们是否找到了鸠摩罗什的后代,文献没有记载,我们也就不知道了。

无论有无后代,鸠摩罗什这种接二连三地破戒的举动,显然是对佛教寺院宗教生活权威的破坏。我们奇怪的是,在当时的长安僧团中,这种举动居然没有引起崩溃性的效果。也许鸠摩罗什的个人才华与魅力,已经远远压倒了他所犯的错误,此外,作为一个外来的"胡人",他的"异族"身份可能使之取得了宗教界和世俗的最大限度上的谅解。可能最关键的原因是,由于当时律部经典翻译传播的不充分,所以在中原僧俗两界对于戒律重要性的认识还是比较松弛的。

3.8 帝王政治中
终极追寻与统一意识形态之关联

前面我从基本的史实方面梳理了鸠摩罗什与罽宾王、疏勒王、龟兹王、前秦王苻坚、前凉王吕光、后秦王姚兴的关系问题,而我在此处所要关注的是,如何认识这般相对杂多的关系?

政治家同宗教领袖的关系,当然不会是一个简单层面的信仰问题,而是具有多重性。

政治的本性是掌控、压制和平衡,如果以单纯的简单关系来推论政治家的宗教选择,那就会忽略其多面性。譬如姚兴对鸠摩罗什等佛教僧人领袖敬重有加,但是其宗教取向和文化政策是有多面性的,他既提倡佛学,也鼓励儒学,对巫术也敬重,他自己还信长生不老的丹鼎

---

[1]《魏书》卷114《释老志》。

之学而服食丹药。

鉴于问题的多重性,以下几个方面关系的认识应该是我们必须注意到的。

3.8.1　人王的信仰也是信仰而非阴谋

对于人生境界的探讨,其实是哲学与宗教共同面临的一个问题,也是人类在面对不可知的自然或难以把握的未来的情况下很容易产生的渴求。然而,由于芸芸众生有"类"意义上的从众倾向,因而很容易在"类"的个体繁多中寻求到脱离终极追寻的价值或意义——譬如古代农业社会可能是将一年一度的丰收作为一个周而复始的价值追寻,而现代社会可能是将达到某个消费阶层预设为不断超越的持续动力,从而完全不会或没有较大空间去追寻人生意义之类空洞的目标。

帝王在无法"成为神"的前提下,"靠近神"就成为其最积极的选择。

关于政治与佛教的关系,通行的结论认为,佛教是统治阶层用来麻痹下层民众、维护统治的一个手段,此乃确论,是对佛教与政治共生关系的深刻的、本质性的揭示。然而,此论忽视的一面是,将帝王及推行佛教的统治阶层完全当作置身事外的"清醒者"是不那么准确的。

事实上,如果说佛教是"鸦片"的话,那么这剂鸦片的深度服用者首先是帝王及上层统治者。在现代科学知识体系没有建立起其权威的时间段和空间中,宗教的"麻痹"策略是"人王"也不能完全摆脱的精神药剂。

策略有两种,一是灵验,二是幻术。《洛阳伽蓝记》卷5引《宋云、惠生行记》云:

> 于阗国王不信佛法,有胡商将一比丘名毗卢旃(Vairocana),在城南杏树下,向王伏罪云:"今辄将异国沙门来在城南杏树下。"王闻忽怒,即往看毗卢旃。旃语王曰:"如来遣我来,令王造覆盆浮图一躯,使王祚永隆。"王言:"令我见佛,当即从命。"毗卢旃鸣钟告佛,即遣罗睺罗变形为佛,从空而现真容。王五体投地,即于杏树下置立寺舍,画作罗睺罗像,忽然自灭。于阗王更作精舍笼

之，令覆瓮之影恒出屋外，见之者无不回向。[1]

法术是增加佛教自信力和他信力的重要手段，佛图澄传教后赵，用了法术的手段，鸠摩罗什在前凉时期，之所以频繁地运用法术，其目的其实也在于想获得吕光父子的支持，而在后秦时期，也使用了"镜入瓶中"的法术来征服姚兴。至于南北朝之后直至唐宋时期，大量的灵验记随之产生，用一些匪夷所思的生活中的神奇事例来推广佛教信仰，取得了极大成功。

灵验与幻术至少在非现代观念的古代社会是一种百试不爽的手段，是"神性思维模式"知识背景下的必然选择，当科学体系和现代知识在清醒地批判现实中的唯灵主义等糊涂认识时，往往也忘却了自身的能力而身不由己地"穿越"到古代去斥责古人，这是忘记了时空顺序的做法，无助于问题的认识，只能是把已经"灰飞烟灭"的过去抓到当代来，或者一厢情愿地把自己穿越到古代去，实质是掩盖了那个时空下的社会状态，将之硬生生地打扮成现代社会。

如果我们拒绝"穿越"，就会发现，在一定意义上讲，帝王政治推行佛教，至少在早期佛教史上是没有刻意地准备去"麻痹"民众的意识的。与此相反，佛教在早期传播史上完全可以视为"贵族宗教"。我们必须注意的前提是：在中古及其前的社会意识形态中，现代社会所追寻的"科学思维"是不存在的，社会的各个角落都充满了各种各样的"神性崇拜意识"。从这个角度来讲，统一的宗教信仰之推行，其目的并非在于"麻痹"，而在于"统一意识"，如中亚地区的从佛化到伊斯兰化就是一次这样的"意识形态统一运动"。不容否认的是，任何一种"意识形态统一运动"，其客观上都会达到钳制思想的目的。所以，首先应该认识到，人王的信仰首先也是信仰，而非阴谋。

3.8.2 僧人神性知识体系的"谋略价值"

对于帝王信仰的认识，我们不能走得太远。任何身处世俗之中的人，都有或多或少的"吃教"意识，都是希望从宗教信仰中得到现实的

---

[1]《洛阳伽蓝记》卷5《凝圆寺》。

或虽非现实但亦可预期的"好处"。对帝王而言,利用僧人的神性知识体系来为现实政治做"谋划",就是其不同于一般阶层的成员对于佛教的一个明显的期望。

因而,"谋"也是当时帝王看重僧人的一个主要原因,"僧人"的角色在于"谋略",帝王所要用的是他们的"政治知识"或"道德威望"。

鸠摩罗什在凉州的时期,他同吕光之间的关系,其实就是发挥了一个"谋士"的作用,所以当后秦统治者想将鸠摩罗什迎到长安时,吕光父子所担心的就是"以什智计多解,恐为姚谋"[1],故而不许东入。在这方面,昙无谶也是一个典型的事例,沮渠蒙逊与昙无谶的关系,可以作为帝王与佛教首领关系的一个典型样本去对比研究,正是因为害怕昙无谶的智慧为他人所用,沮渠蒙逊才不惜用劫杀的手段除了他。

但是,高僧作为帝王的"谋略者",其在实际政治、军事事务中的作用,则是需要具体看待的。

苻坚对释道安的态度,也许可以用来探讨帝王与宗教领袖之间的这种"谋略"关系。

苻坚虽然推崇释道安为圣人,但是面临政治决策的时候,却对其并不那么信任。苻坚攻破襄阳得到名僧释道安和文士习凿齿,曾有"获士裁一人有半耳"[2]的说法,以释道安为一、习凿齿为半,由此可见他对释道安的推崇。苻坚出行游东苑,与释道安同乘一辆车,不但大臣们觉得不合适,就连道安本人也认为"道安毁形贱士,不宜参秽神舆"[3],但是苻坚却认为:"安公道冥至境,德为时尊,朕举天下之重,未足以易之。非公与辇之荣,此乃朕之显也。"[4]苻坚认为释道安"德为时尊",是他这个国王无法比拟的。

正是因为释道安在苻坚的朝廷上具有如此尊荣的地位,所以当苻坚欲发动讨伐东晋的大战时,大臣们无法阻止他的这一计划,就想到

〔1〕《高僧传》卷2《鸠摩罗什》。

〔2〕《晋书》卷28《习凿齿传》。

〔3〕《晋书》卷114《苻坚载记下》。

〔4〕《晋书》卷114《苻坚载记下》。

了让释道安出面劝谏苻坚放弃与东晋政权开战的计划[1]，仔细阅读这段文献，就发现作为僧人的释道安在政治权势面前其实存在"政治尊荣"与"权谋效果"之间巨大的反差：

> 游于东苑，命沙门道安同辇。权翼谏曰："臣闻天子法驾，侍中陪乘，清道而行，进止有度。三代末主，或亏大伦，适一时之情，书恶来世。故班姬辞辇，垂美无穷。道安毁形贱士，不宜参秽神舆。"坚作色曰："安公道冥至境，德为时尊，朕举天下之重，未足以易之。非公与辇之荣，此乃朕之显也。"命翼扶安升辇，顾谓安曰："朕将与公南游吴越，整六师而巡狩，谒虞陵于疑岭，瞻禹穴于会稽，泛长江，临沧海，不亦乐乎！"安曰："陛下应天御世，居中土而制四维，逍遥顺时，以适圣躬，动则鸣銮清道，止则神栖无为，端拱而化，与尧舜比隆，何为劳身于驰骑，口倦于经略，栉风沐雨，蒙尘野次乎？且东南区区，地下气疠，虞舜游而返，大禹适而弗归，何足以上劳神驾，下困苍生。《诗》云：'惠此中国，以绥四方。'苟文德足以怀远，可不烦寸兵而坐宾百越。"坚曰："非为地不广、人不足也，但思混一六合，以济苍生。天生蒸庶，树之君者，所以除烦去乱，安得惮劳！朕既大运所钟，将简天心以行天罚。高辛有熊泉之役，唐尧有丹水之师，此皆著之前典，昭之后生。诚如公言，帝王无省方之文乎？且朕此行也，以义举耳，使流度衣冠之胄，还其墟坟，复其桑梓，止为济难铨才，不欲穷兵极武。"安曰："若銮驾必欲亲动，犹不愿远涉江淮，可暂幸洛阳，明授胜略，驰纸檄于丹杨，开其改迷之路。如其不庭，伐之可也。"坚不纳。[2]

对苻坚来讲，释道安之所以得到其尊崇，原因就在于他所说的："安公道冥至境，德为时尊，朕举天下之重，未足以易之。非公与辇之荣，此乃朕之显也。"如果用句很通俗的话来解释，那就是释道安的德

---

[1]《晋书》卷114《苻坚载记下》云："先是，群臣以坚信重道安，谓安曰：'主上欲有事于东南，公何不为苍生致一言也！'故安因此而谏。苻融及尚书原绍、石越等上书面谏，前后数十，坚终不从。"

[2]《晋书》卷114《苻坚载记下》。

行可以让苻坚这个皇帝用来衬托出"朕之显也"这样一个效果来。而道安苦口婆心的劝导,对苻坚却没有一点效果。其实,如果我们阅读鸠摩罗什在凉州时的记载,就发现在鸠摩罗什的那些模棱两可的预言和神龙见首不见尾的法术之下,掩盖的其实是一种无奈、曲折、委婉的政治建议。

由此可见,作为"谋略知识来源"的高僧,在帝王政治中发挥的作用是相当有限的。

3.8.3 五胡十六国时期高僧在政治意识形态中的独特意义

拉铁摩尔在考察"草原边缘地带在朝代更替中的作用"这个问题时,有一个非常明确的论断,他指出:"当长时期的稳定开始被破坏,边疆混合社会不可能迅速归属严格的草原社会或严格的汉族社会。这个时期,不仅要站在两个阶级之间,而且要站在两个社会之间的人才能把握……真正的汉族也许想把他们的势力伸展到亚洲内陆边疆来,但并不愿超越这个范围。而真正的游牧民族也许会侵入并掠夺中国内地,但他们不知道如何占领并统治。这类边境征服者力量的基础是边境还是草原,或是中国,这完全取决于边境的深浅和当时混合人口的数量,取决于真正中国与真正草原之间的均势状态。"[1]

五胡十六国时期就是这样一个寻找均势状态或者说寻找第三条道路的时期,那么,北方胡族建立的政权提倡佛教,目的在于借助佛教宣扬国际主义,冲淡汉人对他们的敌视。[2]

由此,就决定了,该时期的佛教就一定要在基本的观念体系和知识系统方面找到如何融入中华文化系统和草原意识形态的一个契合点,鸠摩罗什为首的长安僧团对佛教经典的流畅翻译与解读,就是促进了这一进程。

在这个历程中,如何处理"论"与"静"的关系是值得探讨的,佛陀

〔1〕拉铁摩尔:《中国的亚洲内陆边疆》,唐晓峰译,南京:江苏人民出版社,2005年,第348页。
〔2〕谭中、耿引曾:《印度与中国——两大文明的交往与激荡》,北京:商务印书馆,2006年,第334-335页。

跋陀罗与鸠摩罗什在这一点上有很大的区别。

事实上,1—2世纪前后,无论是佛学的发展还是儒学的进步,都经历了一个激烈争论的阶段,"论"既是教团内部统一思想认识的必然途径,也是佛教战胜外道的必经之路。然而,"论"仅仅是廓清迷雾的手段,而绝非佛教所要追求的目的。

只有"静"才是佛教修为所要达到的一个目的,然而问题的复杂性在于,在"论"没有取得决定性胜利之前,"静"就是一种不合时宜的存在,毕竟,返观内照的静默并不能"自明"地表达佛教存在的必要性与合理性。

正如劳政武先生所论,佛教义理的特色,在于以"内观为主调,旨在解决人生的苦痛烦恼"。[1] 显然,要进入"内观"境界,"静"就是一个最基本的前提条件,现实中的"心灵之静",需要摆脱人世的俗务干扰才会有可能。问题的矛盾就在于,帝王体制本身就是一个最俗的俗物,帝王是不相信"静默"的,尤其是在伦理性文化体系下成长起来的帝王政治,"静默"不会成为其认同佛教的理由。因而,精彩纷呈、超越凡俗的"论"是鸠摩罗什在西域时期得到诸王认可和支持的主要途径,而到中原后,则选择了为"论"提供更为清晰准确的汉文译本,并且坚持了同姚兴这样的帝王的通畅交流,这是其成功的关键因素之一。

---

〔1〕劳政武:《佛学别裁》,上海:上海古籍出版社,2009年,第10页。

·欧·亚·历·史·文·化·文·库·

4 从"智慧第一"到"谬充传译"

——鸠摩罗什宗教生涯的理想目标与现实错位

历史人物从生活走向文献记载的时候,本来就是一个生命及其活动轨迹的扁平化过程,是一种概括、加工、塑造。从这个意义上讲,任何一个历史人物,一旦进入文献,就已经被文献的制造者改造了,宗教文献尤其如此。神化或光辉化是宗教文献塑造人物形象的常用手段,鸠摩罗什的传记就是这样的典型文献。

仔细追寻鸠摩罗什的一生,就会发现,这个早慧学僧之学术追求,是同一般的传教僧人有较大差距的。他能在系统学习说一切有部经典的基础上,在罽宾、疏勒、龟兹这样小乘佛教盛行的地域毅然转向大乘,可见他对于新思想的接纳完全超出了一般僧人对于教条的遵守。因而,宗教仪式、教条对他的束缚,远远没有新思想或自己创作经典的欲望对他的强烈。

当然,在其宗教生涯的不同阶段,僧界对他的期许和他自身的传教旨趣是有截然不同的变化的。

在不同的阶段,鸠摩罗什的个体形象都被同佛教史上发挥过重大作用的关键人物如释迦牟尼佛的声闻弟子等联系起来对比、赞美或期许,这是一种典型的神化做法,但也正好是我们了解鸠摩罗什在不同阶段的心理态势、传教倾向等问题方面的一个很好的参照点。

按僧史传记家的描述,在鸠摩罗什的宗教生涯中,曾有几位佛教经典与文献形成史上著名的人物与之密切相关,有的是其向往、追随的目标,有的是可以同他的宗教生活相比附的对象,他们分别是舍利弗(Shariputra)、优波掘多(Upagupta,优婆毱多)、迦旃延子(Katyaya-niputra)。

4.1 舍利弗的"智慧第一"
与鸠摩罗什的"聪辩绝世"

由于佛教经典深奥的哲学论述,僧人的智慧与聪明对于佛经传播与经义理解就显得至关重要。

在早期佛教传播史上,由于受书写媒体的限制,传教僧人对于佛经的背诵应该是最基本的功夫。如果没有博闻强记的能力,就很难在远距离传播佛经,因而早期传教的西域高僧往往到中原后都要将自己所记的佛经"诵出"。如鸠摩罗什的老师佛陀耶舍(Buddhayashas)来到中原后,当时后秦司隶校尉姚爽想请佛陀耶舍翻译《昙无德律》(《四分律》,*Dharmagupta-vinaya*)。姚兴怀疑佛陀耶舍记诵的《昙无德律》有误差,于是就想考考佛陀耶舍的背诵记忆能力,他拿了5万多字的西羌药方,要佛陀耶舍背诵,两日后,再要求他把这个5万多字的药方默写出来,结果佛陀耶舍默写出的药方同原本一字不差,姚兴这才相信《昙无德律》(*Dharmagupta-vinaya*)是佛陀耶舍背诵下的真经。正是因为以上的原因,僧史文献对于高僧的描述,总是以异常聪明与博闻强记为开场的。

4.1.1 "舍利弗在胎之证"的意蕴

鸠摩罗什传记不仅将这种聪明的描述落实到他对佛经的博闻强记方面,而且着力于对他的论辩之才能的赞颂,并将这种非凡辩才之产生上溯到他怀在母胎的时期。在《出三藏记集》和《高僧传》中,即拿舍利弗(Shariputra)来类比鸠摩罗什的智慧与善辩,此即所谓"舍利弗在胎之证":

> 什在胎时,其母自觉神悟超解有倍常日。闻雀梨大寺名德既多,又有得道之僧。即与王族贵女德行诸尼,弥日设供请斋听法。什母忽自通天竺语,难问之辞必穷渊致,众咸叹之。有罗汉达摩瞿

沙曰:"此必怀智子。"为说舍利弗在胎之证。[1]

因为鸠摩罗什的母亲怀了一个聪明的孩子,所以母亲在怀孕期间也变得聪明异常,最典型的表征是"自通天竺语,难问之辞必穷渊致",就是善于辩论。由于身怀聪明的胎儿而增进了母亲的论辩能力,这个典故最早是来自舍利弗(Shariputra)。对此,佛经中有诸多记载:

> 舍利弗,此名身子。舍利弗外祖善相,见舍利弗父作国大相,妻女与之,孕舍利弗,共弟拘絺罗论义,母胜于弟。弟窃思:"惟我姊未孕时不如我,今屡胜我,必怀聪明之子。我当入山学读,外甥长大共论。"则入山读十二违陀,无暇不揃爪,故呼其号名长爪梵志。后生身子,始年八岁,骋十六大国,论议无类。则外道法中,出家为沙门。[2]

《佛本行集经》和《增一阿含经》也有大量关于舍利弗的记载,舍利弗是摩揭陀国王舍城人。据说他外祖父是个善于相面的人,父亲是一位国相,当他的母亲怀上舍利弗的时候,舍利弗的舅舅发现,在经义理解、辩论方面比自己差的姐姐,居然怀孕后变得聪颖无比,自己已经无法同她探讨经义了,他断定姐姐怀上了一个聪慧无比的孩子,于是决定自己要进山拜师好好学习,等将来自己的外甥出生长大后同他一起探讨经义学问。她的姐姐生下舍利弗,果然聪慧无比,在 8 岁的时候,就在周边的 16 个国家同高僧大德、名流贤哲探讨学问,"骋十六大国,论议无类"。最终,舍利弗成为释迦牟尼的十大弟子中的"智慧第一"。

关于舍利弗之"智慧第一",《增一阿含经》中的说法比较经典:

> 世尊告曰:"我昔亦有弟子名舍利弗,智慧之中最为第一。如大海水纵横八万四千由旬,水满其中。又须弥山高八万四千由旬,入水亦如是。然阎浮里地,南北二万一千由旬,东西七千由旬。今取较之,以四大海水为墨,以须弥山为树皮,现阎浮地草木作笔,复使三千大千刹土人民尽能书,欲写舍利弗比丘智慧之业。然童子

[1]《高僧传》卷2《鸠摩罗什》,见《大正新修大藏经》之《史传部二》。
[2]吉藏撰:《无量寿经义疏》,见《大正新修大藏经》第37册《经疏部五》。

当知,四大海水墨、笔、人之渐渐命终,不能使舍利弗比丘智慧竭尽。"[1]

世尊譬喻"四大海水墨、笔、人之渐渐命终,不能使舍利弗比丘智慧竭尽",可见舍利弗智慧之广大深厚。

僧人传记家不惜以舍利弗这样一个在佛教发展史上被推崇到极致的智慧善辩的人物来类比鸠摩罗什,可见由胎里带来的这种非凡无比的智慧是佛教传记家给予鸠摩罗什的定位,"智慧第一"是鸠摩罗什佛学修养的人生底色。

舍利弗"骋十六大国,论议无类"的论辩能力,正可以跟鸠摩罗什在西域"广说诸经,四远宗仰,莫之能抗"的形象相譬喻,是智慧第一、论辩无双的形象,因而,"舍利弗在胎之证"的一个重要含义是:

当生智人聪辩绝世,必能摧伏一切论师。[2]

可见,所向披靡的辩论之才,是天竺、西域佛教界对于其优秀僧人的最高期许之一。

4.1.2　"辩才无碍"与鸠摩罗什的早期论师形象

"辩论"是来自印度大陆的学风,要传教就必须战胜论敌。在鸠摩罗什的西域生涯中,多次因为辩论而战胜了外道。在佛经记载中,外道对于佛陀及其弟子的挑战,往往也是以辩论开始的,因而,"辩论"是印度佛教和西域佛教得以确立自身、征服信众的最主要手段。

在教派林立的天竺,只有"摧伏一切论师",方能获得信众拥护和皈依。因而,早期佛教教团对于讲经法师的辩论才能非常看重。佛经中对于辩论才能有详细的划分,如《佛说长阿含经》云:"四辩才:法辩,义辩,词辩,应辩。"[3]并且认为这四种辩才是得道的关键,有"若得四

---

[1]《增一阿含经》卷36,见《大正新修大藏经》第2册《阿含部下》。

[1]《增一阿含经》卷36,见《大正新修大藏经》第2册《阿含部下》。

[2]《萨婆多毗尼毗婆沙》卷4:"舍利弗者,秦言身子。舍利所生故,名舍利子。又母怀妊时,梦见一人容仪端政,身著钾胄,手执大棒入其身内。相师占云:当生智人聪辩绝世。必能摧伏一切论师。又云,母怀妊时神智过常,自求论师与共净胜,时人咸怪谓失本心。诸婆罗门言:此非已力,以怀智人故使尔耳。"(《大正新修大藏经》第23册《律部二》)

[3]《佛说长阿含经》卷8,见《大正新修大藏经》第1册《阿含部上》。

95

辩才,获得决定证"〔1〕这样高度推崇辩才的说法。而在密宗经典中,获得无上的辩才往往被作为某种法术或经咒所能达到的最优化效果,如《阿唎多罗陀罗尼阿噜力经》云:

(1)加持齿木千遍然嚼用,即得辩才,令一切人敬爱。

(2)以乳木如上,粳米酥护摩三千五百,即得辩才无碍,人中独胜。

(3)至初夜分于像前取瓦杯碗,满盛种种谷,用阇智娑末那花覆盖之,加持二千五百遍,如是三时谓。初中后夜,至平明时净漱口已,先加持杨枝八千遍然嚼。嚼已,取杯碗中谷口含,即得辩才,一切论议之处皆胜。〔2〕

像这3种具有法术或法仪性质的行为,能不同程度地得到无上的辩才,最高成果就是"一切论议之处皆胜"——这正是传教者所希望的传教利器。

辩论的才能一方面是挫败异教徒的利器,另一方面也是教团内宣扬教理的必需,如辩才无滞的般阇罗子"集诸比丘而为说法,言辞圆满,所说无滞,能令大众,闻者悦豫,听之无厌,即得悟解。时诸比丘闻其所说,踊跃欢喜,至心听受。供养恭敬,捡心专意。听其说法,不为利养及与名称。应义才辩,无有穷尽,能令闻者忆持不忘"〔3〕。这就是演讲的艺术和魅力,不但能使听讲的信众"闻者悦豫,听之无厌"而理解经论,而且还能专心听讲,"忆持不忘"。

正是因为辩才之于僧人传教的重要性,所以我们在《出三藏记集》和《高僧传》等文献描写中,从"舍利佛在胎之证"到鸠摩罗什在西域诸国的建立声威,其实都是紧紧围绕鸠摩罗什的"辩才无碍,人中独胜"〔4〕而展开的。在罽宾、疏勒、温宿、龟兹,鸠摩罗什就是以辩才折服当地国王或道众而树立声威的。

---

〔1〕《佛说长阿含经》卷1,见《大正新修大藏经》第1册《阿含部上》。

〔2〕《阿唎多罗陀罗尼阿噜力经》,见《大正新修大藏经》第20册《密教部三》。

〔3〕《别译杂阿含经》卷1《初诵第一》,见《大正新修大藏经》第2册《阿含部下》。

〔4〕《阿唎多罗陀罗尼阿噜力经》,见《大正新修大藏经》第20册《密教部三》。

如在罽宾,鸠摩罗什正是因为在王宫的论难中挫败了外道论师而得到了罽宾王的至上尊崇:

> 什至,即崇以师礼。从受杂藏中长二含凡四百万言。达多每称什神俊,遂声彻后王。王即请入宫,集外道论师共相攻难。言气始交,外道轻其年幼,言颇不逊。什乘隙而挫之,外道折伏,愧悔无言。王益敬异,日给鹅腊一双,粳米面各三斗,酥六升。此外国之上供也。所住寺僧乃差大僧五人沙弥十人营视扫洒,有若弟子,其见尊崇如此。[1]

在温宿国,鸠摩罗什也以挫败一道士而扬名,以至于到了"声满葱左,誉宣河外"的地步:

> 随母进到温宿国,即龟兹之北界。时温宿有一道士,神辩英秀,振名诸国,手击王鼓而自誓言:"论胜我者,斩首谢之。"什既至,以二义相检,即迷闷自失,稽首归依。于是声满葱左,誉宣河外。[2]

回到龟兹后,鸠摩罗什更是辩论无人能胜,所谓"龟兹王躬往温宿,迎什还国,广说诸经,四远宗仰,莫之能抗"[3]。

由此可以断定,无论是鸠摩罗什本人的学问、讲说与辩论才能,都非常适合成为一个度人化众的大法师。由"舍利弗在胎之证"的传说及鸠摩罗什在西域的论辩雄风,可以推断,早期的西域僧界或鸠摩罗什本人,都倾向于成为一个度人化众的大法师,而不是一个译经的僧人。

顺便需要交代一下的是,鸠摩罗什之所以有"舍利弗在胎之证"的传说,恐怕不会是中原僧人的创造,而是来自西域的说法。

在敦煌文献中发现的两份卷子在内容上同《出三藏记集》和《高僧传》有明显的差别。如拟题名为《鸠摩罗什别传》的 S.381 号卷子,全文如下:

---

[1]《高僧传》卷2《鸠摩罗什》,见《大正新修大藏经》之《史传部二》。
[2]《高僧传》卷2《鸠摩罗什》,见《大正新修大藏经》之《史传部二》。
[3]《高僧传》卷2《鸠摩罗什》,见《大正新修大藏经》之《史传部二》。

后秦鸠摩罗什法师者,其[祖]父本罽宾国辅相,到子鸠摩罗炎,厌世苦学,志求出俗。辞主东迈,至龟兹国。龟兹国王妹体有赤厌(黶),法生智子。诸国聘之,悉皆不许。一见炎至,遂即妻之。炎乃问辞,事免而纳。不逾岁月,便觉有胎。异梦呈休,母加听辩。后生什已,其辩还亡。母因出家,便得初果。年至七岁,日诵万言。母携寻师,还至辅国。便学经论,屡折邪宗,大小诸师,莫不钦伏。罽宾国王重加礼遇,凡是僧徒,莫敢居止。概乎进且志在传通,辞母东来,却至舅国。遭侣(吕)光之难,碍留数年。——行由,事广不述。年三十五,方达秦中。什处欲来,嘉瑞先现。逍遥一园,葱变成薤。后什公至,即于此园立草堂寺,同译经律。后因译《维摩经不思议品》,闻芥子纳须弥。秦主怀疑,什将证信。以镜纳于瓶内,大小无伤。什谓帝曰:"罗什凡僧,尚纳镜于瓶内,况维摩大士,芥子纳须弥而不得者乎?"帝乃深信,顶谢希奇。

此别传的前面大半部分对于鸠摩罗什生平事迹的叙述,同《出三藏记集》《高僧传》等文献记载吻合,然而有两处内容却完全不同,一是记载鸠摩罗什从罽宾返回时就跟母亲分别了,所谓"辞母东来,却至舅国";二是因翻译《维摩经不思议品》而引起的"闻芥子纳须弥"的争端,这是其他文献没有任何记载的。这说明,关于鸠摩罗什的生平事迹与传说,在宋代之前的中国僧界应该有多种版本流传,其内容也会有或大或小的差距,但是对于"舍利弗在胎之证"的记录应该是相同的,此卷子中的"不逾岁月,便觉有胎。异梦呈休,母加听辩。后生什已,其辩还亡"就是"当生智人聪辩绝世,必能摧伏一切论师"[1]的事实说明。

另外,在敦煌文献中尚有释金髻所作《罗什法师赞》两首,其中之一《罗什法师赞》,敦煌卷子中有 S. 6631、P. 4597、P. 2680,有"善哉童

---

[1]《萨婆多毗尼毗婆沙》卷4:"舍利弗者,秦言身子。舍利所生故,名舍利子。又母怀妊时,梦见一人容仪端政,身著铒青,手执大棒入其身内。相师占云:当生智人聪辩绝世。必能摧伏一切论师。又云,母怀妊时神智过常,自求论师与共净胜,时人咸怪谓失本心。诸婆罗门言:此非已力,以怀智人故使尔耳。"(《大正新修大藏经》第23册《律部二》)

受,母腹标奇"之说,可见在鸠摩罗什母亲受胎传说中,"舍利弗在胎之证"应该是一个比较早的传说。

这个传说的最终目的是为了说明鸠摩罗什能"摧伏一切论师"的辩才。鸠摩罗什在西域发展时期是最需要辩才,也是辩才发挥得最好的时候。因而,对于其辩才的神化,应该是在西域时期就完成的。

4.2 优波掘多与鸠摩罗什的性格特征

优波掘多(Upagupta,优婆毱多)被禅宗尊为天竺第四祖[1],释迦牟尼在世时就预言他是"教授师中最为第一",《杂阿含经》(*Samyvk-tagama*)卷25云:

> 尔时,世尊告尊者阿难,此摩偷罗国,将来世当有商人子,名曰掘多。掘多有子,名优波掘多,我灭度后百岁,当作佛事,于教授师中最为第一。[2]

优波掘多是阿育王同时代的高僧,他是传教度人的最好老师,《阿育王传》(*Life of King Ashoka*)卷5《商那和修因缘》对他的善于传教度人有详细的描绘:

> 佛记汝我百年后当有比丘名优波毱多,虽无相好而作佛事,我声闻中教授坐禅最为第一。今正是时汝好作佛事,优波毱多言唯然受教。优波毱多欲于摩突罗国欲大说法,国人闻优波毱多说法百千万人皆来云集……摩突罗城中诸人闻尊者优波毱多能调伏魔者,耆旧人民数千万众皆来向尊者所。尊者见众悉以聚集,即上师子座说种种妙法,令百千众生得须陀洹道斯陀含道,万八千人出家得阿罗汉道。[3]

优波掘多在摩突罗国说法,使得"百千众生得须陀洹道斯陀含道,万八千人出家得阿罗汉道"。优波掘多这样一个"声闻中教授坐禅最

---

〔1〕《祖堂集校注》,张美兰校注,北京:商务印书馆,2009年,第32页。
〔2〕《杂阿含经》卷25,见《大正新修大藏经》第2册《阿含部下》。
〔3〕《阿育王传》卷5《商那和修因缘》,见《大正新修大藏经》第50册《史传部二》。

为第一"的高僧,是传教度人高僧中的典范,应该说,每一个受戒传教的僧人,都会将这样一个将坐禅传教、度人化众的高僧当作一个学习、心仪的典范。然而,以舍利弗一样具有最高智慧的鸠摩罗什却无缘成为优波掘多第二。在鸠摩罗什的早期宗教生活中,成为如优波掘多一样的传教者,应该是他本人及西域僧界对他的主要期许之一。

4.2.1 "月氏北山罗汉预言"作为史实的可能性

作为受了具足戒的僧人,鸠摩罗什的宗教生活发展有两个趋向,一是传教度人,一是智慧解经。前者是职业宗教传播者,后者是理论学问僧。关于这个方向的选择,在鸠摩罗什的传记中,远在他跟随母亲自罽宾返回龟兹的半道上就有了一个决定性的预言:

> 什母将什至月氏北山,有一罗汉见而异之,谓其母曰:"常当守护,此沙弥若至三十五不破戒者,当大兴佛法,度无数人,与优波掘多无异。若戒不全,无能为也,正可才明携诣法师而已。"[1]

12 岁的鸠摩罗什在月氏北山碰到的罗汉就预言了"大兴佛法,度无数人"与"正可才明"这样两条道路——要么成为像优波掘多(Up-agupta,优婆毱多)一样的传教大师,要么就仅仅做一个学问僧。然而,由于鸠摩罗什在吕光的逼迫下娶妻破戒,已经丧失了作为"度人"的佛教传教者的资格,只能做一个"正可才明"的法师,也就是学问僧。

此处需要进一步厘清的是,对于鸠摩罗什少年时期从罽宾返回龟兹途中,在月氏北山碰到预言其前途罗汉的故事,我们该采取什么样的态度来接受?

如果按现代科学知识背景等作为出发点,这个预言显然有很多我们不能正常接受或理解的荒唐之处;如果我们表示理解,科学和现代知识体系又会"被荒唐"。按一般的处理意见,类似的文献总是被作为"编造"或"荒唐"搁置在一边,总之就是,这样的事情不可能发生,预言、占卜、算卦都是一种"荒唐"。

不可否认的是,在古代社会中,无论是官方文献、民间文献,还是世

---

[1]《高僧传》卷 2《鸠摩罗什》,见《大正新修大藏经》之《史传部二》。

俗文献、宗教文献,都充满了大量的此类具有神奇意味的、可以称之为"神秘的"也可以称之为"荒唐的"记载。如果我们所研究的领域完全是世俗的,就可以把这种类似的"荒唐的"文献语句很粗暴地忽略不计。但是宗教文献不行,因为有太多的记载都是这样"荒唐的",而且这种"荒唐"往往是宗教文献中至为关键之处,没有这些"荒唐的"记载,宗教文献的价值将大打折扣。

一个最典型的实例是,对于鸠摩罗什的记载,《晋书》卷95《艺术·鸠摩罗什》就大刀阔斧地略去了《出三藏记集》和慧皎《高僧传》一些神化鸠摩罗什的说法,"舍利弗在胎之证"和"月氏北山罗汉预言"就被删去。[1] 对于前者,《晋书》仅仅保留了"既而罗什在胎,其母慧解倍常"这样一句话;对于后者,则完全略去了,一字不提。

可见,在1000多年前的唐代历史学家看来,这些提前透支的神秘预言的可靠性是值得怀疑的,是不被历史学的实证性所接受的。

如果我们准备从《出三藏记集》和《高僧传》的文本环境出发来讨论问题,那么对于"月氏北山罗汉预言"鸠摩罗什可能性前途的这段文献之理解,从逻辑上可以导出三种可能性:

(1)月氏北山罗汉有神异能力,足可以预测未来之事。显然这是既不能让实证的历史学记录原则所认同,也不能让现代知识体系所接受的说法。但这就是古代宗教知识结构中很正常的说法——我们不接受,不等于它不作为一种知识存在——问题在于,我们可能是没有足够的心理包容力、理解能力、知识和洞见去讨论它。

(2)后代的僧人传记家为了塑造鸠摩罗什的形象,为了给鸠摩罗什的破戒娶妻寻找借口或可以开脱的理由,编造了这个预言。简而言之,"月氏北山罗汉预言"作为一种命中的预设,是后代僧人传记家为了维护鸠摩罗什一再破戒娶妻的"污点"而采取的"形象挽回策略"。

(3)鸠摩罗什的性格或处事风格中有同佛教戒律相抵牾的地方,并且非常明显,这一点被月氏罗汉所发现,因而根据其"聪慧善辩+性

---

〔1〕《晋书》卷95《艺术·鸠摩罗什》。

·欧·亚·历·史·文·化·文·库·

格洒脱"这两个明显的性格要素做出了推断:前者即出众的辩才是传教僧人最宝贵的传教利器,由此可推断鸠摩罗什会达到优波掘多(Up-agupta,优婆毱多)那样的成就;后者则是同宗教生活的严格戒律相悖的性格与行为特征,如果不能被规矩地拘束在佛教戒律生活内,鸠摩罗什的这种性格就会突破戒律,脱离寺院主义中规中矩的生活。

由此来看,第一种可能性属于神,我们无从讨论;第二种可能性已经没有讨论的必要了;关键就是第三种可能性,那就是在鸠摩罗什早期的个人历史上,其性格之中存在的冲突性因素决定了其宗教生涯的可能性走向。

4.2.2　鸠摩罗什性格中同宗教生活相冲突的因素

对与鸠摩罗什的性格之"聪慧善辩 + 性格洒脱",可以从以下记载得到一些求证或判断。

先看看从罽宾到龟兹的各个阶段,关于鸠摩罗什"智慧善辩"的赞美之词。

龟兹追随佛图舍弥:

> 从师受经,日诵千偈,偈有三十二字,凡三万二千言。诵毗昙既过,师授其义,即自通达,无幽不畅。[1]

罽宾求学阶段:

> 达多每称什神俊,遂声彻后王。[2]

温宿国战败论敌:

> 声满葱左,誉宣河外。[3]

返回龟兹传播大乘:

> 龟兹王躬往温宿,迎什还国,广说诸经,四远宗仰,莫之能抗。
>
> 西域诸国咸伏什神俊,每年讲说,诸王皆长跪座侧,令什践而登焉。[4]

---

[1]《高僧传》卷2《鸠摩罗什》,见《大正新修大藏经》之《史传部二》。
[2]《高僧传》卷2《鸠摩罗什》,见《大正新修大藏经》之《史传部二》。
[3]《高僧传》卷2《鸠摩罗什》,见《大正新修大藏经》之《史传部二》。
[4]《高僧传》卷2《鸠摩罗什》,见《大正新修大藏经》之《史传部二》。

鸠摩罗什从出生到出家一直到其求学与传道的历程中,都是被无上赞誉的人物。其龟兹王族的身份肯定会起到作用,但关键之处还是在于他的"智慧善辩"。

然而,无论是《出三藏记集》还是《高僧传》,也在这种连续不断的赞美之词中,记录了鸠摩罗什性格中一个不容易让人们注意的性格细节:

（1）性率达,不砺小检,修行者颇非之。什自得于心,未常懈意。[1]

（2）为性率达,不厉小检,修行者颇共疑之,然什自得于心,未尝介意。[2]

关于鸠摩罗什之"为性率达,不厉小检",《出三藏记集》《高僧传》都秉持同样的说法,显然,这是鸠摩罗什性格中的一个突出特征,这是令坚守严格寺院戒律的其他僧人们不能接受的,所以有"修行者颇共疑之"的结果。

然而《晋书》却在沿袭《出三藏记集》《高僧传》的说法基础上,又稍有不同:

为性率达,不拘小检,修行者颇共疑之。然罗什自得于心,未尝介意,专以大乘为化,诸学者皆共师焉。[3]

《晋书》将鸠摩罗什性格方面的特质而与其他僧人产生抵牾的原因,同鸠摩罗什"专以大乘为化"联系起来,恐怕是没有道理的。

"为性率达,不厉小检"是鸠摩罗什性格中的一种优秀因素,然而,这样的性格显然是同严厉刻板的宗教生活相抵牾的。也许,这正是月氏北山罗汉为什么会预言鸠摩罗什要么"大兴佛法,度无数人",要么突破戒律限制,仅仅做一个"正可才明"的学问僧的关键所在——这是一种从人的性格特征出发而做的合理的推理和判断。

因而,从鸠摩罗什的性格特征来理解"月氏北山罗汉预言",一切

---

[1]《出三藏记集》中卷传第14《鸠摩罗什传第一》。
[2]《高僧传》卷2《鸠摩罗什》,见《大正新修大藏经》之《史传部二》。
[3]《晋书》卷95《艺术·鸠摩罗什》。

将迎刃而解。

更为重要的是,这样的预言,也是跟鸠摩罗什在西域所面临的选择所匹配的。"舍利弗在胎之证"已经明确无误地表明在西域僧界,对鸠摩罗什的最大期许是成长为一个"摧伏一切论师"的辩才,振兴大乘佛法。因而,拿鸠摩罗什同佛教早期发展史上的著名传教大师优波掘多(Upagupta,优婆毱多)相类比,就成为一种必然。

从现有记载来推断,鸠摩罗什早期在西域讲论传教经历中,西域佛教界对于他的形象塑造方面应该有将之比附为优波掘多的说法,否则就不会有月氏罗汉对鸠摩罗什的那番"大兴佛法,度无数人,与优波掘多无异"的断语。

事实上也是这样,鸠摩罗什在西域,从罽宾到疏勒、温宿,再到龟兹,都以渊博学识与压倒一切的论辩才能而闻名,然而到达中原后,却杜口不言。这说明,鸠摩罗什在宗教方面的志向其实是以在龟兹被吕光俘获为界限,不得不走学问僧的道路。

正如佛陀得道前所经历的考验一样,在优波掘多(Upagupta,优婆毱多)与鸠摩罗什的说法传道历程中,都曾经受到魔波旬的干扰。先看鸠摩罗什在龟兹王新僧伽蓝遭遇魔波旬的经历:

> 后于寺侧故官中,初得《放光经》。始就披读,魔来蔽文,唯见空牒。什知魔所为,誓心逾固。魔去字显,仍习诵之。复闻空中声曰:"汝是智人,何用读此?"什曰:"汝是小魔,宜时速去,我心如地,不可转也。"停住二年,广诵大乘经论,洞其秘奥。[1]

鸠摩罗什是在由小乘转向大乘信仰后受到了魔波旬遮蔽大乘著名经典《放光经》经文的干扰,然魔波旬最终被鸠摩罗什"我心如地,不可转也"的坚定信念所破。这个故事至少传达给我们几重有意义的信息:

一是当时的大乘思想处在小乘学说的包围之下,宣扬大乘学说确实存在着种种困难;

---

[1]《高僧传》卷2《鸠摩罗什》,见《大正新修大藏经》之《史传部二》。

二是在鸠摩罗什的心中,他从一个在有部僧团和小乘知识体系中成长起来的佛教学者,要彻底决绝地转向大乘,在心灵深处肯定存在一些斗争,但是他最终战胜了"心魔"。

陆扬先生指出,鸠摩罗什由小乘转向大乘,最初的真正动力只是对于新知识的追求,是出于一种求新的心理动机。[1] 这个观点是非常有道理的。那么,这次魔波旬的考验,是否也正暗示着鸠摩罗什已经从一个因为"趋新"而接受大乘理论的佛教学者,变成了一个真正的坚定的大乘空宗的信仰者。从这个意义上说,在王新寺研读《放光般若经》的两年,也是罗什在大乘之路上更进一步的重要转折点。

而优波掘多(Upagupta,优婆毱多)则是在传教说法、树立声威的法会上遭到魔波旬扰乱众心、不得成道的破坏:

> 优波毱多亦如诸佛次第说法,欲说四谛,魔即雨真珠珍宝,坏乱众心,使无一得道。尊者优波毱多观谁所作,知魔所作。后日无央数人闻优波毱多说法,雨真珠珍宝,皆欲来取。以是因缘,众人多来。
>
> 第二说法,复雨金宝,乃至无一人得道。尊者入定观察,为谁所作,知魔所为。
>
> 第三日国土人尽来云集,闻尊者说法。初雨真珠,第二雨金宝,第三日魔王化作天女,作天伎乐,惑乱人心。未得道者,心皆惑著于天乐,乃至无有一人得道。
>
> 如是,魔大欢喜,而作是言:"我能破坏优波毱多说法。"尊者优波毱多在树下坐,入定观察是谁所作。魔便以曼陀罗花作花鬘著优波毱多项上,尊者即观是谁所作,方乃知是魔之所作。尊者优波毱多作是念:"魔数数坏乱我说法,佛何以不降伏?彼观佛本意,欲使优波毱多而调伏之,以是故佛不降伏。"尊者观魔可调伏时至未,即知今正是时。[2]

---

〔1〕陆扬:《解读〈鸠摩罗什传〉:兼谈中国中古早期的佛教文化与史学》,载《中国学术》2006年第23辑,北京:商务印书馆,2006年。

〔2〕《阿育王传》卷5《商那和修因缘》,见《大正新修大藏经》第50册《史传部二》。

当然,鸠摩罗什所面对的魔波旬与优波掘多(Upagupta,优婆毱多)所面对的是不一样的,前者是对于是否信仰大乘的意志的考验,而后者其实是对于如何在禅修中调服心魔的法门。魔波旬干扰鸠摩罗什研读《放光般若经》的神异故事,在鸠摩罗什生活的时代就已经产生了,他的弟子僧睿在《大品般若经》的译序中就提到了这个事情。僧睿在《大品般若经序》中云"鸠摩罗什法师,慧心夙悟,超拔特诣。天魔干而不能回,渊识难而不能屈。扇龙树之遗风,振慧响于此世",所谓"天魔干而不能回"显然是指鸠摩罗什读《放光经》时"魔来蔽文,唯见空牒"一事。[1] 可见这个故事或说法应该是来自更早的传说,可能鸠摩罗什在西域的时候就已经形成了。而鸠摩罗什与优波掘多(Upagupta,优婆毱多)都有为魔所干扰的经历,这表明在西域早期的僧界传说中,对鸠摩罗什的形象塑造也在有意无意中是参考了优波掘多的事迹的。

4.3　迦旃延子与鸠摩罗什后期
传教生涯的心理预期

东晋孝武太元九年(384),前秦大将吕光攻陷龟兹,俘获鸠摩罗什。在吕光的逼迫诱骗下,41岁的罗什与龟兹王女成婚,破戒。自此之后,鸠摩罗什成为如优波掘多一样传教度人的高僧的路径基本上就被堵死了。

4.3.1　鸠摩罗什对造作经论能力的自我期许

东晋安帝义熙二年(后秦弘始八年,406),鸠摩罗什的老师卑罗摩叉抵达长安后,师徒二人的一段对话最能说明鸠摩罗什不得不以学问僧生存的尴尬处境:

> 初,什在龟兹从卑摩罗叉律师受律,卑摩后入关中,什闻至,欣然师敬尽礼。卑摩未知被逼之事,因问什曰:"汝后汉地大有重缘,受法弟子可有几人?"什答云:"汉境经律未备,新经及诸论等,

---

〔1〕僧睿:《大品般若经序》,载僧祐《出三藏记集》序卷第8。

多是什所传出,三千徒众皆从什受法。但什累业障深,故不受师教耳。"[1]

在长安虽然有5000徒众跟随鸠摩罗什学习,但是鸠摩罗什深知自己破戒,已经失去了担当"师教"的资格,因而有"三千徒众皆从什受法。但什累业障深,故不受师教耳"[2]这一无可奈何的说法。

既然在像优波掘多(Upagupta,优婆毱多)那样传教度人方面已经不可能取得成就,那么做一个造作佛教经论的学问大师就必然成为鸠摩罗什的追求。

然而,造作经论是需要一定的先决条件的,宗教经典的产生同两个时间段有关:一是思想发展的积聚阶段;一是宗教确立的膨胀阶段。就佛教而言,部派佛教对佛陀思想的不同解释与积聚,就为不断地理清概念、系统地斟酌理解经义提供了前提。因而,随着佛经的几次结集,也不断地产生了大部头的经论。

鸠摩罗什所处的时代已经没有这样的机会了,况且在中原地区,佛经的成规模翻译刚刚开始,佛学处在一个文字的理顺与经义的学习阶段,还没有能力上升到大规模深入讨论的境界,缺乏造作具有经典性质的佛论的学术基础。所以,鸠摩罗什是有心有力而无果。对此,他自己有一个非常无奈凄凉的说法:

　　什雅好大乘,志存敷广,常叹曰:"吾若著笔作《大乘阿毗昙》,非迦旃延子比也。今在秦地,深识者寡,折翮后此,将何所论。"乃凄然而止,唯为姚兴著《实相论》二卷,并注《维摩》,出言成章,无所删改,辞喻婉约,莫非玄奥。[3]

这段文献虽然不长,但是却对鸠摩罗什在中原传教的心态与他对于华夏思想体系的成见表达得淋漓尽致。概括言之,主要有以下两方面的事项引起我们注意:

(1)鸠摩罗什将自己同迦旃延子(Katyayaniputra)做比较,认为自

　　[1]《高僧传》卷2《鸠摩罗什》,见《大正新修大藏经》之《史传部二》。
　　[2]《高僧传》卷2《鸠摩罗什》,见《大正新修大藏经》之《史传部二》。
　　[3]《高僧传》卷2,见《大正新修大藏经》之《史传部二》。

·欧·亚·历·史·文·化·文·库·

己造作经论的能力已经超过了他——这表示他对迦旃延子所作的《大乘阿毗昙》不满意。(2)鸠摩罗什认为,他之所以没有像迦旃延子一样成为一位经论的"造作者",原因有二:一是"今在秦地,深识者寡"——认为中原地区的思想理论水平很低,没有人能理解他深厚的思想;二是"折翻后此,将何所论"——破戒之后,已经没有信心或自认为没有资格再造作经论了。

4.3.2 "谬充传译"的无奈与"方复后世"的期待

既然鸠摩罗什自视高明于迦旃延子,为更好地理解鸠摩罗什的这种心态,那就需要对迦旃延子的事迹做简单考索。

关于迦旃延子(Katyayaniputra)及其撰著《大乘阿毗昙》(Abhidharma Jnana Prasthana Shastra)的事迹,《婆薮槃豆法师传》(Biography of Vasubandhu)有非常详细的记述:

> 佛灭度后五百年中有阿罗汉,名迦旃延子。母姓迦旃延,从母为名。先于萨婆多部出家,本是天竺人,后往罽宾国。罽宾在天竺之西北,与五百阿罗汉及五百菩萨共撰集《萨婆多部阿毗达磨》(Abhidharma Jnana Prasthana Shastra),制为八伽兰他,即此间云八乾度。

> 伽兰他译为结,亦曰节,谓义类各相结属故云结。又摄义令不散故云结,义类各有分限故云节。亦称此文为发慧论以神通力及愿力,广宣告远近,若先闻说阿毗达磨,随所得多少可悉送来。于是若天诸龙夜叉乃至阿迦尼师吒,诸天有先闻《佛说阿毗达磨》,若略若广,乃至一句一偈悉送与之。

> 迦旃延子共诸阿罗汉及诸菩萨简择其义,若与修多罗毗那耶不相违背,即便撰铭,若相违背即便弃舍。是所取文句,随义类相关。若明慧义则安置慧结中,若明定义则安置定结中。余类悉尔,八结合有五万偈。

> 造八结竟,复欲造《毗婆沙》释之。马鸣菩萨是舍卫国婆枳多土人,通八分毗伽罗论及四皮陀六论,解十八部,三藏文宗学府允仪所归。

迦旃延子遣人往舍卫国,请马鸣为表文句。马鸣既至罽宾,迦
旃延子次第解释八结。诸阿罗汉及诸菩萨,即共研辩义意若定,马
鸣随即著文。

经十二年,造毗婆沙方竟,凡百万偈。毗婆沙译为广解。表述
既竟,迦旃延子即刻石立表云:"今去学此诸人,不得出罽宾国。
八结文句及毗婆沙文句,亦悉不得出国。"恐余部及大乘污坏此正
法,以立制事白王,王亦同此意。

罽宾国四周有山如城,唯有一门出入。诸圣人以愿力摄诸夜
叉神令守门,若欲学此法者能来罽宾则不遮碍。诸圣人又以愿力
令五百夜叉神为檀越,若学此法者资身之具无所短乏[1]。

我们仔细阅读迦旃延子造作《萨婆多部阿毗达磨》(*Abhidharma
Jnana Prasthana Shastra*) 与《毗婆沙》(*Vibhasha*)的整个历程,就会发
现,即使撇开佛经产生的时间背景不谈,这些经典经论的产生不但需
要有一个能从各个角度深入讨论佛说经典的实力雄厚的学术团体,而
且也需要有雄厚的佛学文献背景。迦旃延子及其学术团体是搜罗了
"诸天有先闻《佛说阿毗达磨》,若略若广,乃至一句一偈悉"的文献基
础上,才完成《萨婆多部阿毗达磨》这项工作的。而《毗婆沙》则是同马
鸣菩萨合作,用了12年的时间才完成[2]。

由此可以推断,鸠摩罗什所谓"吾若著笔作《大乘阿毗昙》,非迦旃
延子比也。今在秦地,深识者寡,折翮于此,将何所论"[3],完全可以视
为一种托词。这仅仅是他自己的愿望而已,是一种在破戒之后,无法成
为像优波掘多(Upagupta,优婆毱多)一样的传教度人者之后,在学问僧
方向上为自己寻求的一个安慰性目标。从心理上来讲,这是他对自己

[1]《婆薮槃豆法师传》,见《大正新修大藏经》第50册《史传部二》。
[2]佛经文献中关于早期论师、高僧的记述,往往有很多矛盾抵牾之处,迦旃延子及其编纂诸
书的记载也免不了这种情况,譬如《大毗婆沙论》的编写就有多种传说,有的说是在迦王支持下召
集五百罗汉进行的;有的说是以胁尊者发起,世友为上座编辑;有的说文章是马鸣写的。本书以
《婆薮槃豆法师传》的说法为主线。可参阅吕澂:《印度佛学源流略讲》,上海:世纪出版集团、上
海人民出版社,2005年,第50-51页。
[3]《高僧传》卷2,见《大正新修大藏经》之《史传部二》。

109

在传教与佛学学问拓展方面处于一事无成状态的一个托词和解释。

在这里用"一事无成"来形容鸠摩罗什似乎显得毫无道理,如果我们对比一下僧传中对于鸠摩罗什的推崇程度,以舍利弗(Shariputra)、优波掘多(Upagupta,优婆毱多)这样的佛教史上几乎是近乎佛陀一样的人物来比附他,那么他应该至少会在佛教经典造作方面或佛教传播发展方面做出令人咂舌的成就。

虽然由于佛经翻译的高度成就,在中国佛教发展历程中鸠摩罗什成为后人敬仰的人物,然而,至少在鸠摩罗什自己看来,翻译佛经只不过是他迫不得已的最下选择而已,是小道。他的临终遗言我们不能仅仅当作是他的谦辞,而是其心境凄凉的肺腑之言:

> 因法相遇,殊未尽伊心,方复后世,恻怆何言! 自以暗昧,谬充传译。凡所出经论三百余卷,唯十诵一部未及删烦,存其本旨必无差失。愿凡所宣译,传流后世,咸共弘通。今于众前发诚实誓,若所传无谬者,当使焚身之后舌不燋烂。

不光是对鸠摩罗什而言,就是对任何一位佛教高僧而言,"因法相遇,殊未尽伊心"完全就是一种无奈而无助的"播龙种,收跳蚤"的错位之痛。留给弟子们一句"方复后世"的许愿,比梁山伯与祝英台那种生死之痛一点也不输轻重。唯一可以安慰的是"谬充传译"的那一点阴差阳错而得到的成就。

在鸠摩罗什自己看来,他并没有达到自己所预想的目标,而对他有深度了解的西域僧界人物也是这样认为的。在《高僧传》中,记载了一个外国沙门对已经过世的鸠摩罗什的评价:

> 后外国沙门来云:"罗什所谙,十不出一。"[1]

那就是说,鸠摩罗什在中原长安翻译经典、传播大乘中观思想,仅仅表达出了他1/10的思想和才能。当然我们不能把这种文学性语句理解为精确的数理评判,但是由此可以确定在西域或天竺僧人的理解中,鸠摩罗什在长安所做的工作,仅仅是其能力与智慧中非常小的一部分。

---

[1]《高僧传》卷2,见《大正新修大藏经》之《史传部二》。

5　鸠摩罗什的被掳掠者身份
　　及其文化偏见

　　不同的思想、文明与知识体系的传播与碰撞,往往包含着非常锐利的征服意识。在当代全球化意识与多元共识崛起之前,"征服"其实是文明传播的最坚硬的内核,无论是佛教之东传,还是伊斯兰化浪潮以至以欧陆文明为底色的现代化,都是"文明征服"的典型事例。

　　在中国中古时期,佛教也是满含征服中华文明的决心的,只是这种征服之欲望在历史文明的冲突与融合中被钝化、掩盖了起来。

　　缁服、剃发、出家等迥异于传统的宗教行为与仪式,在中古社会引起了华夏社会的激烈反弹,而思想方面的冲突也是此起彼伏。以往我们经常性地注意到了《正诬论》《明佛论》《喻道论》《白黑论》等论争文献中的思想冲突与融合,但是对于佛教思想体系所依循的"天竺中心主义"则相对忽略了,它在地理与文化圈上是以中天竺甚至以西域为中心来审视华夏文明,把"秦人"的思想作为一个比照体系来凸显佛教思想的高深。

　　在这方面,鸠摩罗什作为经典的翻译者,是最直接地站在天竺、西域佛教文明与华夏思想碰撞前沿的当事者之一,不仅语言表达方面的迥异性被他敏锐地捕捉到,更重要的是思想理解方面的差异性也一直让他耿耿于怀——虽然鸠摩罗什在译经过程中对于参与其事的中土佛教学者有高度的赞扬,但是,对于"秦土"思想之思辨水平与学者对于佛经义理的理解能力让他常感失望,这其实是他始终不能萦怀的根本情结。

　　要全面了解鸠摩罗什,就不能不注意到关于鸠摩罗什的三点背景问题:

（1）鸠摩罗什来华，并不是一个自愿行为，而是被征服者吕光作为战利品掳掠到中原来的——就是说，他本人并没有东来传教的意愿。

（2）鸠摩罗什在长安译经传教的时代，是流畅的汉文佛教典籍非常缺乏及相当不完备的时代，整个佛教界迫切需要外来的僧人在"佛经翻译"而不是"思想发展"方面做出贡献；在这样的背景下，鸠摩罗什的"天竺知识体系"所遭遇的是传统的中国神仙思维，要展开抽象的佛理讨论是不可能的，这就不可避免要造成他同中原僧人之间的学理歧异与思想隔膜。

（3）鸠摩罗什自小所浸淫的佛学知识体系，是以"天竺中心论"为底色的，在其视域之内，远在东亚的华夏地域是一个无佛的"边地"。这三点就决定了他对"秦人"的哲学思辨趋向和水平的质疑。

5.1　被掳掠者的选择：对鸠摩罗什
来华机缘的讨论

对于来华的西域僧人或佛教徒，根据其东来机缘可以大致分为两种：（1）积极热诚的传教者，如佛图澄（Fo Tucheng）、佛驮跋陀罗（Buddhabhadra）等，他们不畏生死，想尽一切办法传播佛教、广收教徒；（2）由于国家灭亡或其他原因而不得已东奔中华的，他们对于中原文明有坚强的抵触情绪，只是不得已而做些佛经翻译的工作，如高坐法师（Bo Shrimitra）。

5.1.1　苻坚讨伐龟兹诸国的政治动机与僧史文献的有意"误记"

在众多的西域来华僧人中，鸠摩罗什来华传教译经确实是一个特例，因为他是被前秦大将吕光掳掠而来的。

吕光本人及其家族、部属并不信仰佛教，为什么要将远在龟兹的佛教高僧鸠摩罗什带到中原来？

按正史文献的记载，是因为前秦王苻坚仰慕鸠摩罗什的名声，想罗致鸠摩罗什为自己所用。这个问题在《晋书》卷95《艺术·鸠摩罗什》中有很清晰的记载：

西域诸国咸伏罗什神俊,每至讲说,诸公皆长跪坐侧,令罗什践而登焉。苻坚闻之,密有迎罗什之意。会太史奏云:"有星见外国分野,当有大智入辅中国。"坚曰:"朕闻西域有鸠摩罗什,将非此邪?"乃遣骁骑将军吕光等率兵七万,西伐龟兹,谓光曰:"若获罗什,即驰驿送之。"光军未至,罗什谓龟兹王白纯曰:"国运衰矣,当有勍敌从日下来,宜恭承之,勿抗其锋。"纯不从,出兵距战,光遂破之,乃获罗什。

《晋书》乃官方正史,其文献记载必有所自,不会随便采信无根之说,但是可以断定,这个记载的主要文献来源就是梁代僧人僧祐的《出三藏记集》和慧皎的《高僧传》。

在《出三藏记集》中,关于苻坚派吕光远征龟兹、俘获鸠摩罗什记载相对比较简略:

什道震西域,声被东国,苻氏建元十三年岁次丁丑正月,太史奏有星见外国分野,当有大德智人入辅中国。坚素闻什名,乃悟曰:"朕闻西域有鸠摩罗什,将非此耶?"十九年即遣骁骑将军吕光将兵伐龟兹及焉耆诸国。临发谓光曰:"闻彼有鸠摩罗什,深解法相,善闲阴阳,为彼学之宗。朕甚思之。若克龟兹,即驰驿送什。"光军未至,什谓其王帛纯曰:"国运衰矣,当有勍敌,日下人从东方来,宜恭承之,勿抗其锋。"纯不从而战,光遂破龟兹,杀纯获什。

释慧皎在《高僧传》中关于此段史实的记载就比较丰满一些,增加了《出三藏记集》所没有的许多内容:

什既道流西域,名被东川。时苻坚僭号关中,有外国前部王及龟兹王弟,并来朝坚,坚引见。二王说坚云:"西域多产珍奇,请兵往定,以求内附。"

至苻坚建元十三年岁次丁丑正月,太史奏云:"有星见后外国分野,当有大德智人入辅中国。"坚曰:"朕闻西域有鸠摩罗什,襄阳有沙门释道安,将非此耶?"即遣使求之。至十七年二月,鄯善王、前部王等,又说坚请兵西伐。

十八年九月,坚遣骁骑将军吕光、陵江将军姜飞,将前部王及车师王等,率兵七万,西伐龟兹及乌耆诸国。临发,坚饯光后建章宫,谓光曰:"夫帝王应天而治,以子爱苍生为本,岂贪其地而伐之乎!正以怀道之人故也。朕闻西国有鸠摩罗什,深解法相,善闲阴阳,为后学之宗,朕甚思之。贤哲者,国之大宝。若克龟兹,即驰驿送什。"

对比这三段文献,可知《晋书》此段文字的来源即是《出三藏记集》和《高僧传》,并且可以看出,《晋书》删除了那些在历史学家看来不太靠近事实的部分,譬如过于详细生动的那些对话,而《高僧传》正好在《出三藏记集》的基础上进一步丰富了苻坚与吕光的对话等内容。

即使如此,《出三藏记集》和《高僧传》记载的可信度还是值得肯定的。但是其中的细节问题,却需要做进一步精细的推敲,因为僧史文献在关键问题上做了严重背离史实的改写或杜撰,慧皎的《高僧传》尤其严重,他的创造性改动往往会影响我们对史实的正确认定。

如果按《出三藏记集》和《高僧传》的文本暗含的逻辑关系看,苻坚派吕光西伐龟兹,主要任务之一就是为了得到鸠摩罗什这个高僧。然而,如果我们看《晋书》卷114《苻坚载纪下》的记载,同样是苻坚派吕光西伐龟兹,其出征原因及在临出发前对吕光的交代,却有不同的版本:

车师前部王弥寘、鄯善王休密驮朝于坚,坚赐以朝服,引见西堂。寘等观其宫宇壮丽,仪卫严肃,甚惧,因请年年贡献。坚以西域路遥,不许,令三年一贡,九年一朝,以为永制。寘等请曰:"大宛诸国虽通贡献,然诚节未纯,请乞依汉置都护故事。若王师出关,请为乡导。"坚于是以骁骑吕光为持节、都督西讨诸军事,与陵江将军姜飞、轻骑将军彭晃等配兵七万,以讨定西域。苻融以虚耗中国,投兵万里之外,得其人不可役,得其地不可耕,固谏以为不可。坚曰:"二汉力不能制匈奴,犹出师西域。今匈奴既平,易若摧朽,虽劳师远役,可传檄而定,化被昆山,垂芳千载,不亦美哉!"朝臣又屡谏,皆不纳。

……

明年,吕光发长安,坚送于建章宫,谓光曰:"西戎荒俗,非礼义之邦。羁縻之道,服而赦之,示以中国之威,导以王化之法,勿极武穷兵,过深残掠。"加鄯善王休密䭾使持节、散骑常侍、都督西域诸军事、宁西将军,车师前部王弥窴使持节、平西将军、西域都护,率其国兵为光乡导[1]。

符坚为什么要派吕光远征西域的龟兹、焉耆诸国?按常理来看,当时符坚用兵西域明显是一个败招,因为前秦即将面临同偏安江南的东晋王朝的决一死战,这时候分兵赴几千里之外去作战,正如符融所分析的那样,是"以虚耗中国,投兵万里之外,得其人不可役,得其地不可耕"[2]。

那么是什么诱惑了符坚,使之一定要在这个最需要兵力和精力的节骨眼上分兵作战呢?

这次远征的诱因是车师前部王弥窴、鄯善王休密䭾的朝贡请兵,然而吸引符坚的,恐怕还是弥窴、休密䭾的这句话:"大宛诸国虽通贡献,然诚节未纯,请乞依汉置都护故事。若王师出关,请为乡导。"[3]

"依汉置都护故事"这个说辞,应该是当时最能打动符坚的一个理由。符坚号称拥有强兵近百万,认为偏安江南的东晋政权被他打败是指日可待的。而作为一个北方胡族建立的政权,获得王朝的正统性是其最渴求的一个目标。如果像东汉王朝一样,在西域地区设立"都护",安定西域诸国秩序,那么这种王朝的正统性就会在接受西域诸国的朝贡中得到认可和稳定,就可以在"道统"与"法统"上取代东晋朝廷。这一点,可以从《梁书》对于此事的评价中得到证明:

继以中原丧乱,胡人递起,西域与江东隔碍,重译不交。吕光之涉龟兹,亦犹蛮夷之伐蛮夷,非中国之意也[4]。

吕光伐龟兹,本来是符坚期望以中原正统王朝的身份安定西域诸

〔1〕《晋书》卷114《符坚载纪下》。
〔2〕《晋书》卷114《符坚载纪下》。
〔3〕《晋书》卷114《符坚载纪下》。
〔4〕《梁书》卷54《西北诸戎》。

国,而《梁书》修撰者也正是看到了这一点,所以将之贬为"亦犹蛮夷之伐蛮夷,非中国之意",就是否认苻坚前秦的正统性。

可以说,在尚未摧毁东晋政权之前,苻坚就已经准备好了如何在正统性上取代东晋政权的步骤和策略。正是因为这个原因,苻坚对吕光的临行训示是:

> 羁縻之道,服而赦之,示以中国之威,导以王化之法。[1]

这句话已经说得很明白了,苻坚在淝水之战即将进行之际,派7万多人的军队西伐龟兹,就是要达到"示以中国之威,导以王化之法"的目的,是要以羁縻的方式让西域诸国承认自己作为在中原正统王朝的地位。

5.1.2 梁代僧人慧皎在《高僧传》中对吕光征西域史事的改写

然而,苻坚为羁縻西域诸国、获得中原王朝正统性的一场征伐之战,在僧史文献中却一步步变成为了得到鸠摩罗什而展开的战争。其实,僧祐《出三藏记集》对苻坚所说话的改造并没有走得太远:

> 十九年,[苻坚]即遣骁骑将军吕光将兵伐龟兹及焉耆诸国,临发谓光曰:"闻彼有鸠摩罗什,深解法相,善闲阴阳,为彼学之宗。朕甚思之。若克龟兹,即驰驿送什。"

在僧祐《出三藏记集》记载的苻坚嘱托吕光所言的这个版本中,苻坚仅仅命令吕光"若克龟兹,即驰驿送什"。就是说,得到鸠摩罗什只不过是这场远征的一个附带目的而已。

而到了慧皎的《高僧传》中,这场远征西域的战争就变成了为获得鸠摩罗什发起的具有宗教意义的战争:

> 十八年九月,坚遣骁骑将军吕光、陵江将军姜飞,将前部王及车师王等,率兵七万,西伐龟兹及乌耆诸国。临发,坚饯光后建章宫,谓光曰:"夫帝王应天而治,以子爱苍生为本,岂贪其地而伐之乎! 正以怀道之人故也。朕闻西国有鸠摩罗什,深解法相,善闲阴阳,为后学之宗,朕甚思之。贤哲者,国之大宝。若克龟兹,即驰驿

---

[1]《晋书》卷114《苻坚载纪下》。

送什。"[1]

所谓"岂贪其地而伐之乎！正以怀道之人故也"的说辞，完全将这次远征说成是苻坚为了得到鸠摩罗什这个"怀道之人"而发起的。慧皎的这个创作，使得历史事实发生了本质性的变化，把"示以中国之威，导以王化之法"的具有国际策略性质的远征，描写成"正以怀道之人故也"的宗教战争。这种改写实在是太离谱了。

如果我们把《晋书》卷114《苻坚载纪下》的记载同《晋书》卷95《艺术·鸠摩罗什》的记载相比较，就会发现，前者完全没有涉及要将鸠摩罗什带到中原来的任何信息，后者则仅仅保留了《出三藏记集》《高僧传》中的"若获罗什，即驰驿送之"这句话。可见，《晋书》的修撰者也是认同有苻坚命令吕光请鸠摩罗什的这种嘱托的，但是这场战争的发起及其主要目的并不是为了鸠摩罗什。

况且从随后吕光对于鸠摩罗什的态度来看，苻坚要得到鸠摩罗什的愿望，并没有僧史文献所表现得那么强烈。既然苻坚对鸠摩罗什有"国之大宝"的赞誉，并且一再叮嘱吕光"若克龟兹，即驰驿送什"，然而吕光的行为则显得非常反常：

> 光性疏慢，未测什智量，见其年尚少，乃凡人戏之，强妻以龟兹王女。什拒而不受，辞甚苦到，光曰："道士之操，不逾先父。何所苦辞！"乃饮以淳酒，同闭密室。什被逼既至，遂亏其节。或令骄牛及乘恶马，欲使堕落。什常怀忍辱，曾无异色，光惭愧而止。[2]

为什么在攻克龟兹俘获鸠摩罗什后要一再肆意羞辱之，并迫使其娶妻破戒？僧祐的解释是"光性疏慢，未测什智量，见其年尚少，乃凡人戏之"，用罗什年少与吕光的"性疏慢"来解释，总感觉稍显牵强。这从侧面反映了，前秦王苻坚对于鸠摩罗什并没有必得之心，否则吕光也不会如此放肆地对待鸠摩罗什。

可以肯定的是，鸠摩罗什当时在中原应该是有一定名气的，所以

---

〔1〕《高僧传》卷2《鸠摩罗什》，见《大正新修大藏经》之《史传部二》。

〔2〕《高僧传》卷2《鸠摩罗什》，见《大正新修大藏经》之《史传部二》。

才会引起苻坚的重视。按《出三藏记集》《高僧传》和《晋书》卷95《艺术·鸠摩罗什》的记载,都认为在苻坚建元十三年(377)的时候,前秦王苻坚就知道鸠摩罗什的大名,而我们现在能见到的最确切的也是较早介绍鸠摩罗什的文字材料,是来自《比丘尼戒本所出本末序》[1]的记载。后秦建元十五年(379),从西域龟兹国取《比丘尼戒本》经返回中原的僧人僧纯、昙充,在《比丘尼戒本所出本末序》[2]中对龟兹佛寺及鸠摩罗什有详细记载:

> 拘夷国寺甚多,修饰至丽。王宫雕镂立佛形像,与寺无异……王新僧伽蓝(九十僧,有年少沙门字鸠摩罗,才大高,明大乘学,与舌弥是师徒,而舌弥阿含学者也)。

由此来看,僧纯、昙充不但对于龟兹佛寺有比较详细的了解,而且极有可能见过当时尚在龟兹王新僧伽蓝讲经说道,并以"才大高,明大乘学"而闻名西域与中原的鸠摩罗什。

鸠摩罗什来华,是因为被吕光掳掠而来,所以慧皎在《高僧传》中所做的一个最大的努力,就是力图消除这一来华方式的负面影响,要将鸠摩罗什塑造成苻坚不惜发动战争渴求的"国之大宝"。

5.1.3 慧皎对鸠摩罗什传教东土形象的进一步塑造

慧皎还做了一个努力,那就是进一步把鸠摩罗什塑造成一个不惜一切代价、决心东来传教的高僧,这也从一个侧面消解了鸠摩罗什被掳掠而来的被动传教形象,而将之变成了具有殉道精神的高僧。这一点,体现在他所加的一段罗什与其母耆婆的对话中。

《高僧传》对鸠摩罗什来华有一段体现鸠摩罗什决心传教"真丹"(中国)的说辞:

> 至年二十,受戒于王宫,从卑摩罗叉学十诵律。有顷,什母辞

---

〔1〕关于此三记之出处,苏晋仁在《出三藏记集》校勘记云:"《关中近出尼二种坛文夏坐杂十二事并杂事共卷前中后三记》第十三,《长房录》八载苻秦昙摩持译《比丘尼大戒本》一卷,又《教授比丘尼二岁坛文》一卷,均佚。上三记当即出于其中也。"参见释僧祐:《出三藏记集》校勘记第71,苏晋仁等点校,北京:中华书局,1995年,第425页。
〔2〕《出三藏记集》序卷第11,见《大正新修大藏经》第55册《目录部全》。

往天竺,谓龟兹王白纯曰:"汝国寻衰,吾其去矣。"行至天竺,进登三果。

　　什母临去,谓什曰:"方等深教,应大阐真丹。传之东土,唯尔之力。但于自身无利,其可如何?"什曰:"大士之道,利彼忘躯。若必使大化流传,能洗悟蒙俗,虽复身当炉镬苦而无恨。"于是留住龟兹,止于新寺。[1]

这是一段慷慨激昂的对话,鸠摩罗什的母亲在离开儿子前往天竺的时候,就认为鸠摩罗什是传播大乘佛教到"真丹"(中国)的唯一人选,而鸠摩罗什也以此为己任,慷慨陈词:"大士之道,利彼忘躯。若必使大化流传,能洗悟蒙俗,虽复身当炉镬苦而无恨。"

这番对话之突兀奇来,使人不得不质疑其真实性。要知道,罗什母亲耆婆远走天竺在《高僧传》的叙事序列中是处于鸠摩罗什"至年二十受戒于王宫,从卑摩罗叉学十诵律"之后"有顷"发生的,按此推断,当在东晋兴宁元年(363)到二年(364)之间。可是直到东晋太元十年(385)鸠摩罗什才在吕光的胁迫下来到中原。就是说,鸠摩罗什在其母勉励他东向传教的誓言说完20年之后,才不得不在征服者的胁迫下来到了中原。

如果鸠摩罗什有自愿东来传教的打算,为什么在20年的漫长岁月中没有一点东来的打算,这只能理解为,鸠摩罗什本人根本就没有东来传教的志向和愿望。

如此推断,绝非空穴来风,因为在早于慧皎《高僧传》的僧祐的《出三藏记集》中,就没有这段精彩的母子对话。

并且,在敦煌卷子中发现的拟题名为《鸠摩罗什别传》的 S.381 号卷子,则记述鸠摩罗什从罽宾学成返回龟兹的时候,就同母亲告别了,所谓"概乎进且,志在传通,辞母东来,却至舅国"。并且,这份文献中也没有记载鸠摩罗什同母亲耆婆的临别对话。

由此,我们不能不怀疑,《高僧传》中耆婆所说的"方等深教,应大

─────────

〔1〕《高僧传》卷2《鸠摩罗什》,见《大正新修大藏经》之《史传部二》。

阐真丹。传之东土,唯尔之力"的断语及鸠摩罗什"大士之道,利彼忘躯。若必使大化流传,能洗悟蒙俗,虽复身当炉镬苦而无恨"的誓言其实是慧皎的杜撰,是对鸠摩罗什的一种身后美化之语。鸠摩罗什之传教东土,不是源于自己主观的意向,而是被征服者掳掠胁迫的不得已结果。

5.2 鸠摩罗什对"秦人"思辨能力的质疑

当我们仔细阅读南朝梁僧人慧皎在《高僧传》中撰写的鸠摩罗什传的时候,有一种明显的感觉,那就是在罗什离开龟兹东赴中原之前,他的宗教生活是如此光彩夺目、锐气十足,可以说充满了明亮轻快的色彩。鸠摩罗什所到之处,往往是辩才无双、所向披靡,充满了思想的进攻性。可是到中原之后,他却仅仅成了一个"译经人",虽然受到了后秦政权的支持,鸠摩罗什的思想、辩才却失去了曾经的光芒,一种淡淡的忧郁气息笼罩着他在中原的译经岁月,这一点在他同中原僧人的交往和其坐化前的叹息中表现得尤为明显。

5.2.1 鸠摩罗什作为被掳掠者的传教心态

被掳掠带给鸠摩罗什两项巨大的变化:(1)被迫离开了佛教经论文献与思想相对丰富、成熟的西域地区;(2)暴力胁迫下的破戒彻底改变了他的传教趋向,由一个成熟的讲经化众的大论师变为一个"译经僧"。

这两点转折性的变化,奠定了鸠摩罗什在中原地区的传教心态趋于忧郁与消极,他的诗文透露了这方面的消息。

刚到长安开始翻译佛经的时候,鸠摩罗什表达了他对佛经翻译这项工作的勉强态度,当时他的弟子僧睿经常随着他传写翻译出来的经文,罗什就为僧睿论说天竺文佛经的语言状况说:

> 天竺国俗,甚重文制。其宫商体韵,以入弦为善。凡觐国王,必有赞德。见佛之仪,以歌叹为贵,经中偈颂,皆其式也。但改梵为秦,失其藻蔚。虽得大意,殊隔文体。有似嚼饭与人,非徒失味,

乃令呕哕也。

这段话虽然是把中原汉语言文字同天竺梵文的音律方面的不同做了对比,目的在于使僧睿了解二者之间的差别,从而能把佛经经文翻译得更有韵律一点。但是罗什法师在其中使用的比喻确实反映出了他的那种并不愉快的心境,他说把梵文译为汉文,虽然将经文的大体意思表达了出来,但是将梵文中优美的韵律丢失了。所以佛经的翻译工作,就像是嚼饭喂人一样,不但失去了原有的韵味,而且还恶心得令人呕吐。

显然,做这样的工作,对鸠摩罗什来讲,并不是什么愉快的事情。最能反映罗什法师的那种忧郁心境的,可能就是他那首著名的赠僧人法和的偈语:

> 心山育明德,流薰万由延。
>
> 哀鸾孤桐上,清音彻九天。

在这首诗偈里,鸠摩罗什用栖息在孤桐树上哀伤的鸾鸟做比喻,表述了自己在中原僧团中就像那哀伤的鸾鸟一样,虽然会发出响彻九天的清丽鸣叫之声,但有谁会听懂这彻天铺地的高洁声音呢?

鸠摩罗什由一个名震天竺、西域的大乘高僧,转变成了一个在中原翻译佛经的"译经僧人",这对他来说,确实是一个巨大的转折。他的志向在于成为像龙树菩萨那样的大乘佛教的思想者、成为优波掘多一样的佛教传播大师,而不是成为一个经典的翻译者。

鸠摩罗什由一个在西域传教度人、思想辩论无人可敌的高僧,蜕变为一个"译经僧",显然有两方面的原因:

(1)鸠摩罗什的破戒已经严重违背了寺院主义的基本要求,他已经远远地背离了佛教的道德规范,已经没有资格或者说缺乏充足的资格去做一个"禅修"的大师,自然,要成为像龙树菩萨那样具有开创性的一代宗师,也是不可能了。

(2)当时的中原僧界,由于佛教典籍的缺乏及翻译出来的典籍的不完备等原因,迫切需要外来的僧人在"佛经翻译"而不是"思想发展"方面做出贡献。

·欧·亚·历·史·文·化·文·库·

正是因为以上这两点原因,就决定了来到中原的鸠摩罗什,只能很委屈地成为一个"翻译家",而不是"思想家"。让一个雄心勃勃的思想家来做翻译家的工作,其内心的痛苦和无奈就是显而易见的了。

5.2.2 鸠摩罗什对"秦僧"佛学思辨水平的偏见

如果由"传教者"变为"译经僧"的角色变化,是鸠摩罗什产生忧郁心态的一个基本因素,那么他对中原佛教界思辨水平的偏见,则是更为关键的一个因素。

在鸠摩罗什看来,中原僧界的佛学思辨水平远远低于他所要求的可以对等讨论问题的界限,所以会有"哀鸾孤桐上,清音彻九天"的叹息,所以也才会发出"秦人之无深识"的判断——这正是令善于论辩的鸠摩罗什更为痛苦的深层原因。在这方面的判断,文献中有两个最直接的证据。

其一:

> 什雅好大乘,志存敷广,常叹曰:"吾若著笔作大乘阿毗昙,非迦游延子比也。今在秦地,深识者寡,折翮于此,将何所论。"乃凄然而止,唯为姚兴著《实相论》二卷,并注《维摩》,出言成章,无所删改,辞喻婉约,莫非玄奥。

从《出三藏记集》和《高僧传》的叙事顺序来看,鸠摩罗什《实相论》的撰写,应该是在注解《维摩诘所说经》之前后不久,这段时间大约在后秦弘始八年(406)到弘始十三年(411)之间,此时乃是离鸠摩罗什来到长安并同后秦僧俗学者接触至少 6 年之后,并且同远在庐山的慧远也有了频繁的书信往来,对于长安僧团的佛学思辨水平应该是有了比较透彻的了解。

在这种情况下,鸠摩罗什做出了"今在秦地,深识者寡"的这样一个判断,可见他对当时东土的佛学思辨水平与理解能力是持一种近乎失望的心态的。

在此之后,由于《成实论》的讨论而导致他发出的另一个感慨,则说得更为苛刻。

其二:

昔罗什法师翻《成实》竟,命僧睿讲之。什师没后,睿公录其遗言,制论序云:成实论者,佛灭度后八百九十年,罽宾小乘学者之匠鸠摩罗陀上足弟子诃梨跋摩之所造也。其论云:色香味触,实也;地水火风,假也。精巧有余,明实不足。推而究之,小乘内之实耳。比于大乘,虽复龙烛之于萤耀,未足喻其悬矣。或有人言:此论明于灭谛,与大乘均致。罗什闻而叹曰:"秦人之无深识,何乃至此乎? 吾每疑其普信大乘者,当知悟不由中,而迷可识矣。"[1]

《成实论》是鸠摩罗什在弘始十三年(411)开始翻译的,在其弟子昙晷、昙影协助下于弘始十四年(412)完成。那么以上所列举的长安僧团对于《成实论》究竟是小乘经典还是大乘经典的议论,应该是在弘始十四年(412)发生的事情。

针对长安僧团成员由《成实论》而发出的"此论明于灭谛,与大乘均致"的不着调说法,鸠摩罗什非常激愤地发出"秦人之无深识,何乃至此乎"的质疑,并以此而对当时中原的"普信大乘者"发生了怀疑,认为他们根本就没有理解大乘空宗的中道思想。

《成实论》之撰著,源于诃梨跋摩(Harivarman)修正其师鸠摩罗陀解释佛经拘泥于名相之偏颇而产生的经论:

[诃梨跋摩]其人本是萨婆多部鸠摩罗陀弟子,慨其所释近在名相,遂徙辙僧祇,大小兼学。钻仰九经,澄汰五部,再卷邪雾,重舒慧日,于是道振罽宾,声流赤县。成是能成之文,实谓所成之理。二百二品十六卷文,四谛建章,五聚明义。说既精巧,归众若林。[2]

虽然诃梨跋摩(Harivarman)做到了"徙辙僧祇(Mahasanghika),大小兼学",但其立足点完全是在部派佛教的范围之内,只不过突破了萨婆多部的那些清规戒律,广采诸家之说而已。因而,《成实论》是小乘经论自然毫无疑问。

---

〔1〕吉藏撰,韩廷杰校释:《三论玄义校释》,北京:中华书局,1987 年,第 74 页。
〔2〕吉藏撰,韩廷杰校释:《三论玄义校释》,北京:中华书局,1987 年,第 67 页。

·欧·亚·历·史·文·化·文·库·

其实这个问题早在弘始七年(405)就有明确的说法,当时天竺刹利来拜访鸠摩罗什,就《成实论》同鸠摩罗什有一段讨论,他明确阐释《成实论》是"以辨有法之实,明其依实之假,故以《成实》为名"[1],这同大乘之"空"显然是不吻合的,所以《成实论》乃小乘解说。

在弘始七年(405),鸠摩罗什与天竺刹利讨论《成实论》问题的时候,鸠摩罗什尚没有着手翻译《成实论》。然而,时隔 8 年之后,长安僧团的成员仍然没有搞明白《成实论》之最基本的大小乘分域,难怪鸠摩罗什要发出"秦人之无深识,何乃至此乎"的质疑。

5.3 鸠摩罗什同庐山慧远的思想隔膜

鸠摩罗什的宗教哲学思想是当时大乘空宗的典型代表,他否定一切主客观现象,主张人的主观世界的虚妄,介绍了一种变即不变,运动就是静止的理论,反对区别生命之生死。他的哲学思想独特,既不同于我国汉魏以前的唯心主义思想,也与小乘佛教的世亲创立的"万法唯识"的大乘有宗思想有着区别。这种哲学思想的实质,是把现实世界看作是苦,是无常,是虚门,这是罗什宗教哲学思想的一个重要特点。这种对于一切主客观现象否定的"毕竟空"思想,同当时的中原思想界的"有无之争"有着认识层次上的截然不同,所以罗什同中原僧俗界的思想都有着很大差别。尤其是他同释道安的学生、庐山高僧释慧远的思想差异更具代表性。

慧远是东晋名僧释道安的弟子,释道安在世的时候,他就非常仰慕在龟兹国传道讲经的鸠摩罗什,所以慧远很早就应该知道鸠摩罗什的大名,但是对于鸠摩罗什的思想是没有什么接触的。

对于当时的中原僧侣而言,来自天竺、西域的僧人使他们渴望了解佛教原典的最佳途径,这一点对于慧远也是如此,所以,慧远法师到庐山后,对于来自西域、天竺的僧人都比较关注。僧传说他"每逢西域

---

[1]吉藏撰,韩廷杰校释:《三论玄义校释》,北京:中华书局,1987 年,第 88 - 89 页。

一宾,辄恳测咨访",自然是希望能同这些来自佛教发源地和较早传播地的高僧们做交流,向他们学习。

当鸠摩罗什于401年抵达长安后,后秦左军将军、安成侯姚嵩疾苦致信慧远,向他详细介绍了鸠摩罗什抵达长安、翻译佛经的情况。慧远接信后自然非常欣喜,于是在403年即写信一封向鸠摩罗什问好。

从这封信来看,姚嵩写信给慧远之前,鸠摩罗什曾向姚嵩打听过慧远的情况,而姚嵩在信中也把这个情况告诉了慧远,所以慧远在写给鸠摩罗什的信中开头就说:"释慧远顿首:去岁得姚左军书,具承德问。"

随后,慧远对中原佛教界的情况做了简单的介绍和评价,表达了自己听到鸠摩罗什抵达中原这个消息后的喜悦心情,说他不能同罗什见面而深感遗憾,只能登高远望,表达自己迫切的心情。慧远还说"负荷大法者,必以无报为心;会友以仁者,使功不自己",自然是期望鸠摩罗什能对中原佛教做出无私的贡献。不仅如此,慧远还专门制作了法衣和法物相赠。

这封热情真诚的信和馈赠物品由慧远的弟子昙邕送往长安,鸠摩罗什非常高兴地接待了来自庐山的传信使者,并立即回信表达了自己的佛学立场和感谢之情。

在这封信中,罗什引用了佛经中"末后东方当有护法菩萨"的说法,赞扬慧远为弘扬佛法的勇敢仁者,言下之意当然是将慧远比喻为东方的"护法菩萨"了,写了一首偈语表达了自己的佛教思想:

既已舍染乐,心得善摄不。

若得不驰散,深入实相不。

毕竟空相中,其心无所乐。

若悦禅智慧,是法性无照。

虚诳等无实,亦非停心处。

仁者所得法,幸愿示其要。

在这首深奥的诗偈中,鸠摩罗什初步表达了自己的佛学思想,并且在最后一句也邀请慧远大师,希望他将自己所理解的佛法也告诉自

·欧·亚·历·史·文·化·文·库·

己,一同探讨。

此次信件往来,是鸠摩罗什与慧远大师思想交流的开始,慧远大师给鸠摩罗什赠送了礼品,罗什法师也把自己的鎗石和双口澡罐这两件礼物送给了远在庐山的慧远。

此后,慧远大师与鸠摩罗什有过多次书信来往,尤其是应罗什的邀请,慧远接连写给罗什 18 封信件,其中提出了几十个问题,同罗什进行探讨。可惜的是,深受玄学影响的慧远大师同秉持中观学说"毕竟空"的鸠摩罗什有着太大的差异,他们的思想并不能互相促进,而只能是各存其说。鸠摩罗什与慧远的这些思想交流的信件,后人整理成了《大乘大义章》共 18 章,存在藏中。

慧远当时的名声已经是如日中天,据说来自西域、天竺的僧人们都知道在东方的庐山有个大乘高僧慧远,所以他们每每在烧香礼拜的时候,都要东向朝着庐山稽首致意。

罗什与慧远这两位贤哲虽然对于佛法的理解与感悟不同,但是他们的相惜之情仍然是非常深的。慧远法师曾写了《法性论》这篇文章,超脱了中原传统的寿命长短、生死观念,而同佛陀所说的"涅槃"有异曲同工之妙,罗什读到后,非常欣喜,感叹说:"边国人未有经,便暗与理合,岂不妙哉!"

后秦国王姚兴也非常钦佩慧远法师的才思,经常同他书信往来,并将鸠摩罗什带来的龟兹国细缕杂变佛像送给慧远。

鸠摩罗什与慧远的书信、礼物往来,当时都是由慧远的一位弟子昙邕送达的。当时从庐山到长安,一般都是从寻阳溯江而上至荆州,然后北经襄阳到关中长安,路途遥远,山河险阻,非常艰辛。可以说,没有昙邕这样一位任劳任怨的僧人的风尘劳顿,也就没有鸠摩罗什与慧远这样两位伟大贤哲的思想交流。

昙邕之所以多年来一直担当这份艰辛异常的重任,同他自身的特殊经历及体质等都有密切的关系。

昙邕俗姓杨,是关中人,他"形长八尺,雄武过人",曾经做过前秦国家的卫将军,太元八年(383)跟随前秦国王苻坚南征东晋,兵败回长安后就随释道安出家为僧了。道安去世后,他来到了庐山,追随慧远大师。他的性格坚毅,非常能吃苦而又忠心耿耿。正是因为昙邕是一个武夫出身的厚道僧人,才能在十余年中坚持不懈地奔走于庐山与长安之间,为这两大僧团传递信息。

后来昙邕年事已高,建康(今江苏南京)道场寺的僧鉴法师想请他去扬州,昙邕以年龄大不便远行为理由,没有去。慧远大师身边那些优秀弟子们害怕昙邕留在庐山,会影响他们今后的地位,于是找个借口把昙邕赶出了僧团。昙邕的晚年比较凄凉,他迫不得已在庐山西南的地方建了一个简单的茅茨居住下来,同弟子昙果静心禅修。据说慧远去世后,昙邕悲痛欲绝,后来他辗转到了荆州的竹林寺,在那里度过风烛晚年。

昙邕用自己的双腿历经十多年的艰辛奔波,为慧远和鸠摩罗什交流架起了桥梁,可惜的是,这两位大师并不能真正达到思想上的相知。对鸠摩罗什来讲,虽然他很佩服慧远的才思,可是慧远毕竟不能理解他的"毕竟空"的中观思想,这种南北的交流,并没有消除他来到中原后的那种思想上的孤独感。

在鸠摩罗什来长安以前,中国内地佛教中已经流传着"神不灭"的思想。在《四十二章经》与《牟子理惑论》中都有这样的论述。魏晋南北朝时期,"神不灭论"成为中国佛学思潮中争论的焦点,许多人撰写文章论证"神不灭"的思想,从而引起了一场激烈的辩论,推动了"神不灭"思想的发展。这一时期,僧侣阶层中坚持"神不灭论"观点最彻底的是慧远,他在很大程度上继承了他的老师释道安的思想。"神"作为一个概念在早期翻译的佛经中是不能得到很确切的理解的。因而,慧远有"形尽神不灭"的观点,还是停留在简单的"形神"之辨上,在没有见到鸠摩罗什翻译的《般若经》之前,慧远对"神"观念不能从大乘般若中观的角度去理解。同时,由于受到传统文化的影响,中国古已有之的灵魂、鬼神观念对慧远的"神"观念的形成起了至关重要的作用。因此,他总是将"神"执着为实有的存在,追求一个永恒的、实在的本体成为慧远宗教世界观的终极目标。正是在这种有神论的指导下,他对鸠摩罗什所持有的"毕竟空"的宗教世界观产生了许多的疑惑。为此,他同鸠摩罗什往返多次通信,都是执着于他自己的理解,希望鸠摩罗什能予以解答。

针对当时中国本土流行的"神不灭"的思想,鸠摩罗什也是从"无常"与"无我"的中观"空"性的角度批驳了"神不灭论"的主张,在与慧远的往复问答中,集中表现为对慧远"法身"思想的批判。"法身"是慧远思想体系中的一个重要观念,他总是将"法身"这种跟"神"有所交集的概念视为"实有"。慧远对佛教名相的理解完全是从传统中国的"有无观"出发的,他讲"法身"是实有的,这跟鸠摩罗什的"毕竟空"根本上是无法相互理解的。按鸠摩罗什来看,慧远这是只知俗谛而不知真谛。慧远与罗什的思想差异,在《大乘大义章》里有所反映。比如,慧远把"法身实相"与"法性实相"混同。法身是相用,法性是性体,即现象与实质之别。

在中观学说看来,任何一法,都是不生不灭、不常不断、不一不异、不去不来的。

没有产生和灭亡,没有连续性,也没有间断性,即既非限,也非有限;没有同一,也没有差别;没有运动、变化。故对任何一法的认识,都要依据"中道"的方法,既不能执着于世谛(世俗认识所指谓的真理),也不能执着于真谛(从佛教立场指谓的真理)。依据中道的看法,应是非有非无。对此非有非无实际上也不能执着,所以又应非非有非非无。这种中道就是诸法之实相,是每一事法的终极本质,整个世界的终极本质。认识到这种实相,就能入涅槃。得诸法实相,就是佛。

鸠摩罗什站在般若中观的立场,对这种典型的中国"神"观念实有论进行批判,始终坚持大乘般若中观思想,从般若性空的角度去否定慧远的"神不灭"的宗教世界观,坚持了他的"无常""无我"的世界观,从而,也推动了般若中观思想在中国的发展。

5.4 "天竺中心论"对鸠摩罗什的影响

由于在汉文佛经翻译方面的巨大贡献,我们既忽略了鸠摩罗什的那种忧郁气质,也不太在意他"秦人之无深识,何乃至此乎"的沉重质疑。也许,这仅仅是一种偏见,当不同的文化背景和知识体系相碰撞时,以本位文化为中心的"文化偏见"和"知识排斥"就是不可避免的。

鸠摩罗什对于中土佛学思辨水平的质疑,就是以其浓厚的"天竺中心论"为中心和原点的。

佛学是以"天竺知识体系"构筑起来的知识体系,而鸠摩罗什不但有天竺血统,而且是罽宾说一切有部出身的学者,其对于"天竺中心论"的秉持,就是理所当然了。

5.4.1 佛教典籍中的"天竺中心论"与"边地"概念

"天竺中心论"是以"阎浮世界"作为参考基点的一个佛教地理概念。

关于"天竺中心论"的文献,在《因果经》《本起经》《俱舍论》等佛教经典中,都有所反映。如《佛说太子瑞应本起经》对佛祖的诞生就说过:

> [释迦牟尼佛]托生天竺迦维罗卫国,父王名白净,聪睿仁贤,夫人曰妙,节义温良。迦维罗卫者,三千日月万二千天地之中央也。佛之威神,至尊至重,不可生边地。地为倾邪,故处其中,周化十方。往古诸佛兴,皆出于此。[1]

很显然,"天竺中心论"是以围绕佛祖诞生地而产生的一种地理中心论。它的所指范围非常狭窄,在佛经中,大地的中心就是释迦牟尼佛出生的天竺迦维罗卫国。譬如《出曜经》认为:

> 佛兴出世要在阎浮利地,生于中国不在边地。所以生此阎浮利地者,东西南北亿千阎浮利地,此间阎浮利地最在其中。土界神力胜余方,余方刹土转不如此。[2]

《阿毗达磨大毗婆沙论》也认为:

> 观世间于何方处佛应出世,即知于赡部洲中印度佛应出世,

---

[1]《佛说太子瑞应本起经》卷上,见《大正新修大藏经》第 3 册《本缘部上》。
[1]《佛说太子瑞应本起经》卷上,见《大正新修大藏经》第 3 册《本缘部上》。
[2]姚秦凉州沙门竺佛念译《出曜经》卷 20,见《大正新修大藏经》第 4 册《本缘部下》。

非边地达絮薆戾车中。[1]

在佛经中,阎浮洲就是以迦维罗卫为中心的,相对于这个地域,其他地方都是"边地",都是不适合"佛"诞生的地方。

"边地"是与"天竺中心"相对举的一个概念,在佛经中,中天竺以外的地方都是"边地"。按我们前引《佛说太子瑞应本起经》的说法,"边地"是不能诞生佛的,如果佛诞生在迦维罗卫以外的地方,就会引起"地为倾斜"这样可怕的后果,所以佛只能诞生在迦维罗卫这个地理中心,这样才能"周化十方"。显然,无论对于佛本身还是佛教信仰者,如果生在了"边地",将是非常不幸的,那是一种惩罚,正如《成实论》所言:"杂心布施则嗜不美味,非时布施则不得随意,疑悔则生边地,行不净施则从苦得报。"[2] 显然,"边地"是一个充满了悖论的"概念",既然不可能所有的佛教徒都生在"中心",那么生在"边地"的佛教徒该如何面对这个现实?

我们不知道"边地"这个概念在印度、西域传播的时候是如何来解决其所隐含的矛盾之处的,但是从佛教传到中国始,"边地"这个概念的内在悖论在佛经翻译过程中就得到了很巧妙的消解。西晋于阗国三藏无罗叉翻译的《放光般若经》中说到对于一些不良行径的惩罚时道:"受是罪,已当复生边地无佛无法无弟子处。作是断法者,皆当具足受是上罪。"[3] 这里的所谓"边地"其实就是指的"无佛无法无弟子处",已经摆脱了同"天竺中心"相对举的意思。而姚秦时期沙门竺佛念译《出曜经》中则云:

> 有乐必苦生当有死不生则无死岂可避。以是义推忧为是谁乐所从来。是故说曰处忧无忧心如死灰澹然。无为尽灭一切恶趣。所已恶趣者。地狱饿鬼畜生。边地夷狄之中。亦名恶趣。是故说曰灭一切恶趣也[4]

---

[1]《阿毗达磨大毗婆沙论》卷178,见《大正新修大藏经》第27册《毗昙部二》。

[2]《成实论》卷8,见《大正新修大藏经》第32册《论集部全》。

[3]《放光般若经》卷9,见《大正新修大藏经》第8册,《般若部四》。

[4] 姚秦凉州沙门竺佛念译《出曜经》卷21,见《大正新修大藏经》第4册《本缘部下》。

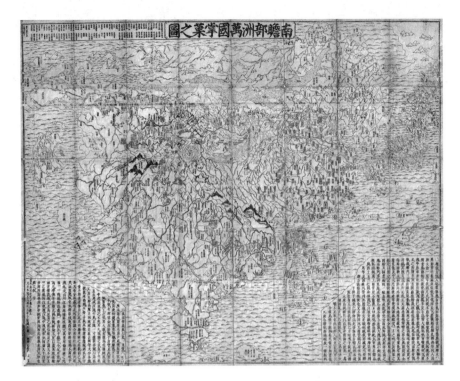

图 5 - 1　《南瞻部洲万国掌菓之图》

（水墨印本,日本宝永七年[1710]日本头陀浪华子绘,该图以佛经记载中四大河的发源地阿耨达池为中心绘出欧亚大陆的基本轮廓,是以欧亚大陆的地理高点来构建具有圈层中心的一个体系,接近于昆仑中心论。图版由清华美术学院张建宇先生提供,亦可参看 Adriana Proser, *Pilgrimage and Buddhist Art*, Yale University Press,2010,pp. 50 - 51。）

　　竺佛念在该经的翻译中将“边地”与“夷狄”连在一起,这样的译法,事实上将“边地”这个概念等同于夷狄所处的偏远野蛮之地,完全消解了“边地”这个概念的原初义项。

　　关于“边地”这个概念发生义项变迁的最直接的证据,来自《比丘尼传》的记载:

　　　　慧果,本姓潘,淮南人也。常行苦节不衣绵纩,笃好毗尼戒行清白……元嘉六年,西域沙门求那跋摩至。果问曰:“此土诸尼先受戒者,未有本事,推之爱道,诚有高例。未测厥后,得无异耶?”

答无异。……又问："几许里为边地?"答曰:"千里之外,山海艰隔者是也。"[1]

由慧果和求那跋摩的对话来看,究竟什么地方算是"边地"是中国僧众关心的疑难问题之一,对中国僧众的理解而言,"边地"是同"几许里"这样的距离来衡量的,而不是相对于"天竺"而言的。而求那跋摩的回答则完全没有提及"天竺中心"这样的原点坐标,也是就地而论,认为但凡与佛教流传地"千里之外,山海艰隔者"就可以算是"边地"。这是一个相当模糊的定义。由此可以看出来,"边地"这个概念在佛教传播过程中发生了很大的变化。这个概念的发生变化,正是对"天竺中心论"影响的一种适度消解。

5.4.2 "昆仑中心论"对"天竺中心论"的修正

在佛教文献中,"昆仑"的地理特征往往被作为论证"天竺中心论"的主要论据之一,因而"天竺中心论"又被一些佛教地理学家修正为具有鲜明华夏特色的"昆仑中心论"。

司马迁论及中国山川地理大势时认为:"中国山川东北流,其维,首在陇、蜀,尾没于勃、碣。"[2]张守节分析司马迁的这个记载时认为"言中国山及川东北流行,若南山首在昆仑葱岭,东北行,连陇山至南山、华山,渡河东北尽碣石山。黄河首起昆仑山,渭水、岷江发源出陇山。皆东北入渤海也。[3]"这就提出了昆仑为华夏山川之"首"的说法。对于昆仑是中国山川走势之"首"的认识,可能不仅仅是唐代的地理观念,至迟在汉晋时期的中国传统的地理体系中就存在这样的观念。干宝在《搜神记》中就有这样的记载:

昆仑之墟,地首也,是惟帝之下都,故其外绝以弱水之深,又环以炎火之山。山上有鸟兽草木,皆生育滋长于炎火之中;故有"火浣布",非此山草木之皮枲,则其鸟兽之毛也[4]。

---

[1]《比丘尼传》卷 2《景福寺慧果尼传第一》,见《大正新修大藏经》第 50 册《史传部二》。

[2]《史记·天官书》。

[3]《史记·天官书》。

[4]《搜神记》卷 13。

由此可以初步断定,关于昆仑为"地首"的说法,是传统华夏地理学知识中的主要观念,而昆仑"地中"说则是随着佛教的传播而兴起的。东汉灵帝、献帝朝来洛阳传教的康居国人康孟详是我们在文献中可以见到的最早的"昆仑中心论"的传播者,他在《佛说兴起行经序》中说:

> 所谓昆仑山者,则阎浮利地之中心也。山皆宝石,周匝有五百窟,窟皆黄金,常五百罗汉居之。阿辱大泉,外周围山,山内平地,泉处其中,泉岸皆黄金,以四兽头,出水其口,各绕一匝已,还复其方,出投四海。象口所出者,则黄河是也。其泉方各二十五由延,深三厥劣,一厥劣者七里也。泉中有金台,台方一由延,台上有金莲花,以七宝为茎。如来将五百罗汉,常以月十五日,于中说戒。

干宝和唐人张守节从中国山川河流的走向上认为昆仑山是中国山川与黄河之"首",而康孟详则认为昆仑山就是如来佛出生并讲经说道的地方,是阎浮洲的中心所在。康孟详的这个说法,是将佛教经典中的"中天竺"这个地理概念用中国传统的西王母居住的"昆仑山"来代替了。

关于华夏地理传统中的"昆仑山",文献记载中有两指,一在甘肃酒泉附近,一即黄河源[1],从"地首"这个认识来看,主要指的就是黄河源。从康孟详开始,佛教地理家一直将黄河源的昆仑同"中天竺"捆绑在一起立论,来证明这个地域就是世界的地理中心。这方面的典型文本还可以举出唐代僧人道宣的说法:

> 窃以四海为壑水趣所极也。阎浮洲中有大香山,即昆仑之别名也。此山独高,州中最极。山南有池名阿耨达,此名无热恼也,具八功德,大龙所居,名为水府。方出一河,以注四海。所以水随高势以赴下流,彼高此下,中边定矣。

---

〔1〕按张守节《史记正义》的说法,昆仑有酒泉小昆仑和黄河源昆仑这样两个概念。参见《史记·秦本纪》张守节"正义",《括地志》云:"昆仑山在肃州酒泉县南八十里。《六国春秋》云前梁张骏酒泉守马岌上言:酒泉南山即昆仑之丘也。周穆王见西王母乐而忘归,即谓此。有石室王母堂,珠玑楼严饰,焕若神宫。"按,肃州在京西北2960里,即小昆仑也,非河源出处者。

此土黄河,源出于彼,故《尔雅》云:河出昆仑墟,色白。郭璞《图赞》云:昆仑三层,号日天柱。寔维河源,水之灵府。禹贡导河自积石者,据其伏流涌出为言也,故知水随高来,高为中矣。

道宣在此处实际上是将今天的喜马拉雅山脉、冈底斯山脉及昆仑山脉一概称为"昆仑"了。按这些佛教地理家的说法,整个青藏高原的山系因为其高,是周边河流水源所出之地,所以就是"地中"。由此,我们可以发现,华夏地理知识中的昆仑"地首"的观念同佛教地理家的昆仑"地中"观念,都是基于对"昆仑"所在的这个地域的绝对高度及其在亚洲大陆水源所出的独特地理特征认识的基础上产生的。

从康孟详到释道宣,都将"天竺中心论"拓宽了范围,置换成包括天竺及青藏高原在内的"昆仑中心论",其间的意义是很值得玩味的。昆仑作为中国传统地理知识体系中一个具有神话色彩的地域,在中国人的意识观念中具有非同一般的地位,传说中的西王母就居住在这里的石室中,因而,"昆仑"这个地域作为天竺中心论的一个证明佛教"地中"的重要证据,事实上是对佛经记载中那种绝对的以中天竺为地理中心的观念的修正,更易于让中国人接受。

5.4.3 "天竺中心论"对中国地理观念的影响

"天竺中心论"对于当时的天文学家、博物家、地理学家及一般民众都有一定的影响。[1]

博物学家和天文学家对于天竺为地之中的说法,往往是从日地关系来认识这个问题的,如何承天同释慧严的争论即是这方面的典型事例:

东海何承天以博物著名,乃问严:"佛国将用何历?"严云:"天竺夏至之日方中无影,所谓天中;于五行土德色尚黄;数尚五,八寸

---

[1]关于"天竺中心说"对魏晋南北朝时期民族观念嬗变的影响,吕建福先生做过系统深入的探讨,指出:"佛教传入后出现的天竺中心论以及佛教的世界观,虽不能说被中国人普遍认同,但至少冲击了华夏中心论,使人们认识到华夏中心并非是独一无二的……佛教的传播所带来的中国人实际地理观念的变化,也是非常明显的。"参见吕建福:《魏晋南北朝时期佛教的传播与中国民族观的嬗变》,载周伟洲主编《西北民族论丛》第4辑,北京:中国社会科学出版社,2006年。

为一尺,十两当此土十二两。建辰之月为岁首。及讨核分至,推校薄蚀。顾步光影,其法甚详。宿度年纪,咸有条例。"承天无所屈难。后婆利国人来,果同严说。[1]

何承天是当时有名的博物学家,在天算方面也是有一定造诣的。慧严持"天竺中心论",首先是从"天竺夏至之日方中无影"及"建辰之月为岁首"这样非常专业的天文学角度来论证,因而何承天对此难以提出辩驳意见。关于这次争论,唐代僧人法琳的分析更为明确:

> 《智度论》云:千千重数,故曰三千。二过复千,故曰大千,迦维罗卫居其中也。娄炭经云:葱河已东名为震旦。以日初出曜于东隅,故称震旦。诸佛出世皆在其中州,不生边邑。若生边地,地为之倾。案《法苑传》、《高僧传》、《永初记》等云:宋何承天与智严慧观法师,共争边中。法师云:西域之地,立夏之日。一本云,夏至之日,正中时竖木无影,汉国影台立夏之日,至期去表,犹余阴在。依算经,天上一寸,地下千里,何乃悟焉,中边始定。约事为论,中天竺国则地之中,震旦自可为东。[2]

这样的论证,如果从地球纬度的角度来衡量,显然天竺比中国更接近赤道,更近于在南北极之间的中点上。虽然这并不能证明天竺就是世界的地理中心这样的命题,但是,就是这样的说法,在天算方面也显然要比"华夏地理中心论"更为有依据,至少这种视野已经突破了黄河流域的局限,扩展到了亚欧大陆这样的范围。

北魏著名的地理学家郦道元深受"天竺中心论"的影响,他不仅在《水经注》中大量引证了佛教地理家关于西域及天竺的一些记载,而且对于天竺为"地中"的说法并没有表示否认或批驳:

> 竺法维曰:迦维卫国,佛所生天竺国也,三千日月、万二千天地之中央也。康泰《扶南传》曰:昔范旃时,有嘾杨国人家翔梨,尝从其本国到天竺,展转流贾至扶南,为旃说天竺土俗,道法流通,金宝

---

〔1〕《高僧传》卷7《释慧严》。
〔2〕唐沙门释法琳撰:《辩正论》卷6,见《大正新修大藏经》第52册《史传部四》。

委积,山川饶沃,恣所欲,左右大国,世尊重之。旃问云:今去何时可到,几年可回?梨言:天竺去此,可三万余里,往还可三年踰。及行,四年方返,以为天地之中也。恒水又东迳蓝莫塔,塔边有池,池中龙守护之。阿育王欲破塔,作八万四千塔,悟龙王所供,知非世有,遂止,此中空荒无人,群象以鼻取水洒地,若苍梧、会稽,象耕、鸟耘矣。[1]

郦道元在这段注文中既引证了佛教僧人竺法维关于天竺为地中的说法,而且还引证了曾经出使扶南的南朝使者康泰对于天竺为地中的详细论证,这说明郦道元对"天竺中心论"是认可的。

至于一般民众所受的影响,我们可以从造像记中得到一些印象。北朝造像记中,"边地众生"往往被作为一种要拯救的对象出现,如北魏《张永洛造像碑》就是个典型:

大魏武定元年岁次癸亥二月辛酉朔三日合邑等敬造石像壹区……上为皇家祚隆万代,中为师僧父母,下为边地众生,□□恙除行修果□□时见性。[2]

北周时期僧人法定的愿望也很有代表意义:

愿法定舍身之后,不经三途,不经八难,不生恶国,不生边地,不生邪见,不见恶王,不生贫穷,不生丑陋,生生世世,治(值)闻佛法,聪明生生世世,遇善知识,所行从心。[3]

法定将"不生边地"作为一个舍身之后的愿望来讲,可见"边地"观念对佛教徒的影响也是比较广泛的。[4] 当然,并不是所有的佛教徒都不想生在边地,在当时的观念里,到边地去传播佛教,也是一些僧人的

---

〔1〕《水经注》卷1《河水》。

〔2〕《张永洛造像碑》(543),出土于郑州。见谭淑琴:《河南博物院收藏的四件造像碑》,载《中原文物》2000年1期。

〔3〕《北周比丘法定造〈大般涅槃经〉卷九题记》(天和元年),见王素、李方:《魏晋南北朝敦煌文献编年》,台北:台湾新文丰出版公司,1997年,第258页。

〔4〕对于该时期将"边地众生"列为祈福的对象,典型的例证还有河南巩县石窟寺发现的一些造像题记,如"□□三年二月□□□弟子张□为边地众生造像一区""河清三年二月□丘法湛上□□边地众生□生父母"。参见傅永魁:《河南巩县石窟寺发现一批石刻和造像龛》,见《文物资料丛刊》5,北京:文物出版社,1981年,第139页。

愿望。南朝陈摄山栖霞寺沙门惠布有这样的誓愿：

> 陈摄山栖霞寺沙门惠布，俗姓郝，广陵人，少怀远操，性度虚梗志行罕俦，为君王所重。或见诸人乐生西方者，告云：方土乃净，非吾愿也。如今所祈化度众生，如何在莲华中十劫受乐，未若三涂处苦救济也。年至七十与众别云："布命更至三五年在，但老困不能行道，住世何益？常愿生边地无三宝处，为作佛事去也。"[1]

从这段文献可以看出来，由于受"天竺中心论"的影响，当时的佛教徒大都希望通过修炼能尽早脱离边地，到所谓的"西方"世界去，而惠布则认为在边地无佛的地方传教更能体现他的价值，所以发愿"常愿生边地无三宝处，为作佛事去也"。

5.4.4　鸠摩罗什的"天竺中心论"文化优越心理

"天竺中心论"是来自天竺、西域传教僧人根深蒂固的地理与文化观念，如后秦弘始七年来自天竺的刹利就对鸠摩罗什到东土边地传经表示了诧异：

> 秦弘始七年，天竺有刹利浮海至长安，闻罗什作大乘学。以《正观论》等咨而验之，什公为其敷折，为顶受，绝叹不能已。已白什公曰："当以此明震晖天竺，何由蕴此摩尼乃在边地？我在天竺，闻诸论师深怪罽宾小乘学者鸠摩罗陀自称朗月之照，偏智小才，非此喻也。而诃梨惜其师，以才自伤，以智自病，故作此论。以辨有法之实，明其依实之假，故以《成实》为名。"用天竺刹利之言验之，跋摩师资，皆小乘学也。[2]

这段文献中"当以此明震晖天竺，何由蕴此摩尼乃在边地"的疑问，一方面明显地表现出了天竺刹利的文化偏见，认为鸠摩罗什所做的精彩讲论不应该是在东土"边地"，而应该"震晖天竺"。

另一方面，如果仔细玩味天竺刹利对鸠摩罗什的这种赞誉，是同当时天竺地区的佛学思辨水平的局限性相比较而言的，说明天竺自我

---

〔1〕《法苑珠林》卷65。

〔2〕吉藏撰，韩廷杰校释：《三论玄义校释》，北京：中华书局，1987年，第88—89页。

中心意识的偏好恰恰限制了其本土佛教思想的发展,因而才会有天竺刹利之言。

如果审视一下罽宾佛教的发展情况,就会对这种"天竺中心论"对文化外播和异域文化的排斥情况有一个具体而生动的了解。如迦旃延子在造《毗婆沙》之后,居然同罽宾国王相默契,制定了不许《毗婆沙》传出罽宾地区的禁制:

> 经十二年,[迦旃延子]造毗婆沙方竟,凡百万偈。毗婆沙译为广解。表述既竟,迦旃延子即刻石立表云:"今去学此诸人,不得出罽宾国。八结文句及毗婆沙文句,亦悉不得出国。"恐余部及大乘污坏此正法,以立制事白王,王亦同此意。

> 罽宾国四周有山如城,唯有一门出入。诸圣人以愿力摄诸夜叉神令守门,若欲学此法者能来罽宾则不遮碍。诸圣人又以愿力令五百夜叉神为檀越,若学此法者资身之具无所短乏。[1]

这种自我中心的文化禁制与文化自大,对其成员的影响就是多方面的。正如阿马蒂亚·森所指出的:"对外国人的怀疑态度一直是印度部分思想中持续存在的因素",而11世纪的伊朗旅行家对印度传统中的这种因为文化中心意识而产生的排斥意识有很准确的记述:"总的来说,他们彼此之间对于神学论题仅有极少争论……相反,他们的所有狂热直指那些不属于他们族类的人。"[2]

当佛教传出印度后,其思想的开放性随着大乘学派的产生而逐渐呈现,但是,在天竺本土的佛教徒却没有认识到佛教正在成为一个世界性宗教的现实,而是仍然拘泥于比较原始的认识与心态而故步自封。

这种因为天竺中心的自我意识而产生的自大与保守,在鸠摩罗什到达中原前后的中原文献中有明显的反映。

天竺将与佛陀诞生地联系起来的"中国"的观念,是得到东土僧人的接受和认可的,如法显就记述道:

---

〔1〕《婆薮槃豆法师传》,见《大正新修大藏经》第50册《史传部二》。
〔2〕阿马蒂亚·森:《惯于争鸣的印度人:印度人的历史、文化与身份论集》,上海:上海三联书店,2007年,第131页。

从是(摩头罗国)以南,名为中国。中国寒暑调和,无霜雪。人民殷乐,无户籍官法,唯耕王地者乃输地利,欲去便去,欲住便住。[1]

而当时的天竺僧人普遍认为他们自己就是独家佛国,对于佛教在西域及中原的传播似乎非常惊讶。如法显到毗荼国(Pancanada)[2]时:

> 佛法兴盛,兼大小乘学。见秦道人往,乃大怜悯,作是言:"如何边地人,能知出家为道,远求佛法?"悉供给所需,待之如法。[3]

当地僧人惊讶于"边地"如东土者居然还有佛教传播并有僧人西行求法,觉得不可理解,可见其对于佛教传播之无知。这样的记述在《法显传》还有,如到祇洹精舍:

> 法显、道整初到祇洹精舍,念昔世尊住此二十五年,自伤生在边地,共诸同志游历诸国,而或有还者,或有无常者。今日乃见佛空处,怆然心悲。

> 彼众僧出,问法显等言:"汝等从何国来?"答曰:"从汉地来。"彼众僧叹曰:"奇哉! 边国之人乃能求法至此。"自相谓言:"我等诸师和上相承以来,未见汉道人来到此也。"[4]

而随后西行求法的释智猛也碰到了这种情况,释智猛在到达华氏城时,曾接待过法显的罗阅宗对于华夏东土大乘发展的情况也表示了吃惊:

> 后至华氏城,是阿育王旧都,有大智婆罗门,名罗阅宗,举族弘法,王所钦重。造纯银塔高三尺。沙门法显先于其家先得六卷《泥洹》,及见猛,问云:"秦地有大乘学不?"答曰:"悉大乘学。"罗阅惊叹曰:"希有,希有,将非菩萨往化耶!"猛就其家得《泥洹》胡本一部,又寻得《摩诃僧祇律》一部及余经胡本,誓愿流通。[5]

---

〔1〕法显撰,章巽校注:《法显传校注》,北京:中华书局,2008 年,第 46 页。

〔2〕即被译为旁遮普的地方,主要部分在今巴基斯坦东北部,小部分在今印度北部。

〔3〕法显撰,章巽校注:《法显传校注》,北京:中华书局,第 44 页。

〔4〕法显撰,章巽校注:《法显传校注》,北京:中华书局,第 62 页。

〔5〕《出三藏记集》卷 15《智猛法师传》。

这种以"天竺中心论"为坐标的视华夏东土为"边地"的观念,不仅在天竺而且在华夏僧人的观念中也是根深蒂固,如与法显一同西行求法的华夏僧人道整不但留在了"天竺中国"不再回来,而且发誓此后诸生再也不生在华夏"边地":

> 道整既到中国,见沙门法则,众僧威仪,触事可观,乃追叹秦土边地,众僧戒律残缺。誓言:"自今已去至得佛,愿不生边地。"[1]

在这种背景下,作为说一切有部出身的鸠摩罗什不能不受到"天竺中心论"的影响。目前的文献中,可以见到的鸠摩罗什明确提到"边地"的资料只有一条:

> 先是中土未有泥洹常住之说,但言寿命长远而已,远乃叹曰:"佛是至极,至极则无变。无变之理,岂有穷耶!"因著《法性论》曰:"至极以不变为性,得性以体极为宗。"罗什见论而叹曰:"边国人未有经,便暗与理合,岂不妙哉!"[2]

鸠摩罗什在对释慧远《佛性论》的由衷赞叹中,还是没有忘记一个最基本的出发点——那就是慧远是一个"边国人",这种感叹所暗含的惊奇、诧异同释法显在天竺碰到的那些天竺僧人对"边地僧人"的赞叹如出一辙。由此可以看出,以"天竺中心论"为内涵的文化优越心理,在鸠摩罗什的思想中也是具有相当比重的。最明显的证据是,鸠摩罗什对于用华夏文化与知识体系来辅助理解接受大乘佛教思想是持完全否决态度的。

很显然,要接受佛教文化和知识体系,华夏本土僧人总是免不了从本土知识体系出发来理解佛教经义,如鸠摩罗什最早也是最知名的弟子僧肇就是一个典型:

> [僧肇]历观经史备尽坟籍,爱好玄微,每以庄老为心要。尝读老子德章,乃叹曰:"美则美矣,然期神冥累之方,犹未尽善也。"后见《旧维摩经》,欢喜顶受,披寻玩味,乃言:"始知所归矣!"因此

---

〔1〕法显撰,章巽校注:《法显传校注》,北京:中华书局,第120页。
〔2〕《高僧传》卷6《释慧远传》。

出家。[1]

僧肇之学问是以华夏传统典籍为基础,尤其以老庄之学为本,其对于《维摩经》的理解,实际上也正是以《老子》为基础而进一步伸展的,这种本于本土文化体系而对于大乘思想的理解与解说,恰恰是鸠摩罗什所大为诟病的。

据吉藏的记载,鸠摩罗什对于这种"三玄与九部同极,伯阳与牟尼抗行"的用本土知识体系理解佛教经典的做法是大不以为然的:

> 罗什昔闻三玄与九部同极,伯阳与牟尼抗行,乃喟然叹曰:"老庄入玄故,应易惑耳目。凡夫之智,孟浪之言。言之似极,而未始诣也;推之似尽,而未谁至也。略陈六义,明其优劣。外但辨乎一形,内则朗鉴三世。外则五情未达,内则说六通穷微。外未即万有而为太虚,内说不坏假名而演实相。外未能即无为而游万有,内说不动真际建立诸法。外存得失之门,内冥二际于绝句之理。外未境智两泯,内则缘观俱寂。以此详之,短羽之于鹏翼,坎井之于天池,未足喻其悬矣。秦人疑其极,吾复何言哉。"[2]

鸠摩罗什其实是完全否定华夏本土知识体系在认识接受大乘思想方面的补助作用的,认为其间的差别是"短羽之于鹏翼,坎井之于天池"。显然,对他而言,华夏文化与知识体系就是那"短羽"与"坎井",而佛教大乘思想体系则是"鹏翼"与"天池",其间自然是天壤之别。看来鸠摩罗什对于华夏文化与知识体系的这种偏见,当时是受到长安僧团学问僧的质疑的,所以鸠摩罗什要慨叹"秦人疑其极,吾复何言哉"。

不容否认的是,华夏文化与知识体系显然同佛教文化有一定差距,正如法国汉学家谢和耐先生所总结的,他曾有一篇文章专门讨论中国古代的哲学思维,他认为:"西方思想最多见的是思辨性的,而中国的哲学思考却在不同程度上始终都与行为和伦理的实际问题不可分割。这里在很大程度上并不是指一种无能,它应该是指一种已取得

---

[1]《高僧传》卷6《释僧肇传》。
[2]吉藏撰:《三论玄义》,见《大正新修大藏经》第45册《诸宗部二》。

广泛共识的坚信,即坚信将抽象与具体联系起来的牢不可破的纽带,或者如同我们所讲过的那样,将实践与理论联系起来了。"[1]

但是,这种知识与思想的差别并不是绝对对立性的,鸠摩罗什将之上升为"短羽之于鹏翼,坎井之于天池,未足喻其悬矣"的绝对化认识,显然是"天竺中心论"之下的极端偏见,而佛教哲学与文化体系在中国的中国化,也证明了鸠摩罗什的这种绝对化评判的错误之处。

---

[1] 谢和耐:《论中国人的变化观念》,耿昇译,载《法国汉学》第 1 辑,北京:清华大学出版社,1996 年,第 22 页。

6 鸠摩罗什译经时期的 长安僧团

后秦时期长安僧团的情况是比较复杂的,以鸠摩罗什译经为界,可以分三个阶段来了解当时长安僧团的整体状况。

在鸠摩罗什到达长安之前,那种由国家规范管理的僧官制度还没有形成,但是以寺院讲经和译经为中心,已经形成了核心僧团。譬如以竺佛念为首的译经僧人团体和以道安为首的讲经、译经僧人团体,就是当时长安的核心僧团,已经很有规模。

鸠摩罗什到达长安后,在姚兴的支持下,有 5000 僧人跟随他学习佛经、开场翻译佛经,这样就以逍遥园、草堂大寺为中心,形成了以鸠摩罗什为首的长安僧团,并且借助后秦国家的力量,由鸠摩罗什的弟子僧䂮正式组成了僧官组织,借世俗政治权威来维护僧团的纪律。

佛驮跋陀罗来到长安后,以他为中心集聚了一批僧人,这批僧人因为不在鸠摩罗什僧团的 5000 之列,所以又被称为"新僧",是相对于鸠摩罗什的弟子僧肇、僧睿、僧䂮等 5000 僧人而言的。

因此,当时的长安僧团势力出现了三重叠加的格局。首先是竺佛念僧团与道安僧团的成员部分参与了鸠摩罗什的译经工作,相对于鸠摩罗什僧团,竺佛念、道安僧团是长安的"旧僧",鸠摩罗什僧团是"新僧"。等佛驮跋陀罗来到长安后,鸠摩罗什僧团已经在国家政治权威的扶植下形成了被称为"秦僧"的僧团势力。

6.1 鸠摩罗什之前长安僧团的早期情况

西晋时期,洛阳一直是西域僧人传教的主要目的地之一,大批的

·欧·亚·历·史·文·化·文·库·

异域僧侣和本土信徒都活动在这个当时的都城。"五胡乱华"后,洛阳纷乱,僧侣四奔。随着前秦政权在长安的建立,长安佛教开始兴盛[1],逐渐在聚众译经的基础上形成了长安僧团。

6.1.1　竺法护在长安的译经及其译经团体成员情况

西晋时期,长安已成为佛教中心之一,见于记载的活动频繁的佛教高僧有竺法护、帛远。世居敦煌的月氏人法护在一些出身长安的文士协助下于长安翻译佛经,而帛远在长安讲经说法,曾集聚了僧俗信徒上千,应该有了一定成规模的僧团组织雏形。

竺法护在晋武帝时代曾随其老师天竺僧人竺高座到西域求法,取得多种胡本佛经东归,自敦煌至长安,沿路传译。其在长安译经有以下几种:太始二年(266)译出《须真天子经》,太康七年(286)译出《持心经》《正法华经》《光赞般若经》,元康七年(297)译出《渐备一切智德经》。

从太始二年(266)到永嘉二年(308)的42年中,法护辗转于长安、洛阳、敦煌等地翻译佛经,在敦煌翻译佛经的助手主要有法乘[2]、月氏人法宝及李应荣、承索乌子、剡迟时、通武、支晋、支晋宝、荣携业、侯无英等30余人[3],而在长安、洛阳译经的"笔受人"及"劝助者"先后主要有安文惠[4]、帛元信、聂承远、张玄泊、孙休达、竺德成、竺文盛、严威伯、续文承、赵叔初、张文龙、陈长玄、竺力、孙伯虎[5]、聂道真、折显元[6]、赵文龙[7]、刘元谋、傅公信、侯彦长[8]等。

以上参与译经者的具体身份虽然文献没有非常明确的记载,但是

---

〔1〕关于早期长安佛教之兴盛,严耕望先生亦以法护译经长安为其始,指出"西晋佛教无疑以首都洛阳为中心,长安次之"。参阅严耕望:《魏晋南北朝佛教地理稿》,上海:上海古籍出版社,2007年影印本,第11－14页。

〔2〕《出三藏记集》卷7《阿维越致遮经》。

〔3〕汤用彤:《汉魏两晋南北朝佛教史》,北京:北京大学出版社,1997年,第111页。

〔4〕《出三藏记集》卷2《新集撰出经律论录第一·须真天子经》;卷7《须真天子经记》。

〔5〕《出三藏记集》卷8《正法华经记》。

〔6〕《出三藏记集》卷7《魔逆经记》。

〔7〕《出三藏记集》卷7《贤劫经记》。

〔8〕《出三藏记集》卷7《文殊师利净律经记》。

从姓名来看,他们中的大多数都是世俗信仰者而不是出家僧人。

在敦煌译经的时代,法护所依靠的主要是当地的世俗信仰者的力量,所以在长安译经时这些人没有出现,这就说明竺法护并没有形成一个随其流动的固定僧团。他在长安、洛阳译经,依靠的也是以聂承远、聂道真为代表的长安当地的世俗知识阶层,世俗信仰者作为主要力量参与佛经翻译,表明当时在竺法护译经的译场确实没有形成成规模的僧团组织。

6.1.2　帛远讲经时期的长安僧团情况

帛远在长安的活动是在晋惠帝末年,要比竺法护晚。帛远通过讲经集聚了一批僧人,形成了长安僧团雏形。

帛远是讲经长安的汉族僧人:

> 帛远字法祖,本姓万氏,河内人。父威达,以儒雅知名,州府辟命皆不赴。祖少发道心,启父出家,辞理切至,父不能夺,遂改服从道。祖才思俊彻敏朗绝伦,诵经日八九千言,研味方等妙入幽微,世俗坟素多所该贯。乃於长安造筑精舍,以讲习为业,白黑宗禀几且千人。晋惠之末,太宰河间王颙镇关中,虚心敬重,待以师友之敬。每至闲辰靖夜,辄谈讲道德。于时西府初建,后又甚盛。能言之士,咸服其远达。[1]

既然晋惠帝末年在长安讲经的帛远已经“造筑精舍”,且有上千人的僧俗弟子追随其学习,可以推断,以帛远为中心,曾形成了以讲经为主体的长安僧团。

其后,随着“五胡乱华”与前秦政权在长安的建立,长安开始成为一个佛教发展的重镇。尤其是随着竺佛念的译经活动和释道安被俘虏到长安,长安僧团开始进入了一个新的发展时期。

6.1.3　竺佛念时期的长安僧团情况

东晋时期长安僧团的形成,首先跟竺佛念在长安的译经有密切关系。

---

〔1〕《高僧传》卷1《帛远》。

竺佛念是凉州僧人,在少年时代就出家为僧,对于西域语言比较精通,在苻氏前秦和姚氏的后秦时代,他是中原译经僧人中的一代宗师。

至于他是什么时间到长安的,文献记载中不太一致。《出三藏记集》说他是前秦建元中开始译经的,但什么时候到长安,没有明确记载。[1]《古今译经图记》卷3却认为竺佛念是在建元元年(365)同西域僧人僧伽跋澄一起来到了长安,开始了合作翻译佛经的工作。[2] 这显然是错误的。按《高僧传》和《出三藏记集》的记载,西域僧人僧伽跋澄是建元十七年(381)才到达长安的。[3] 他参与佛经的翻译工作,也就是从此年开始的。

即使从建元十七年(381)算起,就译经的时间而言,从建元十七年(381)到弘始十五年(413),在32年的译经生涯中,竺佛念主持翻译或参与翻译的佛经共有以下诸部:

《耀论》20卷,《菩萨璎珞经》12卷,《十住断结经》11卷,《鼻奈耶经》10卷,《十地断结经》10卷,《菩萨处胎经》5卷,《大方等无相经》5卷,《持人菩萨经》3卷,《菩萨普处经》3卷,《菩萨璎珞本业经》2卷,《王子法益坏目因缘经》1卷,《中阴经》2卷,《十诵比丘尼戒所出本末》1卷,《四分律》60卷,《增一阿含经》50卷,《阿毗昙八犍度》30卷,《长阿含经》22卷,《摩诃般若波罗蜜钞经》5卷,《中阿含经》59卷。总19部合311卷。

竺佛念的佛经翻译,慧皎在《高僧传》中做了两方面的评价,一是说其翻译"质断疑义,音字方明"[4],一个"质"字,指出了竺佛念翻译的不精纯;二是"在苻姚二代为译人之宗"[5],指出了竺佛念在鸠摩罗什译经之前所具有的无人可以匹敌的译师地位。

竺佛念在长安译经32年,同他合作译经的僧人有明确记载的就有

〔1〕《出三藏记集》卷15《佛念法师传》。
〔2〕《大正新修大藏经》第50册《史传部》。
〔3〕《高僧传》卷1《僧伽跋澄》
〔4〕《高僧传》卷1《竺佛念》。
〔5〕《高僧传》卷1《竺佛念》。

18 人,其中域外僧人 7 位:昙摩持、昙摩卑、僧伽跋澄、毗婆沙佛图罗刹、鸠摩罗佛提、昙摩难提、僧伽提婆;中原僧人 11 位:释僧纯、慧常、僧导、僧睿、道安、慧详、昙究、慧嵩、法和、慧力、僧茂。西域、天竺僧人同竺佛念完全是合作关系。11 位中原僧人中,释道安是竺佛念后期译经的合作者,而其他僧人同竺佛念既没有师承关系,其佛学修养也各有千秋,如慧常是凉州名僧[1],僧纯曾求法西域[2],面见龟兹佛寺的最高统领者、鸠摩罗什的启蒙老师、小乘学大师佛图舍弥,并取得比丘尼戒本。

很明显,同竺法护的译经团体不一样,协助竺佛念译经的已经都是出家的僧人,而不再是世俗信徒,这至少说明,在长安存在着以竺佛念为中心的一个译经僧团。

作为一个译师,竺佛念由于出身当时西域商人、使者、僧人云集的凉州,对西域语言非常精熟,但是佛学、儒学修养都相当欠缺,《高僧传》谓其:"讽习众经,粗涉外典,其苍雅诂训,尤所明达。少好游方,备观风俗。家世西河,洞晓方语,华戎音义莫不兼解。故义学之誉虽阙,洽闻之声甚著。"[3]正是因为他在"义学"方面的缺陷,所以可以推定其在当时的环境下,对长安及其周边地区僧人的影响力和号召力是有限的,所以不能形成大规模的僧团组织。

对于僧团而言,译经和讲经是凝聚僧人成为一个成规模修习僧团的两种主要方式。对于当时的僧界来讲,有能力参与译经的人毕竟是少数,所以仅仅翻译佛经并不具有凝聚大批僧人的优势,而讲经由于涉及对于经文的传播和讨论,所以不仅能吸引部分学问僧参与讨论,还能吸引大批僧俗信徒前来学习。因而,竺佛念译经时期的长安僧团,显然不具备组成大规模僧团的条件,当时的长安僧团应该是比较松散的,并没有形成一种团聚核心。

---

〔1〕《出三藏记集》序卷第 9《渐备经十住胡名并书叙》。
〔2〕《出三藏记集》序卷第 11《比丘尼戒本所出本末序》。
〔3〕《高僧传》卷 1《竺佛念》。

·欧·亚·历·史·文·化·文·库·

6.2　释道安对长安僧团发展的重要作用

长安僧团真正形成一个具有"义学"学术凝聚力的共同体,始于释道安。

东晋孝武帝太元四年(379),前秦苻坚的大军攻破襄阳,僧释道安被俘后被送到长安,苻坚将其安置在长安的五重寺,奉他为国师。释道安的到来,使得原来的长安僧团又加强了力量。道安到长安后,同竺佛念多次合作,翻译佛经。

可以想见,来到长安的释道安既然被苻坚称为"圣人"、奉为国师,他又是佛图澄的受业弟子,早在邺(今河南临漳)的时候,就有数百僧人追随释道安,其在僧界的地位远在竺佛念之上,所以他对长安僧团的号召力自然非竺佛念所可匹敌。如僧䂮、僧睿、僧导等人此时就是释道安僧团的得力助手,他们也构成了后来鸠摩罗什僧团的主体。

道安抵达长安后,长安僧界发生的一个最大变化,就是道安深厚的佛学修养和儒学根基,加强了长安僧团的凝聚力。前秦国王苻坚明确敕令"学士内外有疑,皆师於安"[1],用政治威权的力量确立了道安的学僧领袖地位,僧䂮、僧睿等一批僧人分别在佛经义学方面成长了起来,为鸠摩罗什译经传道奠定了坚实基础。

不仅如此,关键是释道安在邺、襄阳等地传教讲学多年,他不仅成为当时佛经研究解说的权威,而且由于始终有数百僧人追随他,所以在襄阳的时候,他就制定了明确的僧团戒律仪轨[2]:"安既德为物宗,学兼三藏。所制僧尼轨范佛法宪章,条为三例:一曰行香定座上讲经上讲之法;二曰常日六时行道饮食唱时法;三曰布萨差使悔过等法。天下寺舍,遂则而从之。"[3]显然,他来到长安后,长安僧团也完全遵守这些

---

〔1〕《高僧传》卷5《释道安》。

〔2〕关于释道安戒律仪轨的制定,汤用彤先生将其时间定在道安在襄阳时,许理和亦认同这个判断。分别参阅汤用彤:《汉魏两晋南北朝佛教史》,北京:北京大学出版社,1997年,第151页;许理和:《佛教征服中国》,李四龙、裴勇等译,南京:江苏人民出版社,2003年,第240页。

〔3〕《高僧传》卷5《释道安》。

仪轨。

据僧传,当年释道安在新野分张僧众后,尚有 400 余人[1]随他到达襄阳,他在襄阳讲经 15 年,其僧团成员应该有所增长。及至襄阳之破,危难之时,道安弟子再次被分遣各处,但也应有相当数量的僧人随他来到了长安,因而,《高僧传》说道安在长安五重寺有"僧众数千,大弘法化"。[2] 这个数千的说法,显然是一个略显夸大的约数,这从其同后来的鸠摩罗什僧团的数量对比就能看出来。道安去世后 16 年,鸠摩罗什抵达长安,奉后秦国王姚兴敕令随鸠摩罗什译经的长安学僧有 800 人,当然,在当时的长安僧团中的僧人远不止此数,但肯定也没有数千。然而,当四方僧人听说鸠摩罗什在关中译经,纷纷前来学习,一时僧人数量大增,人数才达到 5000 之众,这已经可以说是当时僧团的一个顶峰了。由此推断,释道安时期的长安僧团成员有上千人是可能的,但不至于有数千之多。

上千人的僧团,需要有一定之规加以管理。释道安时期的僧团管理由于尚没有建立官方意义上的僧官、僧制,因而,主要靠戒律和领导者的修行与道德权威来加以规范。王永会先生在研究中国佛教僧团的发展与管理时指出:"魏晋虽为佛教传入中国的早期阶段,但成型的中国化佛教僧团已经出现。其时之佛教僧团,在组织形态上仍然一如原始佛教,依靠的是领导者的修行与道德权威。在管理制度上主要宗依佛制戒律,拥有高度的僧团依律自治的能力。同时,在并不完备的内律与中国本土思想和宗教习俗的调适融合中,因时因地因对象对旧规进行调整与创新,形成了初具规模的中国化的教团体制。"[3]这个论断是符合实际情况的。襄阳城破前避地东下的释道安弟子法遇维护僧团纪律的事例可以为此提供例证:

> 后襄阳被寇,遇乃避地东下,止江陵长沙寺,讲说众经,受业者四百余人。时一僧饮酒废夕烧香,遇止罚而不遣。安公遥闻之,以

---

〔1〕《高僧传》卷 5《释道安》。
〔2〕《高僧传》卷 5《释道安》。
〔3〕王永会:《中国佛教僧团发展及其管理研究》,四川大学博士学位论文,2001 年,第 20 页。

竹筒盛一荆子,手自缄封,题以寄遇。遇开封见杖,即日:"此由饮酒僧也。我训领不勤,远贻忧赐。"即命维那鸣槌集众,以杖筒置香橙上。行香毕,遇乃起出众前,向筒致敬,于是伏地,命维那行杖三下,内杖筒中,垂泪自责。时境内道俗莫不叹息,因之励业者甚众〔1〕。

法遇在江陵长沙寺维护僧团纪律的这个事例,一方面可以为我们认识释道安时期长安僧团的管理提供一个生动的例证,另一方面正如严耀中先生所指出的那样:"魏晋时僧团的维持主要靠自觉,僧团领导人也多以自身的模范来带动戒律的遵守。"〔2〕

综上所述,释道安在学问修养上是长安僧俗之师,在僧团的模范带领及仪轨的制定与执行方面,已经建立制度化纪律。这是区别于之前的长安僧团的最主要的两个方面。因而,明确的学术趋向或修习目标的确立、严格的僧团仪轨的制定,这是成规模僧团产生并发展的最基本的两个基础。正是在这个意义上,我们认为,成规模的长安僧团始于释道安。

后秦时期的长安僧团在翻译佛经的基础上,能成长为一个学问僧集团,为佛教的中国化和佛教经典的正确传播做出贡献,其间,释道安发挥了承前启后的作用。

6.3　以鸠摩罗什为核心的长安僧团的形成与发展

后秦弘始三年(401),姚兴出兵西伐吕凉,凉军大败,58 岁的龟兹名僧鸠摩罗什被邀于十二月二十日从凉州抵达长安,受到国师般的礼遇,开始在后秦政权的支持下翻译佛经。长安僧团由此迎来了一个不

---

〔1〕《高僧传》卷 5《释法遇》。
〔2〕严耀中:《佛教戒律与中国社会》,上海:上海古籍出版社,2007 年,第 147 页。

仅在长安佛教史上,而且在中国佛教史上也非常重要的大发展时期。[1] 可以说,鸠摩罗什译经时期的长安僧团,是中国佛教发展史上近乎空前绝后的一个僧团发展高峰。

鸠摩罗什抵达长安后,长安僧团在规模与管理诸方面发生了重大变化。

6.3.1　长安僧团得到后秦政权的鼎力支持,名僧云集,迅速扩大

在鸠摩罗什抵达长安之前,后秦国主姚兴对于长安僧团中的学问僧多所奖掖,如姚兴对僧导"友而爱焉,入寺相造,迺同辇还宫"[2],对僧䂮"深相顶敬"[3];后秦司徒公姚嵩对僧睿"深相礼贵"[4],但是并没有大规模地支持僧团的发展。事实上,鸠摩罗什之前的长安僧团,由于缺少一个译经或讲经的权威领袖人物,也不具备被后秦国家鼎力支持的条件。

出身一切有部、在疏勒国转向大乘的鸠摩罗什具有丰厚的佛学修养,名满西域。竺佛念僧团中的僧纯游历西域,在龟兹国不仅见过鸠摩罗什的老师佛图舍弥,而且对鸠摩罗什在西域的盛誉有所了解。[5] 正是因为这些西行求法僧人对鸠摩罗什的介绍,连释道安也曾经对鸠摩罗什非常仰慕,并多次敦促前秦王符坚求取鸠摩罗什为中原所用。并且,鸠摩罗什又有在凉州姑臧 17 年的对于汉语言的学习,所以无论在佛经原典的掌握理解方面,还是在梵汉、胡汉语言的翻译方面,他达到了一个别人难以企及的高度。因此,倾心佛教的后秦国主姚兴对于鸠摩罗什的到来,首先在潜意识里就是非常重视的,鸠摩罗什一到,姚兴随即救令"沙门僧䂮、僧迁、法钦、道流、道恒、道标、僧睿、僧肇等八百余人咨受什旨"。[6]

---

〔1〕长安佛教文化的发展与释道安、鸠摩罗什的传道译经有非常直接的关系。参阅刘跃进:《六朝僧侣:文化交流的特殊使者》,载《中国社会科学》2004 年第 5 期。

〔2〕《高僧传》卷 7《释僧导》。

〔3〕《高僧传》卷 6《释僧䂮》。

〔4〕《高僧传》卷 6《释僧睿》。

〔5〕《出三藏记集》序卷第 11《比丘尼戒本所出本末序》。

〔6〕《高僧传》卷 2《鸠摩罗什》。

· 欧 · 亚 · 历 · 史 · 文 · 化 · 文 · 库 ·

姚兴敕令中提到的僧䂮、僧迁、法钦、道流、道恒、道标、僧睿、僧肇这些人,都是当时长安僧团中标领型的僧人。虽然当时姚兴敕令的这800多僧人,文献中不可能有详尽的记载,但是从《高僧传》记载的曾受学鸠摩罗什的27位僧人中(参见本章末表6-1),我们还是能推测出这800学僧当时在佛学界的巨大影响力来。

这27位僧人中,除了僧弼、昙干、僧苞、昙顺4人为以年少出家人的身份跟随鸠摩罗什学习外,其他23位在鸠摩罗什抵达长安前就已经是各自学有所长、声名赫赫的成名高僧,他们是僧䂮、僧肇、僧睿、僧楷、道融、道生、昙影、慧严、慧观、道恒、道标、慧睿、昙鉴、慧安、昙无成、僧导、道温、僧业、慧询、僧迁、慧斌、法钦、道流。

这23位高僧有的是长安僧团的名僧,有的来自周边寺庙及慧远僧团等,如僧䂮是长安大寺著名"法匠"弘觉法师的弟子,"通六经及三藏,律行清谨能匡振佛法,姚苌、姚兴早挹风名,素所知重,及僭有关中,深相顶敬"。[1] 僧睿是关中名僧僧贤法师的弟子,他在长安讲经传道,被姚兴赞为"四海标领"[2]。道生受业于名僧竺法汰,慧观、道温年轻时受业于庐山慧远大师,昙鉴受业于竺道祖,慧睿曾游历西域诸国求法学习,慧严"迄甫立年,学洞群籍",道恒"游刃佛理,多所兼通",道融"迄至立年,才解英绝,内外经书,阇游心府"。僧肇早在西上凉州之前,就已经是"学善方等,兼通三藏,及在冠年而名振关辅"的名僧,况且又在凉州姑臧追随鸠摩罗什多年,其佛学学术水平与僧界影响力自然也不小。其他如僧迁、道标等也都是一时才俊。

由此,在人才与时势方面,此时的长安僧团可谓具有得天独厚的发展条件。

人才方面,鸠摩罗什的深厚学养和宏博声名为长安僧团的发展提供了一个权威核心,800僧人中一批学有所成的著名学问僧为僧团在"译经"与研讨"义理"上准备了人才。

[1]《高僧传》卷7《释僧䂮》。
[2]《高僧传》卷7《释僧睿》。

时势方面,后秦国主姚兴以国家力量为翻译、讲说佛经提供财力方面的支持,还敕令 800 僧人领受鸠摩罗什的教导,协助他翻译佛经,以政治权威的形式将长安僧团同鸠摩罗什这个中心人物凝结在一起。

正是有了这两方面条件的结合,周边及全国各地的僧人闻讯纷纷负笈前往长安受学,如昙无成就是一个典型,当他"闻什公在关,负笈从之",鸠摩罗什问他:"沙弥何能远来?"昙无成答曰:"闻道而至。"[1] 由此,长安僧团迅速扩大,由最初的 800 多人扩大到 3000 多人。[2] 但是,这 3000 多人是鸠摩罗什所说的跟他"受法"的僧人。其时的长安僧团,各类僧人事实上已经远远不止此数,《晋书》卷 117 记载当时来到长安向鸠摩罗什求学的僧人达到 5000 多人:

> 兴如逍遥园,引诸沙门于澄玄堂听鸠摩罗什演说佛经。罗什通辩夏言,寻览旧经,多有乖谬,不与胡本相应。兴与罗什及沙门僧略、僧迁、道树、僧睿、道坦、僧肇、昙顺等八百余人,更出大品,罗什持胡本,兴执旧经,以相考校,其新文异旧者皆会于理义。续出诸经并诸论三百余卷。今之新经皆罗什所译。兴既托意于佛道,公卿已下莫不钦附,沙门自远而至者五千余人。起浮图于永贵里,立波若台于中宫,沙门坐禅者恒有千数。州郡化之,事佛者十室而九矣。[3]

我们将这段文献记载同《高僧传》中鸠摩罗什所说的"三千徒众皆从什受法"的记载结合起来解读,就可以得出,当时长安僧团的僧人以鸠摩罗什为中心,分为内外亲疏有别的三个圈层,第一层的是核心层的 800 学问僧人,负责协助鸠摩罗什翻译佛经,第二层是正式"受法"于鸠摩罗什的 3000 僧人,第三层就是上引文献所说的"沙门自远而至者" 5000 余人。

当然,800 人、3000 人、5000 人应该是一个后者包含前者的数据,

〔1〕《高僧传》卷 7《昙无成》。

〔2〕《高僧传》卷 2《鸠摩罗什》,鸠摩罗什曾对自己的老师卑摩罗叉说:"三千徒众皆从什受法。"

〔3〕《晋书》卷 117《姚兴载记上》。

就是说,当时长安僧团有 5000 多僧人,一时佛化大行,"事佛者十室而九矣"。

6.3.2 建立了以僧䂮为首的僧官制度,僧团管理由内部道德示范 走向国家威权管理

长安僧团有 5000 人之众,僧团的管理成了一个非常紧迫的问题。

鸠摩罗什译经时期的长安僧团,在僧团管理方面与前代相比有了根本性的变化,即由僧团的自我管理转变为国家设立专门的僧官机构来管理。[1]

关于后秦僧官机构的设置缘由及其职官,《高僧传》的记载比较简略:

> 自童寿入关,远僧复集。僧尼既多,或有愆漏。兴曰:凡未学僧未阶,苦忍安得无过。过而不劾,过遂多矣。宜立僧主以清大望。因下书曰:大法东迁,于今为盛。僧尼已多,应须纲领,宣授远规,以济颓绪。僧䂮法师学优早年,德芳暮齿,可为国内僧主。僧迁法师禅慧兼修,即为悦众。法钦、慧斌共掌僧录。

关于后秦僧官制度设置的缘由,不外以下几方面。

显然,来自各地良莠不齐的 5000 多僧人云集长安,仅仅靠僧团的自我约束和一般的戒律限制已经是力不从心,所以专心佛事的姚秦政府觉得有必要由国家来出面管理僧人们。后秦国王姚兴认为这些学僧们还没有达到一定的佛学修养境界,整日过着清苦的寺院修炼生活,当然难免犯错误、做一些出格的事情,如果不加以妥善的管理,学僧们将会越来越不守戒律,最终破坏僧团的禅修与学习,因此他觉得"宜立僧主以清大望"。

姚兴所说的这个设立僧官机构的理由显然是很主要的,也可以说是一个共识,但是在此处我们也不能不注意到另外两点具有关键性的

---

[1] 姚秦僧官制度之创设,南宋释志磐的《佛祖统纪》系之于东晋安帝隆安五年,即后秦弘始三年(401),此年鸠摩罗什刚抵达长安,四方僧众闻讯而至,长安僧众数量大增,处于管理的需要,设立僧官正当其时。具体情况可参阅谢重光:《中古佛教僧官制度和社会生活》,北京:商务印书馆,2009 年,第 15 - 17 页。

促成因素：

　　首先，我们前面已经提及，在僧官制度未曾建立之前，中国佛教僧团主要靠戒律和领导者的修行与道德权威来加以规范，释道安僧团就是这方面的一个典范。那么这种早期的僧团自主管理模式就对僧团的领导者本身提出了很高的要求，需要僧团领袖在戒律和仪轨方面的模范引领，可是鸠摩罗什本人恰恰缺少这种资质——他的屡次破戒已经将他置于一个非常尴尬的境地。

　　晋哀帝兴宁元年（363），20 岁的鸠摩罗什就在龟兹王宫受比丘戒中最高级别的具足戒；晋孝武太元九年（384），前秦大将吕光攻陷龟兹，俘获鸠摩罗什。在吕光的逼迫诱骗下，罗什与龟兹王女成婚，破戒。抵达长安后，鸠摩罗什又再次破戒。[1] 如果说在龟兹成婚破戒完全属于迫不得已，那么在长安领受姚兴所赐的"妓女十人"后"别立廨舍"则完全属于半推半就，这对当时长安僧团的震动是显而易见的。虽然鸠摩罗什在讲经的时候自嘲其破戒娶妻"譬喻如臭泥中生莲花"，让学僧们"但采莲花，勿取臭泥"，但是鸠摩罗什作为长安僧团的灵魂人物，在破戒方面的身体力行显然对僧团戒律仪轨的维持造成了极大伤害，以至于不得不以"吞针"来震慑意欲突破戒律的僧人们。

　　在这种情况下，以鸠摩罗什为中心的僧团戒律的道德标签，在一定程度上已经丧失了权威性和说服力，那么由政治威权出面来重建僧团纪律，就显得非常必要，这可能就是姚兴诏书中所说"宣授远规，以济颓绪"的深意所在。此为后秦僧官机构设置的动因之一。

　　其次，政治势力对僧团力量的防备也是建立僧官制度的一个至关重要的动因。

　　关于后秦僧官制度中职官的设置，相对比较简单，但已经完全纳入了国家职官体系。这样就改变了僧团管理的性质，把僧团的自我维

---

〔1〕关于鸠摩罗什在长安的破戒，《晋书》的记载和《高僧传》的记载有较大差异，前者更倾向于罗什的自愿，而后者则更愿意相信乃是出于姚兴的逼迫，因而《魏书》卷114《释老志》中北魏孝文帝在巡访罗什子嗣的诏书中也说罗什长安破戒乃是"见逼昏虐，为道殄躯"。后世僧界、学界亦本于"逼迫说"立论，如西修《罗什研究》，载张曼涛主编《现代佛教学术丛刊·汉魏两晋南北朝篇》下，北京：北京图书馆出版社，2005 年，第 171 – 176 页。

护转变成了国家正式管理,从体制上对僧团形成了约束。

后秦政权设立的僧人管理机构由"国内僧主""悦众""掌僧录"这样三个僧官组成。三者形成一个明确的统分关系。这样一来,鸠摩罗什就从道德示范的神坛上被解放了出来,成了一个以学问而不是僧德见长的高僧大德,僧团确立了威权型的管理者——"国内僧主",由僧主来管理僧团、树立僧团的道德威信。

姚兴看中了僧䂮在这方面的管理才能,况且僧䂮本人当时就是以行为清谨、严守戒律而著称于僧界的。据僧传的记载,远在姚兴尚未继承后秦国王王位之前,就特别仰慕僧䂮,等到在长安见到僧䂮后,对他更是非常敬重,所以由僧䂮来做僧主是最合适不过了——严守戒律的清修模范、少年就出家于长安僧团的地缘优势、与后秦国王的良好关系,正好符合做一个僧团管理者的所有条件,一切都顺理成章。

对于僧团自身在戒律方面的管理与僧官体系的威权管理,严耀中先生有非常精辟的论述:"由于中国的僧众实际上服膺的是僧制而非戒律,因此戒律于中国佛教里在很大程度上具有的是符号上的意义。对戒律作为符号意义的坚持,是在于保持佛教的社会道德作用:接受戒律就是给僧侣贴上身份与道德标签,表明其在社会道德上应该发挥特殊的作用。"[1]

显然,后秦长安僧团中僧官体制的建立,正是"戒律型管理"让位于"僧制管理"的一个明显的转折点,国家威权开始全盘接管僧团。

6.4 鸠摩罗什僧团的"学问化"倾向及对佛教中国化的贡献

如果我们从前到后审视在长安先后译经的竺法护、竺佛念、释道安、鸠摩罗什僧团,就会发现一个明显的规律,那就是在他们的僧团成员中,竺法护、竺佛念译经主要依靠的是世俗知识分子和信徒及部分

---

[1]严耀中:《佛教戒律与中国社会》,上海:上海古籍出版社,2007年,第9页。

西域僧人。从释道安僧团开始,世俗信徒或知识分子已经退出了佛经翻译的译场,而像僧睿这样的一些汉族学问僧开始逐渐发挥重要作用;到鸠摩罗什译经时,完全依靠的是在长安成长起来的大批学问僧。

鸠摩罗什从姑臧到长安的时候,应该也带来了一些凉州僧人。因为据记载,僧肇是鸠摩罗什在姑臧的时候,就不远万里去投奔他,向他学习的。由此可以推测,鸠摩罗什在姑臧的时候也有部分僧人追随他。

鸠摩罗什到长安后,面对的是一个无论在佛学理论,还是组织结构上都已经非常成熟的长安僧团,原道安僧团中的主干成员迅速集结到了鸠摩罗什的门下。释道安、竺佛念为他们培植的佛学修养,再加上鸠摩罗什对于佛经翻译的权威性,使长安僧团在知识的自信方面日见增长,就更加重了长安僧团的凝聚力。

佛经汉译的初级阶段,东汉安世高和支娄迦谶为其巨擘。但当时由于佛教初传,人们对佛教十分生疏,对于艰深的教义更难于理解;并且由于佛经原本多系梵文、巴利文以及由此转译的中亚和西域古代语言,很难掌握;能够掌握的又须精通佛理,这样的人才就更为少见。所以,传译不易,流通更难。《出三藏记集》卷1分析这种难处:"或善胡意而不了汉旨,或明汉文而不晓胡义",很难尽如人意。为了宗教的传播,外来的译经僧往往与汉地沙门和居士合作译经,这种做法持续了很长时间,到鸠摩罗什才有了一定改变。这种改变主要体现在两方面,一是对于"中观"学说的翻译,给中原佛教界、思想界带来了最新的佛学思想;二是从鸠摩罗什译经开始,培养了大批的学问僧人,使得中国佛经的翻译摆脱了对传统的世俗儒学知识分子依赖的局面。

从罗什的翻译的佛经来看,主要是般若类经典,特别是龙树空宗一系的作品,他弘扬了大乘空宗之中观学。对于中观派之空,有十八空之说,空得非常彻底,而所谓空,乃是自性空,以色而论,色当体就是空的,这种空不是任何人强加的,是"色即是空,空即是色",而不是支道林的"色即是空,色复异空"。

在印度中观派的论著中,鸠摩罗什较早译出的是《大智度论》(后秦弘始四年至七年,402—405),此书是龙树对《摩诃般若波罗蜜经》的注释书。原本篇幅巨大,罗什汉译本仅全译了初品,其余的是略译(汉译本有 100 卷,初品占 34 卷)。龙树在《大智度论》中虽以《般若经》原经为叙述基本线索,但在解释原经时实际做了很多发挥,对原经中杂乱之处做了归纳,提出了自己的新看法。也就是说,龙树论述的绝大部分是依据《般若经》中的观点,有不少则是龙树自己的新观点,未必都与所注经典的原义相符。因而《大智度论》实际包含中观派对《般若经》思想发展了的成分。鸠摩罗什将此书译出,一方面对中国佛学界(或思想界)理解《般若经》的原典真实思想有很大的帮助,另一方面也使中国人第一次接触到了印度大乘佛教中观派的一些基本观点,对印度般若学说鼎盛时期的理论有了了解。在后秦弘始四年(404),鸠摩罗什曾译《百论》,但因"方言未融"等,译得不太成功,后又于弘始六年(406)重新校译,出《百论》2 卷。《百论》是中观派的三部重要著作之一,为提婆所著。提婆在《百论》中通过破除印度古代数论派、胜论派等所谓"外道"的理论来弘扬中观派的学说,表现出中观派的"破邪显正"的思想方法,在实施否定形态的思维方法上(对"破邪"的重视程度)比龙树还要突出,充分展示了般若中观学说的理论特色。在鸠摩罗什译《百论》之前,中国思想界是很少了解中观思想或感受不深的。鸠摩罗什在弘始十年译出了龙树的《十二门论》1 卷,弘始十一年译出了《中论》4 卷,《十二门论》是中观派基本理论的概要或入门之作,写得较略,但是重点很突出,学说脉络清晰。《中论》为中观派的代表作,全面系统地论述了该派的基本思想,是般若学说在印度发展过程中理论上所达到的一个高峰。

这些最新理论的翻译,使得聚集在鸠摩罗什身边的大批学问僧在起点上就接触到了佛学的最高研究成果,并且在翻译的过程中相互论难、讨论,促使他们很快成长为中国佛学界的著名学问僧。把翻译佛典与培养弟子结合起来,以推动佛教人才脱颖而出,是鸠摩罗什在关中弘法的重要特色。

在跟随鸠摩罗什翻译佛经的岁月里,经过长时间的经义探讨和学习,在这 5000 弟子中,涌现出了著名的"十哲":僧䂮、僧肇、僧睿、道融、道生、昙影、慧严、慧观、道恒、道标；其中的僧䂮、僧肇、僧睿、道融、道生、昙影、慧严、慧观又被称为"八俊"；而僧睿、道融、道生、僧肇这四位最出色的弟子被称为"关中四子"，他们都是当时以学问、禅修著称的杰出佛学知识分子。

在鸠摩罗什的影响下，长安僧团具有非常明显的"学问化"倾向，在佛教中国化的历程中，长安僧团所发挥的作用是至关重要的。

从长安僧团的僧人个体对中国佛教发展的影响来讲，也是有相当分量的。著名者如僧肇被誉为"解空第一"，他的佛学思想达到了中国佛教般若学的顶峰，是佛教中国化的关键人物。他对后世的三论宗和禅宗也产生了重大影响。竺道生精研《涅槃》诸经典所体悟倡导的"顿悟成佛"，开创了中国佛教修炼中的"顿悟"法门。

在《高僧传》所记载的当时受学于鸠摩罗什的 27 位长安僧团的高僧，在鸠摩罗什去世前后都散布各地，成为当地的佛学名僧。除了在长安留下来的僧䂮、僧肇、僧睿等人及隐居山林的几位，有 14 位都南下传道，信徒盈门。如道融到彭城，门徒数百；竺道生先后到建康青园寺、庐山精舍等处，宣扬"顿悟成佛"；慧严到建康东安寺说法；慧观到荆州高悝寺讲经说法，"使夫荆楚之民回邪归正者，十有其半"；慧睿到建康乌衣寺，宣说众经；僧弼在彭城寺，僧苞在建康祇洹寺，昙鉴在江陵辛寺，昙无成在淮南中寺，僧导在寿春东山寺，道温在襄阳檀溪寺，僧业在姑苏造闲居寺，慧询在建康道场寺、长乐寺，昙顺在江陵竹林寺。

从总体上来讲，鸠摩罗什时期长安僧团的佛经翻译与研讨，一是逐步将一些重要经典正确地翻译介绍给了中国思想界和佛教界，为佛教思想融入中国文化奠定了基础；二是在译经、讲经过程中培养了大批的学问僧人，为正确消化、理解和传播佛学思想准备了本土人才；三是在正确传译佛教经典的基础上开始产生新的思想，为佛教进一步的中国化及向东亚诸国传译开辟了路径。

佛教传入中国后，僧伽制度自然随之形成，但是其规范及其与政治权威结合而形成僧团组织，是有一个过程的。佛图澄邺城传教，被石勒尊称为"大和尚"并且"军国规模颇访之"，在后赵政权中取得了很高

159

的地位,具有国家宗教领袖的性质,虽然没有被授予具体的僧官名称,但处于统领众僧团的地位,已经具有后世最高僧官的实质意义。[1] 从这个角度来看,以佛图澄为中心的僧团组织是最早得到官方政治权威支持的僧团。

西晋时期,洛阳一直是西域僧人传教的主要目的地之一,大批的异域僧侣和本土信徒都活动在这个当时的都城。此时,长安已成为佛教中心之一,见于记载的活动频繁的佛教高僧有竺法护、帛远。世居敦煌的月氏人法护在一些出身长安的文士协助下于长安翻译佛经,而帛远在长安讲经说法,曾集聚了僧俗信徒上千,应该有了一定成规模的僧团组织雏形。随着"五胡乱华"与前秦政权在长安的建立,长安开始成为一个佛教发展的重镇。尤其是随着竺佛念的译经活动和释道安被俘虏到长安,长安僧团开始进入了一个新的发展时期。

后秦弘始三年(401),龟兹名僧鸠摩罗什被邀于十二月二十日从凉州抵达长安,受到国师般的礼遇,开始在后秦政权的支持下翻译佛经。长安僧团由此迎来了一个不仅在长安佛教史上,而且在中国佛教史上也非常重要的大发展时期。长安僧团在三个方面发生了重大变化:(1)长安僧团得到后秦政权的鼎力支持,名僧云集,迅速扩大;(2)建立了以僧䂮为首的僧官制度,僧团管理由内部道德示范走向国家威权管理;(3)长安僧团成为一个典型的"学问化"僧团,对佛教中国化做出了重要贡献。

当然,此时的长安僧团,不仅面临着来自西域的其他佛教高僧及其僧团的挑战,也面临着婆罗门僧团的挑战,但是,这些挑战最终都没能动摇鸠摩罗什长安僧团在后秦国家的权威地位。

可以说,鸠摩罗什译经时期的长安僧团,是中国佛教史上近乎空前绝后的一个僧团发展高峰。

---

〔1〕高敏先生认为,佛图澄被称为"大和尚",参与后赵军国大事,"虽无僧官之名,已具有后世僧官的某种萌芽"。相关论述,参见高敏:《秦汉魏晋南北朝史论考》,北京:中国社会科学出版社,2004 年,第 209 页。

表 6-1　鸠摩罗什长安僧团核心成员概况表

法号	地望	师承渊源	流向	文献来源
僧䂮	北地泥阳人	长安大寺弘觉法师弟子	长安僧团"国内僧主"	《高僧传》卷6《释僧䂮》
僧肇	京兆人	学善方等,兼通三藏,及在冠年而名振关辅……后罗什至姑臧,肇自远从之	晋义熙十年卒于长安	《高僧传》卷6《释僧肇》
僧睿	魏郡长乐人	年十八始获从志,依投僧贤法师为弟子	终老长安	《高僧传》卷6《释僧睿》
僧楷	不明	与睿公同学	不明	《高僧传》卷6《释僧睿》
道融	汲郡林虑人	十二出家,厥师爱其神彩先令外学……嗟而异之,于是恣其游学。迄至立年,才解英绝,内外经书闇游心府。闻罗什在关故往咨禀	融后还彭城,常讲说相续,问道至者千有余人,依随门徒数盈三百	《高僧传》卷6《释道融》
道生	钜鹿人,寓居彭城	家世仕族,后值沙门竺法汰,遂改俗归依,伏膺受业	后还都,止青园寺……初投吴之虎丘山……俄而投迹庐山,销影岩岫,山中僧众咸共敬服	《高僧传》卷7《释道生》
昙影	或云北人,不知何许郡县	后入关中,姚兴大加礼接。及什至长安,影往从之	后山栖隐处,守节尘外	《高僧传》卷6《释昙影》
慧严	豫州人	十六出家,又精炼佛理。迄甫立年,学洞群籍,风声四远化洽殊邦。闻什公在关,复从受学,访正音义,多所异闻	后还京师,止东安寺	《高僧传》卷7《释慧严》
慧观	清河人	弱年出家,游方受业。晚适庐山,又咨禀慧远。闻什公入关,乃自南徂北,访核异同,详辩新旧	什亡后乃南适荆州,州将司马休之甚相敬重,与彼立高悝寺,使夫荆楚之民回邪归正者,十有其半	《高僧传》卷7《释慧观》

续表 6 - 1

法号	地望	师承渊源	流向	文献来源
道恒	蓝田人	年二十后母又亡,行丧尽礼服毕出家,游刃佛理,多所兼通……罗什入关,即往修造	窜影岩壑,毕命幽薮	《高僧传》卷6《释道恒》
道标	不明	兴使沙门僧䂮、僧迁、法钦、道流、道恒、道标、僧睿、僧肇等八百余人咨受什旨	不明	《高僧传》卷2《鸠摩罗什》
慧睿	冀州人	少出家……常游方而学经……游历诸国,迺至南天竺界,音译诂训殊方异义无不必晓。后还憩庐山,俄又入关从什公咨禀	后适京师,止乌衣寺讲说众经	《高僧传》卷7《释慧睿》
僧弼	吴人	少与龙光昙干同游长安,从什受学	后南居楚郢十有余年,训诱经戒,大化江表……后下都止彭城寺,文皇器重,每延讲说	《高僧传》卷7《释僧弼》
昙干	不明	从什受学	不明	《高僧传》卷7《释僧弼》
僧苞	京兆人	少在关受学什公	后东下京师……仍届住祇洹寺,开讲众经,法化相续	《高僧传》卷7《释僧苞》
昙鉴	冀州人	少出家事竺道祖为师……学究群经,兼善数论,闻什公在关,杖策从学	后游方宣化,达自荆州止江陵辛寺(《高僧传》卷7《释昙鉴》)	《高僧传》卷7《释昙鉴》
慧安	不明	学通经义,兼能善说……后入关诣罗什	以宋元嘉中卒于山寺	《高僧传》卷7《释慧安》

162

法号	地望	师承渊源	流向	文献来源
昙无成	扶风人,家世避难移居黄龙	年十三出家……未及具戒便精往复。闻什公在关,负笈从之。既至见什,什问:"沙弥何能远来?"答曰:"闻道而至。"	姚祚将亡,关中危扰。成遁憩于淮南中寺,《涅槃》、《大品》常更互讲说,受业二百余人	《高僧传》卷7《释昙无成》
僧导	京兆人	十岁出家,从师受业……姚兴钦其德业,友而爱焉,入寺相造,乃同辇还宫。及什公译出经论,并参议详定	立寺于寿春,即东山寺也,常讲说经论,受业千有余人	《高僧传》卷7《释僧导》
道温	安定朝那人	年十六入庐山依远公受学,后游长安复师童寿	元嘉中还止襄阳檀溪寺,善大乘经兼明数论,樊邓学徒并师之	《高僧传》卷7《释道温》
僧业	河内人	幼而聪悟,博涉众典,后游长安,从什公受业	关中多难,避地京师,吴国张邵挹其贞素,乃请还姑苏,为造闲居寺……居宗秉化训诱无辍,三吴学士辐凑肩联。又以讲导余隙,属意禅门	《高僧传》卷11《释僧业》
慧询	赵郡人	少而蔬食苦行,经游长安,受学什公	宋永初中还止广陵,大开律席。元嘉中至京止道场寺,寺僧慧观……乃令更振他寺,于是移止长乐寺	《高僧传》卷11《释慧询》
僧迁	不明	兴使沙门僧䂮、僧迁、法钦、道流、道恒、道标、僧睿、僧肇等八百余人咨受什旨	长安僧团"悦众"	《高僧传》卷2《鸠摩罗什》
慧斌	不明	不明	长安僧团"掌僧录"	《高僧传》卷6《释僧䂮》

·欧·亚·历·史·文·化·文·库·

法号	地望	师承渊源	流向	文献来源
法钦	不明	兴使沙门僧䂮、僧迁、法钦、道流、道恒、道标、僧睿、僧肇等八百余人咨受什旨	长安僧团"掌僧录"	《高僧传》卷2《鸠摩罗什》
道流	不明	兴使沙门僧䂮、僧迁、法钦、道流、道恒、道标、僧睿、僧肇等八百余人咨受什旨	不明	《高僧传》卷2《鸠摩罗什》
昙顺	黄龙人	少受业什公,后还师远	蔬食有德行,南蛮校尉刘遵于江陵立竹林寺请经始,远遣徙焉。	《高僧传》卷6《释道祖》

7 鸠摩罗什和他的弟子们

当年鸠摩罗什独步西域、讲经龟兹的时候,他的大名在中原地区的僧人中已经是如雷贯耳了。在丝绸之路上,当时的商队和传经的僧人们东来西往,非常频繁,所以关于西域和中原佛教界的情况交流和信息传递还是比较通畅的,东晋名僧释道安就是通过这种渠道了解了远在龟兹的鸠摩罗什的情况,因而对他非常景仰;而鸠摩罗什也是通过同样的渠道知道了释道安,还盛赞他为"东方圣人"。

正是因为有这样的声誉基础,所以鸠摩罗什到中原之后,四方僧徒就纷纷向他靠拢,跟随他学习佛经。不过鸠摩罗什在姑臧的时候,由于前秦国王吕光父子对佛教没什么兴趣,所以这一时期跟随鸠摩罗什的僧人不会很多。

及至到了长安后,原释道安、竺佛念僧团的僧人们大多又跟随鸠摩罗什学习、翻译佛经,而全国各地的一些僧人听说鸠摩罗什到了佛教中心长安,很多人都风尘仆仆地赶赴长安,追随鸠摩罗什。

在当时的长安,鸠摩罗什僧团号称有 5000 大德高僧,可能依附他的僧人远远不止此数。并且在鸠摩罗什的身边,还有许多来自龟兹等西域国家的弟子跟随他。

有释道安僧团雄厚的佛教义学训练做基础,鸠摩罗什僧团的僧人们的佛学功底大都非常扎实,是一个具有深厚知识背景的学问僧集团。在跟随鸠摩罗什翻译佛经的岁月里,经过长时间的经义探讨和学习,在这 5000 弟子中,涌现出了著名的"十哲":僧䂮、僧肇、僧睿、道融、道生、昙影、慧严、慧观、道恒、道标;其中的僧䂮、僧肇、僧睿、道融、道生、昙影、慧严、慧观又被称为"八俊";而僧睿、道融、道生、僧肇这四位最出色的弟子被称为"关中四子",他们都是当时以学问、禅修著称

·欧·亚·历·史·文·化·文·库·

的杰出佛学知识分子。

7.1 倾心禅学的僧睿与辩才无双的道融

"关中四子"是鸠摩罗什最出色的四个弟子,他们是僧睿、道融、道生、僧肇。在鸠摩罗什的弟子中,僧睿可能是最为得力的译经助手,也是以禅法著称的高僧。僧睿(349—418)是魏郡长乐人,很小的时候就想出家为僧,但家里人一直不答应。直到他长到了 18 岁时,才如愿以偿,跟随著名的僧贤大师做小沙弥。

僧睿为人谦虚认真而内秀,勤奋好学而长进颇快,所以他到 22 岁的时候,就已经是一个博通经论的名僧了。当时的一代高僧竺僧朗曾对其做过这样的评价:

> 尝听僧朗法师讲《放光经》,屡有机难。朗与贤有濠上之契,谓贤曰:"睿比格难,吾累思不能通,可谓贤贤弟子也。"[1]

按僧朗的说法,僧睿在学问上可能已经超过了他的老师僧贤。僧朗法师本来与僧贤大和尚在经义的理解与趋向方面是非常投缘的朋友,可以说达到了心有灵犀一点通的那种精神与思想的交流境界,可是居然不能很好地把握僧贤和尚的弟子僧睿的议论,可见僧睿这个人对于佛经的理解与体悟已经是一般中原僧人难以企及的了。

僧睿 24 岁的时候,就开始游历天下名山大寺,讲经说法,已经有了很多的追随者。他自己也曾跟随释道安学习佛法。僧睿在经义方面的不断探讨与体悟,显然使他对于佛教慧学基础上的禅定有了迫切的渴望,他常常叹息说:"经法虽少,足识因果。禅法未传,厝心无地。"[2]在鸠摩罗什来长安之前,中原流行的禅经有《修行》《大小十二门》《大小安般》等经典。这些经典虽然对修禅有所宣扬,但都没有明确的禅法和戒条,所以僧人们要想修禅,也没有可以实践的具体办法。这样的情况下,僧睿对于学习禅法的渴望就是可以理解的了。

---

〔1〕《高僧传》卷 6《释僧睿》。
〔2〕《高僧传》卷 6《释僧睿》。

当鸠摩罗什在后秦弘始三年（401）十二月二十日到达长安的时候，僧睿在十二月二十六日就去拜见罗什法师，跟他学习禅法，由此可见僧睿对于修习禅学的迫切心情。

在僧睿等关中修禅僧人的要求下，鸠摩罗什翻译出了一个习禅经典《禅法要》3卷。这个《禅法要》就是《坐禅三昧经》，鸠摩罗什号称他所传的禅法是"菩萨禅"，实际上就是一个各种禅经的混抄本，目的在于应一时之急需。

根据僧睿所写的《关中出禅经序》所说，《坐禅三昧经》乃是抄纂众家禅要而成的一个文本，这本经典第一部分的43个偈，是鸠摩罗陀罗法师所造；后面的20偈，是马鸣菩萨所造；中间的五门禅要，来自波须蜜、僧加罗叉、沤波崛、僧加斯那、勒比丘、马鸣、罗陀等天竺著名禅师的禅法选萃；所谓的菩萨习禅法，其实也是综合了《持世经》《十二因缘》等经典的内容。[1]

《坐禅三昧经》译出来以后，僧睿又在弘始九年的时候做了校订，纠正了其中的许多错误之处。

其实鸠摩罗什是重"慧"轻"禅"的，这一方面与他一直以追求新知识而不是习禅修炼为目标的宗教取向有关；另一方面也可能与他的破戒有关，一个屡屡破戒的僧人，已经伤害到了寺院主义的戒律理想，在这个条件下去重视修禅，显然是比较尴尬的。

但是随着佛经的大量翻译，佛学知识只能成为身处寺院中的僧人们一种必要的修道理论基础，而习禅才是修道的实践之道，是真正获得正果的不二法门，所以像僧睿这样的学问僧人，很积极地倾向于禅学，就是必然的了。

僧睿当时之所以受到后秦统治者的赏识，也与他积极提倡、宣扬和实践修禅有关。后秦司徒姚嵩尤其对僧睿特别敬重：

> 伪司徒公姚嵩深相礼贵，姚兴问嵩："睿公何如？"嵩答："实邺

---

[1]《高僧传》卷6《释僧睿》："《禅法要》三卷，始是鸠摩罗陀所制，末是马鸣所说，中间是外国诸圣共造，亦称菩萨禅。"

·欧·亚·历·史·文·化·文·库·

卫之松柏。"兴敕见之,公卿皆集,欲观其才器……兴后谓嵩曰:"乃四海标领,何独邺卫之松柏!"于是美声遐布,远近归德。[1]

当时的后秦国王及王公贵族对僧睿有如此高的评价,可见他人格确实具有独特的魅力。

鸠摩罗什所翻译的经典,僧睿不但是主要的助手和参与者,而且还是大多经典的校订者。每次翻译经典中的参正工作,僧睿的理解和校正都能让鸠摩罗什喜出望外,其对于新知识的理解与接受能力,可以从其协助鸠摩罗什翻译《法华经》和《成实论》两个实例得到证明。

《法华经》之翻译,据僧肇《法华翻经后记》云:"弘始八年夏,天竺沙门三藏法师耆婆鸠摩罗什,秦言童寿,于长安大寺草堂之中,与生肇融睿等八百余人,四方义学英秀二千余人,俱再译斯经,与众详究。什自执梵本,口译秦语。姚兴自执旧经,以相雠校定新文。文义俱通,妙理再中矣。"[2]此次翻译《法华经》,生肇融睿四大弟子是主力,后秦国王姚兴亲自执旧经同罗什译出的新文相对照,这对鸠摩罗什僧团的压力是可想而知的,而其中僧睿所发挥的作用尤为重要。

在翻译《法华经》的时候,参照前代敦煌译经大师竺法护翻译的《正法华经》,在其中的《受决品》中有一句经文竺法护译作"天见人,人见天"。鸠摩罗什翻译到此处,说道:"此语与西域义同,但在言过质。"僧睿闻言,马上就说:"将非人天交接,两得相见。"罗什一听,马上点头同意:"实然!"由此可见僧睿对于经义的领悟能力非常强。

后来鸠摩罗什将《成实论》写完之后,僧睿在讲说中对其的透彻理解是别人无法企及的:

> 后出《成实论》,令睿讲之,什谓睿曰:"此诤论中有七变处文破毗昙,而在言小隐。若能不问而解,可谓英才。"至睿,启发幽微,果不咨什而契然悬会。什叹曰:"吾传译经论得与子相值,真无所恨矣。"[3]

---

[1]《高僧传》卷6《释僧睿》。

[2]《法华经传记》卷2《法华翻经后记》,见《大正新修大藏经》第51册《史传部三》。

[3]《高僧传》卷6《释僧睿》。

鸠摩罗什翻译的很多佛经,都是由僧睿来作序的。现存的就有《出曜经序》《大品经序》《妙法莲花经后序》《自在王经后序》《关中出禅经序》《小品经序》《摩诃般若波罗蜜经释论序》《中论序》《十二门论序》《思益经序》《毗摩罗诘提经义疏序》等11篇经论序文。

僧睿在对于佛经经文的参正和禅修方面,在鸠摩罗什的弟子中是比较突出的,后世僧人们把他尊称为"睿公"。

而在口才与论难应变方面,道融的才能是无人能敌的,他曾以一人之力,驳倒了向鸠摩罗什僧团挑战的天竺婆罗门僧,巩固了鸠摩罗什在后秦国家传教译经的地位,功劳不小。

7.2 罗什最早的中原弟子
——僧肇法师

在"关中四杰"中,僧肇法师是鸠摩罗什最早的弟子,他也是对后世僧人和佛学理论影响最大的一位。

僧肇(约383—414年)是京兆人,东晋时期的京兆郡即今天的西安地区。

僧肇出身贫寒,很早就以抄写书籍为生,那个时代印刷术还没有发明,所以学校、读书人、寺院都需要大批书法较好的抄书者,能从事抄写工作的人,都是自身受过比较系统儒学教育的底层知识分子。当时从事这个职业的人叫作"佣书人"。《高僧传》本传载:

> 释僧肇,京兆人,家贫以佣书为业,遂因缮写,乃历观经史备尽坟籍。爱好玄微,每以庄老为心要。尝读老子德章,乃叹曰:"美则美矣,然期神冥累之方,犹未尽善也。"

> 后见《旧维摩经》,欢喜顶受披寻玩味。乃言:"始知所归矣。"因此出家。学善方等,兼通三藏,及在冠年而名振关辅。时竞誉之徒莫不猜其早达,或千里趋负入关抗辩。肇既才思幽玄,又善谈说。承机挫锐,曾不流滞。时京兆宿儒及关外英彦,莫不挹其锋辩,负气摧衄。

后罗什至姑臧,肇自远从之,什嗟赏无极。及什适长安,肇亦随返。姚兴命肇与僧睿等入逍遥园助详定经论。肇以去圣久远文义多杂,先旧所解时有乖谬。及见什咨禀,所悟更多。

因出《大品》之后,肇便著《波若无知论》凡二千余言,竟,以呈什。什读之称善,乃谓肇曰:"吾解不谢子,辞当相挹。"

时庐山隐士刘遗民见肇此论,乃叹曰:"不意方袍复有平叔。"因以呈远公,远乃抚机叹曰:"未常有也。"……及什之亡后。追悼永往翘思弥厉,乃著《涅槃无名论》。

晋义熙十年卒于长安,春秋三十有一矣。[1]

凭借着佣书人的便利条件,好学善思的僧肇遍读各类经史典籍。要知道在印刷术没有发明之前,书籍的流传渠道是非常不畅的,一般人所能看到的书很有限。可是抄书人就不一样了,什么类型的书他们都可以抄,也都需要他们抄,所以僧肇所读过的书,应该是比较杂的。

那个时代玄学盛行,所以《老子》《庄子》这些典籍的需求量就很大,估计僧肇所抄的书里面,此类典籍所占的比例极高,因此僧传中说他"以庄老为心要"。所谓书读百遍理自通,抄写的遍数多了,自然对老庄就很有心得和体会了。

出家为僧的僧肇以《方等经》为门径,遍读当时所能看到的三藏经典,很快就成为关中地区名噪一时的高僧大德。周边地区一些喜欢投机的僧人,从僧肇的发展势头就猜度他今后一定会成为僧界有势力的高僧,所以纷纷背着小包袱不远千里来投奔他,跟他辩论,期望以这种方式来抬高自己的身价、宣扬自己的名声。

精通儒佛典籍的僧肇,不但才思幽玄,而且又善于谈说辩论,无论是僧界中人,还是周远的儒生,在经义辩论方面都很难成为他的对手。

但是僧肇显然很不满足于他自己所获得的知识,当他听到鸠摩罗什在凉州的姑臧(今甘肃武威市),就马上收拾行李,千里迢迢地远赴姑臧,拜见鸠摩罗什,成为罗什最早的弟子之一。

---

〔1〕《高僧传》卷6《僧肇传》。

对身在逆境中的罗什法师而言,僧肇的前来拜师学习,显然是他在姑臧生活中的一件快事,况且僧肇是如此优秀,罗什法师自然非常欣悦。鸠摩罗什是384年到达姑臧的,这时候的僧肇才刚刚出生,所以可以推断,僧肇赴姑臧的时间应该是在鸠摩罗什即将离开姑臧远赴长安之前的几年。

401年,僧肇陪同鸠摩罗什来到了长安,在迅速集结在鸠摩罗什门下的成百上千的僧人中,很多都是学有所成、名声在外的高僧。后秦国王姚兴明确传达命令,让僧肇、僧睿等几个学问渊博的高僧入住逍遥园,协助鸠摩罗什详定经论。

僧肇给鸠摩罗什提出的第一个建议,就是指出前贤翻译的佛经,由于离开经典制作的时代比较久远,再加上语言不同,造成了文义驳杂不定、错误极多的局面,应该做经文辨正的工作。及至鸠摩罗什开讲之后,僧肇比较罗什所讲的佛经新义,愈发觉得过去翻译的经典错讹很多,他在新旧经义差别方面的体悟与认识愈加深刻,于是他就写了2000多字的《般若无知论》给老师鸠摩罗什看,罗什看完后连连称好,夸奖他说:"我的解经有高明的地方,但是也能从你的论述中学到很多恰当的文辞。"

这篇《般若无知论》传到南方后,当时在庐山的著名隐士刘遗民读后非常受震动,以何晏来比拟僧肇,可见僧肇的学术水平确实很高。

刘遗民把僧肇的《般若无知论》专门拿给庐山释慧远大师看,慧远读后的评价是:"未常有也!"意思是说这是一篇很难经常读得到的经典文章。

对于这篇论文,据说刘遗民和慧远大师认真探讨了很长时间,然后刘遗民专门给僧肇写了一封信,同僧肇探讨他所提出的问题,僧肇自然也写信做了回答。刘遗民的《致僧肇书》及僧肇的《般若无知论》和回复刘遗民的信件《答刘遗民书》,收在《高僧传》僧肇本传等佛教文献中。

僧肇随后又相继写了《不真空论》《物不迁论》等著名的论文,并且给《维摩经》做了注释。鸠摩罗什翻译的经论,大多由僧睿作序,僧肇

作了《长阿含经序》《梵网经序》《百论序》。等鸠摩罗什去世后,僧肇
又写了《涅槃无名论》这篇著名的论文,上呈后秦国王姚兴。姚兴倍加
赞赏,当即命令将《涅槃无名论》誊写数部,分发给他的子侄们学习体
会,由此可见姚兴对僧肇及其这篇著名佛学论文的重视程度。

东晋义熙十年(404),僧肇在长安逍遥园去世,享年31岁,后世僧
界尊称他为"肇公"。

7.3　竺道生与鸠摩罗什义学趋向之差距

自慧皎《高僧传》始,佛史文献中记载了时人对于义学或禅修高僧
佛学特长的评价语词,如"神俊"[1]、"风流标望"、"心要"[2]、"清
悟"[3]、"四海标领"[4]等等,这些评价大多都非常精要地把握住了这
些高僧的佛学精神,因而从时人对于高僧的评价入手来理解他们在中
国佛教史上的地位和作用,应该是一种探迹求真的法门。

鸠摩罗什的弟子竺道生以"慧解""通情"著称,并在精研《涅槃》
诸经典的基础上,体悟倡导"一阐提皆得成佛",开创了中国佛教修炼
中的"顿悟"法门,为佛教的发展做出了重要贡献。前贤的研究非常精
微地讨论了他的"顿悟成佛"等立义[5],而对于其"慧解"佛学特征或
理路的探讨或有所阙。

至关重要的是,《高僧传》及历代僧史都将竺道生列为鸠摩罗什弟

〔1〕《高僧传》卷2《鸠摩罗什》。
〔2〕《大正新修大藏经》第70册《定宗论》云:"什法师以三论为心要也。"
〔3〕《高僧传》卷6《释道祖》。
〔4〕《高僧传》卷6《释僧睿》。
〔5〕前贤研究成果主要有汤用彤:《汉魏两晋南北朝佛教史》,北京:北京大学出版社,1997
年,第425－480页;任继愈:《中国佛教史》第3卷,北京:中国社会科学出版社,1988年,第330－
367页;杜继文:《佛教史》,南京:江苏人民出版社,2006年,第178－179页。对竺道生生平及思
想研究最精微而细致的首推汤用彤的《汉魏两晋南北朝佛教史》一书,此外,尚有果宗:《竺道生思
想之考察》,载张曼涛主编《现代佛教学术丛刊13·中国佛教史论集4·汉魏两晋南北朝篇
(下)》,北京:北京图书馆出版社,第203－282页;余敦康:《论竺道生的佛性思想与玄学的关
系》,载《魏晋玄学史》,北京:北京大学出版社,2004年,第461－476页。韩国良:《竺道生对玄学
"言意观"的解构与重建》,载《云南民族大学学报》(哲学社会科学版)2009年第1期等等。

子中的"关中四子",而净土宗文献又将其列入以慧远为首的"莲社十八贤",其中存在一些理论与史实上的认识不清:首先,竺道生所孜孜以求的"慧解"学术趋向显然同鸠摩罗什所追求的"慧学"目标是不同层面的追求;其次,竺道生最突出的学术特征表明他主要是一个在思想立义方面的"抢跑者",而不是"克心重精叠思,以凝其虑"[1]的禅修者。

因而,竺道生在学术上的"求新求异"冲动使其既貌似继承了鸠摩罗什的"义学"衣钵[2],又迹近释慧远所倡导的禅修世界。在佛教中国化的过程中,竺道生其实是一个响应时代特征的、游移于"慧学"与"禅修"之间的"剑走偏锋"者。

7.3.1 竺道生行迹、学说概述

道生俗姓魏,出生于彭城的一个世代官宦之家,他的故乡原本在河北巨鹿(今河北平乡),后来才移居彭城的。道生的父亲曾做过广戚的县令,为人忠厚善良,有"善人"的美誉。彭城是中国最早具有佛教寺庙香火的地方之一,而道生的父亲既然被赞为"善人",这预示着他的家庭可能是信仰佛教的。

道生最早曾受业于著名高僧竺法汰,后来又在庐山修炼7年,钻研群经,斟酌诸论,认为"慧解"——也就是体悟佛经的经文大义才是修得正道的唯一法门。鸠摩罗什到长安后,道生和他的同学慧睿、慧严一道来到了长安,跟随鸠摩罗什学习。

道生在长安待的时间不会很长,刘宋义熙五年(409)他又返回了京城建康(今江苏南京),入住青园寺讲经说法。当时的刘宋皇帝刘义隆对道生礼敬有加,王公大臣、有名儒生如王弘、范泰、颜延等都纷纷向道生问道求学,一时声誉鹊起,道场兴隆。

---

[1]《高僧传》卷6《释慧远》。

[2]刘剑锋认为:"罗什一系的般若中观学说,尽管在早期取得了表面上的胜利,但并未得到中国佛教学者的青睐,而慧远一派的法性涅槃学说,却不断汲取中土各类思想资源,继续在中国佛教思想界发挥着主导性的作用。"因而,竺道生虽然名列罗什弟子的"关中四子",但是其佛学思想趋向的路径是完全不同于鸠摩罗什的。参见刘剑锋:《涅槃"有"与般若"空"义理论争的发展》,载《江西社会科学》2007年第11期。

·欧·亚·历·史·文·化·文·库·

　　道生跟随罗什游学多年,所以对龙树和僧伽提婆所弘传的中观空义旨要能够深达玄奥,因此体会到语言文字只是诠表真理的工具,不可执着和拘泥。他曾慨叹道:"夫象以尽意,得意则象忘;言以诠理,入理则言息。自经典东流,译人重阻,多守滞文,鲜见圆义。若忘筌取鱼,始可与言道矣!"[1]于是校阅真俗二谛的书籍,研思空有因果的深旨,建立"善不受报""顿悟成佛"的理论。

　　"顿悟成佛"的理论的建立,还同道生对《涅槃经》的深入研究有关。

　　东晋安帝义熙十四年(418),已在建康译出的法显所带回的6卷《泥洹经》,经文中多处宣说一切众生都有佛性,将来都有成佛的可能,唯独"一阐提"人是例外的。

　　道生精研《涅槃经》,从经中"一切众生悉有佛性"的道理而推论说,一阐提也有佛性,也可以成佛。什么是"一阐提"呢?一阐提是梵文"一阐提迦"这个概念的音译,翻译成汉语就是"断善根"。一阐提就是断绝善根的极恶众生,他们没有成佛的菩提种子,就像植物种子已经干焦一样,"虽复时雨百千万劫,不能令生,一阐提辈亦复如是"。道生对于这种说法是不满意的,他仔细分析经文,探讨幽微的妙法,认为一阐提固然极恶,但也是众生,并非草木瓦石,因此主张"一阐提皆得成佛"。这种说法,在当时可谓闻所未闻,全是道生的孤明先发。在倡导因果报应、诸善奉行的佛教慈悲背景下,道生公然提出断绝善根者有佛性,认为"立善不受报,顿悟成佛",这在当时的佛教界是严重离经叛道的思想。

　　"一阐提皆得成佛"的这个异端邪说激怒了佛教界,众僧群情激奋,把道生驱逐出僧团,赶出了京城。临行前,道生对同门的僧人们发誓说:"若我所说反于经义者。请于现身即表厉疾。若与实相不相违背者,愿舍寿之时据师子座。"[2]

---

[1]《高僧传》卷7《竺道生》。
[2]《出三藏记集》传下卷第15《道生法师传》。

后来道生辗转落脚在苏州虎丘,仍然固执己见,拒不低头。传说他向虎丘的石头说法,说到一阐提可以成佛的时候,石头都点头称赞,这便留下了一个"顽石点头"的掌故。

对宣扬"一阐提皆得成佛"的道生而言,离建康并不远的苏州虎丘也并非清净安生之地,所以他到这里不久,就不得不再次黯然离去,远走庐山。僧传中说他这次到庐山是"投迹庐山,销影岩岫",那就是说在庐山的深山岩谷中隐居了起来。对于一个貌似离经叛道的僧人来讲,这也许是最为有效的对抗攻击的方法。

后来,《涅槃经》出了更为完整的译本,经文里明明写着一阐提可以成佛,道生也就从异端分子变回一位正信的佛教徒了。

《涅槃经》有三个译本,一是东晋名僧法显翻译的6卷本《大般泥洹经》,二是北凉时期中天竺僧人昙无谶翻译的40卷《北本涅槃经》,三是南朝宋慧严、慧观与谢灵运等以昙无谶译本为主,对照法显译出的6卷本,又增加品数而成的《南本涅槃经》36卷。

道生早期研读的《涅槃经》就是法显译出的那个6卷本,在这个6卷本《涅槃经》中,只有"一切众生悉有佛性"的经文,但没有"一阐提皆得成佛"的文句;所以道生根据这个不完全的《涅槃经》译本提出"一阐提皆得成佛",从经文字面上看来是没有根据的,所以会受到青园寺及京城僧人们的攻击。

而为道生洗刷冤屈的全本《涅槃经》指的是昙无谶翻译的40卷的《北本涅槃经》。

昙无谶大约在北凉永安十年(410)来到了北凉都城姑臧(今甘肃武威市),他随身带有西域"白头禅师"传给他的树皮本《涅槃经》前分10卷及《菩萨戒经》《菩萨戒本》等经典,受到了崇信佛教的北凉国王沮渠蒙逊的欢迎。在姑臧,昙无谶经过3年的汉语言学习后,开始翻译他带来的经典,由于他带来的《涅槃经》只有前分10卷,所以为将全本《涅槃经》集齐,昙无谶又不辞辛苦、风尘仆仆地远赴西域,在于阗国寻得《涅槃经》的中分部分带回了姑臧。此后又再次派人到于阗,寻得

《涅槃经》的后分。[1]

北凉玄始三年（414），昙无谶正式开始翻译《涅槃经》，参与翻译的有慧嵩、道朗及僧俗学者数百人，直到玄始十年（421）十月共译出40卷。

从昙无谶《涅槃经》全本的翻译时间来推算，建康龙光寺的僧人们读到全本《涅槃经》最早也是在421年之后，而据《高僧传》的"佛驮什传"记载，宋景平元年（423）十一月，道生与慧严及罽宾僧人佛驮什、于阗沙门智胜共同在龙光寺译出《弥沙塞律》34卷，称为"五分律"。那么就是说，到了423年，道生的"一阐提也有佛性"的论断已经得到了龙光寺僧人们的认可，所以他也才由庐山回到了龙光寺，同慧严、佛驮什、智胜共同翻译《弥沙塞律》。

但是，显然此时的龙光寺已经再也不是道生的驻扎之地了，从虎丘辗转在庐山隐居多年的他，可能在翻译完《弥沙塞律》后就返回庐山，开始宣讲昙无谶新译出的全本《涅槃经》。

宋元嘉十一年（434）冬十一月，道生在庐山精舍为他的弟子们讲说《涅槃经》的时候圆寂而去。

道生是《涅槃经》的大师，而《涅槃经》正是禅宗的重要思想源泉之一。道生的著作，见于记载的，有《维摩》《法华》《泥洹》《小品》诸经义疏，现只《法华经疏》传存2卷。其《维摩经疏》散见于现存僧肇撰的《注维摩诘经》、唐道掖集的《净名经集解关中疏》及《净名经关中释抄》中。此外道生还撰有《善受报义》《顿悟成佛义》《二谛论》《佛性当有论》《法身无色论》《佛无净土论》《应有缘论》等，都已佚失。还有《涅槃三十六问》等关于佛性义的问答诸作，其中只《答王卫军书》（又题作《答王弘问顿悟义》）一首现存《广弘明集》卷18，余已遗失。

7.3.2　竺道生与"莲社十八贤"之说

"莲社十八贤"之说，源于北宋陈舜俞所著《庐山记》，陈舜俞《宋史》有传："舜俞字令举，湖州乌程人。博学强记。举进士，又举制科第

---

[1]《出三藏记集》传中卷第14《昙无谶》。

一。熙宁三年,以屯田员外郎知山阴县,诏俟代还试馆职。"[1]熙宁年间,陈舜俞贬官去世后,大文学家苏轼为文哭之,称其"学术才能,兼百人之器,慨然将以身任天下之事,而人之所以周旋委曲、辅成其夭者不至。一斥不复,士大夫识与不识,皆深悲之"[2] 显然,陈舜俞的学术品格与编撰才能是相当出色的,但是他在《庐山记》中关于"莲社十八贤"的说法在史实方面值得商榷。

《庐山记》关于此段史实是如此说的:

> 昔谢灵运恃才傲物,少所推重。一见远公,肃然心服。乃即寺翻涅槃经,因凿池为台,植白莲池中,名其台曰翻经台。今白莲亭即其故地。远公与慧永、慧持、昙顺、昙恒、竺道生、慧睿、道敬、道昺、昙诜,白衣张野、宗炳、刘遗民、张诠、周续之、雷次宗,梵僧佛驮耶舍十八人者,同修净土之法,因号白莲社。十八贤有传附篇末,池上昔有文殊瑞像阁,今像亡阁废。

陈舜俞之"莲社十八贤"在庐山"同修净土之法,因号白莲社"的说法显然是大有问题的。以慧远为中心组成的白莲社是一个共时性概念,是指一个"同修团体",而在这18个人中,至少佛陀耶舍就不曾到过庐山,况且,慧远大师在庐山发誓愿结社同修之事发生在东晋元兴元年(402)七月,此时的佛陀耶舍尚未到达长安,何来在庐山结社之事。由此可见此一记载的不可靠性。

但是,竺道生是释慧远庐山结"莲社"、发誓愿同修的活动参与者。释慧远在庐山与僧俗同修者结"莲社"、盟誓愿的活动,慧皎《高僧传》有明确的记载,结社时间、地点、参与者及由刘遗民撰写的誓愿文俱全:

> 及远创寺既成,祈心奉请,乃飘然自轻,往还无梗,方知远之神感证在风谚矣。于是率众行道,昏晓不绝,释迦余化,于斯复兴。既而谨律息心之士,绝尘清信之宾,并不期而至,望风遥集。彭城刘遗民,豫章雷次宗,雁门周续之,新蔡毕颖之,南阳宗炳、张莱民、

---

[1]《宋史》卷331《张问传》附《陈舜俞》。
[2]《宋史》卷331《张问传》附《陈舜俞》。

张季硕等,并弃世遗荣,依远游止。远乃于精舍无量寿像前,建斋立誓,共期西方。乃令刘遗民著其文曰:

"惟岁在摄提秋七月戊辰朔二十八日乙未。法师释慧远贞感幽奥,宿怀特发,乃延命同志息心贞信之士百有二十三人,集于庐山之阴般若台精舍阿弥陀像前,率以香华敬荐而誓焉。

惟斯一会之众,夫缘化之理既明,则三世之传显矣。迁感之数既符,则善恶之报必矣。推交臂之潜沦,悟无常之期切;审三报之相催,知险趣之难拔。此其同志诸贤,所以夕惕宵勤,仰思攸济者也。盖神者可以感涉,而不可以迹求。必感之有物,则幽路咫尺;苟求之无主,则眇茫河津。

今幸以不谋而佥心西境,叩篇开信,亮情天发,乃机象通于寝梦。欣欢百于子来,于是云图表晖,影侔神造,功由理谐,事非人运。兹实天启其诚,冥运来萃者矣。

可不克心重精叠思,以凝其虑哉,然其景绩参差,功德不一。虽晨祈云同,夕归攸隔。即我师友之眷,良可悲矣。是以慨焉胥命,整衿法堂。等施一心,亭怀幽极。誓兹同人,俱游绝域。其有惊出绝伦首登神界,则无独善于云峤,忘兼全于幽谷。先进之与后升,勉思策征之道,然复妙觐大仪,启心贞照。识以悟新,形由化革。藉芙蓉于中流,荫琼柯以咏言;飘云衣于八极,泛香风以穷年。体忘安而弥穆,心超乐以自怡;临三涂而缅谢,傲天宫而长辞;绍众灵以继轨,指太息以为期。究兹道也,岂不弘哉。"[1]

由此可知,慧远结社誓愿同修之事,是发生在"岁在摄提秋七月戊辰朔二十八日乙未",即东晋元兴元年(402)七月二十八日[2],参与者是以慧远、刘遗民、雷次宗、周续之、毕颖之、宗炳、张莱民、张季硕等为核心的"同志息心贞信之士百有二十三人"[3],他们"集于庐山之阴般

---

〔1〕《高僧传》卷6《释慧远》。

〔2〕陈垣:《二十史朔闰表》,北京:中华书局,1962年,第62页。

〔3〕关于此次慧远庐山结社誓愿的参与者,佛史中有多种说法,前贤亦有不同的解读。汤用彤先生有比较详细的考证,任继愈先生在《中国佛教史》第2册亦有相关内容,杜继文先生的《佛教史》也有简单交代,但是整个史实尚有许多不明朗之处。此处暂存疑不论。

若台精舍阿弥陀像前",共誓愿"慨焉胥命,整衿法堂。等施一心,亭怀幽极。誓兹同人,俱游绝域。其有惊出绝伦首登神界,则无独善于云峤,忘兼全于幽谷。先进之与后升,勉思策征之道,然复妙觐大仪,启心贞照"。

参与此事者有 123 人,那么这个记载并没有将那些僧界的主要代表性人物一一列出,譬如僧界只列出了慧远,就连当时的西林寺名僧慧永也没列出。从时间上来推断,当时的竺道生确实参与了这次盛会。

根据僧祐的记载,竺道生"初住龙光寺,下帷专业。隆安中移入庐山精舍,幽栖七年以求其志"[1]。东晋隆安年间是公元 397 至 401 年,既然竺道生是在"隆安中"到达庐山的,我们即使以上限 397 年计算,他在庐山"幽栖七年",那么最早也是在 403 年离开庐山的。事实上"隆安中"所说的肯定是 397 年之后、401 年之前的某个年头,而绝对不会是 397 年,这样来看,竺道生离开庐山前往长安的时间肯定在 403 年之后的某一年,那么在东晋元兴元年(402)举行的庐山"莲社"誓愿活动,竺道生肯定是参与者之一。

考索佛陀耶舍、竺道生之于慧远"莲社"活动的关系,可以从一定程度上对宋人所说的"莲社十八贤"的史实不可靠程度有所了解。事实上,后代佛教文献中关于"莲社十八贤"有各种不同的说法,如《庐山莲宗宝鉴念佛正派》卷 4 将佛陀跋陀罗亦列入[2],而佛陀跋陀罗被长安僧团逐出长安,抵达庐山东林寺是 410 年的事情,因而佛驮跋陀罗也不可能参加 402 年的"莲社"誓愿活动。

综上所考述,"莲社十八贤"是一个对 402 年参与莲社誓愿活动的参与者及后来僧界附会者所组成的一个历时性概念团体。如果完全从共时性历史事件来看,如佛陀耶舍、佛驮跋陀罗列入其中,显然是不尊重史实的。

7.3.3 竺道生"慧解"与鸠摩罗什"重慧轻禅"趋向之异同

5 世纪初叶是佛教大乘理论在中国发展的关键时期,早期的异域

---

〔1〕《出三藏记集》传下卷第 15《道生法师传》。
〔2〕《大正新修大藏经》第 47 册。

179

僧人译出的佛教经典,已经很难跟上以释道安、慧远为代表的中原学问僧人的理论渴求。正是在这样的背景下,一批在佛教义学方面有造诣的学问僧人,试图通过对现有经典教义的突破性阐发来促进佛教思想的中国化深入理解。

竺道生是注重"慧解"的"奇思异想者",慧皎总结竺道生在庐山修道的特别之处乃是:

> 常以入道之要,慧解为本,故钻仰群经,斟酌杂论。[1]

竺道生既然把"慧解"作为"入道之要",那么其对于经典知识和理论的追求就绝对不是仅仅限制在"经典"本身的一些提法,而是追求对经典知识、思想的阐发和突破。所以在庐山修道七年之后,他又远赴长安,向鸠摩罗什求学问道。

在鸠摩罗什的译经生涯中,道生所发挥的作用可能微乎其微[2]。因为他西去长安,向鸠摩罗什学习的目的并不在于佛经翻译,《高僧传·鸠摩罗什》中说:

> 龙光释道生,慧解入微,玄构文外,每恐言舛,入关请决。[3]

正是因为来自东晋京城建康(今江苏南京)龙光寺的道生不是一个拘泥经典,而是擅长于体悟与发挥经义的僧人,所以他到关中拜鸠摩罗什为师,就是担心自己发挥的一些思想有错误,所以要向鸠摩罗什验证他自己提出的一些思想的正确与否。

由于记载阙如,我们现在已经无法知道鸠摩罗什对这位喜爱创新的弟子的确切看法。但是可以想象得出来,像鸠摩罗什这样一位在佛学经典方面博学多才的有部僧人,他本来对中原僧人在佛经理解和体悟方面就有着轻视的态度,那么对于道生这样一位善于"胡思乱想"的学生,也许不会有太多的好感。问题就在于鸠摩罗什所追求的"慧学"趋向同竺道生所认同的"慧解"有很大的差别。

---

〔1〕《高僧传》卷7《竺道生》。

〔2〕刘剑锋指出:"与其说道生与罗什有师承关系,倒不如说他仅仅是个已有自己理论立场的短期访问学者,他与慧远僧团的关系远比罗什僧团要密切得多。"参阅刘剑锋:《涅槃"有"与般若"空"义理论争的发展》,载《江西社会科学》2007年第11期。

〔3〕《高僧传》卷2《鸠摩罗什》。

（1）竺道生所倡言的"慧解"实际上追求的是佛学如何中原化和更方便地应用法门，是一种先于佛经翻译的过早"推断"。

竺道生所创立的"善不受报""顿悟成佛""佛性当有论""法身无色论""佛无净土论""应有缘论"等等"新义"，使"守文之徒多生嫌嫉"，成为一种"孤明先发"，这种不死守佛经文句的"慧解"，对于佛教经义与中国文化的融合发挥了重要作用。

其一，能突出体现其"慧解"的就是"一阐提皆得成佛"。这个提法显然是拓宽了成佛的门径，对于佛教的发展和普适化具有重要的现实应用意义。如竺道生所创"善不受报"义，其实也拓宽了成佛者或信仰者的门径：

> 昔竺道生著善不受报论。明一毫之善并皆成佛，不受生死之报。今见《璎珞经》亦有此意。[1]

这种发展或者说对于佛经经义的突破性理解，不断地扫除对于佛经经文理解中的一些教条化障碍，是有利于佛教的进一步世俗化的。

其二，现存文献中，后世僧界对于竺道生"慧解"的理解集中在他能先于佛经的传入和翻译提出一些"暗合"经义的说法或观点。这实质上是一种"思想的抢跑"，是抢在经典翻译的前面所做出的一种"推断"。

如"一阐提皆得成佛"抢在昙无谶翻译的40卷《北本涅槃经》前面，"善不受报"义抢在《璎珞经》翻译之前。此类事例尚有一例，南朝宋元嘉十二年（435）《胜鬘经》译出之后，竺道生的义学弟子竺道攸即叹息说：

> 先师昔义暗与经会但岁不待人，经袭义后。若明匠在世，剖析幽赜者，岂不使异经同文，解无余向者哉。[2]

竺道攸对其老师"义暗与经会""经袭义后"的评价和感叹，就是对竺道生"慧解"特长的最贴切解说。

---

〔1〕《大正新修大藏经》第 34 册《经疏部二》之《法华义疏》卷 4。
〔2〕《出三藏记集》序卷第 9《胜鬘经序》。

道生的此种"暗合体悟推断式"的"慧解"显然同鸠摩罗什所追求的"慧学"是有着巨大差距的。

（2）鸠摩罗什所追求的"慧学"是趋向于创作出系统的佛学新论，而不是拘泥于对某部经文或个别观点的应用化开拓——这是竺道生的"慧解"同罗什的最大差别，二者其实是两个层次上的问题。

在从求学罽宾、疏勒直至讲道龟兹，鸠摩罗什一直保持着对新知识、新思想探求的强烈愿望，所以他所渴望的是成为像天竺罗汉迦旃延子一样的佛学大师。据《婆薮盘豆法师传》记载，迦旃延子是释迦牟尼佛灭度五百年后的一个著名阿罗汉，他本来是天竺人，说一切有部的僧人。后来他到了罽宾国，召集五百阿罗汉和五百菩萨，并从舍卫国请马鸣菩萨来到罽宾做执笔者，共同斟酌经文、辨定经义，撰说了一切有部的《大毗婆沙论》百万颂。这次定经义的活动，又被称为佛教史上的"第四次佛经集结"。

据《高僧传》载：

> 什雅好大乘，志存敷广，常叹曰："吾若著笔作《大乘阿毗昙》，非迦旃延子比也。今在秦地，深识者寡。折翮于此，将何所论。"乃凄然而止。唯为姚兴著《实相论》二卷，并注《维摩》，出言成章无所删改，辞喻婉约莫非玄奥。[1]

在鸠摩罗什的"慧学"追求中，像迦旃延子这样创作出《大乘阿毗昙》这样系统的佛学论作才是真正的创新，并且他认为中原地区"深识者寡"，因而，在系统的理论创新方面，当时的中原佛学界确实很难同鸠摩罗什对话。如慧远大师与罗什就是一个典型的样板，慧远是在坚持"神不灭"的基础上立论，而罗什讲求"中道"，认为任何一法，都是不生不灭、不常不断、不一不异、不去不来的，由此而坚持他"无常""无我"的世界观。

鸠摩罗什对这种系统创新之"论"是非常看重的，在他的视野里，中原是无人能撰写这样的佛论的，因而中原高僧撰写的佛论，就很难

---

[1]《高僧传》卷2《鸠摩罗什》。

得到鸠摩罗什的赞赏。

如慧远著《法性论》，内有"至极以不变为性，得性以体极为宗"之语，罗什读后的感叹是："边国人未有经，便暗与理合，岂不妙哉。"[1]这个评价其实并不高，只不过是感叹慧远文中的这个单一文句所表达的与佛经所讲有所暗合而已。

僧肇著《波若无知论》两千余言，庐山隐士刘遗民读后有"不意方袍复有平叔"之叹，直目僧肇为哲学家何晏一样的人物；释慧远读后也有"未常有也"的感叹；罗什读后虽称善，但具体评价说："吾解不谢子，辞当相挹。"[2]这是一个非常客气但又毫不留情的说法，直译就是：你的见解不如我，但是文采方面还可以跟我比一比。

显然，在经义理解与体悟方面仅仅能做到"义暗与经会""经袭义后"的竺道生自然也难以进入鸠摩罗什的视野之中。

总之，竺道生的"慧解"创新其实是对佛经中的某些文句做了超前于一些尚未翻译出来的经典的突破性解说，而几乎遍阅大小乘诸种经典的鸠摩罗什的"重慧轻禅"则是企图在坚持中观学说的基础上创造出系统的佛教新论。这是两种完全不同的理论境界，前者具有很强烈的"修道"应用性，而后者则秉持完全的理论提升意图。

问题就在于，当时的中原佛教界和思想界，需要的是适应中原文化的佛学理论与修道方法，这就决定了竺道生的"慧解"不可能遵循鸠摩罗什的理路。

7.3.4 从"通情上首"到"顽石点头"的内在理路

人类的存在有两个并行的线条，一是自然生理的肉体生命线发展；一是事迹与思想的历史延续生命线。前者很短暂，而后者则是处在不停的生长变化中，有时候往往是前者停顿之后，后者才开始启动变化或膨胀活跃的步伐。

由于宗教与生俱来的"神话化动机"，佛教僧侣的事迹与思想往往

---

[1]《高僧传》卷6《释慧远》。

[2]《高僧传》卷6《僧肇》。

在不断的历史累计中被放大或神化。探索这个过程,对于恰当地理解佛教历史是非常有助益的一个视角。

对于竺道生的评价、认识的断语,有以下几端:

(1)"龙光释道生,慧解入微"[1]——竺道生成名的基石。

"慧解"是《高僧传》卷2对竺道生佛学特长的经典性评价。如上所论,竺道生之"慧解"确实不但发挥了"与经典抢跑"的领先作用,而且拓宽了信众与成佛的门径,从而加速了佛教的进一步中国化。因而,"慧解"既是对竺道生佛学特色最恰当的评价,也是竺道生得以成为一代名僧的基石。

其后对于竺道生的一切评价甚至神化,都是在"慧解入微"的这个基础上展开的。

(2)"关中僧众咸谓神悟"[2]——僧团内的夸饰性赞誉。

"神悟"之说,是慧皎借关中僧人之口对竺道生所做的评价,很显然,这个词要比"慧解"显得更为通俗化,有很大的描写成分。"慧解"是非常专业的一个评价,是紧紧本源于对佛学义理的解说而言,而"神悟"则进一步有了夸饰的成分。虽然"慧解""神悟"所表达的都是竺道生对于经文的超凡理解与感悟能力,但是,后者明显是前者的放大之说。

对于个体突出的某些才能或智慧加上"神"的夸饰性词语,是一种非常通俗但没有清晰边界的断语,其程度是很难把握的,如鸠摩罗什在西域的时候,也曾被加以"神俊"的断语。

(3)"通情则生融上首,精难则观肇第一"[3]——僧团精英之间的对比性评价。[4]

"慧解"是对于竺道生个人佛学风格的单独评价,而在长安鸠摩罗什僧团内部,义学僧人们大多都成长为各具学术特色的学问僧,而竺

---

〔1〕《高僧传》卷2《鸠摩罗什》。
〔2〕《高僧传》卷7《竺道生》。
〔3〕《高僧传》卷7《慧观传》。
〔4〕吕澂先生认为,"通情"为"能观其大","论难"为"深入细微"。参见吕澂:《中国佛学源流略讲》第六讲《南北各家师说》(上),北京:中华书局,1979年,第111页。

道生、释道融、慧观、僧肇就是其中出色的四位。而道融与道生曾经是有过经义论难较量的,《续高僧传》载:

> 昔竺道生入长安,姚兴于逍遥园见之,使难道融义,往复百翻,言无不切。众皆睹其风神服其英秀。[1]

竺道生一入长安,就被姚兴安排同道融进行了一场论难,可见当时长安僧界就已经产生了或者说通过论难形成了对这两个僧人学术特长的认知,将他们归入"通情"之首。

此处用"通情"来概括竺道生与道融的学术特长,那么何谓"通情"呢?"通情"在佛教文献中有二义:

第一,指"有情"之人类。如《阿毗达磨顺正理论》卷22云:

> 通情非情,趣唯有情,然非遍摄。生唯遍摄,故说有情,无非有情名众生故。然有情类,卵生胎生湿生化生,是名为四。[2]

则"有情"实为"通情""非情"所趋之向,有生者俱"趋唯有情",然而因为"无遍摄"故,因而又分出"通情""非情"之说。显然一切众生,"卵生胎生湿生化生"都是"有情之类"。

此处之"通情"就是专指能体味人生父母之情的人类。

第二,指对佛经经义的发挥性理解。

在《续高僧传》中有一个"通情"的用例:"以英少之质参诸耆德,通情则高冲折机,纵难亦大车枙轴。"[3]此处之"通情"与"通情则生融上首,精难则观肇第一"中的"通情"在句式与语法上是同样的用例,都是与"纵难"相对举的一个概念。由此可知,在佛学的宣扬与研讨领域内,能"通情"者则要善于突破,因而须"高冲折机";"纵难"者则需要论辩扎实,如车行大地,只有"大车枙轴"才能稳固而不覆。由此形象的比喻来推论,"通情"则是对佛教经义的发挥性理解而言,论难则是学术层面上对经义的辨正讨论而言。如果进一步理解,那就是论难本于文本,而"通情"则可以逸出经典文本之外。

---

〔1〕《续高僧传》卷5《释僧旻》。

〔2〕《大正新修大藏经》第29册。

〔3〕《续高僧传》卷14《释智琰》。

因而,竺道生和释僧睿之"通情"之誉,首先源于他们在佛经理解与发挥方面不同于他人的独特才能。不过,虽然他们都被誉为"通情上首",但是他们在"通情"方面存在明显的差异。关于僧睿的"通情",可从其与鸠摩罗什译经讲论的事例中得到概貌:

> 昔竺法护出《正法华经》,受决品云:"天见人,人见天。"什译经至此,乃言:"此语与西域义同,但在言过质。"睿曰:"将非人天交接,两得相见?"什喜曰:"实然。"其领悟标出,皆此类也。后出《成实论》,令睿讲之。什谓睿曰:"此诤论中有七变处文破毗昙,而在言小隐。若能不问而解,可谓英才。"至睿启发幽微,果不咨什而契然悬会。什叹曰:"吾传译经论,得与子相值,真无所恨矣。"

释僧睿之"通情"是在解释经典方面同鸠摩罗什"契然悬会"而言的,他不但能将"天见人,人见天"这样的经文在理解的基础上升华为"人天交接,两得相见"的经典语句,而且还能发现《成实论》这样的佛学论文中突破毗昙的地方。这种判断能力显然需要对佛经经文大义及内在发展理路的熟练掌握和理解。鸠摩罗什之所以赞叹释僧睿是唯一可以同他传译的经论"相值"的人,原因就在于释僧睿在解释经典或发挥经义方面同鸠摩罗什是"契然悬会"的。可以断定,僧睿已经完全进入了鸠摩罗什的"天竺思维程式",此即为僧睿之"通情"。

而竺道生之"通情"显然是同僧睿不一样的,他的趋向不是靠近鸠摩罗什的"天竺思维程式",而是为"天竺思维程式"适合中原众生而寻找切入点。[1]

《佛说造像量度经解》在述及何以会有"佛母"形象时云:

> 佛菩萨被大慈力,以就世间之通情。特化女相者,或善信女人女神发弘誓,行大乘愿满成道者,俱通称佛母。

---

〔1〕单正齐先生指出,竺道生"将印度佛教偏重于神格化的佛教信仰论,一转而为中国哲学人本化的人生境界论……竺道生思想是对佛教中国化的进一步深化,使得印度佛教在中国的土壤中得到了比较彻底的改造",这个论述是很有见地的。参见单正齐:《竺道生的实相涅槃说》,载《江淮论坛》2007 年第 2 期。

显然，竺道生的"通情"在很大程度上同此处所引文献所说的"以就世间之通情"是相近的。其创立的"善不受报""顿悟成佛""佛性当有论""法身无色论""佛无净土论""应有缘论"等等"新义"，无不是循着"以就世间之通情"这个路径而前进的。

前面我们已经述及竺道生之"慧解"其实是拓宽了成佛者或信仰者的门径，与此处之"通情则生融上首"相证，可以确定在释僧祐、慧皎所处的时代，对于竺道生的佛学贡献的评价是立足于其在"慧解"基础上的"以就世间之通情"，这是开启佛教中国化和世俗化的一个重要步骤。[1]

后世所出的"虎丘说法，顽石点头"，正是基于竺道生的这种善于"通情"的佛学贡献而产生的。

(4)"顽石点头"——"通情"的具象化事例。

竺道生说法虎丘，早期僧传文献的记载是不一致的。

《出三藏记集》并没有记载竺道生曾到虎丘，而是直达庐山：

> ［道生］拂衣而逝，星行命舟，以元嘉七年，投迹庐岳，销影岩阿，怡然自得，山中僧众咸共敬服。[2]

《高僧传》中的记载就有了"说法虎丘"的记载：

> ［道生］拂衣而游，初投吴之虎丘山，旬日之中学徒数百。其年夏雷震青园佛殿，龙升于天，光影西壁，因改寺名号曰龙光。时人叹曰："龙既已去，生必行矣。"俄而投迹庐山，销影岩岫，山中僧众咸共敬服。

显然，从整个文风来看，僧祐《出三藏记集》是就事叙事，很少夸饰诡异之说。而慧皎《高僧传》却加入雷震青园寺、龙升于天的神异情节，并以之来契合"龙既已去，生必行矣"的谶语。这个"时人之叹"毫无道理可言，何以"龙升天"，而竺道生就要离开虎丘呢？即使按慧皎

---

〔1〕余敦康先生也指出，竺道生佛性实有的思想"体现了强烈的世俗精神，后来逐渐形成中国化的佛学的特色"。参见余敦康：《魏晋玄学史》第四部分《鸠摩罗什于东晋佛玄合流思潮》，北京：北京大学出版社，2004年，第460页。

〔2〕《出三藏记集》传下卷第15《道生法师列传》。

所记,竺道生曾传道虎丘,其时间也很短,所谓"旬日之中学徒数百"的说法也是值得怀疑的。如果竺道生当时真有如此大的信仰感召力,也就没必要很快"投迹庐山,销影岩岫"了。

到了其后的《神僧传》,就产生了"顽石点头"的说法:

> ［道生］拂衣入吴之虎丘山。竖石为徒讲《涅槃经》,至阐提有佛性处,曰:"如我所说,契佛心否?"群石皆首肯之。其年夏,雷震青园佛殿,龙升于天,光影西壁,因改寺名曰龙光。时人叹曰:"龙既去,生必行矣。"俄而投迹庐山肖影岩岫,山中僧众咸共敬服。[1]

对比《出三藏记集》《高僧传》《神僧传》的这三段文献,其随时代推演逐步加进神异的说法痕迹明显:《出三藏记集》所记没有传道虎丘,到慧皎不仅有了传道虎丘、弟子数百,又加了青园寺龙升天的神异故事,而《神僧传》更是在慧皎《高僧传》的基础上又添进"顽石点头"一说。并且每一次添加都是在不动前书文字结构的基础上夹入新的内容。

由此可见"顽石点头"这个说法产生的清晰脉络。这个神异故事的逐步产生,说明了像竺道生这样不拘泥于经书文句的义学僧人,在宣扬佛教精神、化度信徒方面所发挥的重要作用。[2]

至此,我们可以看出来,对竺道生的认知,从最早的"慧解入微"到后来的"通情上首",再到其后附会产生的"虎丘说法,顽石点头",正好反映了高深的佛教义学概念逐步突破天竺思维程式,开始中国化、通俗化、民间化的一个过程,这也是竺道生"善不受报""顿悟成佛"等论之所以在中国佛教史上产生重大影响的原因所在。

7.4 逍遥园三千大德中的精英们

鸠摩罗什弟子中的"十哲八俊",前面已经介绍了僧肇、僧睿、道

---

〔1〕《大正新修大藏经》第 50 册《史传部二》之《神僧传》卷 3。

〔2〕"顽石点头"一说的逐步产生,其实是中国佛教界或思想界对于竺道生在中国佛教世俗化、中国化过程中所产生的重要作用的一个形象阐释,正如余敦康先生所言,竺道生的"佛性本有"等思想,为中国佛学的世俗化奠定了理论基础。参见余敦康:《魏晋玄学史》第四部分《论竺道生的佛性思想与玄学的关系》,北京:北京大学出版社,2004 年,第 464－470 页。

融、道生四位,还有僧䂮、昙影、慧严、慧观、道恒、道标这六位著名弟子也是各有所长。

7.4.1　僧䂮与后秦僧官制度的建立

僧䂮法师,以在僧界的管理才能而闻名,他是佛教东传中国后,见于文献记载的由政府任命的最早的僧官。

僧䂮俗姓傅,北地泥阳人,是东晋时期的河间郎中令傅遐之的长子。不知道是什么原因,他在少年时代就出家为僧,跟随长安大寺的弘觉法师学习,后来又在青州、司州、樊州、沔州一带的寺院游学访道。

鸠摩罗什到长安翻译佛经,由于四方僧人纷纷前来学习,在长安的僧人数量大增,这对长安僧团来讲既是好事也是坏事,僧人多则佛事会更加兴旺,可是也为管理带来了混乱。少量的僧人可以做到自我约束,可是长安僧团当时有 800 之众,顶峰时期达到 5000 人,这么庞大的僧团,就难免良莠不齐。

显然,仅仅靠僧团的自我约束和一般的戒律限制已经是力不从心,所以专心佛事的姚秦政府觉得有必要由国家来出面管理僧人们。后秦国王姚兴认为这些学僧们还没有达到一定的佛学修养境界,整日过着清苦的寺院修炼生活,当然难免犯错误、做一些出格的事情,如果不加以妥善的管理,学僧们将会越来越不守戒律,最终破坏僧团的禅修与学习,因此他觉得"宜立僧主以清大望"。显然,像鸠摩罗什这样的高僧大德仅仅是僧团的精神导师,僧团应该有真正意义上的管理者——"僧主",由僧主来管理僧团、树立僧团的道德威信。

姚兴看中了僧䂮在这方面的管理才能,况且僧䂮本人当时就是以行为清谨、严守戒律而著称于僧界的。据僧传的记载,远在姚兴尚未继承后秦国王王位之前,就特别仰慕僧䂮,等到在长安见到僧䂮后,对他更是非常敬重,所以由僧䂮来做僧主是最合适不过了——严守戒律的清修模范、少年就出家于长安僧团的地缘优势、与后秦国王的良好关系,正好符合做一个僧团管理者的所有条件,一切都顺理成章。

于是姚兴下诏说:"大法东迁,于今为盛。僧尼已多,应须纲领。宜授远规,以济颓绪。僧䂮法师,学优早年,德芳暮齿,可为国内僧主。

僧迁法师,禅慧兼修,即为悦众。法钦、慧斌共掌僧录。"

这是一道建立中国历史上最早的国家佛教管理机构的政府法令,是一份任命书。德高望重的僧䂮被任命为"国内僧主";禅慧兼修的僧迁法师被任命为"悦众",法钦、慧斌二人被任命为"共掌僧录"的主管。

不仅如此,姚秦政府还给了僧䂮这个"国内僧主"一系列官员待遇,包括给僧䂮以乘坐的车子,配备了下属的吏员;在官秩方面,僧䂮这个"国内僧主"相当于后秦中央的"侍中"这一级别,其他僧官如僧迁、法钦、慧斌也都给了丰厚的待遇和赏赐。到弘始七年,姚兴又下诏配给僧䂮30个侍从,这样,后秦的僧官体系就建立起来了。

虽然已经成为有秩别的中央国家官员,但是僧䂮法师仍然保持着一个严守戒律的僧人的本分,他从不坐车,车子给了那些老弱或有疾病的高僧使用,自己来来往往都坚持步行;他得到的优厚赏赐和俸禄,也都被他拿做僧团的经费使用。后秦弘始末年,僧䂮在长安去世,享年70岁。

7.4.2 昙影与鸠摩罗什

同僧䂮一样,昙影也是北部边境的人,但是不知道他具体出生在什么地方。

在鸠摩罗什的弟子中,昙影以善于论述经义而著称,是一位优秀的义学僧人。

据说昙影的性格是属于那种比较内向的,不喜欢同别人过多交往,举止沉静,安贫乐道。《高僧传》还说他"过似淹迟而神气骏捷,志与形反",这句话的意思可以理解为,昙影这个人相貌与行动看起来呆若木鸡似的,可是眼中却透露出敏捷非凡的神气,胸中所怀的志向同他的外貌截然相反。看来这是一个标准的书呆子。

昙影善于讲说《正法华经》《光赞》《般若》等经典,他每次讲经的时候,都有上千的信徒和僧人们来听讲。在鸠摩罗什到来之前,昙影就来到了长安,受到姚兴的隆重接待。等鸠摩罗什到长安开场译经,昙影即跟随他学习。昙影的年龄要比鸠摩罗什大一点,但是鸠摩罗什对昙影非常敬重,在昙影拜见过罗什的第二天,罗什就对姚兴夸赞说:"昨见影公,亦是此国风流标望之僧也。"

鸠摩罗什对昙影的这个夸奖很有意思,在当时对于人物的评价话语中,有一些很特别的用语,如姚兴曾夸奖僧睿是"四海标领",意思是全国僧人中的典范、榜样;而鸠摩罗什夸奖昙影用了"风流标望"这个词,我们就不能很好地把握这个"风流"是什么意思。按《高僧传》对昙影的描写,他就是一个典型的书呆子,对这样一个人见一面就冠以"风流"二字,实在是令人费解。不过在《续高僧传》的《释智矩传》中曾用昙影的例子来比喻智矩,说智矩"每讲谈叙清擢宗致,雅涉昙影之风",由此可以推断,鸠摩罗什所夸奖的昙影的"风流标望",是说昙影在讲说佛经时表现出来的那种雅韵风致,是后秦国僧人无人能及的一个典范。

正是因为昙影在佛经义学方面的优秀表现,所以姚兴敕命昙影入住逍遥园,协助鸠摩罗什翻译佛经。

在昙影的协助下,后秦弘始八年(406),鸠摩罗什译出了《妙法莲花经》,昙影总结在翻译过程中所讨论和体悟的经义要旨,撰成了《法华义疏》4卷;弘始十一年(409),《中论》翻译出来,昙影又作了《中论注》,并作了《中论序》;后秦弘始十四年(412),鸠摩罗什译出了《成实论》,昙影与鸠摩罗什斟酌诸条论义,三番五次地讨论,后来昙影把讨论的论义结集成文,呈交罗什法师,鸠摩罗什阅读后赞叹说:"大善!深得吾意。"

鸠摩罗什去世后,昙影隐居山林,修道讲经,大约在东晋义熙年间谢世,享年70岁。

7.4.3 慧观与慧严

慧观俗姓崔,是清河人(今河北清河),据说他10岁就已经以"博见"而知名于乡里,后来出家为僧,曾四处游方,拜师学习。曾到庐山跟随慧远大师学习佛法,当他听说鸠摩罗什抵达长安时,就毫不犹豫地离开庐山,前往长安拜见罗什法师。

在鸠摩罗什的弟子中,慧观是非常优秀者之一,他曾撰著《法华宗要序》请罗什法师指点,鸠摩罗什读完后赞叹说:"善男子,所论甚快!"

这个称赞听起来是模棱两可，只是言其所论甚快，至于所论是否好，竟不置一词，可见鸠摩罗什对慧观可能并不欣赏。

那么，慧观到底是一个怎样的僧人呢？

当时的人这样评价慧观："通情则生融上首，精难则观肇第一。"这句话的意思是说，在鸠摩罗什的弟子中，有四个人可以相提并论，那就是道生、道融、慧观、僧肇；在他们四个人中，道生、道融是"通情"方面的最优秀弟子，慧观、僧肇是"论难"方面最好的学生。

既然慧观被当时人评价为鸠摩罗什的弟子中最出色的四个之一，为什么在"关中四子"中没有慧观呢？这同慧观跟随佛驮跋陀罗修习禅法有关。

佛驮跋陀罗被鸠摩罗什僧团逐出长安的时候，原先跟随佛驮跋陀罗的很多僧人都背师而去，只有慧观等四十余人坚定不移地跟随佛驮跋陀罗，先后到荆州、庐山等地，翻译佛经，宣扬禅数之学。

由于宋文帝的邀请，最后慧观跟随佛驮跋陀罗来到了南朝宋的京城建康（今江苏南京）的道场寺，在这里讲经说法，广收门徒。慧观于南朝宋元嘉年间在道场寺去世，一生撰有《辩宗论》《论顿悟渐悟义》《十喻序赞》等著名佛学论文。

慧严俗姓范，是豫州人，他16岁就出家为僧，很快就成为当时比较有名的僧人。鸠摩罗什到长安后，他同慧睿、道生前往就学，其佛学特长，是在利用"音义"方法解说经义方面有比较突出的成就，这说明他很有语言学天赋。慧严后来辗转到了建康的东安寺。423年，慧严同道生、佛驮什、智胜在龙光寺共同翻译了《弥沙塞律》。佛驮跋陀罗后来在道场寺翻译《华严经》前分三万六千偈时，有个叫"慧严"的僧人是主要的参与者，这个慧严是否就是东安寺的慧严，需要探讨。

7.4.4　道恒与道标

道恒与道标可能是鸠摩罗什的弟子中最为才能所累的人，此二人据说都有经国之才，所以曾被后秦国王姚兴看中，想让他们还俗做官，结果闹得不欢而散。关于此二人，《高僧传》有比较详细的记载：

释道恒，蓝田人，年九岁戏于路，隐士张忠见而嗟曰："此小儿有出人之相,在俗必有辅政之功,处道必能光显佛法。恨吾老矣,不得见之。"恒少失二亲,事后母以孝闻。家贫无蓄,常手自画缋以供瞻奉,而笃好经典,学兼宵夜。至年二十,后母又亡。行丧尽礼,服毕出家,游刃佛理,多所兼通。学该内外,才思清敏。罗什入关即往修造。什大嘉之,及译出众经并助详定。时恒有同学道标,亦雅有才力,当时擅名,与恒相次。

道恒很小的时候,亲生父母就弃世而去,他跟后母生活在一起,虽然家无余粮,艰难度日,但他非常孝顺后母。他在谋生与经营方面也很有本事,依靠自己画缋的技艺,赚钱养活后母。古代所说的"画缋",就是在衣裳和旗仗等纺织品上绘画的技艺。道恒能掌握这样的技艺并赖以为生,可见其在美术方面还是有些特长的。

当然道恒不仅仅是在忙于生计的俗务中劳劳碌碌,他还抽空夜以继日地学习知识,阅读儒、释经典。到了他20岁的时候,后母也去世了,等办完丧事,守孝结束后,道恒就出家为僧人了。

因为有广泛阅读儒、佛典籍的基础,所以道恒很快就成为精通内外之学的学问僧,当鸠摩罗什到长安的时候,他就欣然前往,追随罗什法师学习。

在鸠摩罗什的译场中,道恒很快就成了得力的助手,他的同学道标同他齐名。

可是这时候的后秦国王姚兴不知道为什么就看上了道恒、道标二人的才能,他认为道恒、道标二人"神气俊朗,有经国之量"。姚兴的这个判断,倒是正好同隐士张忠对童年道恒的评价相同,即这两个僧人可能真像是做官的材料。

姚兴随即下诏,要后秦尚书令姚显敦促道恒、道标还俗做官,他的规劝诏书云:

卿等乐道体闲,服膺法门,皦然之操义,诚在可嘉。但朕临四海,治必须才。方欲招肥遁于山林,搜沉滞于屠肆。况卿等周旋笃,旧朕所知。尽各挹干时之能而潜独善之地。此岂朕求贤之至情,卿等兼弘深趣耶。

·欧·亚·历·史·文·化·文·库·

昔人有言:国有骥而不乘,方惶惶而更索,是之谓也。今敕尚书令显便夺卿等二乘之福心,由卿清名之容室赞时益世,岂不大哉。

苟心存道味,宁系白黑。望体此怀,不可以守节为辞。[1]

显然,对于姚兴来讲,道恒、道标是否能还俗做官,确实关乎他能否将那些隐匿山林的治国之才罗致到朝廷的人才大业之成败。

而这对于一心向佛的道恒、道标不啻是一声晴天霹雳,于是鸠摩罗什僧团上下围绕姚兴的诏书,展开了一系列的劝谏活动。道恒给姚兴上了《抗表陈情》:

奉去月二十八日诏敕,尚书令夺道恒道标等法服,承命悲惧,五情失守。俯仰惭惶,无地自厝。恒等诚才质暗短,染法未久。所存既重,眷慕亦深。猥蒙优诏,褒饰过美。开喻诲励,言理备至。但情之所安实怀罔已,法服之下誓毕身命。兼少习佛法,不闲世事。徒发非常之举,终无殊异之功。虽有拔能之名而无益时之用。未见几毫之补,将有山岳之损。窃为陛下不取也。

光武尚能纵严陵之心,魏文全管宁之操。抑至尊之高怀,遂匹夫之微志。在宥群方,靡不自尽。况陛下以道御物,兼弘三宝,使四方义学之士萃于京师,新异经典流乎遐迩。大法之隆于兹为盛。方将阐扬洪化助明振晖,嗣祇洹之遗响,扇灵鹫之余风,建千载之轨模,为后生之津涂。而恒等岂可独屈于明时,不得申其志愿。伏愿鉴其元元之情,特垂旷荡通物之理,更赐明诏听遂微心,则衔恩九泉感德累劫,不胜战悚。谨奏以闻。[2]

道恒、道标一再上表,述说了自己的志向,恳请姚兴能收回让他们还俗的诏令,并连续给姚兴写信,表达不愿还俗的决心。鸠摩罗什写了《答秦主姚兴》的书信,请求姚兴能开恩应允道恒、道标专心佛事的要

〔1〕《弘明集》卷11《道恒道标二法师答伪秦主姚略劝罢道书(并姚主书)》,见《大正新修大藏经》第52册《史传部四》。

〔2〕《弘明集》卷11《道恒道标二法师答伪秦主姚略劝罢道书(并姚主书)》,见《大正新修大藏经》第52册《史传部四》。

求。"国内僧主"僧䂮也先后上《奏道恒道标事》《又答姚兴书》等表章和书信,期望能说服姚兴收回成命。

但是姚兴对此不管不顾,还是一再要求道恒、道标尽快还俗,服务朝廷。强权无奈之下,道恒、道标只好离开长安,遁迹山林,终老一生。

道恒曾撰有《释驳论》《百行箴》等,主旨是为僧侣谋生经营做辩。

在长安逍遥园中,虽然有5000多僧人协助鸠摩罗什法师翻译佛经,但是在僧传中记录下来的著名高僧却人数有限,除"十哲八俊"之外,如慧睿、僧弼、僧苞、昙鉴、慧安、昙无成、僧导、道温、僧业、慧询也都是鸠摩罗什弟子中比较有名的一代高僧。

8 鸠摩罗什
与来华西域胡僧之关联

鸠摩罗什是说一切有部出身的学者,在他到达长安译经的岁月里,罽宾说一切有部僧团有很多僧人来到长安,参与了鸠摩罗什的译经工作。如果说有部的经院哲学给了他丰厚的知识营养和崇高的声誉,而有部的寺院主义戒律等又使得他时刻处在一种尴尬的境地。

罗什破戒后所面临的尴尬境地,时刻影响着他同那些来自罽宾、西域的僧人之间的关系。这些异域僧人中既有合作者,也有挑战者。如佛驮跋陀罗同鸠摩罗什的关系就非常紧张,以至于走向破裂,鸠摩罗什的弟子们不得不以粗暴的驱逐方式将之排挤出长安。

不过,在当时长安的西域、天竺僧人,可能大多都是鸠摩罗什及长安僧团的合作者,如卑摩罗叉(Vimalakshas)、佛陀耶舍(Buddha-yashas)、弗若多罗(Punyatara)、昙摩流支、昙摩耶舍(Dharmayashas)、昙摩掘多等就是典型的代表。

8.1 从对佛驮跋陀罗的排挤来审视
长安的"秦僧"团体

以鸠摩罗什为中心的长安僧团对于佛驮跋陀罗(觉贤,Buddhab-hadra)僧团的排挤,是中原佛教史上一个重要的事件。这次事件,不仅是长安"旧僧"对"新僧"的排挤,也是鸠摩罗什对敢于挑战自己权威地位的西域僧人的排挤。

由于此事件是鸠摩罗什译经长安时期发生的震惊中原佛教界的大事,因而,考察这一事件的来龙去脉及隐藏在其后的矛盾与史实,可以为我们认识该时期长安僧团的具体情况提供一个绝好的视点。

东晋隆安五年(401),西凉州僧人智严长途跋涉来到了罽宾国求法,并邀请在罽宾的天竺高僧佛驮跋陀罗传法东土。于是,曾立志要弘扬佛法于边国的佛驮跋陀罗遂"步骤三载,绵历寒暑。既度葱岭,路经六国,国主矜其远化,并倾心资奉。至交趾乃附舶……至青州东莱郡,闻鸠摩罗什在长安,即往从之。什大欣悦,共论法相振发玄微多所悟益"。[1] 佛驮跋陀罗是越过葱岭,取道印度洋,从交趾坐船来到了山东,然后又欣欣然到长安投奔鸠摩罗什。

佛驮跋陀罗来到长安的时间不清楚,郑郁卿先生在年表中划定佛驮跋陀罗是东晋义熙六年(410)抵达长安的。[2] 如果是这样的话,那么他只在长安待了两年,在义熙八年(412)即被鸠摩罗什的弟子们逐出了长安。

佛驮跋陀罗被逐出长安的原因,慧皎在《高僧传》中解释得很耐人寻味,我们把这段连续的原话按其段落层次来分层理解,就比较明晰了:

> 秦主姚兴专志佛法,供养三千余僧,并往来宫阙盛修人事。唯贤守静不与众同。

> 后语弟子云:"我昨见本乡有五舶俱发。"既而弟子传告外人,关中旧僧咸以为显异惑众。

> 又贤在长安大弘禅业,四方乐靖者并闻风而至,但染学有浅深,得法有浓淡,浇伪之徒因而诡滑。有一弟子,因少观行,自言得阿那含果,贤未即检问,遂致流言大被谤读,将有不测之祸。

如果我们把这段话的三个层次的意思,简单地概括一下,那就是说佛驮跋陀罗被逐出长安有三个主要原因,分别是:"三千余僧,并往来宫阙盛修人事,唯贤守静不与众同";"显异惑众";"浇伪之徒因而诡滑"。第一条说的是佛驮跋陀罗同后秦王室关系不亲和;第二条说的

---

[1]《高僧传》卷2《佛驮跋陀罗》。

[2]郑郁卿:《鸠摩罗什研究》,北京:文津出版社,1988年,第68-69页。

是佛驮跋陀罗和弟子共同所犯的错误;第三条是佛驮跋陀罗的弟子不肖,大言欺世,以至连累了老师。下面我们一一详加考察。

8.1.1 关于"往来宫阙盛修人事,唯贤守静不与众同"

就中原地区的现实情况而言,佛教要得到发展,如果没有教团领袖及其成员同政治权势的结盟与建立良好关系,是不可能有所作为的。

后赵时期的佛图澄(Fo Tocheng)明白这个道理,所以千方百计通过信奉佛教的后赵大将郭黑略同后赵王石虎接近,最终取得了大国师的地位,使得佛教在后赵政权的支持下扎根北方,突破了"赵人悉不听诣寺烧香礼拜"的禁令。

释道安传道河北、讲法襄阳,也非常明白依靠政治权势是佛教能在中原得以传播的唯一大道,在新野分遣徒众分散传教时,他嘱咐说:"今遭凶年,不依国主则法事难立,又教化之体,宜令广布。"因而,"依国主"乃是当时佛教能在政局纷扰、胡戎混战的北方存亡的关键所在。

鸠摩罗什在前凉政权的姑臧停留15年,由于前凉王吕光父子不信佛教,所以在凉州的15年中,除了对汉语言的学习与熟练外,鸠摩罗什在佛教的传播方面可以说是一事无成。这种境遇使得鸠摩罗什深深明白"依国主"是何等重要,所以,以他为核心的5000学僧,自然就非常注重保持同后秦王室的密切关系,孜孜于"往来宫阙"以达到"盛修人事"的目的。

然而,佛驮跋陀罗对此则很不在意。佛驮跋陀罗,又被称作觉贤,是天竺迦维罗卫人,据说是甘露饭王的后代,他"少以禅律驰名"[1],又受业于天竺高僧大禅师佛大先(Buddhasena),所以无论在出身、禅道与律学方面,都有与生俱来的优越感。况且,静修禅道、谨守佛律显然是同结交王公、巴结官府相矛盾的两个趋向,因而,佛驮跋陀罗的"守静"与"不修人事",导致了其必然不能得到以后秦王室为主的政治权势的全力支持,一旦他同鸠摩罗什僧团产生矛盾,"往来宫阙盛修人事"的鸠摩罗什僧团显然就会占上风。

---

[1]《高僧传》卷2《佛驮跋陀罗》。

由此可见,以鸠摩罗什为核心的长安僧团在跟政治势力的结盟方面非常成熟,他们应该是花了很大的精力来保持同政治权势的良好关系。这是理解当时的长安僧团的一个不可忽视的关键点。

8.1.2　关于"显异惑众"

以僧䂮、道恒为首的鸠摩罗什僧团成员排挤驱逐佛驮跋陀罗的理由就是说佛驮跋陀罗"显异惑众"。"显异"只是借口,而"惑众"这个罪名才是僧䂮等僧官所要惩治的重点。

"显异"是指佛驮跋陀罗说他看见从他的家乡有五艘船舶出发前来中华国土,这种预言的伎俩,大概跟佛图澄"以麻油杂胭脂涂掌,千里外事皆彻见掌中如对面焉"[1]的术数差不多,是每一个天竺、西域僧人都能很熟练地使用的传道小手段。鸠摩罗什在凉州的15年,这样的小手段用了很多。为什么佛驮跋陀罗用了一次,僧䂮、道恒等长安旧僧就给他扣个"显异惑众"的大帽子?

"关中旧僧咸以为显异惑众"的这个罪名其实包含了两方面的矛盾所在。

首先是关于"僧众"之区分,长安僧团的僧众本来就非常复杂,就鸠摩罗什僧团来讲,其僧团成员至少由四部分组成:(1)竺佛念、道安时代就在长安的僧人,以僧䂮、僧睿等为代表;(2)慕鸠摩罗什之名投奔而来的南方及周边地区的部分名僧,以道恒、道标等为代表;(3)追随鸠摩罗什而来的凉州僧人,如僧肇法师;(4)其他前来学道的一般僧人。

佛驮跋陀罗到长安后,很快也形成了基本上是独立于鸠摩罗什僧团之外的自己的僧团力量,他周围的僧众应该由三部分组成:(1)所谓"贤在长安大弘禅业,四方乐靖者并闻风而至,但染学有浅深,得法有浓淡,浇伪之徒因而诡滑"[2],即闻风而奔佛驮跋陀罗而来者,难免鱼龙混杂;(2)长安鸠摩罗什僧团中的一些精英分子,如慧观,原本是庐

---

〔1〕《高僧传》卷9《佛图澄》。
〔2〕《高僧传》卷2《佛驮跋陀罗》。

199

山释慧远的弟子,千里投奔鸠摩罗什前来就学,此时又改归佛驮跋陀罗门下,可见当时的鸠摩罗什僧团的部分核心成员也被分化;(3)长安就学于鸠摩罗什的3000僧众之外,尚有2000多人并未正式受鸠摩罗什师教,这些人也有可能投奔在佛驮跋陀罗之门下。

当时的长安是否还存在其他小的僧团势力,我们不得而知,但是以鸠摩罗什为核心的僧团和以佛驮跋陀罗为核心的这样两个僧团的存在,势必造成二者在长安的竞争。佛驮跋陀罗很张扬地显示自己的"神异",以此来获得过于张扬的人气或僧众的拥护,这无论对于鸠摩罗什僧团还是僧官机构,都是一种潜在的威胁和挑战。

况且,两个僧团的存在,对于僧官管理机构来讲,也造成了一定压力。那些原本不能进入鸠摩罗什僧团核心的2000多僧人和从四方赶来投奔佛驮跋陀罗的僧人,此时也在佛驮跋陀罗周围取得了核心成员的资格,那么他们对于鸠摩罗什及其僧团核心成员具有敌意或竞争之心,也是可以想见的。所以慧皎在《高僧传》中说"关中旧僧咸以为显异惑众",就指出了此次事件,乃是以僧䂮等人为代表的"旧僧"对迅速聚集在佛驮跋陀罗门下的"新僧"的排挤。

其次,是长安僧团成员关于"神异"的认可问题。412年前后的长安僧团,由于鸠摩罗什及其追随弟子对于佛学界最新思想中观般若经论的翻译、学习,长安僧团在佛理体悟方面日渐成熟,佛教理性主义在当时的鸠摩罗什僧团中占据了主流地位,对于神异有了足够的认识和排斥。而恰恰佛驮跋陀罗在"神异"方面有着特殊的情结,慧皎在《高僧传》中描写他在西域的时候就喜好显示神异的法术之类,从这个角度来看,佛驮跋陀罗这种漫无根据的预言确实与当时长安僧界的学问化倾向格格不入。

8.1.3 关于"君所释不出人意而致高名"

如果说,"显异惑众"反映了僧团之间的矛盾冲突,那么佛驮跋陀罗同鸠摩罗什在世俗地位上的冲突也是非常激烈的。

对于佛陀跋陀罗的到来,鸠摩罗什可能刚开始的时候自然是十分欣喜的,僧传说鸠摩罗什"大欣悦,共论法相,振发玄微,多所悟益"。

毕竟,佛陀跋陀罗不但是鸠摩罗什的祖居地天竺来的人,而且又是他的出生、成长地龟兹来的中亚僧团的高僧。无论在对于佛经义理的理解,还是从个人的血统情结与乡土联系来讲,鸠摩罗什对佛陀跋陀罗的亲近感是显而易见的。

僧肇在致刘遗民书中对这两位大师在长安的传道情况做了这样的描述:

> 什法师于大寺出新至诸经,法藏渊旷,日有异闻。禅师于宫寺[逍遥园]教习禅道,门徒数百,夙夜匪懈,邕邕肃肃。[1]

对长安僧团来讲,鸠摩罗什的"出新至诸经"与佛驮跋陀罗的"教习禅道"为长安僧团的僧人修习提供了"禅""慧"并进的绝好机会,但是可能正是佛驮跋陀罗的重"禅"与鸠摩罗什趋向于"慧学"的差异导致了他们的决裂。

在相互的佛经义理探讨之中,佛陀跋陀罗与鸠摩罗什之间的矛盾开始显露苗头。当然,在僧传中,关于鸠摩罗什僧团排挤佛驮跋陀罗的事件,出面冲突的人物都是鸠摩罗什的弟子,而鸠摩罗什本人始终处在沉默当中。但是,从鸠摩罗什同佛驮跋陀罗的交往来看,他俩有两次很明显的言语和理论方面的冲突。

(1)佛驮跋陀罗到长安不久,就同鸠摩罗什有一次锋芒锐利的对话交锋:

> [佛驮跋陀罗]闻鸠摩罗什在长安,即往从之。什大欣悦,共论法相,振发玄微,多所悟益。因谓什曰:"君所释不出人意而致高名,何耶!"什曰:"吾年老故尔,何必能称美谈。"[2]

虽然时间间隔了近两千年,但我们还是能从佛陀跋陀罗的这句问话中感觉到他那咄咄逼人的气势,佛驮跋陀罗诘问的"君所释不出人意而致高名",是对鸠摩罗什在长安僧团中的权威地位的最明显挑战,深知"不依国主则法事难立"的鸠摩罗什显然不会坐视自己地位被威

---

〔1〕《大正新修大藏经》第45册《肇论》。
〔2〕《高僧传》卷2《鸠摩罗什》。

胁而无动于衷的。

（2）后秦太子姚泓组织长安的群僧在东宫论辩佛经义理，就将鸠摩罗什与佛陀跋陀罗作为对立的两方，互相质疑。

在这次鸠摩罗什同佛陀跋陀罗的辩论中，佛陀跋陀罗所讲的义理，很多长安学僧都不是十分明白，不得不多次向他请教。之所以如此，是因为他同鸠摩罗什在经义理解上有很大的分歧。

他们当时的这段问答确实很高深，也很有意思，鸠摩罗什问："法云何空？"

佛驮跋陀罗答曰："众微成色，色无自性，故虽色常空。"

鸠摩罗什又问："既以极微破色空，复云何破微？"

佛驮跋陀罗答曰："群师或破析一微，我意谓不尔。"

鸠摩罗什很奇怪佛驮跋陀罗的这点不同之处，追问道："微是常耶？"

佛驮跋陀罗答："以一微故众微空，以众微故一微空。"[1]

佛驮跋陀罗的这番从"微"到"色"，从"色"到"空"的论证，确实有他的高明之处。但是他们的这番论难结束后，在场的长安僧人释宝云把这番话翻译给众僧后，大家都不明白是怎么一回事情。确实，由"一微"破"众微"，再由"众微"破"一微"，这种对"色"之空的破法，真的非常让人费脑筋。

心有不甘的长安僧人们过了几天后又去找佛驮跋陀罗，请求他把同鸠摩罗什论难时那段问答的深意再讲解一番，佛驮跋陀罗很简捷地告诉他们："夫法不自生，缘会故生。缘一微故有众微。微无自性则为空矣，宁可言不破一微常而不空乎！"

佛驮跋陀罗这番高深的论述，需要慢慢体味琢磨，但是他最后这句语气十分强硬的"宁可言不破一微常而不空乎"，显然是针对鸠摩罗什的"微是常耶"这个疑问发出的，在他看来，"微"本来就是为了表现"法"的一种没有"自性"的缘会，所有根本就不存在"微常"这样的问

---

〔1〕《高僧传》卷2《佛驮跋陀罗》。

题,而鸠摩罗什恰恰以"微常"来诘问他,这就是他们两人在"破空"问题上的分歧关节点所在,因而佛驮跋陀罗的这句话语气很冲,可以想象得出来,当时去向他请教的鸠摩罗什僧团的僧人们一定也是极为尴尬的。

这次论难虽然没有造成佛驮跋陀罗同鸠摩罗什僧团的直接冲突,但是可能这次论难中产生的这种不愉快的争论与分歧,奠定了鸠摩罗什僧团成员寻机排挤佛驮跋陀罗的基础。

很多研究者认为佛陀跋陀罗同鸠摩罗什僧团的关系破裂,是因为佛陀跋陀罗的佛学思想同鸠摩罗什有分歧,可能这只是皮相之见。思想的冲突会导致学者之间的矛盾产生和爆发,但是在世俗的社会中,往往是现实的利益之争才会导致人与人之间的真正冲突。

佛驮跋陀罗的到来,在很大程度上威胁到了鸠摩罗什的地位。[1]

首先,当时习禅已经成为中土佛教修行的一个重要方面,恰恰鸠摩罗什在这方面比较薄弱,并且由于他的屡次破戒娶妻,已经严重地违背了寺院主义的最基本要求。而佛驮跋陀罗在这方面却是非常正宗的禅修大师,他的禅学来自达摩达多、佛大先等著名禅法高僧,而当时那些到西域、天竺取经求道的高僧如智严、宝云等等都对他非常推崇。从严格的寺院主义的要求来看,佛驮跋陀罗显然是比鸠摩罗什更为合适的修道习佛的僧人领袖,这对鸠摩罗什在长安僧界的地位显然是一个极大的威胁。

其次,佛驮跋陀罗的被驱出长安,也可能同他一贯过于不谨慎的个人性格有关。在《高僧传·佛陀跋陀罗》中,从一开始,慧皎对于佛陀跋陀罗的描写就显示出这个人在佛学方面的故弄玄虚和喜好出风头的作风。确切说,他不是一个低调的人,而是非常有锋芒,似乎很善于抬杠。譬如他在罽宾的同学僧伽达多就认为其人深不可测,当然这说的不是他的学问,而是他的为人。再譬如佛陀跋陀罗在罽宾就声言

---

[1]学者超烦认为佛驮跋陀罗与鸠摩罗什之决裂,源于二者学风与思想的差异及门人弟子的是非争论。参阅超烦:《佛陀跋陀罗与鸠摩罗什》,载《香港佛教》1992年第1期。

·欧·亚·历·史·文·化·文·库·

自己修得了"阿那含果",透露着相当的自负。他的那个声言修得了"阿那含果"的弟子,不能不说是因为受到了他的影响,才会如此张狂,最终导致了整个僧团被逐出长安的悲剧。

当然,对于佛驮跋陀罗的被逐出长安,当时的僧界大多人可能是倾向于对佛驮跋陀罗同情支持的。譬如慧远大师不但请佛驮跋陀罗翻译佛经,还专门让自己的弟子昙邕远赴长安,致信后秦国王姚兴和长安的僧官等人,进行解释和调解,认为佛驮跋陀罗是受了门下弟子的牵累,这显然是从正面对佛驮跋陀罗做了支持。

8.1.4 关于"贤之被摈,过由门人"

"贤之被摈,过由门人"[1]是远在庐山的慧远大师劝解鸠摩罗什僧团与佛驮跋陀罗矛盾的一句好话,事实上,"过由门人"仅仅是其中的一个原因,而不是全部原因。但是最终矛盾的激化确实是由佛驮跋陀罗的一个弟子宣称修得了"阿那含果"而引起了长安鸠摩罗什僧团的群情激奋。按小乘佛教经典的说法,修行所得果位有四个等级,从低到高分别是须陀洹果、斯陀含果、阿那含果和阿罗汉果。佛驮跋陀罗在罽宾的时候就声称自己修得了"阿那含果",如今他的一个并不知名的弟子居然也宣扬自己修得了"阿那含果",这对那些长安僧人的刺激是相当猛烈的,他们认为就连佛祖本身都没有轻易断定自己修得了什么果位,一个不知名的僧人居然如此张狂。于是,僧䂮、道恒出面勒令佛驮跋陀罗离开长安:

> 时旧僧僧䂮、道恒等谓贤曰:"佛尚不听说己所得法,先言五舶将至,虚而无实。又门徒诳惑,互起同异,既于律有违,理不同止,宜可时去,勿得停留。"贤曰:"我身若流萍,去留甚易,但恨怀抱未申,以为慨然耳。"于是与弟子慧观等四十余人俱发。[2]

当此时,佛驮跋陀罗僧团成员"或藏名潜去,或逾墙夜走,半日之中,众散殆尽",由此可见当时长安的鸠摩罗什僧团及以僧䂮为首的僧

---

〔1〕《高僧传》卷2《佛驮跋陀罗》。

〔2〕《高僧传》卷2《佛驮跋陀罗》。

官机构,已经形成了相当可怕的力量,至少,对那些畏祸的投机僧人来讲,长安僧团是有一定的俗世威慑力的。

8.2 鸠摩罗什与其老师佛陀耶舍、卑摩罗叉的关系

无论是同佛驮跋陀罗的矛盾,还是同师子国婆罗门的论难决斗,都是外来僧人对鸠摩罗什在长安后秦政权中"国师"这一角色的挑战,也是对有 5000 僧人的长安僧团的挑战。但是,在当时的情况下,来自异域僧人的挑战毕竟是有限的。当时在长安的西域、天竺僧人,可能大多都是鸠摩罗什及长安僧团的合作者,如卑摩罗叉(Vimalakshas)、佛陀耶舍(Buddhayashas)、弗若多罗(Punyatara)、昙摩流支、昙摩耶舍(Dharmayashas)、昙摩掘多等就是典型的代表。

佛陀耶舍与卑摩罗叉是鸠摩罗什在西域学习阶段的授业老师,他们千里迢迢从西域来到长安,与鸠摩罗什在长安获得中原政权的支持有关。通过他们同鸠摩罗什的学术关系,可以更直观地了解鸠摩罗什同西域僧团之间的密切关联。

8.2.1 佛陀耶舍的东来及其佛经翻译

在罽宾僧人中,佛陀耶舍是个性非常鲜明的人,他可能是鸠摩罗什大乘信仰的启蒙者。按《高僧传》中佛陀耶舍本传中的事件发生顺序来推断,大约在 402 年佛陀耶舍先到了凉州的姑臧。至于佛陀耶舍到达长安的时间,按本传记载是在鸠摩罗什准备翻译《十住经》之前,也就是 410 年之前,竺佛念所作的《四分律序》说佛陀耶舍"岁在戊申,始达秦国",那就是说在 408 年才由姚兴遣人把他请到了长安,协助鸠摩罗什翻译佛经。

佛陀耶舍出身婆罗门,兼学大小乘经典,对于其学术渊源和所学知识体系,《高僧传·佛陀耶舍》有详细记载:

> 佛陀耶舍,此云觉明,罽宾人也。婆罗门种,世事外道。有一沙门从其家乞,其父怒使人打之。父遂手脚挛癖,不能行止。乃问

于巫师,对曰:"坐犯贤人鬼神使然也。"即请此沙门竭诚忏悔,数日便瘳。因令耶舍出家为其弟子,时年十三。常随师远行于旷野,逢虎,师欲走避,耶舍曰:"此虎已饱,必不侵人。"俄而虎去,前行果见余残,师密异之。至年十五,诵经日得二三万言。所住寺常于外分卫,废于诵习。有一罗汉重其聪敏,恒乞食供之。至年十九,诵大小乘经数百万言。然性度简傲,颇以知见自处,谓少堪己师者,故不为诸僧所重。但美仪止,善谈笑,见者忘其深恨。年及进戒,莫为临坛,所以向立之岁,犹为沙弥。乃从其舅学《五明》诸论,世间法术多所练习,年二十七方受具戒。恒以读诵为务,手不释牒。每端坐思义,尚云不觉虚过于时,其专精如此。[1]

显然,在小乘盛行的时期,佛陀耶舍兼修大小乘经典,说明可能鸠摩罗什由小乘转向大乘,在一定程度上受过他的影响。

佛陀耶舍同鸠摩罗什的师生关系,应该是在鸠摩罗什从罽宾返回龟兹、停留疏勒时期建立起来的。东晋穆帝永和十一年(355),鸠摩罗什随母返回龟兹途中到沙勒(疏勒)国;东晋穆帝永和十二年(356),鸠摩罗什在疏勒国跟随须利耶苏摩学习大乘佛法。就是在这一期间,佛陀耶舍成为鸠摩罗什的老师:

> 后至沙勒国……时太子达摩弗多,此言法子,见耶舍容服端雅,问所从来。耶舍酬对清辩,太子悦之,仍请留宫内供养,待遇隆厚。罗什后至,复从舍受学,甚相尊敬。[2]

佛陀耶舍在疏勒国的地位是相当尊贵的,他不但是疏勒国太子达摩弗多的座上宾和家师,而且随着太子达摩弗多的即位,其政治地位也达到了一个高峰:

> 顷之王薨,太子即位。时符坚遣吕光西伐龟兹,龟兹王急求救于沙勒。沙勒王自率兵赴之,使耶舍留辅太子,委以后事。[3]

正是由于在疏勒国具有至高无上的地位,所以佛陀耶舍在此停留

---

〔1〕《高僧传》卷2《佛陀耶舍》。
〔2〕《高僧传》卷2《佛陀耶舍》。
〔3〕《高僧传》卷2《佛陀耶舍》。

的时间最长,达十多年。此后,他又来到龟兹传教。当鸠摩罗什随吕光到达凉州的晚期,就写信邀请佛陀耶舍到中原去。

罗什捎信邀请佛陀耶舍的时候,罗什还在姑臧。一年以后,佛陀耶舍才得以从龟兹国东行,可是他到达姑臧后,才知道罗什已经于401年十二月去了长安。从这个时间顺序来判断,罗什是在400年前后给佛陀耶舍捎信的,而佛陀耶舍可能就是402年到姑臧的。

这样来推算,佛陀耶舍到中原的时间要比卑摩罗叉早几年。

佛陀耶舍到姑臧后,为什么没有立刻继续西行到长安去? 这个问题可能有两方面的原因:

一是当时的姑臧是西域、印度商人密集的地方,佛陀耶舍这个善于谈笑、人气极旺的大师,同那些在姑臧的西域商人和僧人一定有极为密切的联系,所以既然已经到达这里,就不会再匆忙离开。我之所以这么说,是有些文献记载方面的蛛丝马迹的,据《高僧传·佛陀耶舍》的记载,到弘始十二年以后,佛陀耶舍最终返回罽宾,在罽宾找到了一卷《虚空藏经》,他就是通过罽宾商人把这卷经传给了在凉州的僧人们。这个事实说明,佛陀耶舍同凉州僧团和商人们的关系远较长安僧团密切。

二是佛陀耶舍作为鸠摩罗什的老师,其之所以不远万里来到中原,那是因为收到了罗什邀请他的信,现在罗什去了长安,他当然不可能自己再巴巴地赶到长安去。俗话说"一山不容二虎",如果佛陀耶舍冒冒失失地去了长安,在后秦政权支持的译经僧团里,也很难把他跟鸠摩罗什的地位摆平衡——这个推断虽然非常恶俗,但事实证明,僧团与僧人之间的竞争在很多情况下,确实没有超凡脱俗。

在姑臧的时候,佛陀耶舍听到了后秦国王姚兴为鸠摩罗什张罗找妻妾的事情。这样的消息对受戒僧人来说肯定是个坏消息。从听到这个消息的惊讶程度或者说心里接受反应来看,应该是卑摩罗叉更为激烈些,因为他本人就是律学大师,对于犯戒的事情当然不会视而不见。

有意思的是,僧传的撰写者——无论是写《出三藏记集》的僧祐,还是写《高僧传》的慧皎,在罗什破戒这件事情上,都没有让卑摩罗叉说话。事实上，这个话卑摩罗叉也不好说，表示理解吧，那就是公然挑战戒律，那还怎么再宣讲律部经典呢？表示坚决反对吧，那不就是完全否定罗什了吗？而佛陀耶舍听到这个消息后，则叹息了一声说："罗什如好绵，何可使人棘林中。"佛陀耶舍的这句叹息很有意思，整个表达的就是无尽的惋惜。

罗什的这两个老师，可以说代表了两种不同性格类型的人，卑摩罗叉是"无垢眼"，是澄明洁净的高僧，延伸一步讲，就是眼睛里揉不得沙子的人。可以推断，到长安的卑摩罗叉一定同罗什不是非常融洽，所以僧人传记家才没有让他做评价。而佛陀耶舍则"颇以知见自处……美仪止，善谈笑"，就是说他是一个善于谈笑、讲求思想独立的高僧，他的通达、宽容与博学，正是身在异乡的罗什迫切渴望的。

佛陀耶舍的到来，无论在心理安慰还是学理探讨方面，都给了鸠摩罗什一份温暖。鸠摩罗什听到老师来到姑臧的消息后，就建议姚兴派人邀请佛陀耶舍来长安，可是姚兴对此毫无兴趣，没有接受罗什的建议。

后来，当姚兴一再敦请鸠摩罗什继续翻译佛经时，罗什说："夫弘宣法教，宜令文义圆通。贫道虽诵其文，未善其理。唯佛陀耶舍深达幽致。今在姑臧，愿下诏征之。"罗什的这番话确实道出了实际情况，鸠摩罗什虽然背诵了很多佛经，但是在佛理探讨方面可能需要博学的佛陀耶舍来帮帮他。不过，罗什的这番话有更多托词的成分，并不是佛陀耶舍不来他就译不好佛经，罗什这么说，就是想以译经需要为借口，要挟姚兴出面邀请自己的老师来到身边。屡次破戒的他，也许真的需要老师佛陀耶舍带给他心理上的安慰。

终于，在姚兴的多次邀请敦促下，佛陀耶舍于后秦弘始十年（408）之前来到了长安。按这个时间来推算，佛陀耶舍在凉州姑臧停留了将近6年。

佛陀耶舍到达后，姚兴亲自出来迎接他，并为他在逍遥园中单独安置了讲经说法、生活起居的院落。这时候鸠摩罗什正在酝酿翻译《十住经》，因为很多义理他也没完全理解透彻，虽然已经研读斟酌了一个多月,但觉得无从下笔翻译。佛陀耶舍的到来正好解决了这个难题,鸠摩罗什同他的老师合作,一起研读讨论、疏通文义,一鼓作气将《十住经》翻译了出来。那些过去觉得费解的概念和经文,经过佛陀耶舍的阐发,顿时变得文气流畅、字义通达。佛陀耶舍初来乍到就为罗什解决了疑难问题,使得当时共同参加佛经翻译的那5000多僧人都对他佩服有加。

姚兴虽然对佛陀耶舍非常照顾,但是他心底里对佛陀耶舍的佛学修养还是不信任的。当时后秦司隶校尉姚爽想请佛陀耶舍翻译《昙无德律》(就是《四分律》),姚兴怀疑佛陀耶舍记诵的这个《昙无德律》不是真经,于是就想考考佛陀耶舍的背诵记忆能力,他拿了5万多字的西羌药方,要佛陀耶舍背诵,两日后,再要求他把这个5万多字的药方默写出来,结果佛陀耶舍默写出的药方同原本一字不差,姚兴这才相信《昙无德律》是佛陀耶舍背诵下的真经。

弘始十二年(410),佛陀耶舍在姚兴的支持下,在长安译出了《四分律》《长阿含》等经典。佛陀耶舍的译经,借助的并不是鸠摩罗什僧团的力量,而是在凉州僧人的支持与合作下完成的。

在鸠摩罗什到达长安之前,长安就有以竺佛念为首的译经僧团。竺佛念是凉州人,《高僧传》说他"在苻姚二代为译人之宗",在苻氏前秦和姚氏的后秦时代,竺佛念都是中原译经僧人中的一代宗师。这样,鸠摩罗什到长安后,竺佛念的译经就告一段落了,虽然他也参加了鸠摩罗什的译经工作,但所起的作用显然就没有像鸠摩罗什的弟子僧肇、僧睿等人重要了,譬如在鸠摩罗什翻译《摩诃般若波罗蜜经》30卷时,竺佛念就是传语人。

从竺佛念的知识结构来看,他虽然诵读了不少佛经,但是他的儒学修养却很一般,僧传说他"讽习众经,粗涉外典……华戎音义莫不兼解。故义学之誉虽阙,洽闻之声甚著"。他读了很多佛经,但文化水平不高;虽然学了很多少数民族语言,但是没有探讨高深义理的学术能力,只不过非常博闻广识而已。

在佛陀耶舍翻译《四分律》和《长阿含》的译场中,竺佛念又发挥了重要作用。佛陀耶舍一句一颂地将牢记在大脑中的经文背诵出来,竺佛念将它译成汉语,然后由僧人道含再一句一句记录下来。在这个译场中,有500僧人协助完成这项工作,花了整整3年时间,直到后秦弘始十五年(413)才翻译完成。

　　佛陀耶舍完成译事的413年,也是鸠摩罗什生命走到尽头的那年。可能就是在鸠摩罗什谢世后,佛陀耶舍又长途跋涉返回了罽宾国,凉州僧团的僧人们曾收到了他从罽宾捎来的一卷《虚空藏经》,此后,就再也不知道他的消息了。

8.2.2　卑摩罗叉及其对《十诵律》(*Pratimokcha Sutra*)的翻译讲说

　　关于卑摩罗叉之来华与佛经翻译工作,其本传有详细的交代:

> 卑摩罗叉,此云无垢眼,罽宾人。沉靖有志力,出家履道苦节成务。先在龟兹弘阐律藏,四方学者竞往师之,鸠摩罗什时亦预焉。及龟兹陷没,乃避地焉。
>
> 顷之闻什在长安大弘经藏,又欲使毗尼胜品复洽东国,于是杖锡流沙冒险东入。以伪秦弘始八年达自关中。什以师礼敬待。又亦以远遇欣然。及罗什弃世。又乃出游关左。逗于寿春止石涧寺。律众云聚盛阐毗尼。罗什所译十诵本五十八卷。最后一诵谓明受戒法及诸成善法事。逐其义要名为善诵。又后赍往石涧。开为六十一卷。最后一诵改为毗尼诵。故犹二名存焉。顷之南适江陵于辛寺夏坐开讲十诵。既通汉言善相领纳。无作妙本大阐当时。析文求理者其聚如林。明条知禁者数亦殷矣。律藏大弘叉之力也。道场慧观深括宗旨。记其所制内禁轻重。撰为二卷。送还京师。僧尼披习竞相传写。时闻者谚曰。卑罗鄙语。慧观才录。都人缮写纸贵如玉。今犹行于世为后生法矣。又养德好闲弃谊离俗。其年冬复还寿春石涧卒于寺焉。春秋七十有七。又为人眼青。时人亦号为青眼律师。[1]

　　卑摩罗叉是罽宾人,他的名字翻译成汉语就是“无垢眼”,从这个

---

〔1〕《高僧传》卷2《卑摩罗叉》。

名字的含义就可以看出他澄明清净的修道追求。据说他是一个非常有毅力的人,坚守佛家的一切戒律,在修炼方面吃了不少苦。

　　早在鸠摩罗什从罽宾学道返回龟兹之前,卑摩罗叉就开始在龟兹国宣扬佛教的律部经典,是名扬中亚地区的佛教律学大师。不知道是因为胎记还是其他原因,卑摩罗叉的眼部有青色印记,所以他又被僧众们亲切地称为"青眼律师"。当时西域诸国的佛教学者和僧人们都到龟兹去,跟"青眼律师"卑摩罗叉学习戒律。

　　363 年,鸠摩罗什回到龟兹后领受了"具足戒",并且跟卑摩罗叉学习了《十诵律》(*Pratimokcha Sutra*)。到了 384 年,龟兹国被前秦吕光攻破,罗什被俘虏,卑摩罗叉就离开了龟兹国的王城,至于他到哪里去了,文献没有记载。401 年之后,远在西域的卑摩罗叉辗转听到了自己的学生鸠摩罗什在东土长安译经传道的确切消息,就冒着危险,不远万里地穿过流沙、戈壁,于 406 年到达长安。

　　作为佛教的律学大师,"青眼律师"东行长安自然一方面是因为有学生鸠摩罗什在这里,他来之后有个照应,更主要的是,他来长安就是要把佛教律部典籍传扬到东土来,完成自己护持佛教僧团和佛法庄严的使命。对于罗什来讲,老师的到来肯定让他感到既兴奋又尴尬,如果是传授别的学问的老师,罗什可能还稍微安心一点,恰恰"青眼律师"是护持佛法的戒律法师,是佛门的执法者、立法者和戒律解说者,屡屡破"四重性戒"中淫戒的鸠摩罗什,面临着怎样向老师解释的尴尬局面。

　　据说卑摩罗叉到达长安后,罗什很恭敬地以弟子礼节接待自己当年的老师。相隔 40 多年的这次师生见面,其场景自然是非常令人唏嘘的,当年 20 岁的青年僧人罗什,已经变成了 60 多岁的老人。卑摩罗叉比鸠摩罗什大不了几岁,按他们的去世年龄来推断,413 年鸠摩罗什去世时 71 岁,此后不几年,卑摩罗叉去世 77 岁,可能鸠摩罗什比他的老师小五六岁而已。

　　刚见面的时候,卑摩罗叉自然不知道鸠摩罗什破戒娶夫人的事情,就问自己的学生:"汝后汉地大有重缘,受法弟子可有几人?"卑摩

211

罗叉认为鸠摩罗什跟中原政权非常有缘分,地位如此显赫,声名如此远扬,一定传授了不少弟子。这正好捅到了罗什心中最为隐痛的地方,所以他的回答也十分有趣,简直可以用支支吾吾来形容了,他说:"汉境经律未备,新经及诸论等,多是什所传出。三千徒众皆从什受法,但什累业障深,故不受师教耳。"这个回答很巧妙,罗什先说中原地区的佛教经书包括律部典籍都很不完善,言下之意是既然律部典籍都不完善,所以破戒也就是可以原谅的事情了;随后又说现在在中原尤其在长安僧界研习的佛经和大乘的诸种经论都是自己翻译出来的,这就把自己这些年来在长安所做的具体工作给老师做了一个交代;最后才含含糊糊地说,5000多僧人都跟着自己学习佛教典籍,但是由于自己是个造孽太多的人,所以不敢以老师的身份而自居。

我们不知道卑摩罗叉听完罗什的这番话是个什么反应,但是在406至413年的整整8年中,身在长安的卑摩罗叉没有翻译任何典籍,也许这段时间他是在学习汉语,也许因为罗什的原因,他继续让这种"经律未备"的状态维持了下来。总之是,到了413年罗什去世后,卑摩罗叉才离开长安,先到了寿春的石涧寺,在这里开始了他传授律部典籍的讲坛生涯。

其实远在404年,罗什就在西域僧人弗若多罗度(Punyatara)的协助下,翻译《十诵律》,将近译成2/3的时候,因为弗若多罗度的去世而停止了。到了405年秋天,罗什同来到长安的西域僧人昙摩流支共续译《十诵律》,成58卷。也可能是晚年的罗什在精力等方面顾不过来,卑摩罗叉来到后,他们师生没有合作完成这项工作。因而,等罗什去世后,卑摩罗叉把这个罗什等人未完成的《十诵律》58卷带到了寿春石涧寺。

在石涧寺,卑摩罗叉续译《十诵律》,在罗什译本的基础上续成61卷,他的这个译本同罗什译本比较而言,除了卷数增加、内容完善外,还将罗什译本的最后一诵由"善诵"改为"毗尼诵"。

卑摩罗叉可能是在413年秋冬时节在石涧寺完成《十诵律》的翻译工作的,414年夏天他又来到了江陵的辛寺,在这里"夏坐开讲《十诵》"。卑摩罗叉的这次讲《十诵律》,是中国佛教史上律部典籍宣扬的一个关键性讲座。当时的僧人慧观将卑摩罗叉所讲的内容要旨记录整理了出来,分为两卷行世。当时把这两卷讲稿送到京师长安后,据说长安的高僧大德、尼姑居士等佛教信徒竞相传写。从这种近乎洛阳纸贵的轰动效应,可以看出来在卑摩罗叉之前,中原地区律部经典的翻译与研习确实是非常薄弱的,那么鸠摩罗什所说的"汉境经律未备"也确实不仅仅是为自己找借口的托词,而是实际情况。

对卑摩罗叉讲说《十诵律》与慧观和尚记录讲稿这件事情,当时的僧界流传着一个很有趣的歌谣:"卑罗鄙语,慧观才录,都人缮写,纸贵如玉。"这个歌谣中的"鄙语"是说卑摩罗叉的讲经通俗易懂,而慧观的记录也很有才气和匠心,这样一个人人都能读懂的文本是很受欢迎的,所以传到都城长安去,自然就抄录研习者纷纭而至了。

据僧传记载,卑摩罗叉是个非常喜欢清静的人,可是当时的江陵辛寺也是一个大寺,来来往往的四方僧众很多,并且江陵达官贵人云集,所以他在 414 年夏秋讲完《十诵律》后,就返回到了寿春石涧寺,这一年的冬天,卑摩罗叉在石涧寺去世,终年 77 岁。

8.3　天竺、西域僧人同长安僧团的合作与挑战

佛驮跋陀罗被逼离开长安,是以鸠摩罗什为核心的僧团同外来僧人发生冲突最为严重的一次。在当时的时代背景下,有各种来自天竺、西域的不同教派、不同学说的传道人都希望能取得中原政权的支持,传播自己的学说与教义。鸠摩罗什僧团所受到的挑战当然也不只是佛驮跋陀罗这一次,其中比较有影响的还有一个外道对他们的挑战。

8.3.1　外道对长安僧团的挑战

这次事件发生在后秦弘始十一年(409)之前的一两年之内,那时候鸠摩罗什刚刚把《中论》译出来一部分,师子国(Simhala,Ceylon)的一个婆罗门僧人向长安僧团正面提出了论难较量的挑战。此人是一

213

个极其聪明、博学多才的学问僧,在当时的师子国,他也是一代宗师。

这个非常高傲的婆罗门僧听说鸠摩罗什在长安受到后秦国王的大力支持,待以国师之礼,传扬佛法,门徒若云。他心中十分羡慕,就想挫败鸠摩罗什,希望取得后秦政权的认可,张扬婆罗门教。他不远万里地骑着骆驼、带了大批的书籍经典来到长安,面见后秦国王姚兴,要向鸠摩罗什僧团挑战。据《高僧传》卷6《释道融》:

> 师子国有一婆罗门,聪辩多学,西土俗书罕不披诵,为彼国外道之宗。闻什在关大行佛法,乃谓其徒曰:"宁可使释氏之风独传震旦,而吾等正化不洽东国。"遂乘驼负书,来入长安。
>
> 姚兴见其口眼便僻,颇亦惑之。婆罗门乃启兴曰:"至道无方,各尊其事。今请与秦僧捔其辩力,随有优者,即传其化。"兴即许焉。
>
> 时关中僧众相视缺然,莫敢当者。什谓融曰:"此外道聪明殊人,捔言必胜。使无上大道在吾徒而屈,良可悲矣。若使外道得志,则法轮摧轴,岂可然乎! 如吾所睹,在君一人。"融自顾才力不减,而外道经书未尽披读,乃密令人写婆罗门所读经目,一披即诵。
>
> 后克日论义,姚兴自出,公卿皆会阙下,关中僧众四远必集。融与婆罗门拟相酬抗,锋辩飞玄,彼所不及。婆罗门自知辞理已屈,犹以广读为夸。融乃列其所读书并秦地经史名目卷部,三倍多之。什因嘲之曰:"君不闻大秦广学,那忽轻尔远来。"婆罗门心愧,悔伏顶礼融足,数日之中无何而去。

来自师子国的婆罗门僧的此次挑战,目的非常明确,就是为了与"释氏之风"相抗衡,期望能通过辩论打败以鸠摩罗什为代表的佛教僧团,获得后秦政权的支持以成为国教。这次挑战显然要比佛驮跋陀罗对长安僧团的挑战严重得多,毕竟佛驮跋陀罗与鸠摩罗什僧团之争是佛教传道权威之争,而婆罗门僧的挑战则意味着一旦长安僧团"论难"失败,佛教僧团将不得不把处于后秦国教的位置让给婆罗门教。按鸠摩罗什的说法:"若使外道得志,则法轮摧轴,岂可然乎!"[1]这是长安僧团面临的一场生死存亡的转折性"论难"。

正因如此,身处后秦"国师"位置的鸠摩罗什是最紧张的。虽然在西域的时候,鸠摩罗什的知识储备与辩才都是所向无敌的,但是此次婆罗门僧明确要求要"与秦僧挹其辩力",而拥有5000学者之众的鸠摩罗什僧团居然"相视缺然,莫敢当者",这就不能不让鸠摩罗什担心了,他选择了博闻强记的释道融来应对这次挑战。道融凭着自己的学养和辩才,再加上一点近乎作弊的虚张声势,才有惊无险地化解了这场危难。

8.3.2 鸠摩罗什与来自罽宾等地西域高僧的合作

弗若多罗(Punyatara)和昙摩流支是在译经方面同鸠摩罗什合作比较默契的两位高僧。

弗若多罗是罽宾高僧,他也是很年轻的时候就出家为僧了,他的特长是在戒律方面坚守很严,自然对戒律经典也很有研究,尤其非常精通于《十诵律》,在罽宾的时候也是一代律学宗师。

后秦弘始五年(403)前后,弗若多罗来到长安,后秦国王姚兴待以上宾之礼。鸠摩罗什也很敬仰弗若多罗坚守戒行的高风亮节。

当时,鸠摩罗什的律部老师卑摩罗叉尚没有来到中原,律部典籍非常缺乏。鸠摩罗什听说弗若多罗精研律部经典,就请他参与译场,共同翻译律部典籍。

弘始六年(404)十月十七日,鸠摩罗什同弗若多罗合作,在长安大寺开译《十诵律》。参与此次翻译的有义学僧人数百人,由弗若多罗背诵念出《十诵律》的梵本经文,再由鸠摩罗什翻译成汉文,可是在将近翻译出《十诵律》全本经文的2/3时,弗若多罗因病不治谢世而去,这样,翻译工作不得不停顿了下来。

远在庐山的慧远大师听说了这件事情,也感到很是可惜。当时由于律部典籍的缺乏,对于寺院的管理和僧人的戒行方面影响很大,无

---

[1]《高僧传》卷2《鸠摩罗什》。

论南北僧界自然都希望能尽快译出一部完整的律部经典来。

到了弘始七年（405）秋天，精通律部经典的西域名僧昙摩流支来到关中地区，慧远大师听说昙摩流支随身就带有《十诵律》的梵文本，欣喜异常，赶忙修书一封，敦请昙摩流支能为中原僧界译出《十诵律》：

> 传闻仁者赍此经自随，甚欣所遇。冥运之来，岂人事而已耶！想弘道为物，感时而动，叩之有人，必情无所吝。若能为律学之徒，毕此经本，开示梵行，洗其耳目，使始涉之流不失无上之津，参怀胜业者日月弥朗。此则慧深德厚，人神同感矣。

慧远的这封信写得很有感情，希望能早日译出《十诵律》的心情非常迫切，他认为，译出《十诵律》，可以使得那些刚刚进入佛门的人避免走错修道修身的门径，使得那些已经学佛有成的人更加风清月明、明心见性。

在慧远大师的这种迫切请求下，后秦国王姚兴也向昙摩流支提出了邀请，于是昙摩流支与鸠摩罗什合作，很快就在弗若多罗翻译的基础上，全本译出了《十诵律》。这次翻译显然是非常成功的，但是由于时间仓促，鸠摩罗什对整个译文的简练程度还不是十分满意。

可惜的是，由于鸠摩罗什还在同时做其他翻译工作，直到他去世前也没有腾出充足的时间来对《十诵律》译本做进一步的删繁就简的工作，这个工作后来由鸠摩罗什的老师卑摩罗又完成了。

《十诵律》是说一切有部的根本戒律，昙摩流支与鸠摩罗什合作，将之译为 58 卷，此后，鸠摩罗什的老师卑摩罗又来到中原后，又接续他们的工作，将之整理补充成了 61 卷。

昙摩流支虽然是坚守戒律的大律师，但是对于鸠摩罗什的破戒没有提出任何异议，可见他在佛学义理与寺院主义之间还是心中有分别的。

当时在长安的罽宾僧人应该是很多的，他们同鸠摩罗什往往有着千丝万缕的联系，不是老师就是同一僧团的成员，有的甚至还曾有过非常密切的关系。譬如当时庐山陵云寺的释慧安所认识的一位西域僧人就同鸠摩罗什有一些密切的关系：

释慧安,未详是何人。蔬食精苦,学通经义兼能善说又以专戒见称,诵经四十余万言。止庐山陵云寺,学徒云聚千里从风。常捉一杖云:"是西域僧所施。"杖光色灼彻亦颇有香气,上有梵书人莫能识。后入关诣罗什,捉杖自随。什见杖惊曰:"此杖迺在此间耶!"因译其字云:"本生天竺娑罗林,南方丧乱草付兴,后得罗什道教隆。"安后以杖嘱外国僧波沙那,那赍还西域。[1]

这个来到中原的不知名的西域僧人,同鸠摩罗什肯定有着密切的关系。据说后来释慧安又把这个手杖转赠给了另一位西域僧人,由他把这个来自天竺的奇异物件带回了西域。

当然来到长安的那些罽宾僧人,他们之间也有各种密切的关系,譬如弗若多罗同昙摩耶舍认识就很早,据说昙摩耶舍 14 岁的时候,弗若多罗就认识他。

昙摩耶舍(Dharmayashas)是一个非常好学的人,但是他早期致力于苦修,以至于到了 30 多岁了还是没能证悟大道。据说有一次他做梦梦见了博叉天王,点化他应该不拘苦修小节,应该以传播佛教为己任,于是昙摩耶舍才离开罽宾,历经很多国家,不远万里来到了长安。他大概是在东晋隆安年间到达了广州,住在白沙寺。当时的昙摩耶舍已经 85 岁高龄,由于他善于念诵《毗婆沙律》,信众僧人们都称呼他为"大毗婆沙"。他听说在长安建立政权的后秦国王姚兴大兴佛法,于是在后秦弘始九年(407)初又从广州来到了长安。

这时候,另一个著名的戒律僧人昙摩掘多也到了长安。在后秦太子姚泓的组织和支持下,昙摩耶舍、昙摩掘多与长安僧团的僧人道标等人共同合作,翻译《舍利弗阿毗昙》。弘始九年(407),昙摩耶舍同昙摩掘多把《舍利弗阿毗昙》的梵文原本书写了出来,翻译工作一直持续到弘始十六年(404)方告完成,共译成 22 卷。

这场持续 8 年的翻译工作,是在鸠摩罗什僧团的支持下完成的,鸠摩罗什本人虽然没有参与翻译工作,但是他同这两位罽宾僧人的关系

---

[1]《高僧传》卷 7《释慧安》。

应当是比较融洽的。

完成译经工作后,昙摩耶舍又南下到了江陵的辛寺,有 300 多僧人跟随他学习佛法。据说昙摩耶舍最终还是又返回西域去了,按僧传的记载来推算,他回到西域的时候已经是 90 多岁高龄的老人了。

鸠摩罗什是说一切有部出身的学者,虽然他皈依了大乘,但是他的倾向于大乘学问,可能更大程度上是出于追求新知识的原因。在他到达长安译经的岁月里,罽宾说一切有部僧团有很多僧人来到长安,参与了鸠摩罗什的译经工作。如果说有部的经院哲学给了他丰厚的知识营养和崇高的声誉,而有部的寺院主义戒律等又使得他时刻处在一种尴尬的境地。

罗什破戒后所面临的尴尬境地,时刻影响着他同那些来自罽宾、西域的僧人之间的关系,可以说这是一个在钢丝绳上跳舞的微妙平衡,只有那些外来僧人们——尤其是宣扬、翻译戒律部经典的高僧们对鸠摩罗什的"破戒"睁一只眼闭一只眼的时候,他们的合作才能愉快一点儿。

9　西域幻术与鸠摩罗什之传教

　　魔法在日常生活中的应用是全球古代文明的一个重要部分,魔法在内容上至少是混合了巫术仪式、医药知识和幻术等因素。中国古代社会中通行的魔法,既有本土特色,又有外来因素。在中国古代文献记载中,魔法中最有奇幻色彩的一种幻术就主要是从埃及亚历山大传来的。由幻术传入的情形亦可以推断,同幻术紧密结合的巫术仪式、医药知识也受到该地域文化的影响。

　　幻术及魔法的传播有两个途径,一是随西域诸国家的使者被进贡到中原,二是被传教的僧人带来。魔法往往被宗教传播者用来延揽信徒,中古时期东来传教的西域僧人就曾使用了魔法的手段来吸引教众,在他们的知识体系里面,魔法知识占了相当大的比例,鸠摩罗什也不例外。

　　作为早期中国佛教传播史上著名的佛经翻译家和西域高僧,鸠摩罗什的主要贡献在佛经翻译与中观般若学传播,如果把《高僧传》中的《鸠摩罗什传》和《佛图澄传》相比较,就会发现,在《佛图澄传》中,几乎每一段文字都是在讲佛图澄使用的幻术、预测等神异手段;可是在《鸠摩罗什传》中,鸠摩罗什对于幻术、魔法等神异手段使用的记载就非常有限,主要集中在其在凉州被吕光父子软禁的 15 年中。正是由于鸠摩罗什很少使用幻术等法术类技艺,因而学界历来不太注意对鸠摩罗什在幻术等神异手段使用方面的考察。事实上,鸠摩罗什所受到的这方面的"杂学"教育,不会比佛图澄更少。

9.1　对西域幻术东来的简单考索

　　中国通行的"幻术"不是土生土长的技艺,而是完全的舶来品。

·欧·亚·历·史·文·化·文·库·

《旧唐书》卷29《音乐志二》载：

> 大抵《散乐》杂戏多幻术，幻术皆出西域，天竺尤甚。汉武帝
> 通西域，始以善幻人至中国。安帝时，天竺献伎，能自断手足，刳剔
> 肠胃，自是历代有之。

此处所述的唐代幻术主要是在杂戏中表演，是一种娱乐方式，而非宗教手段。西域是中国中古时期幻术的主要传入地，尤其以天竺幻术最为繁盛。按此记载，幻术之初传，始自汉武帝开通西域之后，事实上，西域幻术之传入中国，要远早于汉代。

据《金楼子》卷5《志怪篇十二》：

> 周穆王时，西极有化人，能入水火，贯金石，反山川，移城郭，穆
> 王为起中天之台，郑卫奏承云之乐，月月献玉衣，日日荐玉食，幻人
> 犹不肯舍，乃携王至幻人之官，构以金银，络以珠玉，鼻口所纳，皆
> 非人间物也。由是王心厌官室，幻人易之耳，王大悦，肆志远游。

周穆王时期中原地区就有了"西极化人"，并且能表演"反山川，移城郭"这样的大型幻术。至于这个"西极"西到了什么地方，至少也是到了西域之西的地域。

而在《无能子》卷中《纪见第八》也有关于秦代幻人表演的记述：

> 秦市幻人，有能镬膏而溺其手足者，烈镬不能坏，而幻人笑
> 容焉。

既然称之为"市幻人"，显然，秦代的这个幻人也是通过交换或贸易而来到中原的异域人。汉武帝派张骞开通西域之后，西域及其以西的幻人与幻术的东传，开始有了明确地记载，在从西汉到唐代的文献记载中，一般都认为幻人是"犁靬幻人"。关于"犁靬幻人"的明确文献记载始自司马迁的《史记·大宛列传》：

> 初，汉使至安息，安息王令将二万骑迎于东界。东界去王都数
> 千里。行比至，过数十城，人民相属甚多。汉使还，而后发使随汉
> 使来观汉广大，以大鸟卵及黎轩善眩人献于汉。

按司马迁的记载，随西汉使者来到长安的幻人是"犁轩人"，他们是被安息国作为贡人献到中原来的。《汉书》卷61《张骞传》沿袭了这

一说法：

> 大宛诸国发使随汉使来，观汉广大，以大鸟卵及黎轩眩人献于汉，天子大说。

《史记》及《汉书》中所说的"犁轩""犁靬"，指托勒密埃及王国，是其国都 Alexandria（亚历山大城）的音译。[1] 对于此次犁轩幻人东来，唐代杜佑在《通典·边防九》中的记载又有了"犁靬幻人"的数目及其相貌的生动描写：

> 前汉武帝时，遣使至安息。安息献犁靬幻人二，皆蹙眉峭鼻，乱发拳须，长四尺五寸。

那么，汉武帝时代来到汉都长安的犁靬幻人有 2 人，他们相貌奇特，是被犁靬的邻国安息国作为"贡人"送来的，是一种同"大鸟卵"一样的"奇珍异宝"。

在此后长达千年的历史时段里，犁靬幻人一直被西域诸国作为向中原政权示好的"贡人"送到中原来。到东汉，文献中有 2 次西南夷贡献"幻人"的记载，并且所贡幻人都自言"我海西人也"：

（1）《后汉书》卷86《西南夷·哀牢》：

> 永宁元年，掸国王雍由调复遣使者诣阙朝贺，献乐及幻人，能变化吐火，自支解，易牛马头。又善跳丸，数乃至千。自言我海西人。海西即大秦也，掸国西南通大秦。

（2）《后汉纪》卷15《孝殇皇帝纪》：

> 安帝元初中，日南塞外檀国献幻人，能变化吐火，自支解，又善跳丸，能跳十丸。其人曰："我海西人。"则是大秦也。自交州塞外檀国诸蛮夷相通也，又有一道与益州塞外通。

海西，即是古罗马，那么在两汉时期，正史文献中记载的"幻人"，

---

[1] 参见余太山：《早期丝绸之路文献研究》，上海：上海古籍出版社，2009 年。余先生指出，《史记·大宛列传》的"黎轩"指托勒密朝埃及王国……盖黎轩即托勒密埃及王国，距汉遥远，直至前 30 年（成帝建始三年）沦为罗马行省时，还没来得及为汉人了解，仅知其大致位置而已，而当汉人有可能进一步了解西方世界时，"黎轩"已经不复存在，而大秦之名却如雷贯耳；原"黎轩"国成了大秦国的一部分，来华的"黎轩"国人又可能自称为大秦人，于是很自然地把黎轩和大秦这两个表示不同概念的名词合而为一了。

不论是安息国还是掸国贡献者,都不是该国家的本国人,而是"犁靬人",即来自埃及托勒密王朝。公元前30年,犁靬沦为罗马的一个行省,因而此后的"犁靬幻人"又称作"大秦人"。早期文献谈及"幻人"者,一般都认为是"犁靬幻人",如《金楼子》卷4《立言篇》9下载:

> 原宪云:"无财谓之贫,学道不行,谓之病。"末俗学徒,颇或异此。或假兹以为伎术,或狎之以为戏笑。若谓为伎术者,犁靬眩人,皆伎术也。若以为戏笑者,少府斗获皆戏笑也。未闻强学自立,和乐慎礼,若此者也。

此处明确将幻术定为来自犁靬的一种伎术,而"伎术"其实包含了丰富的内容,《策府元龟》卷997《技术》:

> 夫究技术之妙,所以事于上;通方术之□,所以济乎物。中古而下,代有其人。若乃生蛮貊之邦,禀俊异之气,性识聪悟,讲习精笃。或作为幻戏,或研数星历,或饵药以养命,或铸金而擅誉,以至留神书画,玩志博弈,莫不萃止中国,盛一时之观听者焉。

这个记载中将幻戏、星历、饵药、铸金这四者都归入技术,并且认为擅长于此类技术者,大多"生蛮貊之邦,禀俊异之气"。显然,幻戏等这些技术是同来自中国的异域人有密切的关系,那么,当时来到中原的"幻人"也不完全都是"犁靬人"。事实上,除以上列举的文献将"幻人"明确认定为是"犁靬人"外,文献记载中也有一些没有标明"幻人"的具体身份,而只是记载了是哪个国家贡献了幻人。如《魏书》卷102《西域传》:"悦般国,在乌孙西北,去代一万九百三十里⋯⋯真君九年,遣使朝献;并送幻人。"

文献中明确将善于"幻术"作为一个国家的标志性文化事项加以记录的,只有两个国家:大秦、条支。《旧唐书》卷221《西域传下·拂菻》载:

> 拂菻,古大秦也,居西海上,一曰海西国⋯⋯俗喜酒,嗜干饼。多幻人,能发火于颜,手为江湖,口幡旄举,足堕珠玉。

《史记·大宛列传》在记述"条枝"风土民俗时云:

> 条枝在安息西数千里,临西海。暑湿。耕田,田稻。有大鸟,

卵如瓮。人众甚多,往往有小君长,而安息役属之,以为外国。国善眩。

《前汉孝武皇帝纪》3卷第十二:

> 至条支国,去长安万二千三百里。临西海,出善幻人,有大鸟卵如瓮。长老传闻条支西有弱水,西王母所居。亦未尝见。

解读这三条文献可知,大秦是"居西海上"的国家,汉代来自安息或掸国的幻人都自言自己是"海西人",海西是传统记载中一致认为的幻人的真正来源地,而条支不论是"国善眩"还是"出善幻人",都与其"临西海"的这个地理位置有关。显然可以推断,条支国的"出善幻人"是受大秦文化的影响所致。

由以上文献记载,我们可以得到以下几方面的认识:

第一,从西汉武帝到东汉安帝时代200多年的时段里,不论是从西域陆路来自安息,还是来自西南境外掸国的幻人,都明确记载是犁靬或大秦人。因而,我们据此可以推断,周穆王时期的"西极化人",在本源上也是埃及托勒密王朝来的人。

第二,从汉武帝时期到隋唐的近千年时段内,"大秦幻人"在中原表演的典型代表幻术没有发生什么大的变化,一直就是吐火变化、自支解等几个花样,颜师古将之总结为:"吞刀吐火,植瓜种树,屠人截马之术"[1]。《凉州异物志》也有相同的说法:"大秦之国,断首去躯,操钢刀屠人。"[2]这说明通过贡人而来的幻术在中原地区并没有得到扎根传播,而是一直处于不停地"外来表演"这样一种状态。这种状态的出现一方面同幻术这种神奇技艺的技术封锁有关,也可能同中国古代社会的组织方式有关——在严格的政府控制之下,一般百姓很难得到学习机会;另一方面,更重要的是可能跟东西文化差异有关,传统中原文化体系至少在心理上不能接受这些令人目瞪口呆的幻术,譬如唐代就有过这方面的禁令,对于西域幻人的"屠人截马之术",唐高宗"恶其

---

[1]《汉书》卷61《张骞传》颜师古注。
[2]《太平御览》卷828引。

223

惊俗,敕西域关令不令入中国"[1]。

第三,通过"贡人"这个方式输入的西域幻人及幻术,从一开始就是作为一种娱乐手段传入,是同来自西域的音乐、舞蹈相提并论的。

9.2 佛经中的外道幻术
与鸠摩罗什的"杂学"知识

虽然中国古代正史文献中将"幻人"列入音乐技术类,但是幻人在很大程度上又同精通魔法的巫师及各种宗教类社会人员有密切的关系。正是因为幻术同魔法与宗教的亲缘关系,所以西域幻术在东传的过程中,曾受到了佛教的影响,或者也可以说,幻术在一定程度上也影响了佛教。

9.2.1 佛经中的外道幻术

在释迦牟尼的早期僧团中,就有一些成员是当时著名的"幻师"。在佛典中,有大量的关于幻师的记录,其中著名的大幻师就有跋陀罗、阿夷邹、迦毗罗仙、斫迦罗仙、钵头摩诃萨多。

跋陀罗是王舍城最著名的大幻师,在佛典中又被称作波陀、颰陀、仁贤,生活在释迦牟尼传道的时代,是同大医王耆婆同时代的人。涉及跋陀罗的佛经主要有《大宝积经》《佛说颰陀神咒经》《佛说幻士仁贤经》。

据《大宝积经》卷85《授幻师跋陀罗记会》:

> 时王舍城国王大臣、婆罗门居士、一切人民,皆於如来深生尊重,以诸上妙饮食衣服卧具汤药恭敬供养。於彼城中有一幻师名跋陀罗,善闲异论,工巧咒术,於诸幻师最为上首。摩竭提国,唯除见谛之人及於正信优婆塞优婆夷等,诸余愚人皆被幻惑,无不归信。

> 时彼幻师,闻於如来功德名称,便生是念:"今此城中一切众

---

[1]《旧唐书》卷92《音乐志二》。

生,悉皆於我生尊重心,唯有瞿昙沙门犹未信伏。我今应当往彼较试,彼若归我,摩竭提人必皆於我倍加恭敬。

时彼幻师,宿殖善缘成熟时至,及由世尊威德力故,从王舍城往耆阇崛山,睹佛光明踰百千日。面轮严好犹如满月,身相圆满如尼拘陀树,毫相清净如摩尼光。其目绀色如青莲花,乃至梵天无能见顶,以六十种清净音声为众说法。而此幻师虽睹如来威德特尊,犹怀邪慢。复更念言:"我今应当试验於彼,若是一切知见之者应知我意。"作是念已,前礼佛足,而作是言:"愿於明日受我微供。"……尔时世尊观彼幻师及王舍城诸众生等根熟时至,为成熟故默然受请。

由此可知,这个大幻师跋陀罗并不是那种属于音乐或百戏之类的"艺人",而是同佛陀释迦牟尼一样的宗教性人士,在王舍城一般民众中拥有大批的信徒。他的目的是要将释迦牟尼也征服,所以就装作友善的样子去邀请释迦牟尼去享受他的供养。释迦牟尼知道这个外道居心不良,但还是答应了他的请求。于是大幻师跋陀罗就开始运用幻术布置一个试图羞辱释迦牟尼的陷阱:

时彼幻师即於其夜,诣王舍城於最下劣秽恶之处,化作道场宽广平正。缯彩幡盖,种种庄严,散诸花香覆以宝帐。复现八千诸宝行树,其宝树下一一皆有师子之座,无量敷具,悉皆严好,为欲供养诸比丘故。而复化为百味饮食,并现五百给待之人,服以白衣,饰以严具,作是化已。

当幻师跋陀罗在最肮脏的地方做好这个幻化陷阱准备羞辱佛陀时,"四天王"也以帮助跋陀罗为借口,在跋陀罗施展幻术的这个地方又大施幻法,让这个准备供养佛陀的法会场所更加富丽堂皇,跋陀罗非常吃惊,他发现他的幻术在这个时候失灵了,变出来的幻象不受自己的控制。第二天,佛陀和弟子们都来到跋陀罗的这个供养法会,王舍城的各色人等都来观看,结果什么尴尬的事情也没有发生,一切幻象都像真的一样华丽庄严。随后,佛陀以各种幻化的长者之身点化跋陀罗,终于使得跋陀罗认识到佛法无边,深深悔罪,最后心悦诚服地说:

"我愿出家作于比丘。"大幻师跋陀罗成为佛陀僧团成员。

跋陀罗皈依佛陀后,并没有放弃他幻术的使用,在遇到有人被蛇咬伤等非常之事的时候,也想施展自己的魔法咒术,据《佛说玄师颰陀所说神咒经》所载:

> 闻如是,一时佛游於罗阅祇国中鹦鹉树间,是时,有一异比丘,於竹园去罗阅祇国,适在中间为蛇所啮,复为鬼神所著,复为贼所劫。佛尔时即往到是比丘所,时玄师颰陀随佛俱往。玄师颰陀即白佛言:"我有术甚神,今欲为咒。"佛言:"止!止!颰陀。汝所咒,莫令有伤害。"颰陀白佛言:"后当国国相攻伐,贼贼更相劫。相增者复为相劫,鬼神更劫,毒毒更相害。若有比丘在山中树下坐,被五纳衣若露地坐,四辈弟子当令无有害我者,皆令安隐,无有病痛如是。"[1]

从佛经记载来看,佛陀对于幻术是持贬斥的态度,在《佛说幻士仁贤经》中将跋陀罗的幻术称作"邪行之术",所以就连皈依后的跋陀罗要运用咒术,佛陀也要制止。但是,咒术的使用在佛教僧侣中是非常普遍的行为,如密教部典籍就充斥着大量的咒术、魔法的东西。即使帝释天(释提桓因)也曾有过向"阿修罗"学习幻术的想法,这个故事见于《杂阿含经》卷40:

> 尔时,世尊告诸比丘,过去世时,毗摩质多罗阿修罗王疾病困笃,往诣释提桓因所,语释提桓因言:"憍尸迦,当知我今疾病困笃。为我疗治,令得安隐。"释提桓因语毗摩质多罗阿修罗言:"汝当授我幻法,我当疗治汝病,令得安隐。"毗摩质多罗阿修罗语帝释言:"我当还问诸阿修罗众,听我者,当授帝释阿修罗幻法。"

> 尔时,毗摩质多罗阿修罗即往至诸阿修罗众中,语诸阿修罗言:"诸人当知,我今疾病困笃,往诣释提桓因所,求彼治病。彼语我言,汝能授我阿修罗幻法者,当治汝病,令得安隐。我今当往为彼说阿修罗幻法。"

[1]《大正新修大藏经》第21册《密教部四》。

时,有一诈伪阿修罗语毗摩质多罗阿修罗:"其彼天帝释,质直好信不虚伪。但语彼言,天王,此阿修罗幻法,若学者,令人堕地狱,受罪无量百千岁。彼天帝释必当息意,不复求学。当言,汝去,令汝病差,可得安隐。"

时,毗摩质多罗阿修罗复往帝释所,说偈白言:"千眼尊天王,阿修罗幻术,皆是虚诳法,令人堕地狱。无量百千岁,受苦无休息。"

时,天帝释语毗摩质多罗阿修罗言:"止!止!如是幻术,非我所须。汝且还去,令汝身病寂灭休息,得力安隐。"

佛告诸比丘:"释提桓因於三十三天为自在王,长夜真实,不幻不伪,贤善质直。汝等比丘正信、非家、出家学道,亦应如是不幻不伪、贤善质直。当如是学。"

佛说此经已,诸比丘闻佛所说,欢喜奉行。[1]

佛陀要求他的信徒要"不幻不伪,贤善质直",因而在追求最终智慧解脱的佛陀来看,幻术是一种邪行,是应该受到杜绝的技艺。

正是因为佛陀的这个追求,佛教在其教义内核层面上是排斥幻术的。其实,直至明清时期,佛教思想中对于幻术还是视之为"邪见"的,如纪晓岚在《阅微草堂笔记》卷6《滦阳消夏录》云:"考西域吞刀吞火之幻人,自前汉已有,此盖其相传遗术,非佛氏本法也。"

既然如此,佛教僧侣应该不用幻术才对。但事实并不是如此,为了传教的需要,佛陀涅槃后的天竺、西域佛教僧团普遍使用了幻术手段,汉唐之际的佛教文献对天竺幻术的盛行有所记载,如《阿毗达磨俱舍论》之《稽古》卷下:

西域之俗最好幻,亡论於梵志,虽女流亦慑焉。如摩登女之流也,其吞刀吐火则未也,扪日月驱风雨,出没变幻实出意表矣。

日本僧人的这个关于西域梵志、女子娴习幻术的记载,应该是比较可信的。佛经中提及天竺幻师做譬喻,都以"譬如幻师,善知幻术,

[1]《大正新修大藏经》第2册《阿含部下》。

住四衢道,作诸幻事"开头。可见当时的"幻师"是在"四衢道"这样人来人往的繁华之地做幻化表演,其对于民众的影响力自然是非常大的。

9.2.2 鸠摩罗什的外道幻术知识来源

在佛陀时代就有很多外道幻人成为佛弟子,那么在佛教文献与经典传授体系里,以幻术等为代表的一些神异知识自然是必不可少的。鸠摩罗什由一个小乘著名学者最终转变为大乘的一代高僧,其知识结构中的幻术等神异知识的来源,就值得我们进行追踪。

鸠摩罗什是出身于说一切有部学派的大乘学者,因而他的知识结构非常复杂。在他从 7 岁出家为僧到雀离大寺追随佛图舍弥大师学习经论开始,直到 20 岁受具足戒的 13 年学习岁月里,鸠摩罗什先后师事佛图舍弥、槃头达多、佛陀耶舍、须利耶苏摩、卑摩罗叉。现有文献的记载可以让我们清晰地看到鸠摩罗什追随这些佛学大师及在其后的自学中所学的主要经典和文献,大概有下列几端:

(1)从 7 岁到 9 岁的两年时间里,主要是跟随佛图舍弥大师在雀离大寺学习《毗昙》之学:

> 什年七岁,亦俱出家。从师受经,口诵日得千偈,偈有三十二字,凡三万二千言。诵毗昙既过,师授其义,即自通解,无幽不畅。

"毗昙"即"阿毗达磨",是基本的佛理论证解说技艺。显然,这段时间的鸠摩罗什主要是诵习基本的佛教经典,掌握如何理解和论证佛经义理的最基本方法。

(2)从东晋永和八年(352)到永和十一年(355)的 4 年时间里,鸠摩罗什在罽宾追随槃头达多大师学习:

> 什既至,仍师事之。遂诵杂藏《中阿含》《长阿含》凡四百万言。达多每与什论议,与推服之。声彻於王,王即请入,集外道论师共相攻难。言气始交,外道轻其幼稚,言颇不顺,什乘其隙而挫之。外道折服,愧惋无言。[1]

槃头达多是著名的有部学者,他对《阿含经》的研究和讲授非常有

---

[1]僧祐:《出三藏记集》中卷传第 14《鸠摩罗什传第一》。

心得,所以他首先向鸠摩罗什传授了《中阿含经》和《长阿含经》四百万言。

《阿含经》的"阿含"是"辗转传说之教法"的意思,是早期佛教基本经典的汇集。一般认为,《阿含经》的内容在佛教第一次结集时已经确定,至部派佛教形成前后被系统整理出来,公元前1世纪被写成文字,主要内容是论述四谛、八正道、十二因缘、五蕴、四禅、善恶因果报应等早期佛教和部派佛教的基本教义。各部派所传的《阿含经》不尽相同,如南传佛教有"五阿含"、北传佛教有"四阿含"。《中阿含经》是释迦牟尼佛入灭之后最初结集的四部经藏之一。这四部经依文字长短和内容特点,分别成为《长阿含经》《中阿含经》《杂阿含经》《增一阿含经》。

鸠摩罗什学习了《中阿含》和《长阿含》,并且能让同他辩论的外道折服,那么他对于与他论难的外道知识也肯定会有丰富的掌握[1],否则不会让外道折服,至于这些外道知识中是否包含一些神异知识如幻术等,也未可知。

(3)东晋永和十二年(356)到疏勒国,在须利耶苏摩的影响下,由一个小乘学者转变为大乘高僧。须利耶苏摩之于鸠摩罗什的影响,就是他成功地扭转了罗什的小乘思想,并引导他深入研究了《方等经》,是否有其他"杂学"知识的传授,不是非常清楚。此后,鸠摩罗什回到龟兹,跟卑摩罗又学习律学,而佛陀耶舍对鸠摩罗什的影响也主要是在大乘思想方面。

(4)在疏勒国,鸠摩罗什不但通读了大量的佛学论著,而且还自学了大量的外道文献:

> 什进到沙勒国……遂停沙勒一年……其冬诵阿毗昙,于十门修智诸品无所咨受,而备达其妙。又于六足诸问无所滞碍。

> 什以说法之暇,乃寻访外道经书。善学围陀含多论,多明文辞

---

[1]如鸠摩罗什的中原弟子道融同挑战的婆罗门僧论难,最关键获胜之处就在他对婆罗门文献目录的掌握,可见,同外道论难,对于外道所读经典必须有一定了解和掌握。参阅慧皎:《高僧传》卷2《鸠摩罗什》。

·欧·亚·历·史·文·化·文·库·

制作问答等事。又博览四围陀典及五明诸论,阴阳星算莫不必尽,妙达吉凶言若符契。为性率达不厉小检,修行者颇共疑之,然什自得后心,未尝介意。

疏勒国流行的主要是小乘教派,并且这里的人民似乎有着保存各类书籍、器物的热情,所以在这里能看到很多在其他地方看不到的书籍,罗什一面讲经,一面就开始如饥似渴地学习各种各样稀奇古怪的知识。

显然,鸠摩罗什在疏勒读过的书籍,并不仅仅限于佛学著作,尤其是对一些所谓的"外道"的经典书籍的阅读学习,奠定了他庞杂的知识结构,这些知识可能就是他所掌握的"幻术"等神异知识的主要源头之一。

其一是同理解佛教经典有关的各种各样的"经论",通过学习"经论",他熟练地掌握了文辞制作和如何应对辩论问答等技巧。

其二是对《四吠陀》及《五明论》的学习。《四吠陀》是婆罗门教最重要和最根本的经典,由《梨俱吠陀》《裟摩吠陀》《耶柔吠陀》《阿闼婆吠陀》等四部组成,蕴含丰富的神学思索,包括了语音、语法、词源、韵律、天文、占星、医学、音乐舞蹈、军事、建筑等方面的知识。《五明论》由五部分组成,分别是声明(语言、文字之学)、工巧明(工艺、技术、历算等技艺)、医方明(药石、针灸、禁咒等治疗之学)、因明(逻辑学)、内明(佛教自宗之学),这是作为一个佛教僧人在传教过程中不可缺少的知识,这些知识,既有利于帮助修道者理解经典,更有利于运用这些知识为民众服务,从而展开传教。

其三,鸠摩罗什还阅览了大量阴阳星算等方面的经典,这一部分可以称之为"杂学"。学习这些知识,一方面巩固了鸠摩罗什所学到的医学、星占等知识,一方面也使得他在星算占卜等这些技艺上有了更加广阔的知识积累。据说当时人们请他算卦预言,他不但能预示吉凶变化,还能很准确地预料到事情的发生趋势和发展结果。

综上可知,从佛图舍弥到槃头达多、佛陀耶舍、须利耶苏摩、佛陀耶舍直至卑摩罗叉,所传授的知识里面肯定也包含了一些幻术等神异内容,但是鸠摩罗什在这方面的知识可能主要还是来自其在疏勒国那一年中对外道文献的学习。

9.3 鸠摩罗什在凉州所使用的幻术等神异技术

鸠摩罗什在西域龟兹的时候,也使用过一些神异手段,如说他"妙达吉凶,言若符契"[1],这说明他在龟兹的时候就以善于预言凶吉而闻名。

到中原后,鸠摩罗什对幻术等神异手段的使用主要是停留在凉州的15年中用得较多,这些事例在僧祐《出三藏记集》和慧皎《高僧传》中都有记载。但是,鸠摩罗什在长安译经的时候也曾有过两例神异手段的使用,一是"纳镜于瓶",一是"吞针",后者在《晋书》有记载,而前者不见于早期文献,在敦煌卷子中有这方面的记载。

9.3.1 鸠摩罗什使用过的幻术种类

下面我们先对鸠摩罗什在凉州15年中所使用的神异手段做一考察。

385年,鸠摩罗什被吕光掳掠东向中原,在吕光率军东归的途中,中原地区的政治形势发生了急剧的变化。建元二十一年(385)七月,在同东晋大军决战的淝水之战中,前秦王苻坚亲率的90余万大军被谢石、谢玄统帅的东晋军队打败,苻坚被擒。同年八月,苻坚被后秦王姚苌缢杀。九月,吕光的军队到达姑臧,听到了苻坚兵败被杀的消息,于是,吕光一方面三军缟素,哀悼苻坚,一方面兵驻姑臧,自称凉州牧。到386年十月,正式在姑臧建立地方政权,建号太安,历史上把他建立的这个政权称作后凉。

鸠摩罗什在后凉京城姑臧施展的神异手段可以归纳为五类:相地、望风、预言、幻术、祥瑞。

(1)相地是对地理形势的判断,通过观察地理条件来决断人事,此

---

〔1〕《高僧传》卷2《鸠摩罗什》。

231

事例发生在鸠摩罗什随吕光大军东行中原的道上:

> 光还中路,置军后山下,将士已休,什曰:"不可在此,必见狼
> 狈,宜徙军陇上。"光不纳,至夜果大雨,洪潦暴起,水深数丈,死者
> 数千。光始密而异之。

这样的判断能力应该说算不上什么神异之术,但是能将地势判断
与气象预测结合在一起,也不是一般人就能做到的,尤其是在并不熟
悉当地环境的情况下,这样的判断自然略显神异。也正是因为这次建
议,吕光才对鸠摩罗什"密而异之",一改对鸠摩罗什轻视、戏弄的
态度。

抵达凉州后,由于吕光父子并不信佛,所以鸠摩罗什只能充当一
个政治顾问的角色,通过他掌握的一些杂学知识来取得吕光父子的
保护。

(2)望风跟观云一样,是一种古老的判断凶吉、预言人事的法术:

> 太安元年正月,姑臧大风。什曰:"不祥之风,当有奸叛,然不
> 劳自定也。"俄而梁谦、彭晃相系而叛,寻皆殄灭。

古代社会的社会控制能力极差,一旦有自然灾害,动乱发生的可
能性就比较大。姑臧地处沙缘,自然生态环境尤其薄弱,再加上吕光当
政残暴不仁而刚愎自用,一贯赖于武力而无丝毫文治之策,手下的那
些大将和凉州地区的土霸王们发动的叛乱时有发生,如 386 至 389 年
三年内就有张大豫叛乱、李隰叛乱、康宁叛乱、彭晃叛乱等,因而,鸠摩
罗什根据姑臧一场大风就预言有叛乱,在事理上有其可以实施推断的
必然逻辑。

不过,对于风的观察,其实也是术数之主要门径。在佛教经典中,
对于风有各种分类,如佛经中对福地、宝地的描绘中有"香风""凉风",
而恶地、凶地则有"恶风""热风""暴风"。如《长阿含经》云:"阿耨达
池侧皆有园观浴池,众花积聚。种种树叶,花果繁茂。种种香风,芬馥
四布。"[1]"阎浮提所有诸龙,皆被热风、热沙著身,烧其皮肉,及烧骨髓

---

〔1〕《佛说长阿含经》卷18,见《大正新修大藏经》第1册《阿含部上》。

以为苦恼。唯阿耨达龙无有此患。阎浮提所有龙宫,恶风暴起,吹其宫内,失宝饰衣。龙身自现以为苦恼。"[1]

此外,尚有"寒风""大黑风""随岚风"等等分别名目,如《增一阿含经》卷17云:"佛在舍卫国祇树给孤独园,尔时,世尊告诸比丘,今日空中有随岚风,设复有飞鸟至彼者,若鸟、鹊、鸿、鸽值彼风者,头脑、羽翼各在一处。"[2]

由此可以判断,鸠摩罗什望风的这些知识应该来自佛教经典。

(3)预测术其实是一种综合性判断技艺,其准确与否同预测者事前所掌握的信息完备程度和经验有关,鸠摩罗什对于后凉的军事行动做过一些预测:

> 至光龙飞二年,张掖临松卢水胡沮渠男成及从弟蒙逊反,推建康太守段业为主。光遣庶子秦州刺史太原公纂率众五万讨之。时论谓业等乌合,纂有威声,势必全克。光以访什,什曰:"观察此行,未见其利。"既而纂败绩后合梨。

后凉龙飞二年(397),张掖卢水胡人沮渠男成与从弟沮渠蒙逊起兵对抗后凉政权,并公推京兆人段业为大都督、凉州牧,在张掖(今甘肃张掖市)建立了历史上称为北凉的地方政权。吕光派遣庶子吕纂率五万精兵前往征讨,当时吕光的谋士、将军们都认为段业、沮渠蒙逊都只不过是乌合之众,没能力同吕纂的五万大军相抗衡。只有鸠摩罗什认为"观察此行,未见其利",吕光没有听从罗什的建议,结果吕纂吃了败仗。

这种出兵打仗的事,如果事先对形势与双方的力量有所了解的话,还是能做出一些正确的事前判断来的。不过我们对勘《晋书》中的相关记载,证明罗什的这个预言并不那么准确,吕纂出兵平定沮渠氏叛乱,还是胜多于败的,至少罗什预言的397年的这次吕纂出兵征讨沮渠蒙逊,是取得了胜利的。吕纂与沮渠蒙逊战于匆谷(今甘肃省山丹

---

〔1〕《佛说长阿含经》卷18,见《大正新修大藏经》第1册《阿含部上》。
〔2〕《增一阿含经》卷17,见《大正新修大藏经》第2册《阿含部下》。

233

县境内），结果蒙逊大败，引随从六七人逃往山中。

（4）烧绳成灰的还原幻术：

> 光中书监张资文翰温雅，光甚器之。资病，光博营救疗，有外国道人罗叉，云能差资疾。光喜，给赐甚重。什知叉诳诈，告资曰："叉不能为，益徒烦费耳。冥运虽隐，可以事试也。"乃以五色系作绳，结之烧为灰末投水中，灰若出水还成绳者，病不可愈。须臾灰聚浮出，复绳本形。既而又治无效，少日资亡。

此为早期文献记载中鸠摩罗什所施展的最典型的幻术。

（5）祥瑞是通过某种已经发生的事情或出现的现象预测即将发生的大事之成败凶吉，而谶言则是通过提前形成某种说辞以预示即将发生的事情。鸠摩罗什在这方面有两个事例：

> 咸宁二年有猪生子，一身三头。龙出东厢井中，到殿前蟠卧，比旦失之。纂以为美瑞，号大殿为龙翔殿。俄而有黑龙升于当阳九宫门，纂改九宫门为龙兴门。什奏曰："皆潜龙出游，豕妖表异。龙者阴类，出入有时，而今屡见，则为灾眚。必有下人谋上之变，宜克棋修德，以答天戒。"纂不纳。

> 与什博戏，杀棋曰："斫胡奴头。"什曰："不能斫胡奴头，胡奴将斫人头。"此言有旨，而纂终不悟。光弟保有子名超，超小字胡奴，后果杀纂斩首，立其兄隆为主。时人方验什之言也。

以上 5 个方面，是《出三藏记集》《高僧传》这两部时代较早而相对可靠的僧史文献中关于鸠摩罗什在凉州时期施展幻术等神异能力的所有事例。如果我们将之同著名的"神僧"相比，就会发现鸠摩罗什使用的神异手段有其比较特殊的时代背景。

图 9 - 1　武威鸠摩罗什塔

（塔位于甘肃武威市凉州区鸠摩罗什寺内,所见最早建塔文物资料是出土的
刻有"罗什地基,四至临街,敬德记"的唐代石碣。作者摄影,相关介绍可参见甘肃
省文物局编著:《甘肃古塔研究》,北京:科学出版社,2014 年,第 42 页。）

9.3.2 鸠摩罗什本人对使用幻术的态度

在鸠摩罗什之前的时代,使用幻术等神异手段最多、声誉最著的是同样来自龟兹的后赵高僧佛图澄:

> [佛图澄]善诵神咒,能役使鬼物,以麻油杂胭脂涂掌,千里外事皆彻见掌中如对面焉,亦能令洁斋者见。又听铃音以言事,无不劾验。[1]

《高僧传》中有佛图澄使用幻术、预测术及神秘医术的很多事例,但是最为主要的正是上面所概括的三点:(1)佛图澄"善诵神咒,能役使鬼物";(2)能"以麻油杂胭脂涂掌,千里外事皆彻见掌中如对面焉";(3)能"听铃音以言事",即通过钟声来预测或判断即将发生的或已经发生的事情的凶吉与结果。

对于佛图澄的神化,可能也经历了一个不断添加放大的过程,如《后赵中书太原王度奏议序》云:"佛图澄者,得圣之人也。乳孔流光。不假灯炬之照。瞻铃映掌。坐观成败之仪。两主奉之若神。百辟敬之如佛。"[2]其中就比《高僧传》多出了"乳孔流光,不假灯炬之照"这样的对于佛图澄身体做神化的说辞,到了《晋书》中就成了栩栩如生的描绘:

> [佛图澄]少学道,妙通玄术。永嘉四年,来适洛阳,自云百有余岁,常服气自养,能积日不食。善诵神咒,能役使鬼神。腹旁有一孔,常以絮塞之,每夜读书,则拔絮,孔中出光,照于一室。又尝斋时,平旦至流水侧,从腹旁孔中引出五藏六腑洗之,讫,还内腹中。又能听铃音以言吉凶,莫不悬验。[3]

显然,像佛图澄这样一个从自己的身体机能到道术方面都充满神异的僧人,他对幻术等神异手段的使用就是顺理成章的。

然而,鸠摩罗什则不同,鸠摩罗什在西域的时候,之所以能"声满

---

[1]《高僧传》卷9《佛图澄》。

[2]《后赵中书太原王度奏议序》,载《广弘明集》卷6,见《大正新修大藏经》第52册《史传部四》。

[3]《晋书》卷95《佛图澄传》。

葱左,誉宣河外",主要原因在于他"广说诸经,四远宗仰,莫之能抗"[1]。这一点是鸠摩罗什作为一个义学高僧同佛图澄这样的"神僧"的差别。

《高僧传》中鸠摩罗什的出场是被安排在记诵佛经"日诵千偈……师授其义,即自通达,无幽不畅"[2]的这种知识接受与理解方面的"神俊"语境中的,因而他的整个形象的构建是基于"佛理"和"义学"这样的知识论层面的。

如果将鸠摩罗什和佛图澄东来传播佛教的趋向做个比较的话,佛图澄主要是基于"教"的方向,因而需要施展更多的幻术等神异手段来网罗信众,因而他也大量地建寺修庙[3];鸠摩罗什主要致力于"学"的方向,因而他主要是翻译经典、教授学生,对于幻术等神异手段的使用,是出于迫不得已的选择,是一种无奈。

对鸠摩罗什神异手段的使用,要注意到三方面的情况,第一是他本人对幻术等神异手段极不认同[4],如在《注维摩诘经》中他对维摩诘"降服众魔,游戏神通"的解释是:"神通变化是为游引物,于我非真,故名戏也;复次神通虽大,能者易之,于我无难,犹如戏也。亦云神通中善能入住出,自在无碍。"[5]僧肇做了进一步的阐释为"游通化人,以之自

〔1〕《高僧传·鸠摩罗什》。

〔2〕《高僧传·鸠摩罗什》。

〔3〕《高僧传》卷9《佛图澄》载:"澄自说:'生处去邺九万余里,弃家入道一百九年。酒不踰齿,过中不食。非戒不履,无欲无求。受业追游常有数百,前后门徒几且一万。所历州郡,兴立佛寺八百九十三所,弘法之盛莫与先矣。'"《大正新修大藏经》第52册《史传部四·北山录》卷8亦云:"佛图澄建八百九十余所寺。洎天台三十有五。吾今不能兴弘一二。"僧史记载中佛图澄自言立佛寺893所,后代亦以此为据,但是这个数目,大概也跟佛图澄所说的自己弃家入道190年的说法一样,乃夸饰之词。不过从当时"民多奉佛,皆营造寺庙,相竞出家"的情况可以断定,佛图澄所兴建寺庙应该不少。

〔4〕王铁钧先生指出:"鸠摩罗什认为指望借助神秘力量,如咒术一类得道升天,实乃修行误区,是为逃避艰苦修行之天真想法。"参见王铁钧:《中国佛典翻译史稿》,北京:中央编译出版社,2006年,第129页。

〔5〕僧肇:《注维摩诘经》卷5《文殊师利问疾品第五》,见《大正新修大藏经》第38册《经疏部六》。

·欧·亚·历·史·文·化·文·库·

娱"[1],这就把鸠摩罗什对神异变幻当作小游戏、小手段的认识说得清清楚楚。第二是他同佛陀跋陀罗的纠纷在一定程度上也是因为佛陀跋陀罗运用了此类手段。第三是鸠摩罗什所处的位置和角色不需要太多的神异手段。另外,我们不能不注意到,鸠摩罗什来到中原地区是被武装劫持而来的,并不一定完全符合他个人的意愿,由此可以进一步断定,醉心于理论探讨和新知识追求的鸠摩罗什,对于佛教之传播、信众之多寡,没有过多的激情,因而,一旦成为后秦政权支持的译场主持人,他就致力于佛经翻译与经义探讨,对于传教的辅助手段如"幻术"等神异技术,就基本上是弃而不用。

9.4 从"芥子纳须弥"的法门
到"纳镜于瓶"的幻术

现有的记载中,鸠摩罗什到长安以后使用的幻术手段有两端,一是"纳镜于瓶",一是"吞针",这两个幻术手段的使用,都是出于迫不得已,前者是因为后秦国王姚兴不相信新翻译出来的《维摩经不思议品》中"芥子纳须弥"的法门;后者是因为僧团成员对鸠摩罗什破戒娶妻不满而引致。

可以说,鸠摩罗什是在传教与生存的生死转折关头迫不得已施展了这两个幻术法门。这样关键的事件,在《出三藏记集》和《高僧传》中都没有记载,这是一个令人感兴趣的问题。

9.4.1 鸠摩罗什"纳镜于瓶"幻术之经义内涵

下面我们试图通过敦煌文献的有关记载来对此做一些探讨。

从传教的需要来看,鸠摩罗什真正用来验证佛理和折服信众的神异手段就是"纳镜于瓶"这个幻术的使用。

对于此幻术,《晋书》等正史及《高僧传》《出三藏记集》等早期佛教文献都没有记载,但是在敦煌卷子中有关于鸠摩罗什施展这种幻术

---

〔1〕僧肇:《注维摩诘经》卷5《文殊师利问疾品第五》,见《大正新修大藏经》第38册《经疏部六》。

的 3 个文本。

(1)拟题名为《鸠摩罗什别传》的 S.381 号卷子,全文如下:

> 后秦鸠摩罗什法师者,其[祖]父本罽宾国辅相,到子鸠摩罗炎,厌世苦学,志求出俗。辞主东迈,至龟兹国。龟兹国王妹体有赤厌(靨),法生智子。诸国聘之,悉皆不许。一见炎至,遂即妻之。炎乃问辞,事免而纳。不逾岁月,便觉有胎。异梦呈休,母加听辩。后生什已,其辩还亡。母因出家,便得初果。年至七岁,日诵万言。母携寻师,还至辅国。便学经论,屡折邪宗,大小诸师,莫不钦伏。罽宾国王重加礼遇,凡是僧徒,莫敢居止。概乎进且志在传通,辞母东来,却至舅国。遭侣(吕)光之难,碍留数年。一一行由,事广不述。年三十五,方达秦中。什处欲来,嘉瑞先现。逍遥一园,葱变成薤。后什公至,即于此园立草堂寺,同译经律。后因译《维摩经不思议品》,闻芥子纳须弥。秦主怀疑,什将证信。以镜纳于瓶内,大小无伤。什谓帝曰:"罗什凡僧,尚纳镜于瓶内,况维摩大士,芥子纳须弥而不得者乎?"帝乃深信,顶谢希奇。

此别传的前面大半部分对于鸠摩罗什生平事迹的叙述,同《出三藏记集》《高僧传》等文献记载吻合,所不同者是最后这几句:

> 后因译《维摩经不思议品》,闻芥子纳须弥。秦主怀疑,什将证信。以镜纳于瓶内,大小无伤。什谓帝曰:"罗什凡僧,尚纳镜于瓶内,况维摩大士,芥子纳须弥而不得者乎?"帝乃深信,顶谢希奇。

显然,鸠摩罗什把体积大于瓶口的镜子放进澡罐或净瓶,这是一种很典型的移物幻术,也正是这样不可思议的幻术所产生的效果,才使姚兴相信了《维摩诘经》中所说的"芥子纳须弥"的法门之真实不虚。

鸠摩罗什翻译《维摩经》在东晋义熙二年(406),此次译事之缘起始末,罗什弟子僧肇法师《注维摩诘经序》有详尽记载:

> 大秦天王俊神超世,玄心独悟。弘至治於万机之上,扬道化於千载之下。每寻玩兹典,以为栖神之宅,而恨支、竺所出,理滞於文,常惧玄宗坠於译人。北天之运,运通有在也。

239

以弘始八年岁次鹑火,命大将军常山公、左将军安城侯,与义学沙门千二百人,於常安大寺请罗什法师重译正本。什以高世之量,冥心真境,既尽环中,又善方言。时手执胡文,口自宣译,道俗虔虔,一言三复,陶冶精求,务存圣意。其文约而诣,其旨婉而彰。微远之言,於兹显然。余以暗短,时豫听次,虽思乏参玄,然粗得文意。辄顺所闻而为注解,略记成言,述而无作,庶将来君子异世同闻焉。[1]

此次翻译《维摩诘经》,由后秦国主姚兴发起,他之所以命令常山公、安成侯等王公贵族与1200多僧人协助鸠摩罗什翻译《维摩诘经》,原因在于他对支谦、竺法护的旧译本不满意,觉得是翻译者没有把《维摩诘经》的真正玄义表达出来。既然姚兴有"常惧玄宗坠於译人"的心态,那么对于鸠摩罗什的此次翻译,也不会完全放心。可以认为,僧肇所说的在翻译过程中的"道俗虔虔,一言三复,陶冶精求,务存圣意",一定包含着姚兴本人对翻译出来的经文之质疑与探讨。

因而,姚兴对《维摩诘经不思议品》中"芥子纳须弥"的这种无法用常理来理解的说法提出质疑,也就情在理中了。关于《维摩诘经不思议品》中"芥子纳须弥"之说,在三国时支谦的译本中是这样表达的:

维摩诘言,唯然,舍利弗。诸如来诸菩萨有八不思议门,得知此门者,以须弥之高广入芥子中,无所增减。因现仪式,使四天王与忉利天不知谁内我著此。而异人者见须弥入芥子,是为入不思议疆界之门也。[2]

而鸠摩罗什译本则为:

维摩诘言,唯,舍利弗。诸佛菩萨有解脱名不可思议,若菩萨住是解脱者,以须弥之高广内芥子中,无所增减。须弥山王本相如故,而四天王忉利诸天不觉不知己之所入。唯应度者乃见须弥入芥子中,是名不可思议解脱法门。

---

〔1〕僧祐:《出三藏记集》序卷第8《维摩诘经序》,见《大正新修大藏经》第55册《目录部全》。

〔2〕支谦译:《佛说维摩诘经》卷上《不思议品第六》,见《大正新修大藏经》第14册《经集部一》。

将这两段文字加以对比,就发现支谦对于"须弥之高广入芥子中"的解释是无法令人理解的,其中的"因现仪式"显然是不知所云的译语,"异人"一词所指不明,"忉利天不知谁内我著此"更是偏离经文原意甚远。鸠摩罗什将"应度者"同"诸天"之觉分开,翻译出了虽然诸天不觉"须弥入芥子",而"应度者"乃见此不可思议解脱门,这就将"芥子纳须弥"之说解释得清楚明晰。

在支谦译本的基础上是无法讨论"芥子纳须弥"的,因为支译中涉及的所有主客体都所指不明、彼此难分,"使四天王与忉利天不知谁内我著此"这句完全是一句错译。正是因为这个原因,鸠摩罗什的译出"须弥入芥子中"才引起姚兴的质疑。

鸠摩罗什对此法门的解释是:

> 须弥,地之精也,此地大也。下说水、火、风、地,其四大也。惑者谓四大有神,亦云最大,亦云有常。今制以道力,明不神也;内之纤芥,明不大也。巨细相容,物无定体,明不常也。此皆反其所封,拔其幽滞,以去其常习,令归宗有涂焉[1]

显然,这是用一种极端的逆向思维的方式来破除"幽滞"的一种法门,将须弥这个最精最大纳入芥子之中,是要开示"物无定体"这样一个"不常"大道。

庐山释慧远对"芥子纳须弥"所做的解释是:

> 一大小自在,须弥入芥;二广狭自在,海入毛孔;三身力自在,亦得名为运转自在。[2]

这样一个很明显带有"譬喻"性质的启发性论题,不知道姚兴何以会将之具体化,一定要追究"芥子纳须弥"的实际可能性?

9.4.2 "纳镜于瓶"幻术使用的知识背景分析

如果敦煌文献的这个记载确实是可信的话,那么可以推断,当时的后秦国王姚兴虽然孜孜于佛理探讨,但是其理论水平还是非常有限

---

[1] 僧肇:《注维摩诘经》卷6,见《大正新修大藏经》第38册《经疏部六》。
[2] 慧远:《维摩义记》卷3,见《大正新修大藏经》第38册《经疏部六》。

的,以至于鸠摩罗什不得不用"纳镜于瓶"这样一个幻术来验证"芥子纳须弥"的实际可能性。

由此我们也就可以理解为什么《高僧传》《出三藏记集》没有这个"纳镜于瓶"的记载了,用"纳镜于瓶"来验证"芥子纳须弥",其间相差简直就是十万八千里。

虽然如此,对于鸠摩罗什"纳镜于瓶"的幻术,在敦煌文献中尚有释金髻所作《罗什法师赞》两首。

(1)释金髻所撰《罗什法师赞》,敦煌卷子中有 S. 6631、P. 4597、P. 2680,其文如下:

> 善哉童受,母腹标奇。
>
> 四果玄记,三十辟交。
>
> 吕氏起慢,五凉运衰。
>
> 秦帝生信,示合昌弥。
>
> 草堂青眼,葱岭白眉。
>
> 瓶藏一镜,针吞数匙。
>
> 生肇受叶,融睿为资。
>
> 四方游化,两国人师。

(2)释金髻所撰《罗什法师赞》复诗,敦煌卷子中有 S. 6631、P. 4597、P. 2680,其文如下:

> 诞迹本西方,利化游东国。
>
> 毗赞士三千,抠衣四圣德。
>
> 内镜操瓶里,洗涤秦王或。
>
> 吞针糜钵中,机诫弟子色。
>
> 传译草堂居,避地葱山侧。
>
> 驰誉五百年,垂范西方则。

释金髻的这两首赞诗,与前引 S. 381 卷子《鸠摩罗什别传》的记载相印证,可以说在隋唐及其后的僧界,鸠摩罗什"纳镜于瓶"和"吞针"的说法是比较流行的。

释金髻"内镜操(澡)瓶里,洗涤秦王或(惑)。吞针糜钵中,机诫弟子色"的总结确实非常精练,此处需要补充说明一下的是,关于鸠摩罗什"吞针"的记载。

"吞针"这个幻术类法术的表演,在《出三藏记集》《高僧传》中没记载,但是唐人所修《晋书》却做了生动的记述:

> 尝讲经于草堂寺,兴及朝臣、大德沙门千有余人肃容观听,罗什忽下高坐,谓兴曰:"有二小儿登吾肩,欲鄣须妇人。"兴乃召官女进之,一交而生二子焉。兴尝谓罗什曰:"大师聪明超悟,天下莫二,何可使法种少嗣。"遂以伎女十人,逼令受之。尔后不住僧坊,别立解舍,诸僧多效之。什乃聚针盈钵,引诸僧谓之曰:"若能见效食此者,乃可畜室耳。"因举匕进针,与常食不别,诸僧愧服乃止。

正如释金髻所言,罗什法师之所以施展"吞针"幻术,目的就在于"机诫弟子色",这是罗什破戒后为了维护长安僧团,而不得不采取的措施,但是《出三藏记集》《高僧传》却以罗什向受业弟子的"检讨"来维护僧团:

> 姚主尝谓什曰:"大师聪明超悟,天下莫二。若一旦后世,何可使法种无嗣!"遂以妓女十人逼令受之。自尔以来,不住僧房,别立廨舍,供给丰盈。每至讲说,常先自说:"譬如臭泥中生莲华,但采莲华勿取臭泥也。"

对比《晋书》与《出三藏记集》中的这两段文献,后人是无法判断哪个记载更接近真实。

对于高僧事迹的记述,佛教史家、僧界流传与官方正史的记述选择的出发点可能会有一些微妙的差距,我们从《高僧传》、《出三藏记集》、敦煌卷子和《晋书》关于"内镜操瓶里,洗涤秦王或。吞针糜钵中,机诫弟子色"这些幻术的遮蔽或不同记载,考察鸠摩罗什对于幻术等神异手段的使用,有助于我们更进一步对鸠摩罗什的东来传教做比较深入的理解。

佛教在中原的传播过程中,有一个问题需要引起我们的注意,那就是对于僧人的神化描写及传教僧人对于神异手段的使用,同佛学义

理的探讨呈负相关关系。具体来讲,可以将这种趋势分为三个阶段:

(1)在佛教传播的早期阶段,由于经典翻译得不充分,所以幻术等神异手段被外来传教僧人作为主要的传教手段大量使用,佛图澄即是一个典型代表。

(2)随着鸠摩罗什对佛经的大规模准确翻译,对于佛学义理的探讨在僧团与上层文化圈中兴盛起来,神异手段相对淡化。

(3)随着佛教的中国化和世俗化,对于经典的解释已经固化,僧人集团的神化趋势再次成为一个明显的趋势,大量的灵验记的产生及对于传教僧人的神化崇拜迅速形成趋势。

以上这三个阶段的变化,同鸠摩罗什翻译佛经密切相关。确切说,鸠摩罗什对佛经的准确翻译和对学问僧的培养,正好是个承前启后的阶段。

10 鸠摩罗什
对《维摩诘所说经》的翻译与注释

鸠摩罗什本人的著作不多,据慧皎《高僧传》记载,罗什曾作《实相论》《注维摩经》等,都已经失传了。现存的罗什著作有以下几端:(1)给后秦国王姚兴的两封书信,一封为《答秦主姚兴》[1],另一封是《答姚兴通三世论书》[2]。(2)同慧远的往来书信,最早的一封是403年所写的《答慧远书》[3],此外就是回答慧远书信中提出的18个问题而写的回信,后人编为《大乘大义章》18章,内容主要涉及法身、实相、念佛三昧等问题。这也是了解罗什与慧远思想的重要文献。[4] (3)《赠僧人法和》[5]、《答慧远书》[6]、《十喻诗》[7]三首诗偈。

从学理上来讲,简单隐晦的诗偈和书信是很难反映思想的系统性的,因而,真正可以完全窥见鸠摩罗什思想的应该是《实相论》《注维摩经》《大乘大义章》。《实相论》完全失传,《注维摩经》在鸠摩罗什的弟子僧肇所作《注维摩诘经》中保留了下来,不能说保留的就是完本,但至少也是最主要、最有代表性的部分。

本书以僧肇所作《注维摩诘经》为主要依据,结合考古等材料,对鸠摩罗什翻译、注释《维摩诘经》的情况及其对于唐代及之前的维摩诘造像、维摩诘信仰的影响做一探讨。

---

〔1〕《高僧传》卷6《释道恒》。
〔2〕《广弘明集》卷21。
〔3〕《高僧传》卷6《释慧远》。
〔4〕现存《大乘大义章》20卷,见《大正新修大藏经》第44册《论疏部五》《诸宗部一》。
〔5〕《高僧传》卷2《鸠摩罗什》。
〔6〕《高僧传》卷6《释慧远》。
〔7〕《艺文类聚》卷76。

·欧·亚·历·史·文·化·文·库·

10.1 鸠摩罗什翻译《维摩诘所说经》的
时代背景

根据僧录的记载,包括唐代玄奘所译,《维摩诘经》前后一共有 6 个译本。[1] 而在鸠摩罗什翻译《维摩诘经》之前,《维摩诘经》已经有 4 个译本,分别是东汉严佛调译《古维摩诘经》[2]、三国吴支谦译《佛说维摩诘所说不思议法门经》、西晋竺叔兰译《异维摩诘经》、西晋竺法护译《维摩诘所说法门经》。包括鸠摩罗什所译在内的这 5 个早期译本,迄今藏中只有支谦《佛说维摩诘所说不思议法门经》上下卷与鸠摩罗什所译《维摩诘所说经》3 卷留存至今。

鸠摩罗什翻译工作开始之前,《维摩诘经》4 个译本的流传情况如下。

10.1.1 严佛调译《古维摩诘经》的流传情况

东汉严佛调的《古维摩经》主要在江南流传,我们可以从以下几条记载大概窥见其流传脉络。《高僧传》卷 12 载:

> 竺法纯,未详何许人,少出家止山阴显义寺,苦行有德,善诵《古维摩经》。[3]

此处竺法纯只是"善诵"而非讲说注释,因而此《古维摩经》经本在经义阐述方面可能并不尽如人意。这一点可以从下面这则记载中得到印证。《高僧传》卷 13 载:

---

〔1〕《净名经关中释抄》卷上:"此经翻传总有六译:第一后刘氏灵帝代临淮清信士严佛调於洛阳白马寺译二卷,名《古维摩诘经》;第二吴朝孙氏太皇帝月支国优婆塞支谦於建康译三卷,名《维摩诘所说不思议法门经》;第三西晋司马氏武帝沙门竺法护(西域人,解三十六国语)於雒阳译一卷,名《维摩诘所说法门经》;第四东晋惠帝西域沙门竺叔兰元康六年於雒阳译三卷,名《毗摩罗诘经》;第五后秦姚兴弘始八年三藏沙门鸠摩罗什於长安大寺译三卷,名《维摩诘所说经》,即今所释之本是也;第六唐三藏沙门玄奘贞观二十一年於长安大慈恩寺译六卷,名《无垢称经》。"参见《大正新修大藏经》第 85 册《古逸部全》《疑似部全》。

〔2〕《大唐内典录》卷 1:"《古维摩诘经》二卷(初出见古录及朱士行汉录)……临淮清信士严佛调,当灵帝世,於洛阳译。并理得音正,尽经微旨,郢匠之美见述后代焉。"见《大正新修大藏经》第 55 册《目录部全》。

〔3〕《高僧传》卷 12《竺法纯》。

释僧辩,姓吴,建康人,出家止安乐寺,少好读经,受业於迁畅二师……初永明七年二月十九日司徒竟陵文宣王,梦于佛前咏《维摩》一契,同声发而觉,即起至佛堂中,还如梦中法,更咏《古维摩》一契,便觉韵声流好,著工恒日。明旦,即集京师善声沙门龙光普智、新安道兴、多宝慧忍、天保超胜及僧辩等,集第作声。辩传《古维摩》一契、《瑞应》七言偈一契,最是命家之作。后人时有传者,并讹漏失其大体。辩以齐永明十一年卒。[1]

从竟陵文宣王到僧辩这样的江南大德,对于《古维摩经》的理解与习诵既然仅仅停留于"韵声流好"的阶段,所传者也是对于如何"咏诵"的法门。可知,严佛调翻译的《古维摩经》,在经文的准确翻译方面是非常不足的,可能仅仅就是对一些诵经声韵的简单翻译记录本。下面我们来看一下严佛调其人及其译经事迹。

严佛调其人事迹不详,慧皎《高僧传》有数语略略提及:

优婆塞安玄,安息国人……与沙门严佛调共出《法镜经》。玄口译梵文,佛调笔受。理得音正,尽经微旨,郢匠之美,见述后代。

调本临淮人,绮年颖悟,敏而好学。世称安侯、都尉、佛调三人传译,号为难继。调又撰《十慧》,亦传于世。安公称佛调出经,省而不烦,全本巧妙。

此是关于严佛调译经的最早文献记载,然而并没有提及严佛调翻译《古维摩经》的事情,这就不能不让人怀疑严佛调翻译《古维摩经》这样一个事实之存在。

虽然藏中没有严佛调所译《古维摩经》,但是从严佛调与安玄所译《法镜经》来推断,严佛调翻译《古维摩经》有一定可能性。安玄本人就是一个在家修道者,所以其翻译兴趣就在"在家修道者"的佛经方面。正因如此,安玄才会翻译《法镜经》这样一个"在家开士修道"的经典。[2] 那么严佛调在此基础上翻译另一部关于"在家开士修道"的

---

〔1〕《高僧传》卷13《释僧辩》。
〔2〕安玄译:《法镜经》,见《大正新修大藏经》第12册《宝积部下》《涅槃部全》。

《古维摩经》,在知识积累上是顺理成章的。

问题在于,严佛调是否有独立的翻译能力? 文献记载中这个不明身份的《古维摩经》是否就是最早提倡"在家开士修道"的《法镜经》? 是否因为《法镜经》与《维摩诘经》有"在家开士修道"这样的共同背景,从而被混为一谈? 这些问题暂存疑不论。

关于严佛调翻译《古维摩经》[1],最早而明确的记载来自唐代《开元释教录》:

> 《维摩诘经》四卷(与严佛调《古维摩经》等同本,第五出,房云见南来新录)。[2]

由此记载我们可以得到三点认识:(1)此处记载之《古维摩经》4卷,并不是指严佛调翻译的《古维摩经》,而是同严佛调《古维摩经》相近的本子;(2)在唐代,严佛调的《古维摩经》尚可以见到,因而唐代佛经目录家才能对比说此4卷《古维摩经》与严佛调《古维摩经》有共同之处;(3)《古维摩经》之记载既然是来自《南来新录》,可以推断《古维摩经》主要是在江南地区流传。

显然,《开元释教录》的编者并没有见到所谓的《南来新录》,而只是根据费长房的目录做了一个转抄。至于费长房见到的这个《南来新录》所记载的严佛调《古维摩经》情况如何,不得而知。就是说,我们现在关于严佛调翻译的《古维摩经》在目录学上就是一个"传说"。

因而,严佛调翻译《古维摩经》之史事,极有讹传的可能性。如果不是出于讹传的话,那么此《古维摩经》也不会是完本,而是一个可以供诵经者念诵的简单节译文本,主要流行在江南地区,因而在北方不会有什么影响。

10.1.2 支谦及竺叔兰、竺法护译本之流传

支谦、竺法护、竺叔兰3个译本,支谦译本译出最早,大藏中有全

---

〔1〕《佛祖统纪》卷35载:"光和三年,西天沙门竺佛朔至雒阳,译《道行般若经》。中平五年,清信士严佛调译《古维摩经》等。"这种后出的记载,只能参考,无法确认其实(《大正新修大藏经》第49册《史传部一》)。

〔2〕《开元释教录》卷3,见《大正新修大藏经》第55册《目录部全》。

本。其在江南流传较广,并且在北方曾有释道安为之讲说作注[1],流传脉络清晰。唯竺叔兰、支谦译本需要稍做考索。

西晋竺叔兰译《异维摩诘经》3卷,释僧祐《出三藏记集》、隋法经《众经目录》录为《异维摩诘经》,而《大唐内典录》、释靖迈《古今译经图记》俱录为《异毗摩罗诘经》。该经藏中不存,单行本流传脉络不清晰。西晋竺法护译《维摩诘所说法门经》,梁僧祐《出三藏记集》录有2个版本,一是1卷本《维摩诘经》,一是1卷本的《删维摩诘经》,后者乃是"先出《维摩》烦重,护删出逸偈也"[2]之节本。[3]

支谦、竺叔兰、竺法护《维摩诘经》译本都有单行本流传,东晋时期的西域僧人支敏度[4]曾将支谦、竺法护、竺叔兰译本汇集成《合维摩诘经》:

> 盖维摩诘经者……斯经梵本出自维耶离,在昔汉兴始流兹土。于时有优婆塞支恭明,逮及於晋有法护、叔兰,此三贤者并博综稽古,研机极玄,殊方异音,兼通关解。先后译传,别为三经。同本人殊出异,或辞句出入先后不同,或有无离合多少各异,或方言训古字乖趣同,或其文胡越其趣亦乖,或文义混杂在疑似之间。若此之比,其涂非一。若其偏执一经,则失兼通之功;广披其三,则文烦难究。余是以合两令相附,以明所出为本,以兰所出为子。分章断句,使事类相从,令寻之者瞻上视下,读彼案此,足以释乖迁之劳,易则易知矣。若能参考校异,极数通变,则万流同归百,虑一至,庶可以阐大通于未寐,阖同异于均致。若其配不相傅,傥失其

---

〔1〕敦煌写本 P.3006。

〔2〕僧祐:《出三藏记集》上卷第2,见《大正新修大藏经》第55册《目录部全》。

〔3〕释果朴:《敦煌写卷 P3006"支谦"本〈维摩诘经〉注解考》将 P.3006 号写卷推证为道安造于苻秦之时,底本为竺法护所译、聂承远笔受的最早的《删维摩经》,推翻了目前学界认为 P3006 写卷经文为支谦所译的共识。参见释果朴:《敦煌写卷 P3006"支谦"本〈维摩诘经〉注解考》,台北:法鼓文化事业股份有限公司,1998 年,第 217 - 230 页。此结论是否可靠,尚待进一步求证。

〔4〕支敏度其人,慧皎《高僧传》无传,唯《高僧传》卷4《康僧渊》提及:"康僧渊,本西域人,生于长安,貌虽梵人语实中国,容止详正志业弘深,诵《放光》、《道行》二波若,即大小品也。晋成之世,与康法畅、支敏度等俱过江。"

类者,俟後明哲君子刊之从正。[1]

这个汇集三家译本的《合维摩诘经》,是以支谦译本为母本,将竺法护、竺叔兰译本"事类相从"分段附之于后,可以很方便地对比阅读三个译本。

由于这三个译本的翻译质量都不是很高,这样对比阅读也是一种无奈的办法,一旦有更为准确、流畅的译本,这种汇集本就很难再流传下来。

在《大唐内典录》卷2中有"《合维摩诘经》三本五卷"的记载,但是后来的佛藏中没有收录,在敦煌卷子中,也不见《合维摩诘经》。可见随着鸠摩罗什译本的完成,在唐宋时期,这个汇集本虽然可以见到,但是已经很少有人抄录流传了。

10.1.3 鸠摩罗什翻译《维摩诘所说经》的政治背景

鸠摩罗什翻译《维摩诘所说经》,出于后秦国主姚兴的命令。姚兴对于《维摩诘经》非常看重,他"每寻玩兹典,以为栖神之宅,而恨支、竺所出,理滞於文,常惧玄宗坠於译人。北天之运,运通有在也"[2]。姚兴如此看重《维摩诘经》,又对支谦、竺法护等人的译本非常不满意,觉得这些译本没有把《维摩诘经》的真正玄义表达出来。因而,东晋义熙二年(406),在姚兴的措意组织下,鸠摩罗什在常山公、安成侯等王公贵族与1200多僧人的协助下,开始翻译《维摩诘经》。此次翻译《维摩经》之缘起与始末,罗什弟子僧肇法师《注维摩诘经序》有详尽记载:

> 以弘始八年岁次鹑火,命大将军常山公、左将军安城侯,与义学沙门千二百人,於常安大寺请罗什法师重译正本。什以高世之量,冥心真境,既尽环中,又善方言。时手执胡文,口自宣译,道俗虔虔,一言三复,陶冶精求,务存圣意。其文约而诣,其旨婉而彰。微远之言,於兹显然。余以暗短,时豫听次,虽思乏参玄,然粗得文

---

[1] 僧祐:《出三藏记集》序卷第8《合维摩诘经序》,见《大正新修大藏经》第55册《目录部全》。

[2] 僧祐:《出三藏记集》序卷第8《注维摩诘经序》,见《大正新修大藏经》第55册《目录部全》。

意。辄顺所闻而为注解,略记成言,述而无作,庶将来君子异世同闻焉。[1]

既然姚兴有"常惧玄宗坠於译人"的心态,那么对于鸠摩罗什的此次翻译,也不会完全放心,所以这次翻译对鸠摩罗什和他的弟子来讲,绝对是一次"政治任务"。

这种"政治任务"性质的翻译,直接促成了鸠摩罗什在翻译结束后又对《维摩诘所说经》做了注释。在鸠摩罗什的译经生涯中,对所译佛经做详尽的注释,这是唯一一次。

鸠摩罗什要打消姚兴"常惧玄宗坠於译人"的心态和顾虑,就需要更详尽的解说,毕竟姚兴及其王公的理论水平显然没有达到很容易就能深入理解原文的程度。这一点也可以从后世佛教文献中所说的"纳须弥入芥子"的争论得到认识。在《维摩诘经不思议品》中有一个"芥子纳须弥"的法门:

> 维摩诘言,唯,舍利弗。诸佛菩萨有解脱名不可思议,若菩萨住是解脱者,以须弥之高广内芥子中,无所增减。须弥山王本相如故,而四天王忉利诸天不觉不知己之所入。唯应度者乃见须弥入芥子中,是名不可思议解脱法门。

鸠摩罗什对此法门的解释是:"须弥,地之精也,此地大也。下说水、火、风、地,其四大也。惑者谓四大有神,亦云最大,亦云有常。今制以道力,明不神也;内之纤芥,明不大也。巨细相容,物无定体,明不常也。此皆反其所封,拔其幽滞,以去其常习,令归宗有涂焉。"[2]

显然,这是用一种极端的逆向思维的方式来破除"幽滞"的一种法门,将须弥这个最精最大纳入芥子之最微之中,是要开示"物无定体"这样一个"不常"大道。如此一个很明显带有"譬喻"性质的启发性论题,但是姚兴竟将之具体化,质疑"芥子纳须弥"的实际可能性,在不得已的情况下,鸠摩罗什不得不以表演幻术的形式来验证这个法门。敦

---

〔1〕僧祐:《出三藏记集》序卷第8《注维摩诘经序》,见《大正新修大藏经》第55册《目录部全》。

〔2〕僧肇:《注维摩诘经》卷6,见《大正新修大藏经》第38册《经疏部六》。

煌写本 S.381 号卷子《鸠摩罗什别传》云：

> 《维摩经不思议品》，闻芥子纳须弥。秦主怀疑，什将证信。
> 以镜纳于瓶内，大小无伤。什谓帝曰："罗什凡僧，尚纳镜于瓶内，
> 况维摩大士，芥子纳须弥而不得者乎？"帝乃深信，顶谢希奇。

鸠摩罗什通过把体积大于瓶口的镜子放进澡罐或净瓶的幻术，让姚兴发出"罗什凡僧，尚纳镜于瓶内，况维摩大士，芥子纳须弥而不得者乎"的感叹，并最终相信了"芥子纳须弥"的可能性。

这种情况正好说明了，姚兴对于此次译事的关注与质疑，是促使鸠摩罗什详注《维摩诘经》的主要原因之一。

10.1.4　鸠摩罗什翻译《维摩诘所说经》的自我心理原因

个体对于知识或思想的偏好是不可避免的，如安息人安玄之所以致力于翻译讲述"在家开士修道"的《法镜经》，其最基本的动因就在于他本人是一个在家修道者。

而维摩诘作为一种"以居士行践菩萨道"的形象，这对屡次破戒的鸠摩罗什而言，应该有"物以类聚"的亲近感，估计这也是鸠摩罗什对《维摩诘所说经》做出详注的原因之一。

此次翻译，鸠摩罗什同他的弟子们对于经文大义的讨论是非常精细的，僧肇说此次翻译过程中是"道俗虔虔，一言三复，陶冶精求，务存圣意"[1]。这一点从僧肇所选编的《注维摩诘经》可以看出来，鸠摩罗什、僧肇、道融、竺道生对于经文的每一句都做出了非常详尽的讨论。尤为重要的是，鸠摩罗什通过对经文的注释解说，对自己的"毕竟空"思想做了详尽的发挥与阐释[2]，既表达了自己的思想，又加强了同弟子们的交流。[3]

---

〔1〕僧肇：《注维摩诘经序》，僧祐：《出三藏记集》序卷第8，见《大正新修大藏经》第55册《目录部全》。

〔2〕对于鸠摩罗什在《注维摩经》中所表达出来的"诸法实相"论，可以参阅杨曾文：《鸠摩罗什的"诸法实相"论——据僧肇〈注维摩诘经〉的罗什译语》，载《世界宗教研究》1994年第2期。

〔3〕鸠摩罗什翻译《维摩诘所说经》，不但有前人的翻译本做参考，而且可能使用了不同的梵文本，因而不但能博采梵、汉本之长处，还能存留不同梵文本的具有细微差异的说法。参见涂艳秋：《鸠摩罗什般若思想在中国》，台北：里仁书局，2006年，第99－100页。

如道生对鸠摩罗什"空"的解说是：

> 有二门入佛法，一大悲二智慧。阶浅至深，弘之有渐，故先说大悲后说实相也，什公作空解云。[1]

竺道生之先大悲后实相、一大悲二智慧的说法和"实相"即"空"的解释，显然是深得鸠摩罗什实相般若法门的。

如僧肇、竺道生对于《维摩诘所说经·文殊师利问疾品第五》之"时维摩诘言，善来，文殊师利，不来相而来，不见相而见"解说云：

> 肇曰："将明法身大士，举动进止不违实相。实相不来，以之而来。实相无见，以之相见。不来而能来，不见而能见。法身若此，何善如之。"

> 生曰："既以体理为怀，来则旌其为不来相之来矣，有不来相之来者，善之极也。"

虽然鸠摩罗什《实相论》已经亡佚，但是如僧肇、道生的这些理解与阐释，对于认识鸠摩罗什的实相思想有至关重要的价值。

譬如对于"空"与"有"关系的解说，鸠摩罗什与僧肇、竺道生在解释"毕竟空寂舍"时说：

> 什曰："障蔽风雨莫过於舍，灭除众想莫妙於空。亦能绝诸问难，降伏魔怨。犹密宇深重，寇患自消。亦云有非真要，时复暂游；空为理宗，以为常宅也。"

> 肇曰："堂宇以蔽风霜，空寂以障尘想。"

> 生曰："於缘为有是外有也，自性则无为内虚也，可以庇非法风雨而障结贼之患，是舍之理也。"[2]

这些解释，对于认识鸠摩罗什的大乘思想，都是言简意赅的精粹。

对于《维摩诘经》之重要性，姚兴认为它是"栖神之宅"[3]；鸠摩罗

---

〔1〕僧肇：《注维摩诘经》卷5《文殊师利问疾品第五》，见《大正新修大藏经》第38册《经疏部六》。

〔2〕僧肇：《注维摩诘经》卷7《佛道品第八》，见《大正新修大藏经》第38册《经疏部六》。

〔3〕僧祐：《出三藏记集》序卷第8《注维摩诘经序》，见《大正新修大藏经》第55册《目录部全》。

什认为"《放光》等所明实相,广散难寻。此经略叙众经要义,明简易了"[1];僧肇则言"此经言虽简约而义包群典,坐不逾日而备睹通变。大乘微远之言,神通感应之力,一时所遇,理无不尽"[2],僧肇甚至有"诸佛菩提皆从习此经而生"[3]的解说。由此可见当时僧俗两界对《维摩诘经》的重视程度。

也正是因为僧肇所说的此经"言虽简约而义包群典,坐不逾日而备睹通变"的特点,所以才会在此后迅速形成影响中国文化至深至久的维摩诘信仰。

10.2　鸠摩罗什僧团对《维摩诘所说经》的注释与维摩诘信仰

敦煌卷子中,《维摩诘经》支谦译本有 2 个写本,玄奘译本有 4 个写本,而鸠摩罗什译本的写本却高达 821 个。[4] 由此可见鸠摩罗什译本之广泛流传及其对维摩诘信仰之重要影响。

《维摩诘所说经》的注释与讲说,这是对经典义理探讨、传播和普及的最主要的方式,也是经典发挥教化作用最重要的环节。我们来看鸠摩罗什及其僧团成员对《维摩诘所说经》的注释与宣讲。

10.2.1　《大智度论》翻译对理解《维摩诘所说经》之重要价值

在鸠摩罗什翻译《维摩诘所说经》之前,长安僧团成员对于《维摩诘经》的诵习研读已经相当深入,如僧睿、僧导等原属于释道安僧团的成员,曾聆听道安对支谦本《佛说维摩诘经》之讲说,僧肇也曾修习过

---

[1]僧肇:《注维摩诘经》卷 10《法供养品第十三》,见《大正新修大藏经》第 38 册《经疏部六》。

[2]僧肇:《注维摩诘经》卷 10《法供养品第十三》,见《大正新修大藏经》第 38 册《经疏部六》。

[3]僧肇:《注维摩诘经》卷 10《法供养品第十三》,见《大正新修大藏经》第 38 册《经疏部六》。

[4]吴文星:《〈维摩诘经〉的鸠摩罗什译本流行的原因分析》,载《华南师范大学学报》(社会科学版)2005 年第 2 期;可参阅敦煌研究院编:《敦煌遗书总目索引新编》,北京:中华书局,2000 年;江素云:《〈维摩诘所说经〉敦煌写本综合目录》,台北:东初出版社,1991 年,序言第 2 页。

支谦本的《佛说维摩诘经》。

尤为重要的是,在鸠摩罗什翻译《大智度论》的过程中,由于《大智度论》引用佛经广博,而对《毗摩罗诘经》(《维摩诘经》)的引用也很多,试举一例以证之:

> 《毗摩罗诘经》中说,佛在毗耶离国,是时,佛语阿难:"我身中热风气发,当用牛乳。汝持我钵,乞牛乳来。"阿难持佛钵,晨朝入毗耶离,至一居士门立。是时毗摩罗诘在是中行,见阿难持钵而立,问阿难:"汝何以晨朝持钵立此?"阿难答言:"佛身小疾,当用牛乳,故我到此。"毗摩罗诘言:"止!止!阿难,勿谤如来。佛为世尊,已过一切诸不善法,当有何疾?勿使外道闻此粗语,彼当轻佛,便言:佛自疾不能救,安能救人。"阿难言:"此非我意,面受佛敕,当须牛乳。"毗摩罗诘言:"此虽佛敕是为方便,以今五恶之世故,以是像度脱一切。若未来世有诸病比丘,当从白衣求诸汤药。白衣言:汝自疾不能救,安能救余人。诸比丘言:我等大师,犹尚有病,况我等身如草芥能不病耶。以是事故,诸白衣等以诸汤药供给比丘,使得安隐坐禅行道。有外道仙人,能以药草咒术除他人病,何况如来一切智德,自身有病而不能除。汝且默然,持钵取乳,勿令余人异学得闻知也。以是故知佛为方便非实病也,诸罪因缘皆亦如是。"[1]

《大智度论》中引用的《毗摩罗诘经》之经文,同鸠摩罗什后来翻译的《维摩诘所说经》同品经文可以做个比较,发现《大智度论》引用时所使用《维摩诘经》本子源流可能与鸠摩罗什翻译使用的本子有差别:

> 忆念昔时,世尊身小有疾,当用牛乳,我即持钵诣大婆罗门家门下立。时维摩诘来谓我言:"唯,阿难,何为晨朝持钵住此?"我言:"居士,世尊身小有疾,当用牛乳,故来至此。"维摩诘言:"止!止!阿难,莫作是语,如来身者金刚之体,诸恶已断,众善普会,当有何疾?当有何恼?默往,阿难,勿谤如来。莫使异人闻此粗言,

---

〔1〕《大智度论》初品中《放光释论之余》卷9,见《大正新修大藏经》第25册《释经论部上》。

255

无令大威德诸天及他方净土诸来菩萨得闻斯语。阿难,转轮圣王以少福故,尚得无病,岂况如来无量福会普胜者哉。行矣,阿难,勿使我等受斯耻也。外道梵志若闻此语当作是念:何名为师,自疾不能救而能救诸疾? 仁可密速去,勿使人闻。当知,阿难,诸如来身即是法身,非思欲身;佛为世尊,过于三界;佛身无漏,诸漏已尽;佛身无为,不堕诸数;如此之身,当有何疾? 当有何恼?"

在《大智度论》中,引用《维摩诘经》的地方有多处,并且所引用的可能是完全不同源流的本子,那么在翻译《大智度论》的过程中,在《维摩诘经》思想的理解、关键词汇的翻译等各个方面,无论是鸠摩罗什本人还是参与其事的僧团成员,都应该会有一些感悟。

如上列经文中,《大智度论》中罗什所译的"佛为世尊,已过一切诸不善法",到翻译《维摩诘所说经》时就改译为"如来身者金刚之体,诸恶已断,众善普会"。后面的这个翻译就比在《大智度论》中的翻译更为语气流畅、文义显明。而如《大智度论》引《毗摩罗诘经》之"若未来世有诸病比丘,当从白衣求诸汤药。白衣言:汝自疾不能救,安能救余人。诸比丘言:我等大师,犹尚有病,况我等身如草芥能不病耶。以是事故,诸白衣等以诸汤药供给比丘,使得安隐坐禅行道。有外道仙人,能以药草咒术除他人病,何况如来一切智德,自身有病而不能除",乃罗什译《维摩诘所说经》所无,因而这种不同本子的内容差异,对于僧团成员理解《维摩诘所说经》提供了更为开阔的视界。

10.2.2 鸠摩罗什僧团成员对《维摩诘所说经》的注释与维摩诘信仰

罗什《维摩诘所说经》译出后,从鸠摩罗什个人到其僧团成员等佛教义学僧人又撰著大量注释本,至今存于藏中的唯有题名僧肇的《注维摩诘经》与慧远《维摩义记》,其他都没有流传下来。

对《维摩诘所说经》做注释的自然首先是鸠摩罗什本人,因而佛藏中才有鸠摩罗什《注维摩诘经》的记载,卷数不详。在鸠摩罗什的弟子中,僧肇、道融、竺道生、僧导等都曾对《维摩诘所说经》做注释或义疏。据《高僧传》卷7《竺道生》载:

初关中僧肇始注《维摩》，世咸玩味，生乃更发深旨，显畅新异及诸经义疏，世皆宝焉。

僧肇所注《维摩诘所说经》一出，当时就引起了僧俗学界的广泛重视，研讨学习者比较多，竺道生在此基础上又有《维摩诘所说经义疏》之作。竺道生大约在义熙元年（405）与慧观等从庐山到长安追随鸠摩罗什参与译经，406年译出《维摩诘所说经》。《出三藏记集》卷15《道生法师传》记载竺道生"义熙五年（409）还都，因停京师"，因而，409年竺道生即离开长安渡江南下，由此时间可以推断，僧肇《注维摩诘经》所完成时间当在408年之前，竺道生《维摩诘经义疏》完成的时间在409年之前。

僧肇《注维摩诘经》流布江南的时间，在现有文献记载中是在义熙四年（408）之后的很长一段时间，我们可以从僧肇本人的一封书信了解这个情况。现存僧肇的《答刘遗民书》云：

不面在昔，伫想用劳。慧明道人至，得去年十二月疏，并问：披寻返覆，欣若暂对。凉风届节，顷常如何？贫道劳疾多不住耳，信南返不悉。八月十五日，释僧肇疏答……生上人顷在此，同止数年。至於言话之际，常相称咏。中途还南，君得与相见，未更近问，悒悒何言。威道人至，得君《念佛三昧咏》，并得远法师《三昧咏》及《序》。此作兴寄既高，辞致清婉，能文之士，率称其美，可谓游涉圣门，扣玄关之唱也。君与法师当数有文集，因来何少。什法师以午年出《维摩经》，贫道时预听次，参承之暇，辄复条记成言，以为注解。辞虽不文，然义承有本。今因信持一本往南，君闲详，试可取看。来问婉切，难为郢人。贫道思不关微，兼拙於笔语，且至趣无言，言必乖趣。云云不已，竟何所辨。聊以狂言，示酬来旨耳。

此封回信时间不详，但是从"去年十二月"到"今年八月十五日"之间僧肇在收到刘遗民的两封信之后的第二封回信，此次回信主要是"威道人"从庐山带来刘遗民的《念佛三昧咏》及慧远法师的《三昧咏》及《序》，所以僧肇也修回书一封，并且把自己的《注维摩经》随信捎去，由此可见，当时的江南僧界未必有僧肇的《注维摩经》流传。

僧肇在信中说:"生上人顷在此,同止数年。至於言话之际,常相称咏。中途还南,君得与相见,未更近问,惆悒何言。"此处提到的"生上人"即竺道生,因而此信书写时间当在竺道生离开长安的当年或次年。汤用彤先生据此考证僧肇《答刘遗民书》写于义熙六年(410)八月十六日,是为妥当。

由此可以推断,在410年之前,刘遗民未曾见到僧肇的《注维摩诘经》,那么这就说明这个注本在江南尚未流传开来,因而,僧肇注释本的流行时间应该是比较晚了。

僧肇是鸠摩罗什弟子中学养最好的,他对儒释道三家典籍都有研究,在僧俗两界的影响较大,因而他注释的《维摩诘所说经》比较完整地流传了下来,今存藏中10卷本的《注维摩诘经》即是。但是罗什本人及道融、道生等人的单行本注释就散佚了。不过现存藏中题名僧肇的《注维摩诘经》中,以集注的方式也保留了罗什、道融、道生的部分注释。

在僧传记载中,罗什弟子及与长安僧团有密切学术渊源的僧人所做注释、义疏尚有一些:江陵竹林寺僧人昙诜作《注维摩经》[1],道融著《维摩义疏》[2],洛中僧人释慧静有《注维摩经》,"多留传北土"[3],南朝宋定林下寺僧人释僧镜著《维摩义疏》[4]。如吉藏在解释"维摩诘"时说:"外国称毗摩罗诘。罗什僧肇,番为净名;道生昙诜,云无垢称。"[5]由此可知吉藏对道生、昙诜的注释、义疏是非常熟悉的,那么在隋唐之际,道生、昙诜的注释义疏尚有流传。

在敦煌卷子中,发现了僧肇单注之《维摩诘经解》(甘博129/罗振玉旧藏)与僧肇、罗什合注之《维摩义记》(S.2106),由此出发,学者推断认为,鸠摩罗什译出《维摩诘所说经》之后,罗什、僧肇、道生、僧叡、道融、昙诜等单注《维摩经》分别流行,此后出现什、肇的编集本,再后

---

〔1〕《高僧传》卷6《释道祖》。
〔2〕《高僧传》卷6《释道融》。
〔3〕《高僧传》卷7《释慧静》。
〔4〕《高僧传》卷7《释僧镜》。
〔5〕吉藏:《净名玄论》卷2,见《大正新修大藏经》第38册《经疏部六》。

来则是什、肇、生、融等诸师之 8 卷本,最后才添增为现存藏中的《注维摩诘经》10 卷。[1]

在敦煌写本中,有 38 种《维摩经》注疏,其撰著年代从 4 世纪的两晋之际到 10 世纪的敦煌归义军时期,跨越 6 个世纪。其中两晋、六朝之际的注疏 6 种,南北朝时期的注疏 9 种,隋唐时期的注疏 17 种,敦煌吐蕃、归义军时期的注疏约 6 种。[2]

由以上数据可知鸠摩罗什《维摩诘所说经》的流传之广泛。同时,僧俗两界对于《维摩诘所说经》的宣讲随之形成一个高峰。僧传所载隋之前僧人宣讲《维摩诘所说经》声誉卓著者有多人,如罗什弟子僧导在瓦官寺开讲《维摩》[3],南朝齐释僧宗"讲《涅槃》、《维摩》、《胜鬘》等,近盈百遍,以从来信施造太昌寺以居之"。[4] 北魏释昙度"备贯众典,《涅槃》、《法华》、《维摩》、《大品》,并探索微隐,思发言外……魏主元宏闻风餐挹,遣使征请。既达平城,大开讲席。宏致敬下筵,亲管理味,於是停止魏都,法化相续,学徒自远而至千有余人"。[5] 释道盛,"善《涅槃》、《维摩》,兼通《周易》……后憩天保寺,齐高帝敕代昙度为僧主"。[6] 释慧基"善《小品》、《法华》、《思益》、《维摩》、《金刚波若》、《胜鬘》等经"。[7] 释法安于齐"永明中还都止中寺,讲《涅槃》、《维摩》、《十地》、《成实论》,相继不绝"。[8] 南朝齐释宝亮"移憩灵味寺,於是续讲众经,盛于京邑。讲《大涅槃》凡八十四遍,《成实论》十四遍,《胜鬘》四十二遍,《维摩》二十遍,其《大小品》十遍……黑白弟子三千余人"。[9]

当然,这些宣讲的主要对象还是达官贵族居多,对《维摩诘经》而

---

[1] 曾晓红:《敦煌本〈维摩经〉注疏叙录》,上海师范大学硕士学位论文,2008 年,第 44 页。
[2] 曾晓红:《敦煌本〈维摩经〉注疏叙录》,上海师范大学硕士学位论文,2008 年,第 45 页。
[3]《高僧传》卷 7《释僧导》。
[4]《高僧传》卷 87《释僧宗》。
[5]《高僧传》卷 87《释昙度》。
[6]《高僧传》卷 8《释道盛》。
[7]《高僧传》卷 8《释慧基》。
[8]《高僧传》卷 8《释法安》。
[9]《高僧传》卷 8《释宝亮》。

言尤其如此,因为这部经典本身就决定了它更能在名士、贵族中获得较高的地位。

佛经中的维摩诘本来就是毗耶离大城的巨富,富贵的身份地位、无碍的辩才、高深的智慧,使得这个在家居士取得极高的修为,所谓"深达实相,善说法要,辩才无滞,智慧无碍,一切菩萨法式悉,秘不得人"〔1〕。这种智慧和修为显然是普通百姓不能达到的了。那么其对于南朝高门士族、清谈名士而言,在形象上就有"对号入座"的亲和力。正是因为这个原因,东晋江南维摩诘信仰在名士达官间非常流行。在北方,尤其是北方民间社会,维摩诘信仰也主要是一种贵族信仰,当我们说维摩诘信仰的时候,应该对此有更为清楚的认识。

关于《维摩诘所说经》译出后,从皇帝到大臣贵族都有自讲《维摩经》者,如《魏书》卷8《世宗宣武帝纪》载:

> [永平元年]九月辛巳,封故北海王子颢为北海王。壬午,诏定诸门阁名。冬十月癸丑,以司空、广阳王嘉为司徒。庚午,郢州献七宝床,诏不纳。十有一月甲申,诏禁屠杀含孕,以为永制。己丑,帝于式乾殿为诸僧、朝臣讲《维摩诘经》。

《陈书》卷19《马枢传》载:

> [马枢]博极经史,尤善佛经及《周易》、《老子》义。梁邵陵王纶为南徐州刺史,素闻其名,引为学士。纶时自讲《大品经》,令枢讲《维摩》、《老子》、《周易》,同日发题,道俗听者二千人。

《魏书》卷67《崔光传》载崔光"每为沙门朝贵请讲《维摩》、《十地经》,听者常数百人",这个崔光,信佛尤胜,洛阳建正始寺,崔光一次施钱40万〔2〕。

因而,无论是江南还是北方,达官贵族对《维摩诘所说经》的讲说,都对维摩诘信仰起了推波助澜的作用。

龙门后期的百余铺维摩变造像,绝大部分造于正光、孝昌之际,此

---

〔1〕《维摩诘所说经》卷下《文殊师利问疾品第五》。
〔2〕《洛阳伽蓝记》卷2《正始寺》。

时佛教之兴盛形势,正如[1]《魏书》卷114《释老志》所云:"正光已后,天下多虞,王役尤甚,于是所在编民,相与入道,假慕沙门,实避调役,猥滥之极,自中国之有佛法,未之有也。"

至于维摩诘信仰在民间的情况,可以通过以下几个写经题记得到一个大概认识。

日本书道博物馆所藏《维摩诘经》卷3题记:

> 写妙法功德,普施补一切,同证会真如,速成无上道。窃闻如来出于经教,金口所说十二部尊经,演导群生,心中浪悟,成想炳然,光影即现。非形有相,睹瑞应而除,圣僧行教,众生无不归伏。然阎硕兄弟等,生在阎浮,一形已来,恶业所钟,不能舍利。遂即归投佛海,寻经听义。但闻此经一句一揭,即除五浊之名。弟子等减割一米之余,奉为亡考亡批七世先灵,敬造《维摩经》一部,《华严十恶经》一卷。弟子烧香,远请经生朱令誉,用心斋戒。香汤洗浴,身着净衣,在于静室,六时行道。写经成就,金章玉轴琉璃七宝庄严具足。又愿弟子兄弟合门眷属诸亲知识等,百恶从兹并减,十恶还来捕处。法轮恒晖,三宝无难,耶摩归正六道,众生俱时成佛。
>
> 安乐三年三月十四日写讫,弟子阎硕供养。
>
> 沙门玄靓受持。[2]

这个阎硕之所以请经生敬写《维摩经》一部,是因为听说"闻此经一句一揭,即除五浊之名",由此可窥见阎硕这种希图通过抄写《维摩诘经》脱离"五浊恶世"的心态,这显然是很多写经供养者存在的一个普遍心态——所谓"游陟十圣之纵,速登常住之果"[3]。

敦煌卷子散806西魏辛兴升写《妙法莲华经》卷4题记:

> 弟子兴升,自唯(惟)宿行不纯,等类有识,禀受风末尘秽之形,重昏迷俗,沈溺有流。无明所著,茄闻经云:大觉玄监,信敬大

---

〔1〕张乃翥:《龙门石窟维摩变造像及其意义》,载《中原文物》1982年第3期。

〔2〕魏郭辉:《敦煌写本佛经题记研究——以唐宋写经为中心》,兰州大学博士学位论文,2009年,第28-29页。

〔3〕敦煌卷子池211《西魏都维那惠超写〈大般涅槃经〉卷二十八题记》,见聂葛明:《敦煌西魏写经及题记管窥》,载《敦煌学辑刊》2007年第4期。

乘,果报无极,以是弟子兴升,国遣使向突贵(厥),儿女在东。即率单情,咸(减)割身分之余,为七世父母,所生父母,妻子亲眷,敬写《法华经》一部、《无量寿》一部、《药师》一部、《护身命经》一部。愿持之功,一豪之善,使弟子超缠群俗,形升无碍,托生紫宫,登阶十住。辨才无滞舍利佛,不思议力如维摩诘,行如文殊,得道成佛。又愿弟子儿女相见,现家眷、兄弟、知识、子侄、中表普及,弟子兴升儿女得还家庆会,值佛闻法,含生等同斯契。[1]

这位即将代表西魏朝廷出使突厥的辛兴升敬写《法华经》一部、《无量寿》一部、《药师》一部、《护身命经》一部,期望既能使自己得到"超缠群俗,形升无碍,托生紫宫,登阶十住"修行善果,又期望使自己得到舍利弗一样的辩才、维摩诘一样的神通力、文殊菩萨一样的智慧,并最终能成佛。由此可见,维摩诘信仰是同维摩诘作为在家居士的那种"不可思议的神通力"密切相关的。

通过这两份敬写《维摩诘经》的写经题记,我们对当时民间关于维摩诘信仰之心理状态可以得到一点认识。

---

[1]聂葛明:《敦煌西魏写经及题记管窥》,载《敦煌学辑刊》2007年第4期。

11 《维摩诘所说经》
与维摩诘造像考

佛教作为"像教",其文字经典的力量在信仰崇拜中最直接的体现,就是这些可以让信仰者直接面对和观照的造像与壁画,因而,我们从造像与壁画入手来讨论鸠摩罗什翻译注释《维摩诘所说经》(*Vimala-kirti-nirdesha-sutra*)对于维摩诘信仰发展兴盛的重要意义。[1] 鸠摩罗什译本以其确切达意与优美文风而著称,这种情况从现存的敦煌写本中可以得其大概。在敦煌卷子中发现的支谦、鸠摩罗什、玄奘所译的3种《维摩诘经》译本中,鸠摩罗什所译《维摩诘所说经》写本最多,有821卷,其数量居敦煌汉文佛经写本中第五位。[2] 然而,经典翻译、注释的变化同造像、壁画的变化是否是同步进行的关系,尚需做进一步研究。

首先需要解决的一个问题是:是否随着鸠摩罗什新译本的产生,在"维摩诘变"等壁画和造像中就会像义理探讨那样体现出新译佛经的经义来?事实上,图像的流变历史首先是有其自身的发展逻辑,其后才是对于新出现的文字经典的体现。

换句话说,我们不能因为某一部新的佛经出现,就很机械地认为此后的很多相关图像都是这部新佛经的文字解说。图像流变有两条

---

[1]鸠摩罗什于后秦弘始八年(406)重译的《维摩诘所说经》自问世后,注释本众多,现存注释本有东晋僧肇《注维摩诘经》10卷,日本圣德太子《维摩经义疏》5卷,隋代慧远《维摩经义记》8卷,隋代智顗《维摩三观玄义》2卷、《维摩经玄疏》6卷、《维摩经文疏》28卷,吉藏《净名玄疏》8卷、《维摩经义疏》6卷、《维摩经略疏》5卷等。参见江素云:《〈维摩诘所说经〉敦煌写本综合目录》,台北:东初出版社,1991年,序言第5页。

[2]江素云:《〈维摩诘所说经〉敦煌写本综合目录》,台北:东初出版社,1991年,序言第2-3页。

线,一是绘画者的风格流变,二是经典的影响。即使是按照同一个译本所做的图像,如果绘画者的画风来源不同,其图像也会有很大的差异。

11.1 支谦译本与维摩诘造像考

如果从佛经经文对于造像和壁画的影响或规范方面来讲,严佛调的《古维摩经》影响有限,那么"维摩诘"形象之塑造,应该是以支谦本《佛说维摩诘经》和鸠摩罗什本《维摩诘所说经》为蓝本,因为在鸠摩罗什于后秦弘始八年(406)译出《维摩诘所说经》之前,东晋江南地区的维摩诘信仰在贵族名士间就已经相当流行,维摩诘造像也非常成熟。

11.1.1 支谦译本与东晋时期江南的"名士形象"维摩诘造像

在鸠摩罗什翻译注释《维摩诘经》之前,支谦译本的《维摩诘经》在江南地区已经很有影响。其时讲说支谦本《维摩诘经》者,以支道林最著:

> [支道林]追踪马鸣,蹑影龙树,义应法本,不违实相。晚出山阴讲《维摩经》,遁为法师,许询为都讲。遁通一义,众人咸谓询无以厝难。询设一难,亦谓遁不复能通。如此至竟,两家不竭,凡在听者咸谓审得遁旨,回令自说得两三反便乱。[1]

因而在江南地区,维摩诘信仰之流行要比北方地区为早,反映在图像上,此一阶段关于维摩诘的图像在南北的理解与人物塑造方面就有一些差距。如东晋画家顾恺之以善于画维摩诘像而著称,据《名画记》载:

> [顾恺之]尝于瓦棺寺北殿内画维摩居士,画毕,光辉月余[2]

此条记载所揭示的由顾恺之画于瓦官寺的"维摩诘",其形象已经是居士像。关于此次壁画维摩诘之盛事,《京师寺记》有详尽记载:

> 《京师寺记》云:兴宁中,瓦棺寺初置僧众,设刹会,请朝贤士庶宣疏募缘。时士大夫莫有过十万者,长康独注百万。长康素贫,

---

〔1〕《高僧传》卷4《支遁》。
〔2〕《太平广记》卷210《顾恺之》。

众以为大言。后寺僧请勾疏,长康曰:"宜备一壁。"闭户不出一月余,所画维摩一躯工毕。将欲点眸子,乃谓僧众曰:"第一日观者,请施十万;第二日观者,请施五万;第三日观者,可任其施。"及开户,光照一寺。施者填咽,俄而及百万。刘义庆《世说》云:"桓大司马每请长康与羊欣讲论画书,竟夕忘疲。"[1]

这种盛况,一方面说明顾恺之的绘画在江南的盛名,也从一个侧面反映了东晋时期江南维摩诘信仰之盛行[2]。

维摩诘既然是作为居士形象出现,当然也可能是菩萨妆,但是顾恺之所画居士像维摩诘,已经是以当时的文人名士的形象来造像。

唐代张彦远《历代名画记》记载顾恺之画维摩诘:"顾生首创维摩诘像,有清羸示病之容,隐几忘言之状,陆(探微)张(僧繇)效之,终不及矣。"[3]虽然现在已经没有此一时期顾恺之风格的维摩诘画像可以参考,但是关于谢灵运与维摩诘造像关系的一条记载可为我们略供佐证:

> 晋谢灵运须美,临刑,施于南海祇寺,为维摩诘须。寺人宝惜,初不亏损。中宗安乐公主,五月斗百草,欲广其物色,令驰取之。又恐他人所得,因剪弃其余。今遂绝[4]。

既然谢灵运须在临逝前施于南海祇寺做维摩诘造像之胡须,可见当时南方流行的维摩诘造像是美须临风的名士形象。

不仅如此,江南维摩诘形象之塑造在顾恺之时代已经不仅仅是单幅画像,已经有了情节复杂、变化多样的经变图像,绘此种经变图者以顾恺之稍后的画家袁倩最著,《历代名画记》载袁倩:

> 绘《维摩诘变》一卷,百有余事,运事高妙,六法备呈,置位无差,若神灵感会,精光指顾,得瞻仰威容。前使顾、陆知惭,后得张、

[1]《太平广记》卷210《顾恺之》。
[2]《维摩诘经》对于东晋名士的影响,可参阅宁稼雨:《从〈世说新语〉看维摩在家居士观念的影响》,载《南开学报》2000年第4期。
[3]张彦远:《历代名画记》卷2,北京:人民美术出版社,1963年。
[4]《太平广记》卷405《谢灵运》。

阎骇叹。[1]

"百有余事"一句清楚表明袁倩所画《维摩诘变》是一幅情节繁杂、场面丰富的经变画而非单纯的人物画像。

在北方的情况可能是不一样的,据目前的研究,北方地区如造像发展较早的凉州等地区,受西域的影响非常明显,而如炳灵寺、麦积山之早期造像、壁画受西域、长安佛教影响较大。

11.1.2 支谦本《维摩诘经》在北方的影响

从经典的讲说普及来看,在鸠摩罗什之前,释道安曾讲说《维摩诘经》:

> 石勒时,常山沙门卫道安,性聪敏,诵经日至万余言。以胡僧所译《维摩》、《法华》,未尽深旨,精思十年,心了神悟,乃正其乖舛,宣扬解释。"[2]

释道安所注《维摩诘经》,在敦煌写本中发现一个残卷 P.3006,该卷经文首起《法供养品第十三》"故劝信、寂无慢同三经,辞异义同也",尾至"是姓族子名为无上法之供养也如是天帝太子善宿从"。大字经文,双行小注,行间有界栏,共 50 行,行约 22 字。楷体,字品、书品俱佳。南北朝时期写卷,历代大藏经未收。1973 年法国科研中心 438 小组敦煌研究组编写的《伯希和敦煌汉文写本目录》[3]收入此卷,题为:

> 3006 维摩诘经注释(Commentaire du Wei mo kie king 维摩诘经)散离的残卷;不完整的卷尾;未曾发表过。依支谦本的经文所作的注释,相当于 T.474, vol.14, pp.535c28.11 – p.536a29,注疏有七次引竺法护《正法华经》,T.263, vol.9,有四次引用竺氏,可能是竺法护。

---

[1]张彦远:《历代名画记》卷 5,北京:人民美术出版社,1963 年。

[2]《隋书》卷 35《经籍四》。

[3]*Michel Soymie Catalogue des Manuscrits Chinois de Touen-Houang Fonds Pelliot Chinois dela Bibliotheque National*, Vol.3, Nos 3001 – 3500, Paris, 1983.

由此可知,释道安宣扬注释的是支谦翻译的《佛说维摩诘经》[1],而释僧肇之出家修道机缘也是缘于对支谦本《佛说维摩诘经》的学习,据《高僧传》本传云:

> 释僧肇,京兆人,家贫以佣书为业。遂因缮写,乃历观经史备尽坟籍。爱好玄微,每以庄老为心要。尝读《老子德章》,乃叹曰:"美则美矣,然期神冥累之方,犹未尽善也。"后见《旧维摩经》,欢喜顶受,披寻玩味,乃言:"始知所归矣。"因此出家,学善《方等》,兼通三藏,及在冠年,而名振关辅[2]。

此处僧肇所读的《旧维摩经》,显然就是支谦本[3],至少也是以支谦本为主的那个汇集本或释道安的注释本,在鸠摩罗什到长安之前在北方就非常流行了。

敦煌写本中发现的散0191(李盛铎旧藏)《维摩经义记·卷第二》即是支谦本。该卷图版未见,据有关论著记载,该卷尾题"维摩经义记甘露二年(360)正月廿七日沙门静志写记"。因汉、曹魏、孙吴、苻秦、辽代都有此纪年,学界多断为苻秦。又因其纪年早于弘始八年(406)罗什重译《维摩诘所说经》的时间,有学者推测该卷是支谦本的义记。历代大藏经未收[4]。

因而,支谦本《佛说维摩诘经》在以长安为中心的北方地区的影

---

〔1〕中华佛学研究所的释果朴认为:"P3006注为道安所造,故译者为法护。"参见释果朴:《敦煌写卷P3006"支谦"本〈维摩诘经〉注解考》,台北:法鼓文化事业股份有限公司,1998年,第217－230页。

〔2〕慧皎:《高僧传》卷6《释僧肇》。

〔3〕当然,目前的问题是,对于鸠摩罗什翻译之前南北僧界所能见到或读诵的《维摩诘经》应该有不同译本的差别,学界对此有不同的说法,如何剑平先生就认为僧肇早期所读的《旧维摩经》不一定是支谦译本(参见何剑平:《中国中古维摩诘信仰研究》,成都:成都出版集团、巴蜀书社,2009年,第29－37页),而释果朴则认为敦煌P3006卷子是竺法护译本(参见释果朴:《敦煌写卷P3006"支谦"本〈维摩诘经〉注解考》,台北:法鼓文化事业股份有限公司,1998年,第217－230页)。然而,需要引起注意的是,东晋时期的西域僧人支敏度曾将支谦、竺法护、竺叔兰译本汇集成《合维摩诘经》,这个汇集本虽然已经见不到了,但是根据僧祐《出三藏记集》序卷第8《合维摩诘经序》所记,该汇集三家译本的《合维摩诘经》是以支谦译本为母本,将竺法护、竺叔兰译本"事类相从"分段附之于后,可以很方便地对比阅读三个译本。那么,由此可以推断,鸠摩罗什译本完成之前,僧界最为流畅、通行的《维摩诘经》主要应该是支谦译本。

〔4〕曾晓红:《敦煌本〈维摩经〉注疏叙录》,上海师范大学硕士学位论文,2008年,第46页。

·欧·亚·历·史·文·化·文·库·

响,应该引起我们足够的重视。

11.2　判断《文殊问疾品》
早期维摩诘图像蓝本的一个关键标准

伴随维摩信仰的流行,维摩诘作为一个最流行的佛教主题人物而频繁出现在佛教艺术作品之中,乃至形成了"诸经变相以维摩诘为最多"[1]的历史事实。因而,从考察维摩诘造像之特征及布局来认识《维摩诘经》对于佛教造像的影响,就具有了典型意义。

在维摩诘造像中,根据《维摩诘经》之《文殊师利问疾品》所塑造的《维摩诘经变》最为常见而流行,我们就在将《文殊师利问疾品》支谦译本与鸠摩罗什译文的对比基础上,来考察一下其对早期维摩诘图像绘制的影响问题。

鸠摩罗什《维摩诘所说经》第五品是《文殊师利问疾品》,文殊师利到毗耶离大城维摩诘处问疾,场景如下:

> 于是,文殊师利与诸菩萨大弟子众及诸天人恭敬围绕,入毗耶离大城。尔时,长者维摩诘心念,今文殊师利与大众俱来,即以神力空其室内,除去所有及诸侍者,唯置一床以疾而卧。

> 文殊师利既入其舍,见其室空,无诸所有,独寝一床。时维摩诘言:"善来,文殊师利,不来相而来,不见相而见。"

> 文殊师利言:"如是,居士。若来已更不来,若去已更不去。所以者何? 来者无所从来,去者无所至,所可见者更不可见。且置是事。居士,是疾宁可忍不? 疗治有损不至增乎? 世尊殷勤致问无量,居士,是疾何所因起? 其生久如? 当云何灭?"[2]

支谦《佛说维摩诘经》第五品是《诸法言品》,文殊师利到毗耶离大城维摩诘处问疾,场景如下:

---

〔1〕饶宗颐:《饶宗颐史学论著选》,上海:上海古籍出版社,1993年,第392页。
〔2〕鸠摩罗什译:《维摩诘所说经》卷中《文殊师利问疾品第五》,见《大正新修大藏经》第14册《经集部一》。

于是,文殊师利与诸菩萨大弟子及诸天人眷属围绕,俱入维耶离大城。长者维摩诘心念,今文殊师利与大众俱来,吾将立空室合座为一座,以疾而卧。

文殊师利既入其舍,见其室空,除去所有,更寝一床。维摩诘言:"劳乎文殊师利,不面在昔,辱来相见。"

文殊师利言:"如何居士忍斯种作疾?宁有损不至增乎?世尊殷勤致问无量,兴起轻利游步强耶?居士是病何所正立?其生久如?当何时灭?"

对比这两段译文,差异甚大,我们只选取与本书有关的差异之处做点说明。

(1)支谦本所译"不面在昔,辱来相见",显然是一种"硬译"甚至完全就是"错译",没能将维摩诘这句包含深意的文意翻译出来,而变成了一句见面打招呼的俗语;而罗什之"不来相而来,不见相而见"则深得其义。

正是由于支谦对维摩诘这句"不来相而来,不见相而见"的误译,所以对于其下文殊师利所说的一段针对维摩诘"不来相而来,不见相而见"的话就无法准确翻译,所以不得不略去了这段最重要的对话。

要知道,维摩诘以善辩、智慧著称,释迦牟尼佛的十大弟子、诸菩萨都觉得自己不能够同维摩诘辩论,所以不敢前来问疾,因而,维摩诘只要提出一论题,文殊师利是绝不会避而不答的。

根据鸠摩罗什译文可以看出,文殊师利针对维摩诘"不来相而来,不见相而见"的命题,很快就做了一个复杂而机智的对答:

若来已更不来,若去已更不去。所以者何?来者无所从来,去者无所至,所可见者更不可见。

此话一完,不容维摩诘再做发挥,文殊师利就用一句"且置是事"打断了这个话头,一口气提出几个前来"问疾"的问题。

支谦本只有问疾的几个问题,而没有翻译前面这段重要的讨论。

由此可见,后秦国主姚兴对支谦、竺法护《维摩经》译本"理滞于文,常惧玄宗坠於译人"[1]的评价,确实反映了这些译本的真实情况。

(2)当维摩诘听说文殊师利要来"问疾",就将自己住的地方腾空了等待,此句译文,支谦译本是:

> 吾将立空室合座为一座,以疾而卧。

鸠摩罗什译本是:

> 除去所有及诸侍者,唯置一床以疾而卧。

二者的最主要差别是支谦译本只提到了"合座为一座",就是维摩诘只为自己留下了展示病容的坐床;而鸠摩罗什译文不但说维摩诘将室内的多余座椅之类的东西都清出去,而且身边连个侍者都没有保留。

因而,鸠摩罗什本的"除去所有及诸侍者"中之"诸侍者",是此段经文中同支谦本最大的不同之处,竺道生专门对"诸侍者"做了一个很明白的注释:

> 生曰:"为妨已,陪侍者须别将。又以明体夫宗致,无舍群生之怀,苟不弃之,莫非皆侍矣。"

如果说,佛教经典对于图像的绘制、场景的塑造具有规范或蓝本的意义,那么,《维摩诘变》图像中维摩诘身边是否有侍者,就应该是判断此种图像之绘制究竟是根据哪个译本来做蓝本的。

11.3　支谦本《佛说维摩诘经》是炳灵寺 维摩诘造像的经文蓝本

在北方地区现存最早的关于《维摩诘变》的图像实物,是永靖炳灵寺第 169 窟北壁后部绘于西秦的两幅《维摩诘变》中之维摩诘造像。[2]

---

〔1〕僧祐:《出三藏记集》序卷第 8《注维摩诘经序》,载《大正新修大藏经》第 55 册《目录部全》。

〔2〕甘肃省文物工作队等:《中国石窟·永靖炳灵寺》,北京:文物出版社,1989 年,图版第 36、37、41。炳灵寺 169 窟北壁的《维摩诘变》实有三铺画像,在我们要介绍的第二铺的下面所覆盖的画像,据现在露出的坐佛像与"文殊师利"及题记来推断,也应该是一铺作于同期的《维摩诘变》。由于此铺《维摩诘变》的"维摩诘"形象无法得见,因而本书略而不论。可参阅张宝玺:《炳灵寺的西秦石窟》,载甘肃省文物工作队等《中国石窟·永靖炳灵寺》,北京:文物出版社,1989 年,第 188 页。

比较完整的一幅《维摩诘变》构图分左中右三部分,居中摩尼珠宝盖下一结跏坐佛,榜题"无量寿佛"。[1] 右侧菩提宝盖下一佛坐于叠涩须弥座上说法,两侧有肋侍菩萨。左侧的墨线框内,上悬帐幔,宝盖下维摩诘做束发的菩萨妆,拥衾被半卧,其右侧有一菩萨妆侍者,中间榜题"侍者之像""维摩诘之像"。[2]

另外一幅维摩诘造像在上述维摩诘造像的右下方,也是菩萨妆形象,但是与上一幅略有不同之处在于此造像是头戴宝冠的菩萨立像。[3]

这两幅《维摩诘变》是中国境内现存最早的维摩诘图像,同文献记载中的南方维摩诘及西秦之后的维摩诘图像相比较,有两个值得我们注意的特点:

(1)同文献记载中东晋顾恺之所作维摩诘相比较,东晋时期江南的维摩诘造像是以如谢灵运一样有"美髯"的名士形象为蓝本塑造的,而炳灵寺 169 窟的两个维摩诘形象都是完全按西域风格的"束发菩萨"和"戴宝冠菩萨"的形象绘制的。前者是典型的中原文士型居士像,后二者是典型的菩萨像。后世的维摩诘都是继承东晋时期江南的画风,由此可见,炳灵寺 169 窟维摩诘造像"菩萨妆"之独特性。

(2)炳灵寺 169 窟的第一铺《维摩诘变》中,维摩诘作病态斜卧在床,其旁边立一侍者。此场景中的人物布置与鸠摩罗什译本的《维摩诘所说经》所描绘的《文殊师利问疾》场景不同,而倒是与支谦本的《佛说维摩诘经》卷上《诸法言品》的译文相吻合。

---

〔1〕学者认为此处榜题之"无量寿佛"是误题,应该是"文殊师利"。是否如此,应该慎重,在鸠摩罗什翻译《维摩诘所说经》之前,《维摩诘经》的译本错讹较多,北方的情况可能尤其严重。是否此处之错误也真实反映了当时北方流传的《维摩诘经》传抄等方面的错讹情况,待考。

〔2〕甘肃省文物工作队等:《中国石窟·永靖炳灵寺》,北京:文物出版社,1989 年,图版说明第 37;王亨通、杜斗成:《炳灵寺石窟内容总录》,兰州:兰州大学出版社,2006 年,第 188 – 190 页。

〔3〕甘肃省文物工作队等:《中国石窟·永靖炳灵寺》,北京:文物出版社,1989 年,图版说明第 41。

图 11 - 1　炳灵寺 169 窟,西秦《维摩诘变》(作者摄影)

前面我们通过对比已经论证,如果按照鸠摩罗什新译的《维摩诘所说经》的《文殊师利问疾品》来塑造"文殊师利问疾"的场景[1],就应该注意到"除去所有及诸侍者"这句不同于支谦译本的经文,那么在维摩诘的画像前就不能再画上侍者之像。炳灵寺 169 窟的第一铺《维摩诘变》中榜题有"侍者之像""维摩诘之像",显然与鸠摩罗什译本的经文相悖。

问题就在于支谦译本中恰恰就没有将"诸侍者"给翻译出来,只提到了多余的座椅被"除去"。

---

〔1〕贺世哲先生也认为:"炳灵寺的'问疾品'很简单,维摩诘身穿菩萨装,卧病于床,以示'现身有疾',是按照经文绘制的。"(参见贺世哲:《敦煌莫高窟壁画中的〈维摩诘经变〉》,载《敦煌研究》1983 年第 2 期)如果炳灵寺"文殊师利问疾品"确实是严格按照佛经经文绘制的,那么可以断定此铺图像是以支谦译本而不是鸠摩罗什译本做蓝图的。

正是因为支谦本在前文中没有将"诸侍者"翻译出来,所以在随后的文殊师利与维摩诘的对答中就进一步产生了歧义:

文殊师利言:"何以空无供养?"维摩诘言:"诸佛土与此舍,皆空如空。"又问:"何谓为空?"答曰:"空与空。"[1]

关于这组问答,鸠摩罗什是这样翻译的:

文殊师利言:"居士,此室何以空无侍者?"维摩诘言:"诸佛国土,亦复皆空。"又问:"以何为空?"答曰:"以空空。"[2]

而唐代的玄奘则译为:

妙吉祥言:"居士,此室何以都空,复无侍者?"无垢称言:"一切佛土,亦复皆空。"问:"何以空?"答:"以空空。"[3]

同一问答的三个译文相比较,就发现鸠摩罗什同玄奘译文完全一致,文殊师利(妙吉祥)问的是"此室何以空无侍者",而支谦误译为"此室何以空无供养"。

因而,要根据鸠摩罗什本《维摩诘所说经》来绘制《文殊师利问疾品》就绝不会有侍者像。

由此可以推断,炳灵寺169窟"束发菩萨妆"的维摩诘造像是以支谦本的《佛说维摩诘经》的《诸法言品》经文为蓝本来绘制的,应该定名为《诸法言品变》,而不是《文殊师利问疾品变》。

我们还需要强调的一个问题是:维摩诘造型在印度和中亚地区未曾发现,而炳灵寺169窟维摩诘造型是秉承西域菩萨造型风格而来的,是维摩诘造像中一个独特类型,它没有受到江南顾恺之维摩诘画法的影响。但是在此之后,顾恺之所绘江南名士形象的维摩诘形象迅速成为维摩诘造像的流行模本。

---

[1]支谦译:《佛说维摩诘经》卷上《诸法言品第五》,见《大正新修大藏经》第14册《经集部一》。

[2]鸠摩罗什译:《维摩诘所说经》卷中《文殊师利问疾品第五》,见《大正新修大藏经》第14册《经集部一》。

[3]玄奘译:《说无诟称经》卷3《问疾品第五》,见《大正新修大藏经》第14册《经集部一》。

11.4 鸠摩罗什译《维摩诘所说经》
对维摩诘图像的影响

就目前所知的早期维摩诘图像来看,炳灵寺 169 窟是个例外。在其后,从麦积山石窟到云冈石窟、龙门石窟造像[1]直至敦煌莫高窟壁画[2],无不是以鸠摩罗什所译《维摩诘所说经》为经文蓝本的。

当然该时期维摩诘造像的演变有两条路径:一是图像绘制风格的演变,由于来自江南的顾恺之画风的影响,从图像造型上由菩萨妆一变而成为身穿江南宽衣博带、手持麈尾的名士像;二是造像场景完全以鸠摩罗什《维摩诘所说经》做蓝本。

由于《文殊师利问疾品》被大量地以石刻造像和壁画的形式表现,所以鸠摩罗什所译《维摩诘所说经》中对于"除去所有及诸侍者"和"此室何以空无侍者"的准确翻译和强调,就使得此后石窟寺等佛教场所中,所作《文殊师利问疾》图像非常重视对于"侍者"与维摩诘、空室三者之间的位置关系之处理。

因而,要理解鸠摩罗什《维摩诘所说经》对于中古佛教造像的影响,从《文殊师利问疾品》来讨论就会使我们得到更为明晰和具体的认识。

与炳灵寺 169 窟时间较为接近的麦积山第 127 窟大型维摩诘经变,时代与第 120 窟接近,在北魏与西魏之际[3],维摩诘已经是名士形象。

云冈石窟中维摩诘造像之形象,从容貌与服装上可以分为两类:第一类以第 6 窟维摩诘像为代表,面相圆润,头戴帷帽,一绺长须,双目

---

〔1〕据张乃翥先生勘查统计,龙门石窟维摩诘变造像有 129 铺之多,参见张乃翥:《龙门石窟维摩变造像及其意义》,载《中原文物》1982 年第 3 期。

〔2〕参见沙武田:《S. P. 76〈维摩诘经变稿〉试析——敦煌壁画底稿研究之四》,载《敦煌研究》2000 年第 4 期。

〔3〕金维诺:《中国古代佛雕——佛造像样式与风格》,北京:文物出版社,2002 年,第 53 – 55页。

下垂,身着对领窄袖大袍,腰系宽带,穿长裤,是胡服的俗装形象,反映出北方胡人的风采;第二类以11—16、13—4窟等维摩诘造型为代表,皆是秀骨清像,表情自然呈论辩神态,身披无袖、胸襟系纽扣式的披肩,这是六朝时士大夫所着之服,是当时汉民族的世俗服装。[1]

据张乃翥先生勘查统计,龙门石窟维摩诘变造像有129铺之多,可以分早晚二期。

早期17铺,其中古阳洞早期列龛6铺,凿造时间大致在北魏太和中年至景明、正始之间。此时维摩已着褒衣博带式的服装,手执麈尾,足履六合靴,榻前见有几案。维摩所居几帐之侧又雕出留发髻的侍女天人等。宾阳中洞和路洞两个大型洞窟及慈香洞、六狮洞等9个中型窟龛有维摩变造像共计11铺,大约是北魏正始之后至神龟年间的一些三佛窟与4个释迦窟龛。

龙门后期的维摩变造像,包括北魏神龟元年至北齐天保二年这一时期的作品,共计111佛龛内112铺造像。这百余铺造像中见有绝对纪年的有神龟(2铺)、正光(5铺)、孝昌(9铺)、普泰(2铺)、永熙(2铺,均系后人补刻于前人佛龛中的题铭)、天平(2铺)、武定(1铺)、天保(1铺)8个年号。其中110铺均造于各个佛龛的楣拱两侧,这种形式一直继续到北齐天保二年,只有莲花洞、石窟寺内两个佛龛与此不同而另有特点。[2]

以如上有纪年的维摩龛为标型,考察龙门后期的维摩变造像,可以发现这百余铺造像绝大部分应造于正光、孝昌之际。造于正光之前的,仅在古阳洞北壁见有数铺,孝昌之后,维摩变造像在龙门急剧地衰落下去。[3]

龙门石窟文殊师利、维摩诘对坐佛龛两侧的经变图像,主要表现的是《文殊师利问疾品》之场景。

---

〔1〕张华:《云冈石窟中维摩诘和文殊菩萨造像的探讨》,载云冈石窟研究院编《2005年云冈国际学术研讨会论文集》研究卷,北京:文物出版社,2006年,第243页。

〔2〕张乃翥:《龙门石窟维摩变造像及其意义》,载《中原文物》1982年第3期。

〔3〕张乃翥:《龙门石窟维摩变造像及其意义》,载《中原文物》1982年第3期。

从文殊师利与维摩诘所处位置来看,有四种形式:在屋宇中、在宝盖下、在宝帐下、在室外。不论是宝帐还是屋宇,文殊师利所坐之处总是只能看到两个支柱,就像门似的一个平面,而维摩诘所坐之处则刻画出了三个支柱,事实上是四柱宝帐的一个侧视图,就像我们透视一个立体图形一样,用三根远近不同的立柱营造了一个比较立体的空间。在这个空间里,离观察者视野最近的那根柱子将室内或帐内空间一分为二,后部是手举麈尾说法辩论的维摩诘,前部安排一个或两个双手合十的菩萨装或僧人装的闻法弟子。

在龙门《文殊师利问疾品》的场景刻画中,维摩诘与"侍者"的位置关系可以通过以下图像得到生动明晰的了解。

龙门石窟魏字洞北壁佛龛龛楣左右两侧的《文殊师利问疾品经变图》中人物的安排是最典型的。

佛龛龛楣右侧是一个画出两柱的垂幔宝帐,文殊师利坐在宝帐下,左手高举如意做辩论状,右手做印;宝帐外前面有四列比丘样的弟子欢喜听法;在宝帐外的后面有一个体型很小、高束发髻袖手而立的女性造像。

佛龛龛楣左侧是一个画出三柱的方形垂幔宝帐,画面分三部分:(1)在宝帐内,后部是高举麈尾辩论的维摩诘,前部是一个菩萨装双手合十的造像;(2)宝帐前面,是三列比丘样的弟子合十听法;(3)宝帐后面,是一个体形较小、高束发髻袖手而立的女性造像。[1]

魏字洞南壁佛龛龛楣左侧维摩诘造像宝帐下合十而立菩萨装闻法弟子面部轮廓清晰,生动形象。维摩诘宝帐外的后面,有一个比丘模样的侍者。[2]

这种人物场景的安排是完全依照鸠摩罗什所译《维摩诘所说经》来布置的,在《文殊师利问疾品》中,文殊师利"问疾"是要入室的,否则就无从发问"居士,此室何以空无侍者"。但是此类图像从一开始就被

〔1〕龙门文物保管所等编:《中国石窟·龙门石窟》(一),北京:文物出版社,图版第92、93。
〔2〕龙门文物保管所等编:《中国石窟·龙门石窟》(一),北京:文物出版社,图版第89、90。

艺术家分解为"问疾"与"示疾"两个部分,因为"示疾"是维摩诘辩论中解"空"的关键环节。

如果在相对接近的空间表现这两个场景,那么"问"与"示"就能得到很好的照应。但是将维摩诘与文殊师利分列在龛楣两侧,距离较远,这样,"问"与"示"两个连贯的场景就不免有脱节的嫌疑,因而在维摩诘的室中或宝帐内安排了菩萨装或比丘装的听法弟子,这样"问疾"之"问"就在图像上得到了表现,因为文殊师利是"与诸菩萨大弟子众及诸天人恭敬围绕,入毗耶离大城"去问疾,那么维摩诘室中所立者即是"菩萨、大弟子"之形象。

在《文殊师利问疾品》场景中,侍者是不能在屋宇或宝帐内的,所以龙门石窟《文殊师利问疾品经变》图像中,只要有屋宇或宝帐,侍者一定在屋宇或宝帐外的后面侍立,只有在宝盖下或无任何建筑、伞具的情况下,侍者才在维摩诘的前下方被以相对较小的人物来表现。

类似的典型实例造像还有以下几端:

在龙门石窟药方洞北壁"释迦多宝象龛"上部两侧,左侧的维摩诘手中麈尾高高扬起,做辩论状;右侧的文殊菩萨也是手举如意。维摩诘和文殊师利室中前侧各有一比丘样的闻法弟子,无侍者,在文殊菩萨和维摩诘图像的下面,各有两个梳丫型发髻、双手合十的供养人。[1]

莲花洞北壁内侧下部"宋景妃造像龛"龛楣《维摩诘变》中无任何屋宇、宝盖或伞具之类表示"室内"的东西,维摩诘的侍者安排在两侧,梳丫型发髻。[2]

莲花洞北壁内侧上部佛龛两侧《维摩诘变》中,文殊师利与维摩诘分别坐于左右两侧的宝盖下,前方分别有梳丫型发髻的两个侍者,侍者明显要比闻法弟子小得多,闻法弟子双手合十,而侍者袖手站立在维摩诘侧前方。[3]

莲花洞北壁外侧上部小龛龛楣两侧,维摩诘与文殊师利分别坐于

〔1〕龙门文物保管所等编:《中国石窟·龙门石窟》(一),北京:文物出版社,图版第102。
〔2〕龙门文物保管所等编:《中国石窟·龙门石窟》(一),北京:文物出版社,图版第64。
〔3〕龙门文物保管所等编:《中国石窟·龙门石窟》(一),北京:文物出版社,图版第61。

方形宝帐下,无侍者,维摩诘宝帐内亦无菩萨、比丘。[1]

莲花洞南壁中央下部坐佛龛楣两侧,维摩诘室内有一闻法弟子,无侍者。[2]

莲花洞南壁外侧下部佛龛龛楣左侧坐于方形宝帐内的维摩诘前有一闻法菩萨,宝帐外的后面在很狭小的空间雕出一个小人的半边脸和半边上半身,此显然即为侍者。[3]

莲花洞南壁中央佛龛龛楣左侧维摩诘坐于方形屋宇内,室内有菩萨装闻法弟子,屋宇外的后面靠近屋顶处露出一比丘样人物的头部,同前面的闻法弟子相比比例很小,应该表示的是侍者。[4]

古阳洞北壁下层第二与第三龛间小龛龛楣《维摩诘经变》,维摩诘方型宝帐内有一菩萨装、一比丘样的闻法弟子,无侍者;而文殊菩萨不但身前有或跪或立、双手合十的闻法弟子,身后还有一个袖手而立的侍者。[5]

皇甫公窟南壁菩萨像龛龛楣左侧维摩诘在方形宝帐内举麈尾做辩论状,帐内有一菩萨装闻法弟子面对维摩诘双手合十而立,无侍者。[6]

皇甫公窟南壁菩萨像龛内维摩诘像,坐方形宝帐内高举麈尾,身后宝帐外面有 5 个梳丫型发髻的人物,其人物造型同皇甫公窟北壁"释迦多宝象龛"《礼佛图》中的礼佛贵族女性完全一致[7],应该表现的是闻法者。[8]

地花洞正壁左侧上部的维摩诘室内有一跪姿菩萨装闻法弟子,室外有梳丫型高髻的闻法者。[9]

〔1〕龙门文物保管所等编:《中国石窟·龙门石窟》(一),北京:文物出版社,图版第 63。
〔2〕龙门文物保管所等编:《中国石窟·龙门石窟》(一),北京:文物出版社,图版第 56。
〔3〕龙门文物保管所等编:《中国石窟·龙门石窟》(一),北京:文物出版社,图版第 53。
〔4〕龙门文物保管所等编:《中国石窟·龙门石窟》(一),北京:文物出版社,图版第 52。
〔5〕龙门文物保管所等编:《中国石窟·龙门石窟》(一),北京:文物出版社,图版第 177。
〔6〕龙门文物保管所等编:《中国石窟·龙门石窟》(一),北京:文物出版社,图版第 189。
〔7〕龙门文物保管所等编:《中国石窟·龙门石窟》(一),北京:文物出版社,图版第 195。
〔8〕龙门文物保管所等编:《中国石窟·龙门石窟》(一),北京:文物出版社,图版第 190。
〔9〕龙门文物保管所等编:《中国石窟·龙门石窟》(一),北京:文物出版社,图版第 206。

综考以上诸图像,可以断定,龙门石窟的《文殊师利问疾品》经变画严格遵守了鸠摩罗什已经"除去所有及诸侍者"的场景设置,只要是有屋宇或宝帐的图像,侍者一定在屋宇或宝帐之外。

这些图像中,闻法弟子和侍者是有很明显区别的:

(1)闻法弟子是菩萨装或比丘模样,而侍者则是有高高的丫型发髻;不过也有例外,如莲花洞南壁中央佛龛龛楣维摩诘室后的侍者就是比例略小于闻法弟子的比丘模样。

(2)闻法弟子双手合十,侍者袖手而立;但也有例外,如莲花洞南壁中央佛龛龛楣维摩诘像前闻法弟子都是袖手而立。

(3)闻法弟子体型较大,而侍者明显小于弟子。

(4)如果有屋宇或宝帐,闻法弟子在屋宇或宝帐内前部面对维摩诘,而侍者则在屋宇或宝帐的外面,一般在后面。

(5)如果没有屋宇、宝帐、宝盖、伞具等,梳丫型发髻的侍者就被安排在维摩诘的前下方。在雕刻空间有限、室外等情况下,也有不表现侍者的,如慈香洞正壁坐佛左侧的维摩诘身边就只有合十闻法的比丘样弟子,而没有侍者。[1]

由于石刻造像本身比较固化的表现模式,无法像壁画那样灵活地表现经文内容,因而石窟造像与经典原文的对应情况就不是那么非常突出,但是龙门石窟《文殊师利问疾变》对侍者位置的安排与鸠摩罗什译《维摩诘所说经》经文完全一致。

在敦煌壁画中,隋唐及其后的维摩诘经变图像就完全同鸠摩罗什所译《维摩诘经》经文相配来表现经义。在此处只从敦煌莫高窟第61窟东壁《维摩诘经变》的榜题出发来做一简单例证。

此《维摩诘经变》场面宏大,不但人物繁多、故事复杂,而且为每一个独立画面配了详尽的榜题,这些榜题文字全部忠实地录自鸠摩罗什译《维摩诘所说经》。

其实此幅《维摩诘经变》完全就是鸠摩罗什《维摩诘所说经》的一

---

〔1〕龙门文物保管所等编:《中国石窟·龙门石窟》(一),北京:文物出版社,图版第42、44。

份图文本。如关于《文殊师利问疾品》的榜题有:

> 文殊菩萨问维摩诘言,是疾何所因起? 菩萨疾者以大悲起。

文殊师利言:居士,此室何以空无侍者? 维摩诘言:诸佛国土亦复如是。[1]

该《维摩诘经变》共有 58 个榜题,将《维摩诘所说经》中 13 品的可以图绘的内容全部以文图相配的形式表现了出来。这可以说是佛教图像绘制上的一个图文本经典典型,完全把绘画跟经文原文相匹配。

贺世哲先生指出,从晚期壁画题榜来看,敦煌莫高窟壁画中的《维摩诘经变》主要是依据鸠摩罗什译本绘制的。现在莫高窟尚存《维摩诘经变》68 铺。鸠摩罗什译《维摩诘所说经》共计 14 品,经变中出现 13 品。[2]

据沙武田先生对敦煌卷子中的画稿 S. P. 76《维摩诘经变稿》与莫高窟五代宋曹氏归义军时期洞窟壁画《维摩诘经变》对比分析,指出二者所依据的佛经均为鸠摩罗什译《维摩诘所说经》。并且,S. P. 76 作为壁画底稿,影响了莫高窟整整一个时代的《维摩诘经变》壁画制作。[3]

综上所述,就目前的维摩诘图像来看,除炳灵寺 169 窟《维摩诘经变》可以明确断定是按照西域菩萨图像模式和支谦译本的《佛说维摩诘经》所塑造人物、铺陈故事外,此后麦积山石窟、云冈石窟、龙门石窟、敦煌莫高窟所出现的《维摩诘经变》,其经文蓝本都是鸠摩罗什译《维摩诘所说经》。[4]

关于《维摩诘经变》造像或图像之绘制,尚有一关键问题需要略做

---

〔1〕转引自贺世哲:《敦煌莫高窟壁画中的〈维摩诘经变〉》,载《敦煌研究》1983 年第 2 期。

〔2〕贺世哲:《敦煌莫高窟壁画中的〈维摩诘经变〉》,载《敦煌研究》1983 年第 2 期。

〔3〕沙武田:《S. P. 76〈维摩诘经变稿〉试析——敦煌壁画底稿研究之四》,载《敦煌研究》2000 年第 4 期。

〔4〕经变图对于经文的忠实,并不是完全的中规中矩,图像的安排自然不会完全依照经文来进行,如吴文星先生就将这种经变图像与佛经文本的冲突或出入称作"误读现象"。在关于维摩诘的形象、维摩示疾、场景设计等方面,敦煌莫高窟维摩诘经变图像都与《维摩诘经》经文记载有很大差距。参见吴文星:《莫高窟〈维摩诘经变〉对〈维摩诘经〉的"误读"》,载《华南师范大学学报》2008 年第 3 期。纳一先生亦指出:"在诸品维摩变相中有一些情节是在经文中找不到依据的,这或是由经典的注文敷演而来,当然亦有创作者即兴发挥的可能。"参阅纳一:《佛教美术中的维摩诘题材释读》,载《故宫博物院院刊》2004 年第 4 期。

交代。按隋代吉藏在《净名玄论》中的说法，《维摩诘经》之分品与维摩诘在"室内""室外"两个讲说地点有关：

> 江南旧释：以室内外，分经为三。初有四品，在室外说，名为序分。中间六品，室内说之，名为正经。后之四品，还归室外，名为流通。

> 所以然者，净名托病方丈，念待激扬。前之四品，但叙如来说法述德命人，为问疾由致，故称为序。中间六品，在于室内，始谈妙法，目之为正说。后之四品，利物已周，还来佛所，印定成经，故称流通。[1]

这个"以室内外，分经为三"的说法，在吉藏之前的注家中没有，至少僧肇《注维摩诘经》没有这样的认识。维摩诘先在"室外"说前四品，自《文殊师利问疾品第五》开始进入"方丈室内"说法，到最后四品又到"室外"。

吉藏的这个解释是否影响了此后的《维摩诘经变》图像的场景布置，是一个值得注意的问题，由于不是本书要讨论的范围，暂且存疑。

---

[1] 吉藏：《净名玄论》卷7，见《大正新修大藏经》第38册《经疏部六》。

·欧·亚·历·史·文·化·文库·

12 优填王旃檀瑞像流布中国考

——兼论鸠摩罗什与龟兹瑞像之关系

　　释迦牟尼佛瑞像的制作与流传是一个介于传说与史实之间的"历史事项",在僧史文献中,后汉时期,就有蔡愔从西域摹写"释迦立像"图样[1]到洛阳的记载,但是此摹写像要么被称为"释迦立像"[2],要么被称为"释迦倚像",乃"优田王栴檀像师第四作也"[3]。释迦之立像、倚像是形象截然不同的两种造像,因而关于此像之类型与性质,由于文献记载的模糊、歧异,再加上后世没有此像图样的任何流传记载,其是否属于"瑞像"尚难断定。

　　"瑞像"作为佛像中一种非常特别的造像样式,其最早的源头是"优填王旃檀瑞像"(Udayana Raja Style Buddha),是完全按照释迦牟尼佛成道后在忉利天为其母摩耶夫人说法时的形象雕刻的,是释迦牟尼的"真容像"。在目前可见的记载中,尤其是宋代以后的文献中,一致认为中国传世的"优填王旃檀瑞像"是由鸠摩罗什从龟兹带到中原来的。僧史文献中甚至有更进一步的说法,认为鸠摩罗什的父亲鸠摩炎本来是从天竺送"旃檀瑞像"到中原,但中途被留在龟兹成婚,"旃檀瑞

---

　　[1]荣新江先生在考察敦煌于阗瑞像时,对瑞像的主要特征做过一个概括,并且指出:"到了中土仍分称瑞像之佛像,多与传说中的佛像原型有关。"可参看荣新江:《敦煌"瑞像记"瑞像图及其反映的于阗》,载张广达、荣新江《于阗史丛考》,北京:中国人民大学出版社,2008年,第196页。

　　[2]《魏书》卷114《释老志》:"愔又得佛经《四十二章》及释迦立像,明帝令画工图佛像,置清凉台及显节陵上。"《隋书》卷35《经籍志四》:"帝遣郎中蔡愔及秦景使天竺求之,得《佛经四十二章》及释迦立像。"

　　[3]慧皎:《高僧传》卷1《竺法兰》:"愔又於西域得画释迦倚像,是优田王栴檀像师第四作也。既至雒阳,明帝即令画工图写,置清凉台中及显节陵上,旧像今不复存焉。"由此可知,最早传入的优填王像是倚坐像,而不是立像。

像"也在龟兹留很多年,直到鸠摩罗什东来才将瑞像带到中原。[1] 僧史文献中的一些说法,附会成分较多,当然不可能完全是信史,但鸠摩罗什从龟兹带"优填王旃檀瑞像"到中原来的说法,在中国以至东亚学术界、僧俗两界都有深远的影响。然而,宋代以前的文献记载却表明,中国传世的"优填王旃檀瑞像"是梁武帝天监年间由扶南进贡而来。到底孰是孰非,是本章所要追问的问题。

12.1 作为"众像之始"的 "优填王旃檀瑞像"

本章要讨论的"瑞像",按照历史学的求实原则来看,是一种具有"传说"性质的释迦牟尼真容像,即"优填王旃檀瑞像"。关于此类"瑞像",艺术史家和考古学家从可见的图像资料和发掘出土的文物研究所得出的结论,同佛教文献关于此造像的记载在前后发展序列上完全是相反的。如美术史家约翰·马歇尔指出:"在早期印度派的作品中,不曾有佛本身的再现,如果想表示他的存在,则按一套固定的规律,用象征的手法达到目的,如足迹表示其降诞,宝座表示其降魔,菩提树表示其悟觉成道,窣堵波表示其涅槃,等等。这一规律也适应于以前诸佛,它始终为早期印度派雕刻家们所遵守,一直到此派的结束。用象征的手法表现佛陀是早期印度派区别于犍陀罗派的最主要的特征之一。"[2]

按马歇尔的研究,佛教艺术的发展序列是从佛陀象征性图像到佛陀事迹故事画,最后才发展到出现了佛陀的偶像。宫治昭也认为:"贵霜朝(1—3世纪)的犍陀罗和秣菟罗,从开始制作佛像,释迦的各种故事就被图像化,迅速发展,佛传艺术兴盛起来。"[3] 就是说,佛陀偶像的

〔1〕释元照:《四分律行事钞资持记》下三《释僧像篇》,见《大正新修大藏经》第40册《律疏部全》《经疏部一》,佛陀教育基金会,第397c页。
〔2〕约翰·马歇尔:《犍陀罗佛教艺术》,王冀青译,兰州:甘肃教育出版社,1989年,第8页。
〔3〕宫治昭:《宇宙主释迦佛——印度·中亚·中国》,载宫治昭《吐峪沟石窟壁画与禅观》,贺小萍译,上海:上海古籍出版社,2009年,第139页。

出现是佛教美术发展的最后一个序列位置,是在 1 至 3 世纪才出现的。在此之前的佛教美术作品中,要表现佛陀的地方,都用佛足印、法轮、菩提树、墓塔或空出来的宝座来象征。[1] 佛是不能被表现、描绘的,这是早期印度派佛教艺术家遵守的一个"创作金律",是不可动摇的。因而,目前考古学和艺术史研究所公认的发展序列是,最早在公元 1 世纪的犍陀罗或秣菟罗才出现了佛的造像。[2]

然而,在此之前的僧史文献中则认为最早的佛像是在释迦牟尼佛在世的时候就开始制作的,这就是有名的"优填王旃檀瑞像"。关于此"优填王旃檀瑞像"的记录,从早期的阿含部经典到中国历代的僧史文献,都坚持认为"优填王旃檀瑞像"是最早的佛像,是佛教造像的"众像之始"。

《增一阿含经》卷 28 有释提桓因请佛升三十三天说法,优填王以牛头旃檀请巧匠制释迦瑞像的说法:

> 是时,波斯匿王、优填王至阿难所,问阿难曰:"如来今日竟为所在?"阿难报曰:"大王,我亦不知如来所在。"是时,二王思睹如来,遂得苦患。尔时,群臣至优填王所……群臣白王云:"何以愁忧成患?"其王报曰:"由不见如来故也。设我不见如来者,便当命终。"是时,群臣便作是念:"当以何方便,使优填王不令命终,我等宜作如来形像。"是时,群臣白王言:"我等欲作形像,亦可恭敬承事作礼。"是时,王闻此语已,欢喜踊跃,不能自胜,告群臣曰:"善哉,卿等所说至妙。"群臣白王:"当以何宝作如来形像?"是时,王即敕国界之内诸奇巧师匠,而告之曰:"我今欲作形像。"巧匠对曰:"如是,大王。"是时,优填王即以牛头栴檀作如来形像高五尺……
>
> 波斯匿王闻优填王作如来形像高五尺而供养。是时,波斯匿

---

〔1〕当然,在迟至 3 世纪的石刻作品中,仍然有复古性质的此类石雕,如塔克西拉就出土有用佛的脚印来代表佛陀本人的作品。参见约翰·马歇尔:《塔克西拉》第 2 卷,昆明:云南人民出版社,2002 年,第 1011 页。

〔2〕高田修:《仏像の誕生》,東京:岩波書店,1987 年,第 102 – 110 頁。

王复召国中巧匠,而告之曰:"我今欲造如来形像,汝等当时办之。"时,波斯匿王而生此念:"当用何宝,作如来形像耶?"斯须复作是念:"如来形体,黄如天金,今当以金作如来形像。"是时,波斯匿王纯以紫磨金作如来像高五尺。

尔时,阎浮里内始有此二如来形像[1]。

按《增一阿含经》的说法,佛陀的旃檀像、紫磨金像之最早制作,发生在释迦牟尼佛在世时期,释迦牟尼佛到忉利天为其母摩耶夫人说法,波斯匿王、优填王因思睹如来而产生为如来造像的念头,因而,优填王用牛头旃檀、波斯匿王以紫磨金分别制作了五尺高的如来瑞像[2]。自此之后,阎浮世界才有了这最早的两尊如来雕像。关于旃檀瑞像之产生,《外国记》[3]又有这样的说法:

佛上忉利天为母说法,经九十日。波斯匿王思欲见佛,刻牛头栴檀作如来像,置佛座处。佛后还入精舍,像出迎佛,佛言:"还坐。吾般涅槃后,可为四部众作诸法式。"像即还坐。此像是众像之始[4]。

此处说波斯匿王造旃檀佛像为佛教"众像之始",而其他文献都认为最早的牛头旃檀瑞像是优填王所造。因而,将"优填王旃檀瑞像"或

[1]《增一阿含经》卷28,见《大正新修大藏经》第2卷《阿含部下》,佛陀教育基金会,第705c—796a页。

[2]这段记载被认为是后世插入阿含部经典中的古代传记。但在印度佛教中的确有那样的记载,如在5世纪初法显的《法显传》及7世纪上半叶玄奘的《大唐西域记》卷5、卷6中都记录了有关优填王和波斯匿王造像的故事,可见这个传说是很早的。参见法显:《法显传校注》卷1《拘萨罗国舍卫城》,章巽校注,北京:中华书局,2008年,第61页;玄奘、辩机:《大唐西域记校注》,季羡林等校注,北京:中华书局,2000年,第468—469、489页;百济康义:《〈旃檀瑞像中國渡來記〉のゥイグル訳とチベット訳》,载森安孝夫《中央アジア出土文物論叢》,京都:朋友書店,2004年,第70—74页。

[3]释道世:《诸经要集》卷8所引《外国记》一书,不知何人所撰,按岑中勉先生的考证,在隋以前关于西域地理的著作有28种,书名涉及"外国"者有三国吴朱应《外国图》、西晋支僧载《外国事》、南朝宋昙勇《外国传》、南朝宋释智猛《游行外国传》和释昙景《外国传》。此处之《外国记》是何人所撰,尚需进一步考证。参见岑中勉:《唐以前之西域及南蕃地理书》,载岑中勉《中外史地考证》(上),北京:中华书局,2004年,第310—318页;尚永琪:《3—6世纪佛教传播背景下的北方社会群体研究》,北京:科学出版社,2008年,第204—210页。

[4]释道世:《诸经要集》卷8《兴福部第十五》,见《大正新修大藏经》第54册《事汇部下》《外缘部全》,佛陀教育基金会,第76a、76b页。

"波斯匿王金像"作为佛教造像之始的说法,是历代僧史文献家普遍接受的观点,梁代高僧慧皎在《高僧传》中述及造像的历史时,将佛教造像的发展序列说得更为清晰明了,他说:

> 昔忧填初刻栴檀,波斯始铸金质,皆现写真容,工图妙相。故能流光动瑞,避席施虔。爰至发爪两塔,衣影二台,皆是如来在世已见成轨。

> 自收迹河边阇维林外,八王请分,还国起塔及瓶灰二所,于是十刹兴焉。其生处、得道、说法、涅槃、肉髻顶骨、四牙、双迹、钵杖、唾壶、泥洹僧等,皆树塔勒铭,标揭神异。

> 尔后百有余年,阿育王遣使浮海,坏撤诸塔,分取舍利。还值风潮,颇有遗落,故今海族之中时或遇者。是后八万四千因之而起,育王诸女亦次发净心,并镌石镕金,图写神状,至能浮江泛海,影化东川,虽复灵迹潜通而未彰视听。

> 及蔡愔、秦景自西域还至,始傅画释迦,于是凉台、寿陵,并图其相。自兹厥后,形像塔庙,与时竞列。洎于大梁,遗光弥盛。[1]

慧皎根据佛经和僧史典籍列出的佛教美术发展序列是:释迦牟尼在世时优填王、波斯匿王分别制作了栴檀和金瑞像,随后才是释迦涅槃、八王分舍利、阿育王造塔、阿育王女图写佛容、佛像东来等。

美术史和考古学的研究已经证明这个佛在世时就有"优填王栴檀瑞像"的说法,至少目前是没有考古学或美术史实物来加以支持,但是僧史文献中何以会产生这样的一种发展序列记载?目前来看,这应该是一种有意的安排,是为了突破早期印度佛教艺术中不许表现佛陀形象这个"创造金律"而制造的一种造像理论。没有这个安排,佛教发展中"造像崇拜"的需要就无法得到一个合法的立足基础。

可以确认,在佛教文献中不论是言及"波斯匿王栴檀佛像""波斯匿王紫磨金像"还是"优填王栴檀瑞像",都是同"佛上忉利天为母说

---

[1]慧皎:《高僧传》卷13《兴福第八·论》,汤用彤校注,北京:中华书局,1992年,第495-496页。

法"这样一个因缘连接起来的,以此来为"造佛像"寻找一个合适的开始契机。

"佛上忉利天为母说法"是早期佛教美术中就相当流行的一个题材,目前所能见到的较早的此类美术作品,如在巴尔胡特出土的"三道宝阶降下"浮雕[1],描写释迦牟尼佛为母说法结束后,从天宫下来的情形,宝阶上以法轮代表释迦牟尼佛。犍陀罗早期也有这样的典型浮雕作品,如布特卡拉Ⅰ号出土的"三道宝阶降下"的浮雕,在有菩提树的台阶上,两侧是合掌侍立的帝释天和梵天,宝阶下面有跪迎释迦的弟子,在第三节台阶上,一双佛足印代替了正在下来的释迦牟尼佛。布特卡拉Ⅰ号是从公元前3世纪到公元10世纪的一个寺庙遗址,因而,此"三道宝阶降下"浮雕应该是此时段里较早的作品。[2]

正是因为"佛上忉利天为母说法"是早期佛教美术中就非常流行的一个表现主题[3],因而"优填王旃檀瑞像"的制作就选择了这样一个最常见的故事或美术题材来作为切入点,从而为"如来欲生人渴望"及生人"思睹如来"这两方面的"需求"找到一个恰当展现的场景,由此也为"造佛像"找到一个合适的发生场景和理由。释迦牟尼佛在世的时候,只有"上忉利天为母说法"这个大的事迹是离开弟子及人间的,因而,只有这时候为"生人"之渴望拜见释迦牟尼不得真身而造像才会有合理的理由。此后,佛教史家或经典理论家又安排了"优填王造像"腾空迎接说法下天的释迦的传说,从而使"优填王造像"摆脱了仅仅作为"偶"的形象,成为一个有灵验的神像,并得到释迦牟尼佛的认可,使得释迦牟尼佛许下"吾般涅槃后,可为四部众作诸法式"的允诺,这就为"优填王旃檀瑞像"的产生与流传提供了合法性基础,"佛不可以被表现"的旧例从此被打破,佛教的"像教"性质由此彰显。

---

〔1〕宫治昭:《犍陀罗初期佛像》,载宫治昭《吐峪沟石窟壁画与禅观》,贺小萍译,上海:上海古籍出版社,2009年,第134页。

〔2〕宫治昭:《犍陀罗初期佛像》,载宫治昭《吐峪沟石窟壁画与禅观》,贺小萍译,上海:上海古籍出版社,2009年,第130页。

〔3〕如现藏于巴基斯坦斯瓦特博物馆的此类题材作品就非常典型,图版可参见穆罕默德·瓦利乌拉·汗:《犍陀罗》,陆水林译,北京:五洲传播出版社,2009年,第95页,图8—6。

因而,从《增一阿含经》就出现的这个优填王制旃檀瑞像的传说,是在由法轮、"塔墓"崇拜向"造像崇拜"转化时期产生的一种系统的"故事杜撰",此后关于此瑞像之灵异描写及释迦牟尼佛本尊对其的承认及对造像功德的叙述,都是为"造像崇拜"的进一步发展张目。在《优填王作佛像形经》中,释迦牟尼佛在世时对于造像之功德也向优填王做出了详细解说,认为"若当有人作佛形像,功德无量不可称计"。[1]

由此,我们可以初步认为,"瑞像"这样一个特定的"像"之产生是为偶像崇拜寻找造像契机。也可以说,"瑞像"是佛教之如来偶像崇拜产生和发展的造像起点,从这个意义上说,瑞像确实是关于佛陀塑造的"众像之始"。

12.2　流传中国的
三尊"优填王旃檀瑞像"考述

在汉文佛史文献中,"优填王旃檀瑞像"并不是一种泛称,而是一个特定的概念,它指的是佛经中所记载的优填王以"牛头旃檀"这种特殊材质所造的释迦为其母说法的像或后世的其他木材质的仿制像,至迟自梁武帝时代开始就是作为皇家代际传递的一个具有象征性意义的灵异佛像而存在。在传世作品中,日本京都清凉寺的樱桃木旃檀瑞像是其具有典型代表性的传世样本[2],至于后世其他材质如金、铜或石质的衣纹与之相像的同类造像,需要更为细致的分析,不宜笼统地都称之为"优填王旃檀瑞像"。金申先生在考察云冈石窟 20 窟佛旁的立佛、龙门宾阳南洞北壁佛立像时指出,不能随意将之断为"旃檀像",

---

〔1〕释道世:《诸经要集》卷 8《兴福部第十五》,见《大正新修大藏经》第 54 册《事汇部下》《外缘部全》,佛陀教育基金会,第 76a、76b 页。

〔2〕金申:《海外及港台藏历代佛像珍品纪年图鉴》,太原:山西人民出版社,2007 年,第 598页。

而是同"旃檀瑞像"属同一系统的出水佛像[1]。此类衣纹为对称"U"形的出水像在河西石窟金塔寺东窟中心柱北凉佛龛[2]、永靖炳灵寺第169窟西秦造像中都有很典型的样式[3]。传世金铜像如日本东京文化厅藏北魏太平真君四年佛立像、纽约大都会美术馆藏弥勒佛立像,其衣纹、造型同我们所说的旃檀像非常接近[4]。由此,本书所讨论的是历代朝廷供奉的"优填王旃檀瑞像",而非其他[5]。

这种特指的由历代朝廷供奉传承的"优填王旃檀瑞像",通过不同途径来华,主要有三端:一是鸠摩罗什带来的龟兹旃檀瑞像,二是南朝宋孝武帝征扶南所得旃檀瑞像,三是梁武帝遣使求取的瑞像[6]。

12.2.1 鸠摩罗什由龟兹带来的檀像

建元二十一年(385)三月,远征龟兹的后秦大将吕光带着骏马万余匹,满载战利品凯旋踏上了回归中原的路程。吕光此次回归中原,史载其"以驼二万余头致外国珍宝及奇伎异戏、殊禽怪兽千有余品,骏马万余匹"。在这些数量惊人的掠夺自龟兹的奇珍异宝中,应该也包括佛教的珍品。尤其是鸠摩罗什被吕光挟掳东归,如此庞大的运宝队伍,能带上旃檀瑞像自是情在理中。关于罗什东来所携佛像或佛教法物

[1]金申:《汉藏佛教中的旃檀瑞像》,见《佛教美术丛考续编》,北京:华龄出版社,2010年,第198页。印度地区早期的这种与旃檀瑞像类似的出水衣纹释迦牟尼立像图样,可参见 Dennise Patry Leidy, *The Art of Buddhism:An Introduction to Its History and Meaning*, Shambhala Boston & London , 2008, p.49, Figure 2.13.

[2]甘肃省文物考古研究所编:《河西石窟》,北京:文物出版社,1987年,图版46。

[3]甘肃省文物工作队、炳灵寺文物保管所:《中国石窟·永靖炳灵寺》,北京:文物出版社,东京:株式会社平凡社,1989年,图版17。

[4]林树中主编:《海外藏中国历代雕塑》上,南昌:江西人民出版社,2006年,彩色图版第144—145。

[5]如玄奘自天竺归国,所带佛像有"拟侨赏弥国出爱王思慕如来刻檀写真像刻檀佛像一躯";在龙门石窟,有70余尊高约100厘米的优填王造像。这些后期传入的优填王造像,由于影响有限,且与本书讨论问题无密切关系,本书不再涉及。分别参见慧立、彦悰:《大慈恩寺三藏法师传》卷6,北京:中华书局,1983年,第126-127页;张乃翥:《龙门石窟与西域文明》,郑州:中州古籍出版社,2006年,第88页。龙门石窟旃檀瑞像造型,可参见龙门文物保管所、北京大学考古系:《中国石窟·龙门石窟2》,北京:文物出版社,东京:平凡社,1992年,图版50。

[6]"优填王旃檀瑞像"自传入后就仿制颇多,在故宫博物院、承德外八庙、甘肃省博物馆等保存有明清时期仿制旃檀像多尊,具体情况可参见金申:《汉藏佛教中的旃檀瑞像》,载《文物春秋》2005年第4期。

的记载,早期文献中非常模糊,慧皎《高僧传》中有两个记载可供斟酌。

一是后秦国主姚兴赠送给庐山释慧远的"龟兹国细缕杂变像"[1]。姚兴给庐山高僧释慧远赠送"龟兹国细缕杂变像",是在鸠摩罗什抵达长安并在同慧远书信往来的背景下发生的。可以推断,此"龟兹国细缕杂变像"很可能就是鸠摩罗什从龟兹带到凉州,然后又从凉州带到长安的佛教物品。用绢制品来绘制的佛像,从传世物品来看,一般有绢本彩绘和麻布彩绘,此处之"细缕"很可能是绢本设色彩绘佛像。

二是鸠摩罗什曾赠送给庐山释慧远以"鍮石双口澡灌"。[2] 这些物品或体积较小,或便于携带,而举高五尺、八尺或丈六的旃檀造像则需要相当充足的运力,从朱士行、蔡愔到法显等从天竺或西域带回的佛像都是"图写"的麻、绢类品,因而,鸠摩罗什能带来这样规模的旃檀瑞像,显然跟吕光庞大的运宝车队有关。

在僧祐《出三藏记集》和慧皎《高僧传》中,对鸠摩罗什带来龟兹檀像的事没有记载,最早的记载来自唐人撰著的《续高僧传》卷24《释慧乘传》:

> [隋大业]十二年,于东都图写龟兹国檀像,举高丈六,即是后秦罗什所负来者,屡感祯瑞,故用传持。今在洛州净土寺。

大唐西明寺沙门释道宣撰《续高僧传》的时候,此檀像尚在洛阳的净土寺,是举高丈六的大佛像。道宣仅仅是简单地提到了有这样一尊像在洛阳,但是,自此之后关于鸠摩罗什负来东土的这尊"优填王旃檀瑞像"的驻留地的记载,却歧说纷呈,无法将其传承脉络前后衔接在一起。

此像的流传脉络,较早的记载来自后周显德五年(958)金陵长先精舍僧人楚南的《优填王所造旃檀释迦瑞像历记》:

> 夫旃檀佛者,即释迦牟尼佛真容也……后鸠摩罗琰法师,背负其像,来自中天。昼即僧负像,夜乃像负僧。远涉艰难,无劳险

---

〔1〕慧皎:《高僧传》卷6《释慧远》,汤用彤校注,北京:中华书局,1992年,第218页。

〔2〕慧皎:《高僧传》卷6《释慧远》,汤用彤校注,北京:中华书局,1992年,第217页。

阻。至于龟兹国,缘师有儿,王纳为驸马,而有遗体子,即鸠摩罗什也。

后秦主符坚,拜吕光为将,讨获西域,破龟兹国,夺像并师罗什,同归东土。

后至隋炀帝驾幸扬州,迁于开元寺,建阁供养。[1]

按这个后起于五代时期的说法,鸠摩罗什随吕光而带到中原的"旃檀瑞像",是其父天竺人鸠摩炎先带到龟兹,然后在龟兹停留很多年后,才由鸠摩罗什带到中原。那么此像可以归结为北传佛像。

需要引起注意的是,楚南的这份记载,虽然名之曰《优填王所造旃檀释迦瑞像历记》,但是对于此像的流传脉络却记得非常模糊,仅仅涉及三个流传地点:龟兹、东土、扬州开元寺。鸠摩罗什本人是未曾到过江南的,那么这尊"优填王旃檀瑞像"是如何到达扬州的?按楚南文本的意思,似乎是隋炀帝将此像迁到了扬州开元寺。

这尊佛像的流传脉络,到北宋僧人元照所撰的《四分律行事钞资持记》下三《释僧像篇》中,不但更为详细明了,而且还提出"宋武帝南迁佛像"这样一桩说法:

时优填王思念如来,命目连引三十二匠往彼天中,以旃檀木各图一相。如是至三,方得圆足……鸠摩罗琰从西天负像欲来此方(指中国),路经四国皆被留本图写。至龟兹,国王抑令返道,以妹妻之。后生罗什,赍至姚秦。后南宋孝武破秦,躬迎此像还于江左止龙光寺(故号龙光瑞像)。至隋朝於扬州置长乐寺。[2]

按照僧人元照的记载,鸠摩罗什带来的这个佛像后来被南朝宋孝

〔1〕高楠顺次郎:《大日本佛教全书》第14册,京都清凉寺藏本,东京:共同印刷株式会社,昭和六年(1931),第309页。

〔2〕释元照:《四分律行事钞资持记》下三《释僧像篇》,见《大正新修大藏经》第40卷《律疏部全》《经疏部一》,佛陀教育基金会,第397c页。

·欧·亚·历·史·文·化·文·库·

武帝迎到了江南龙光寺〔1〕,到隋代才被移置扬州长乐寺,也就是楚南文本中所说的"开元寺"。

然而,关于宋孝武帝迎的"优填王像",唐代僧人释道宣却给我们提供了一个截然不同于楚南与元照的说法。

12.2.2 南朝宋孝武帝南征所获扶南旃檀像

按道宣的记载,龙光寺所供奉的旃檀瑞像,并不是鸠摩罗什从西域带来的,而是来自南传系统。此像是南朝宋孝武帝时期南征扶南所获,释道宣《道宣律师感通录》云:

> 又问:"江表龙光瑞像,人传罗什将来,有言扶南所得,如何为定?"答曰:"此非罗什所得,斯乃宋孝武帝征扶南获之。昔佛灭后三百年中,北天竺大阿罗汉优婆质那,以神力加工匠,后三百年中,凿大石山,安置佛窟,从上至下,凡有五重,高三百余尺。请弥勒菩萨指挥,作檀室处之。《玄奘师传》云百余尺;《圣迹记》云高八丈。足跌八尺,六斋日常放光明。其初作时,罗汉将工人上天,三往方成。第二头牛头旃檀,第三金,第四玉,第五铜像。凡夫今见止在下重,上四重闭。石窟映彻,见人脏腑。第六百年,有佛奈遮阿罗汉,生已母亡。后生扶南国,念母重恩,从上重中,取小檀像,令母供养。母终,生扬州,出家,住新兴寺,获得三果。宋孝武征扶南,获此像来都,亦是罗汉神力。母今见在,时往罗浮天台西方诸处。昔法盛、昙无谒者,再往西方,有传五卷,略述此缘。何忽云罗什法师背负而来耶?"

这段文献,至少带给我们三点清晰的认识:(1)唐代僧界对于龙光寺旃檀瑞像的来源,是很流行鸠摩罗什带来的这一说法,所以道宣在此处才以问答的形式对这一问题进行了辨析,指出此像是南朝宋孝武

---

〔1〕龙光寺"优填王旃檀瑞像"由鸠摩罗什负来说的文献源头来自龙光寺壁画题记,北宋僧人元照的记载就取材于此,他说:"(瑞像)今在帝京,此据龙光壁记所载,若《感通传》天神云非罗什将来,未详孰是。"由此可知元照虽然详细记录了鸠摩罗什负来瑞像的流传脉络,但是对于此像究竟是罗什负来还是别有途径而至,也是存疑的。参见释元照:《四分律行事钞资持记》下三《释僧像篇》,见《大正新修大藏经》第40卷《律疏部全》《经疏部一》,佛陀教育基金会,第397c页。

292

帝南征扶南时带回来的;(2)龙光寺的这尊檀像是取自天竺大石山佛窟中的"小檀像",同鸠摩罗什带到中原的"举高丈六"的大佛像至少在文献记载的尺度上有很大差别;(3)按道宣的说法,关于这尊扶南国"小檀像"的流传脉络是由北天竺到扶南然后再到江南建康,在法盛、昙无谒所撰的 5 卷西行游记中有详细的记载。

综上,唐初曾被供养在龙光寺的优填王旃檀瑞像,是南朝宋孝武帝南征扶南所获,其流传路线是从天竺传到扶南,然后由孝武帝带到建康,是一尊南传佛像。

然而,查诸正史,并无宋孝武帝征扶南的记载,由此可以断定,此"龙光瑞像"的来历是比较模糊的,至少,"龙光瑞像"由宋武帝南征扶南所获这个说法是没有史实凭据的。

12.2.3 梁武帝天监年间(502—519)来自扶南的天竺旃檀瑞像

释道宣在《续高僧传》卷 29《唐扬州长乐寺释住力》中云:

> 初梁武得优填王像,神瑞难纪,在丹阳之龙光寺。及陈国亡,道场焚毁。力乃奉接尊仪及王谧所得定光像者,并延长乐,身心供养。[1]

按这条记载,龙光寺的优填王像,并不是鸠摩罗什带到中原来的,而是梁武帝所得,后安置在龙光寺。南朝陈灭亡时,龙光寺道场焚毁,此像幸存。释住力是在隋开皇十七年(597)奉隋炀帝之命重新修缮建立长乐寺道场的,这时的长乐寺是兵火之后的残破之地,所以释住力恭请龙光寺幸存的"优填王像"和王谧所得的"定光像",一并供奉。"优填王旃檀瑞像"是梁武帝获自扶南的这个记载,是目前诸多说法中唯一可以从多方面得到历史文献支持的说法。

据《梁书》卷 54《诸夷·海南诸国·扶南国》载:

> 天监二年,[扶南王]跋摩复遣使送珊瑚佛像,并献方物……十八年,复遣使送天竺旃檀瑞像、婆罗树叶,并献火齐珠、郁金、苏合等香。

---

〔1〕《大正新修大藏经》第 50 卷《史传部二》,佛陀教育基金会,第 695a、695b 页。

按官方正史的这个记载,此像是扶南国于天监十八年(519)所供的"天竺旃檀瑞像",但是在僧史文献中,却认为此像是梁武帝于天监元年(502)梦见檀像入国,然后招募80人前往天竺,于天监十年(511)方还,取得此像。此记载见于《广弘明集》卷15:

> 荆州大明寺檀优填王像者,梁武帝以天监元年梦见檀像入国,乃诏募得八十人往天竺,至天监十年方还。及帝崩,元帝于江陵即位,遣迎至荆都,后静陵侧立寺,因以安之。[1]

这两个记载无论在时间还是传入方式上都存在一些差异,但是该像是在梁天监年间(502—519)由扶南传入南方地区,并被安置在"荆都"则是无可置疑的。尤其是官修《梁书》中"十八年,(扶南)复遣使送天竺旃檀瑞像"之记载,是确凿无疑的证据。释道宣在《道宣律师感通录》中辩驳了当时流传的龙光寺所供奉的旃檀瑞像是鸠摩罗什带来的错误说法后,又对梁武帝时期传到江南荆州大明寺的旃檀瑞像之安置、仿刻等流传过程做了阐述:

> 又问:荆州前大明寺栴檀像者,云是优填王所造,依传从彼漠来至梁。今京师又有,何者是本?答云:大明是其本像,梁高既崩,像来荆渚。至元帝承圣三年,周平梁后,收簿宝物,皆入北周。其檀像者,有僧珍法师,藏隐房内,多以财物赂遗使人,遂得停。隋开皇九年,文祖遣使人柳顾言往定寺僧,又求像令镇荆楚。顾是乡人,从之,令别克檀,将往恭旨。当时匠得一婆罗门僧名真达为造,即今兴善寺像是也,亦甚灵异。本像在荆,僧以漆布漫之,相好不及旧者。真本是作佛生成七日之身,令加布漆,乃与壮年相符,故殊绝异于元本。大明本是古佛住处,灵像不肯北迁故也。[2]

由此可知,梁武帝天监年间传到江南的这尊天竺旃檀瑞像,先是被安置在荆州大明寺,太清三年(549),梁武帝萧衍去世,此瑞像被从

---

〔1〕释道宣:《广弘明集》卷15,见《大正新修大藏经》第52卷《史传部四》,佛陀教育基金会,第202b页。

〔2〕释道宣:《道宣律师感通录》,见《大正新修大藏经》第52册《史传部四》,佛陀教育基金会,第438b页。

大明寺移到金陵,这应该就是"龙光瑞像"之来历。梁元帝承圣三年(554),西魏围攻江陵,梁元帝萧绎兵败被杀,被征服者扶植起来的后梁完全成了西魏、北周之傀儡,西魏军队掳掠梁京师奇珍异宝,僧珍法师用贿赂胜利者的办法将此像藏在房内,使之摆脱了被北运过江的命运。隋开皇九年(589),在隋文帝的命令下,请一婆罗门僧人照荆州大明寺的旃檀瑞像仿刻了一尊瑞像,被安置在长安兴善寺。然而,此尊仿刻瑞像与荆州大明寺的天竺瑞像已经有了很大差别。据此段文献所说,梁末僧人僧珍等为了防备天竺旃檀瑞像被西魏、北周军队运往长安,就在旃檀瑞像身体上又"以漆布漫之",使之"相好不及旧者。真本是作佛生成七日之身,令加布漆,乃与壮年相符,故殊绝异於元本"。因而,长安兴善寺仿刻的这尊瑞像已经大失天竺旃檀瑞像之原貌。即使是这样的仿刻佛像,也在后来的火灾中被烧毁,据唐段成式《寺塔记》载:

> 靖恭坊大兴善寺,寺取大兴城两字、坊名一字为名。《新记》云:"优填像,总章初为火所烧。"据梁时,西域优填在荆州,言隋自台城移来此寺,非也。今又有旃檀像,开目,其工颇拙,犹差谬矣。[1]

段成式的此段记载,不但证明了释道宣在《道宣律师感通录》中关于此尊旃檀瑞像的记载是可靠的,而且进一步辨明了三个问题:(1)大兴善寺的"优填像"在唐代总章初年被火烧毁;(2)可能当时坊间传言被烧毁的这尊"优填像"是自金陵搬迁来的"天竺旃檀造像",所以段成式纠正说"非也",否定了这一传言,可见其是仿刻品无疑;(3)此仿刻像被烧毁后,大兴善寺又仿刻了一尊"旃檀像",但是其刻工之拙劣,以致段成式给出了"犹差谬矣"的评价。

而这尊被漫上漆布的真正的"优填王旃檀瑞像",直到唐代初年才被一个叫妙义的僧人除去漆布,显露出真实面目来。释道宣曾亲眼见

---

[1] 段成式:《酉阳杂俎》续集卷5《寺塔记》上,见《唐古代笔记小说大观》上,上海:上海古籍出版社,2000年,第751页。

过这尊像,他描写云:

> 近有妙义法师,天人冥赞,遂悟开发,剥除漆布,具容重显,大
> 动信心。披觌灵仪,合檀所作,本无补接。光趺殊异,象牙雕刻,卒
> 非人工所成。兴善像身——乖本。[1]

由此可见,此旃檀瑞像在梁元帝承圣三年(554)被僧珍法师藏起
来之后,到释道宣撰写《道宣律师通感录》之前的这段时间内,一直没
有露出其真实面目。至少是在梁元帝承圣三年到唐高宗麟德元年
(664)[2]之间没有人见过这尊"优填王旃檀瑞像"的本来样式。

按道宣亲眼所见,此像通体由一根完整的檀木雕刻而成,没有补
接的地方,只有光趺是用象牙雕刻的。整像工艺完美,以至于道宣有
"卒非人工所成"的判断。这是文献中对流传中国的"优填王旃檀瑞
像"最直接、详细的描写记录。此外,不论是鸠摩罗什带来的瑞像还是
宋孝武帝获自扶南的瑞像,关于其形象都没有确切的记载。并且,最为
重要的是,也只有这尊梁武帝"旃檀瑞像"才有清晰的早期流传脉络,
各种文献记载传承有序。

综上所考述,"优填王旃檀瑞像"来华有两个路径:(1)从天竺到扶
南再到中国江南的南传路径;(2)从天竺到西域再到中原地区的西域
传播路径。并且,基本可以确定的是,由梁到唐的时段里,由南传路径
而来的梁武帝求取的"优填王旃檀瑞像"在中国境内的瑞像流传中有
非常清晰的脉络。不论是原始"优填王旃檀"雕像还是仿刻,其流传线
索至少在唐代是传承有据的。而鸠摩罗什所带来的龟兹瑞像和宋孝
武帝征扶南所获旃檀佛像,其传入时间、途径及流传脉络则模糊不清。

---

[1]释道宣:《道宣律师感通录》,见《大正新修大藏经》第52册《史传部四》,佛陀教育基金
会,第438b页。

[2]麟德元年(664)是释道宣撰写《道宣律师感通录》的时间,既然道宣有"近有妙义法师"之
说,可推断妙义法师除去瑞像漆布的时间当距此书撰写完成时间不远。

12.3　以宋代为界的
两种不同的"优填王旃檀瑞像"传承记载

在中国正史及僧史文献中,关于"优填王旃檀瑞像"之流传,以宋代为界,有两种截然不同的流传记载。

从东晋到唐代的文献中,记载了来自不同途径的三尊"优填王旃檀瑞像",其中宋孝武帝南征所获扶南国瑞像是一个无法求证的记载,因为历史上不存在宋孝武帝征扶南这个史实,该像也没有进一步流传的记载;鸠摩罗什带来的龟兹瑞像,无论是《出三藏记集》还是《高僧传》等早期文献都没有任何记载,仅仅是唐代西明寺沙门释道宣在《续高僧传》中言其在当时的"洛州净土寺"供奉,此外没有任何早期文献提及这尊来自龟兹的瑞像。

12.3.1　宋代之前的文献中,从梁武帝到隋文帝、宋太宗所敬奉的都是扶南进贡的"天竺旃檀瑞像"

唐代及唐以前在大江南北流传的"优填王旃檀瑞像",是梁武帝天监十八年(519)由扶南国贡献的"天竺旃檀瑞像",从《梁书》关于此像被贡入的记载,到道宣《道宣律师感通录》中对此像的流传情况,一直到段成式在《寺塔记》中对该像前后两尊仿刻像的记述,表明此像之传承有序,也说明当时中国佛教界所着力尊奉的"优填王旃檀瑞像",就是这尊由扶南国进献、安置在荆州大明寺的"天竺旃檀瑞像"。西魏灭梁、隋灭陈都想将这尊旃檀瑞像移往江北,但都没有成功,后来在长安大兴善寺所供奉的仅仅是仿刻像或再次仿刻像。

到宋代,此尊天竺旃檀瑞像的原像终于被迁移到江北,《铁围山丛谈》卷5对此做了详细记述:

> 释氏有旃檀瑞像者,见于内典,谓释氏在世时说法于忉利天,而优填王思慕不已,请大目犍连运神力于他方取旃檀木,摄匠手登天,视其相好,归而刻焉。释氏者,身长丈六尺,紫金色,人间世金绝不可拟。独他方有旃檀木者,能比方故也。瑞像则八尺而已,

·欧·亚·历·史·文·化·文·库·

盖减师之半。当释氏在忉利时，适休夏自西，遂由天而下，其瑞像乃从空而逆之，即得受记："汝后于震旦度人无量。"其后藏龙宫，或出在西域，诸国援其说甚怪，语多不载。

至梁武帝时发兵越海求之，以天监之十有八年，扶南国遂以天竺栴檀瑞像来，因置之金陵瓦棺阁。传陈、隋、唐，至伪吴杨氏、南唐之李氏，迄本朝开宝，既降下江南，而瑞像在金陵不涉。

及太宗皇帝以东都有诞育之地，乃新作启圣禅院。太平兴国（976—984）之末，始命迎取栴檀泊宝公二像自金陵，而内于启圣，置两侧殿。其中如正寝者，则熙陵之神御也。其后取熙陵神御归九禁。大观间，鲁公因奏请："愿以侧殿之瑞像，复之于正寝。"诏曰："可。"特命将作监李、内臣石寿主之。故

图 12 - 1　北宋雕造樱桃木"优填王栴檀瑞像"

（藏日本清凉寺，图版采自金申：《海外及港台藏历代佛像珍品纪年图鉴》，太原：山西人民出版社，2007 年，第 598 页。）

事，奉安必太史择时日，教坊集声乐，有司具礼仪，奉彩舆而安置之焉。及乐大作，彩舆者兴，转至朵殿，将上入正寝，则朵殿横梁低，下不可度瑞像舆。又奉安时且迫，众为愕惧。李监者恃其才，笑曰："此匪难也。"亟召搭材士云集，命支撑诸栋梁，尽断之以过像。

适经营间,则主事者大呼曰:"勿锯,势若可度矣。"万众亟问回顾,则见瑞像如人胁肩俯,彩舆乃得行,遂达正寝。于是上下鼓舞,骇叹所未曾见,往往至泣下,因即具奏。当是时,祐陵意向浸已属道家流事,颇不肯向之,又素闻慈圣光献曹后曾礼像而于足下尝度线。且故事,奉安则翌日天子必幸之。昧爽,上自以一番纸付小珰曰:"汝持此从乘舆后。"至是,上既焚香立,俟近辅拜竟,乃临视,取小珰所持纸,命左右从足下度之,则略无纤碍。于是左右侍从凡百十,咸失声曰:"过矣。"上乃为之再拜。盖自神州陆沈,即不知旃檀瑞像今在否也。[1]

《铁围山丛谈》一书是北宋权相蔡京之幼子蔡絛所撰,全书完成于宋廷南渡之后,对北宋朝廷制度、琐闻掌故记载尤为具体。按蔡对旃檀瑞像传承的记述,其追溯历史从优填王造旃檀像开始,到梁武帝天监十八年(519),旃檀瑞像从海路来到金陵瓦棺阁,此后"瑞像在金陵不涉",此段记载同唐人释道宣、段成式的记载完全一致。此后,在太平兴国末年(984),此旃檀瑞像才被宋太宗从南京迁移到了东都洛阳的"启圣禅院"[2]。但是,据蔡絛所说,宋廷南渡后,此旃檀瑞像是否还在东都洛阳的启圣禅院,就不得而知了。

蔡絛关于旃檀瑞像流传的记载,是唐代释道宣之后、宋代之前关于"优填王旃檀瑞像"流传的最详细的记载。据此可知,正是在蔡京的建议下,才于大观年间(1107至1110)将旃檀瑞像由启圣禅院侧殿移往正殿。蔡絛不但是蔡京最钟爱的儿子,而且在此后的宣和六年(1124),78岁的蔡京再次当政,"目昏眊不能事事,悉决于季子絛"[3],既然一切军国大事悉决于蔡絛,可见宣和年间的蔡絛决断能力非常成熟。那么,大观年间所发生的旃檀瑞像由启圣禅院侧殿移往正殿的事

---

〔1〕蔡絛:《铁围山丛谈》,北京:中华书局,1983年,第82-84页。

〔2〕启圣禅院是宋太宗神御之殿之一,见《宋史》卷109《礼志十二·神御殿》、卷489《外国传五·注辇国》对此殿有简单记载,分别参见《宋史》,北京:中华书局,1977年,第2624-2625、14098页。《铁围山丛谈》卷5既然言"太宗皇帝以东都有诞育之地,乃新作启圣禅院",可见此殿建造年份当在太平兴国年间(976—984)。

〔3〕《宋史》卷472《蔡京传》,北京:中华书局,1977年,第13727页。

情,蔡縧不但是亲历者,还完全有可能是此一移动计划的策划者之一。还需要指出的是,此次瑞像移动之时间,虽然蔡縧只是模糊地记载是在"大观中",大观共有 4 年,而蔡京在大观三年(1109)即被贬官,到杭州居住,可推断旃檀瑞像被移往启圣禅院正殿应该是 1107 至 1109 这两年之间发生的事情。

由此,既然蔡縧明确指出启圣禅院的优填王旃檀像是梁武帝越海从扶南所获,那么这个记载的可靠性要远比后代所出现的鸠摩罗什"优填王旃檀瑞像"的传承记载更可靠,也更值得我们重视。

12.3.2 程矩夫的记载对鸠摩罗什所携瑞像的肯定

宋代以后,关于旃檀瑞像最详细的记载就是元代人程钜夫所做的《敕建旃檀瑞像殿记》,其关于瑞像流传的内容如下:

> 旃檀瑞像者,佛之真像也。其犹万影沉江,如如不异;孤光透隙,一一皆圆。夫岂择地而容,盖以随缘而应。望梅林而止渴,靡不同沾;泛竹叶以言归,谁堪共载。

> 惟我圣天子,道跻先圣,慈等觉皇。祝长乐之春秋,恒依佛地;企如来之岁月,坐阅人天。爰命集贤大学士李术及教禅耆德,叙具本末,乃云:释迦如来净饭王太子,生于甲寅四月八日,是为成周昭王二十四年。既生七日,佛母摩耶夫人往生忉利。至四十二年,太子弃位出家修道,穆王三年癸未道成。八年辛卯思报母恩,遂升忉利天为母说法。优阗王自以久失瞻仰,欲见无从,乃刻旃檀为像。目犍连虑有缺陋谬,躬以神力摄三十二匠升忉利天,谛观相好,三返乃得其真。既成,国王臣民奉之犹真佛焉。及佛自忉利天复至人间,王率臣庶同往迎佛,此像腾步空中,向佛稽首。佛为摩顶授记曰:我灭度千年之后,汝从震旦广利人天,由是西土一千二百八十五年,龟兹六十八年,凉州十四年,长安一十七年,江南一百七十三年,淮南三百六十七年,复至江南二十一年,汴梁一百七十七年,北至燕京,居今圣安寺十二年。北至上京大储庆寺二十年。南还燕宫内殿居五十四年。大元丁丑岁三月,燕宫火,尚书石抹公迎还圣安寺居。今五十九年而当世祖皇帝至元十二年乙亥,遣大臣孛

罗等,四众备法驾仗卫音伎奉迎万寿山仁智殿。丁丑建大圣万安寺二十六年己丑,自仁智殿奉迎于寺之后殿,世祖躬临,大作佛事。

计自优阗王造像之岁至今诏述延祐三年丙辰,凡二千三百有七年。[1]

这是我们目前可以见到的关于"优填王旃檀瑞像"流传的最详细的记载,这个记载,也是对此瑞像传入的途径发生变化的转折性记载。

按这个记载,此瑞像不再是梁武帝时期从海路而来由扶南国进贡的"天竺旃檀瑞像",而是从天竺到西域龟兹,由龟兹到凉州,再从凉州到长安再到江南、淮南、江南、汴梁、燕京圣安寺这样一个过程。

如果说真有这样一尊从龟兹传到凉州,再由凉州先后传到长安、江南、燕京等地的"优填王旃檀瑞像",我们不能不问,为何在前代文献中仅仅有释道宣《续高僧传》卷24《释慧乘传》所记鸠摩罗什带来此像在洛州净土寺的简单记载?为何此后关于此像再也没有任何流传记录?为何宋代之前就连隋文帝、宋太宗所关心和看重的都是梁武帝天监十八年由扶南国进贡的"天竺旃檀瑞像"?

瑞像由天竺而龟兹,由龟兹而凉州,再由凉州而长安的传播路径,显然是在暗示此像之传入,与僧界自唐代以来就流传的鸠摩罗什带"旃檀瑞像"到中原的传说有关。

在《四分律行事钞资持记》下三《释僧像篇》中鸠摩炎、鸠摩罗什父子东传佛像的记载[2],说明唐代佛教界确实有鸠摩罗什父子相继东传"优填王旃檀瑞像"的说法,那么,如果我们将鸠摩罗什在龟兹、凉州、长安的行迹,同程矩夫所记载的瑞像在龟兹、凉州、长安停留的时间段相对比,就会发现它们相当接近:

〔1〕念常:《佛祖历代通载》卷22《敕建旃檀瑞像殿记》,见《大正新修大藏经》第49册《史传部二》,佛陀教育基金会,第730c–731a页。在北京版《大藏经》中,有藏文的《旃檀瑞像传入中国记》,是贤者安藏先从汉语翻为回鹘文,然后又由贤者弹压孙翻译为藏文,可见13世纪的这个旃檀瑞像流传记录在汉语佛教中有很深远的影响。参见百济康义:《〈旃檀瑞像中國渡來記〉のゥイグル訳とチベット訳》,载森安孝夫《中央アジア出土文物論叢》,京都:朋友书店,2004年,第70–74页。

〔2〕释元照:《四分律行事钞资持记》下三《释僧像篇》,见《大正新修大藏经》第40册《律疏部全》《经疏部一》,佛陀教育基金会,第397c页。

301

旃檀瑞像:在龟兹 68 年→凉州 14 年→长安 17 年

鸠摩罗什:在龟兹 43 年→凉州 15 年→长安 13 年

这个时间段对比,需要稍做分析,就会更为清晰明了。

程矩夫认为"优填王旃檀瑞像"在龟兹停留了 68 年,而鸠摩罗什是在 43 岁时离开龟兹的,如果加上他出生前其父鸠摩炎在龟兹的时间,那么跟旃檀瑞像在龟兹停留 68 年的时间记载就比较接近。

程矩夫记载瑞像在凉州停留 14 年,而鸠摩罗什是东晋太元十一年(386)抵达凉州,东晋隆安五年(401)离开凉州前往长安,在凉州滞留 15 年,如果考虑到历史文献记载中时间衔接方面的误差,这两个时间段几乎是一致的。

程矩夫记载瑞像在长安停留 17 年,而从鸠摩罗什东晋隆安五年(401)抵达长安,到后秦在东晋义熙十三年(417)为东晋刘裕所灭,正好 17 年。

因而,程矩夫所记载的"优填王旃檀瑞像"从龟兹到凉州、长安,再到江南的时间段,正好同鸠摩炎、鸠摩罗什父子的行迹与在各地的停留时间相一致。

程矩夫的记载虽然没有说明这尊供奉在圣安寺的"优填王旃檀瑞像"就是鸠摩罗什带来的,但是从其所记的瑞像流传途径与在中途的停留时间来看,已经认定这尊瑞像就是鸠摩炎从天竺带往西域龟兹,然后又由其子鸠摩罗什带往凉州、长安,并最终被东晋朝廷移至江南。元代以后,关于此像是鸠摩罗什带来的看法已成定论。然而,这个直到元代才后起的关于鸠摩罗什带来"优填王旃檀瑞像"的详细记载,并不能为前代文献中的混乱与模糊提供更为令人信服的佐证。

12.3.3 对宋代前后两种截然不同的"优填王旃檀瑞像"流传记载的分析

关于文献中鸠摩罗什带来"优填王旃檀瑞像"一事记载的混乱之处,前人也曾提出了质疑,元代程矩夫之后的陶宗仪曾见过供奉在圣安寺的"优填王旃檀瑞像",并在研读程矩夫《敕建旃檀瑞像殿记》碑文的基础上,提出一个关键性的质疑,他说:

按翰林学士程钜夫《瑞像殿碑刻》云:"释迦如来,初为太子,生七日,母摩耶弃世,生忉利天……北至燕京,居圣安寺十二年,北至上京大储庆寺二十年,南还燕宫内殿五十四年。丁丑岁三月,燕宫火,迎还圣安寺居,今五十九年。乙亥岁,当今大元世祖皇帝至元十二年也,帝遣大臣孛罗等四众,备法驾仗卫音伎,迎奉万寿山仁智殿。丁丑,建大圣安寺。己丑岁,自仁智殿迎安寺之后殿,大作佛事。瑞像,计自优填王造始之岁,至今延祐丙辰,凡二千三百有七年。"

又《释氏感通录》云:"梁武帝遣郝骞等往天竺国迎佛旃檀像,其王模刻一像付骞。天监十年,至建康,帝迎奉太极殿,建斋度僧,大赦断杀。自是蔬食绝欲。"据此说,又与碑文不同。即今圣安寺所安之像,抑优填之所刻欤? 天竺之摹刻欤?[1]

陶宗仪将程矩夫的记载同释道宣在《道宣律师感通录》中所记梁武帝遣使求取瑞像的记载相对比,质疑当时圣安寺所供奉的瑞像是"优填之所刻欤? 天竺之摹刻欤"。

事实上,陶宗仪仅仅是见到了唐与元文献记载中的这种矛盾歧异,而这种文献记载中的混乱其实不但由来已久,而且是在歧异中被不断丰富化、详细化。唐代僧人道宣的记载表明,在唐代僧界就流传梁武帝南征获得扶南"优填王旃檀瑞像"和鸠摩罗什带来瑞像这样两种说法,这两种说法所针对的不是说有两个途径而来的两尊瑞像,而都认为是一尊唯一的有皇家身份的传世瑞像。

程钜夫这份如此详细地历述"优填王旃檀瑞像"在各地的停留时间,并同鸠摩罗什来华驻留时间相契合的文本,并非空穴来风。关于瑞像在宋代之前的流传时段、地点的记录,其实在五代时期就已经产生了。北宋太平兴国八年(983)日本僧人奝然到扬州的时候[2],他的弟子盛算抄录了扬州开元寺僧人十明在后唐长兴三年(932)所辑录的一

〔1〕陶宗仪:《南村辍耕录》卷17《旃檀佛》,北京:中华书局,1959年,第206-207页。
〔2〕关于奝然入宋之详细历程,可参看金申:《日僧奝然在台州模刻的旃檀佛像》,载金申《佛教美术丛考》,北京:科学出版社,2004年,第135-143页。

份关于"优填王旃檀瑞像"流传问题的文本。在这份长达 7000 多字的文本中，十明罗列了当时僧界所流传的关于"优填王旃檀瑞像"来华的各种不同说法，是一个"辑录"性质的文本。[1] 十明的这份文本，有三点非常引人瞩目：(1)大段抄录梁慧皎《高僧传》卷 2《鸠摩罗什》本文，并在其中加入本传所没有的鸠摩罗什父子如何东传佛像的记载，甚至有鸠摩炎同其妻及龟兹王白纯与吕光的生动对话，这种很明显的杜撰，其可信度是非常令人生疑的。尤其是其中加入的吕光"往伐龟兹，以收瑞像及罗什"的说法，是僧祐、慧皎的早期记述中所完全没有的内容。(2)第一次在文献中出现"瑞像佛约在龟兹六十余年，在西凉吕光城十四年，在长安姚兴都十七年，在江南四朝一百七十三年，在广陵长兴壬辰岁三百三十四年"的说法，这就是程钜夫文本所记前半段流传历程的早期源头。(3)十明又详细记载了梁武帝遣决胜将军郝骞到扶南求取瑞像的经过，并且发出了"汉土虽有二瑞像，骞等负来是非优填王所造真像乎"的疑问。面对歧异的文献记载和僧界传说，十明怀疑中国可能有两尊不同的"优填王旃檀瑞像"，但是，唐以前即使有两尊这样的旃檀瑞像，那么宋以前皇家供奉的那尊应该不会是不同的瑞像。

与奝然一同入宋的奝然弟子盛算在抄录了十明所辑录的这份文本后，自己又写了一段话附在该文本之后。盛算所写的这段文字，记录了奝然到扬州开元寺探访旃檀瑞像未果，并最终在北宋汴京参拜、摹刻"优填王旃檀瑞像"的详细经过：

> ［太平兴国八年］十一月十八日，到淮南扬州开元寺，安下地藏院，为是礼拜旃檀瑞像也，而有阁，其像不坐。

> 爰就寺僧寻问之处，答曰："瑞像始自晋代，至于大晋高祖代，数百岁安置于当寺，代代帝王供养。而至于伪吴大丞相李昱为政，吴称大唐之时迁江都南升州金陵建业城。彼时，件瑞像移以安置长先寺。即伪唐升元年中也，当大晋太祖石皇帝之代矣。至大宋

〔1〕十明：《优填王所造旃檀释迦瑞像历记》，载高楠顺次郎《大日本佛教全书》第 14 册，京都清凉寺藏本，东京：共同印刷株式会社，昭和六年(1931)，第 310－319 页。

太祖皇帝乾德年中,破伪唐金陵,擒伪主李昱,入京师之日,迎旃檀像,安置东京梁苑城左街开宝寺永安院中供养。大宋第二主今上皇帝迎入内里滋福殿,每日礼拜供养。僧等到京之日,礼拜不难者。"

……

明年(雍熙元年)正月……入滋福殿,大师并一行人礼拜瑞像……心欲奉造之间,其像移以安置内里西化门外新造启圣禅院。院是今上官家舍一百万贯钱所造也。

于是,招雇雕佛博士张荣,参彼院奉礼见移造。彼朝雍熙三年,载台州客郑仁德船,奉迎请像耳[1]。

由盛算的这份记录,可以得到以下几点认识:首先,盛算关于瑞像的来历记叙,来自对扬州开元寺僧人的调查,僧人只是说此像"始自晋代",并未明言是鸠摩罗什带来。其次,奝然仿刻的"优填王旃檀瑞像",无论其前代流传是来自哪个寺院,但是当时就是供奉在汴京的启圣禅院。这一点尤为重要,因为传世的历代帝王供奉的"优填王旃檀瑞像"就是从启圣禅院供奉之后才变得扑朔迷离、难寻踪迹。从《梁书》的官方记载到唐人释道宣、段成式直到北宋高官蔡绦《铁围山丛谈》的详尽记述,都可以证明,启圣禅院所供奉的就是梁武帝获自扶南的"优填王旃檀瑞像",那么我们今天能见到的日本京都清凉寺所藏奝然仿刻的,也正是这尊像。

通过以上对文献记载所做的考察,完全可以支持以下关于中国传世"优填王旃檀瑞像"的几个结论:

(1)所谓宋孝武帝远征扶南所获瑞像,在源头上就混乱不堪,没有事实依据。首先,释道宣认为龙光寺瑞像来自宋孝武帝远征扶南所获,而历史记载中却没有宋孝武帝远征扶南这个史实发生。其次,唐代释道宣时期,僧界就流传龙光瑞像来自鸠摩罗什,但是道宣又用"宋孝武

---

〔1〕盛算:《盛算记》,载高楠顺次郎《大日本佛教全书》第 14 册《优填王所造旃檀释迦瑞像历记》,京都清凉寺藏本,东京:共同印刷株式会社,昭和六年(1931),第 319 页。

帝远征扶南所获"这样一个不存在的事实否定了这一说法。显然,这是一个前后充满了矛盾的说法。

(2)在宋代以前,鸠摩罗什带来"优填王旃檀瑞像"的事实非常混乱,释道宣记载此像在"洛州净土寺",而当时的僧界却流传金陵"龙光寺"的瑞像是鸠摩罗什带来的。更加令人奇怪的是,当时鸠摩罗什能带来举高丈六的旃檀瑞像,对中原佛教界应该是一件可以引起足够重视的大事,当时的凉州吕氏政权不崇信佛教,对此无声无息可以理解,然而此后倾国力支持佛教发展的后秦姚氏政权对此像也没有什么表示,就很令人意外。

从元代程矩夫的记载开始,鸠摩罗什由龟兹带来的瑞像不但有了清晰完整的流传脉络,并且同鸠摩罗什父子先后在龟兹、凉州、长安的时间段完全相呼应。应该说,这个记载够清楚的了,但是唐代僧人释道宣所记载的鸠摩罗什带来的瑞像安置在"洛州净土寺",而程矩夫的记载中,此瑞像就根本没有在"洛州"安置过。后唐僧人十明大段抄录《高僧传》卷2《鸠摩罗什》的原文,并加入鸠摩炎同龟兹王白纯关于瑞像问题的栩栩如生的对话,造假痕迹昭然。

由上基本可以断言,所谓鸠摩罗什自龟兹带来"优填王旃檀瑞像"的说法,至迟从唐代开始就是一个流传在僧界的"传说"。源于五代时期的详细流传时段,最终在程钜夫所撰的《敕建旃檀瑞像殿记》中被拼接成一份完整的流传时间、地点表。可以初步认为,程钜夫的《敕建旃檀瑞像殿记》是一份结合前代僧界"传说"而成的文献。

(3)梁武帝天监十八年(519)由扶南国进贡的"天竺旃檀瑞像",是在中国传世的"优填王旃檀瑞像"。此像在北宋朝廷南渡之前流传脉络清晰,正史、僧史、笔记都有相同的记载,梁武帝、隋文帝、宋太宗等历代帝王供奉。此像先是被安置在梁荆州大明寺,后来曾先后在龙光寺、长乐寺供奉。隋唐时期在长安大兴善寺曾供奉过此像的仿刻像。到宋太宗太平兴国末年,此像被从金陵移至洛阳宋太宗的"神御之殿"启圣禅院侧殿供奉。到北宋大观年间(1107—1110),旃檀瑞像由启圣禅院侧殿移往正殿,蔡京之子蔡絛是此事的亲历者,留下了详细明确的记录。但是,随着金人南下、北宋朝廷的灭亡,此像不知去向。

(4)日本僧人奝然于北宋太平兴国八年(983)八月入宋,先后巡礼天台山、五台山等佛教圣迹,随后即在汴京参拜了"优填王旃檀瑞像",并雇工摹刻,带入日本。至今藏在京都清凉寺内的优填王旃檀瑞像,就是此尊梁武帝获自扶南的"优填王旃檀瑞像"的仿刻像。

12.4 历代帝王
供奉"优填王旃檀瑞像"之动因

"优填王旃檀瑞像"在造型上与一般佛像的最大不同之处就在于它是"佛之真容",是完全按释迦牟尼成道后在忉利天为母说法时的真实形象雕造的。因为这个原因,历代所传的旃檀瑞像,不论是来自天竺、西域、龟兹还是扶南,也不论是中原僧寺雕制还是东亚其他国家的摹刻、图写,都坚持了同样的造型和艺术风格。正如荣新江所指出的:"瑞像既然十分拘泥于其原型,则瑞像反映的某些艺术风格只是时代较早的原型的摹写,并非瑞像本身时代的绝对特征。"[1]

显然,瑞像在造型风格上坚守了这种"原初性",那么随着佛教造像的丰富化,瑞像在其宗教内涵上同一般佛像的区别何在?尤其是当瑞像同其他造型的佛像摆列在同一空间的时候,该如何来定位瑞像作为一种特殊造像的意义?

美术史家巫鸿先生对此问题做过一个非常富有启发性的讨论,在《再论刘萨诃——圣僧的创造与瑞像的产生》这篇文章中,巫鸿考察了敦煌莫高窟 203 窟主尊佛像的造型,认为 203 尊主尊的形象模仿了番和瑞像的造型,由此作为被膜拜的造像,就产生了一种观念上的模棱两可:敦煌石窟中的这尊形体似"番和瑞像"的主尊,一方面被作为佛

---

〔1〕荣新江:《敦煌"瑞像记"瑞像图及其反映的于阗》,载张广达、荣新江《于阗史丛考》,北京:中国人民大学出版社,2008 年,第 192 页。

本身加以崇拜,但另一方面又是一尊业已存在的宗教偶像之翻版。[1]
显然,巫鸿先生是将203窟主尊像判定为一种身兼"瑞像"与"崇拜像"
合二为一的作品。正是在此基础上,他通过对敦煌莫高窟第237窟西
壁龛顶西披、东披、南披、北披都绘有成组的佛瑞像或菩萨像的考察,进
一步指出:

> 到中晚唐时,对"神的表现"和对"像的表现"在观念上被清楚
> 地区分。由此,这两类佛像在佛教礼仪建筑中被赋予不同角色。
> 这种变化的一个重要结果是出现了叫做"瑞像"或"瑞像图"[2]的
> 新题材,通常由一排长方形画面组成,每一个画面描绘一身印度、
> 和阗或中国的著名佛教尊像……从本质上说,"瑞像图"是一种
> "图像的图像"(meta-image)——一种对"经典表现的再表现"(a
> respresentaion of a classical resprestation)……它们总是在榜题中标
> 明这是一组佛或菩萨的"像",而不是将所绘形象称为某某佛或某
> 某菩萨。[3]

巫鸿先生将敦煌莫高窟第237窟西壁龛顶东披[4]一组11尊佛瑞
像、菩萨像命名为一种特殊的"瑞像图",并以之同203窟主尊相比较,
提出从初唐到中晚唐,在瑞像与一般造像表现概念上发生了观念上的
区分。由于专业的不同,我们无法对此做出评判。但是巫鸿先生所提
出的涉及瑞像与一般崇拜像在内涵上的"神的表现"和"像的表现"这
两个概念,确实是对"瑞像"与一般佛教造像在功能和内涵上做区分的
一个关键判断。

如果我没有理解错的话,巫鸿先生之"神的表现"显然是指对一般
膜拜造像的塑造,而"像的表现"则是指在一般膜拜造像的基础上所产

---

[1]巫鸿:《礼仪中的美术——巫鸿中国古代美术史文编》,郑岩等译,北京:生活·读书·新
知三联书店,2005年,第444—445页。

[2]巫鸿先生所说的这种"瑞像图",在敦煌莫高窟第237窟西壁龛顶西披、东披、南披、北披
都绘有成组的佛瑞像或菩萨像,尤其是东披最为典型。

[3]巫鸿:《礼仪中的美术——巫鸿中国古代美术史文编》,郑岩等译,北京:生活·读书·新
知三联书店,2005年,第445页。

[4]敦煌文物研究所编:《中国石窟敦煌莫高窟》(四),北京:文物出版社,1987年,图版第
109。

生的"瑞像图"之"图像的图像",现在所涉及的问题是,在佛史文献家来看,"瑞像"恰恰不是"图像的图像",而是"众像之始",就是说,"瑞像"是"释迦牟尼真容",而一般崇拜用的像则是"图像的图像"。

现在我们把这对概念前移,在唐代以前,佛教史家对于"瑞像"的认识有助于我们理解这个问题。梁代高僧慧皎在《高僧传》中述及"优填王旃檀瑞像"时说此像乃"现写真容,工图妙相",而谈及后世所流传的佛像时则说"夫法身无像,因感故形;感见有参差故,形应有殊别"。[1] 慧皎对"优填王旃檀瑞像"与后世其他佛像的说法,显然是有所区分的,前者是"真容",因而"如来在世已见成轨",是固定的"像";后者是"法身",所以"法身无像……感见有参差故,形应有殊别"。

如果我们将慧皎的这个说法与巫鸿先生前面所举的一对概念相比较,就会发现,慧皎所谓"现写真容,工图妙相"即可视之为"像的表现",而慧皎所谓"法身无像……感见有参差故,形应有殊别"即可视之为"神的表现"。

对于"神的表现"之美术形象,因为其表现的是一种供人膜拜的"法身",而法身是无像的,因而就可以面目、形态各异,但是释迦牟尼佛的"真容"却是固定的。对于这种"法身"像,宫治昭先生有一个比较新的说法,他认为:"贵霜朝以后,尤其在笈多朝时(4世纪后半—6世纪前半),佛传的释迦像趋于消失,开始追求超越他的永远相的佛陀像,在艺术上,探寻着各种图像形式,称作'宇宙主释迦佛',就是永远相的释迦佛像。"[2]

在石窟寺中,当这种"永远相的释迦佛像"与"现写真容,工图妙相"的释迦牟尼佛"真容像"处于同一空间时,瑞像被布置在窟顶四披、

　　〔1〕慧皎:《高僧传》卷13《兴福第八·论》,汤用彤校注,北京:中华书局,1992年,第495－496页。
　　〔2〕宫治昭:《宇宙主释迦佛——印度·中亚·中国》,载宫治昭《吐峪沟石窟壁画与禅观》,贺小萍译,上海:上海古籍出版社,2009年,第139页。

盝形顶、龛顶等位置,明显是作为主尊的陪衬或附属图像而存在。[1]巫鸿先生考察后指出,瑞像往往被布置在中心龛中主尊佛像的上方,或者在通向主室的甬道顶上。因此,巫鸿先生认为,处于主尊佛像上方的瑞像功能在于烘托主像的荣耀,处于通往主室甬道顶的瑞像,功能在于引导人们通向神圣世界。

当然,美术史家根据石窟绘画或造像所探讨的大都是晚唐、宋到五代时期的"瑞像",其功能可能同传世的"优填王旃檀瑞像"还是有一些区别的。

中国传世的"优填王旃檀瑞像"作为一种特殊造型的释迦牟尼佛"真容像",它具有以下几方面的特殊之处:

(1)从传世"优填王旃檀瑞像"来看,其以佛胸口和腿部分别为中心轴的"U"形对称衣纹为最大特征,并且这种源自"出水式"衣纹的纹样可能考虑到了牛头旃檀木造像的木纹形象,所以佛像的"U"形衣纹非常夸张,已经跟"出水式"衣纹有了很大差别,更加模式化。

(2)"优填王旃檀瑞像"是国王所造,从一开始这个像就有"腾空接佛"的"灵异"性质,因而,它是三种元素的组合:首先跟国王、皇帝联系在一起;其次是释迦牟尼"真容";再次它具有"灵异性"。由此,在汉文文献中,关于它的定位是:"旃檀佛,以灵异著闻海宇。王侯公相、士庶妇女,捐金庄严,以丐福利者,岁无虚日。故老相传云:其像四体无所倚着,人君有道,则至其国。"[2]正是因为这些原因,从梁武帝开始,"优填王旃檀瑞像"就一直是由帝王供奉的特殊造像,是"人君有道"的一个重要标志。

魏晋南北朝时期,胡人占据中原地区与晋廷南移,也标志着中华帝国的统治中心、文化中心和王朝正统的南迁,从东晋到宋、齐、梁、陈,

---

〔1〕张广达、荣新江先生根据现有资料,对敦煌莫高窟瑞像图所在的窟号、绘制年代、绘画位置、现存简况做了全面统计,共有晚唐到五代、北宋的瑞像图27处。其中绘于甬道盝形顶的有9处,绘于甬道盝形顶披的有9处,绘于甬道顶的有1处,绘于主室壁盝顶帐形龛披有6处,前室北壁龛有1处。参见张广达、荣新江:《于阗史丛考》,北京:中国人民大学出版社,2008年,第179 - 181页,表一。

〔2〕陶宗仪:《南村辍耕录》卷17《旃檀佛》,北京:中华书局,1959年,第206 - 207页。

并延续到隋、唐、宋,其中华帝国的正统地位被自我强调。因而,扶南国进贡的南传"天竺旃檀瑞像",一直是被帝王或皇家作为"王朝正统"意义的一个标志来供养、传承的。

13 鸠摩罗什
对般若学及东亚文化的贡献

后秦时期的天竺高僧鸠摩罗什,在长安从事佛经翻译,他不但是著名的佛经翻译家,还是佛教思想家。从经典的翻译数量上看,唐代的玄奘占绝对优势,从译经的内容及后世影响方面看,罗什在译经史上占有很高地位。唐玄奘翻译的佛经大多在佛藏中保存着,而僧俗各界吟诵阅读的重要佛经还是用鸠摩罗什翻译的本子。

况且早在玄奘之前,罗什就译出了《大品般若经》及《小品般若经》,使中国佛教界系统地吸收了般若思想。对中国佛学的兴盛以及隋唐佛教诸宗的形成,起到了推动作用。他在中国历史上第一次较为系统全面地介绍了印度佛学思想体系,影响波及以后的整个中国思想界,而且也深深地渗透到中国传统文化及东亚文化的各个领域之中。

13.1 鸠摩罗什的论著与译作

罗什本人的著作不多,据慧皎《高僧传》记载,罗什曾作《实相论》《注维摩经》等,都已经失传了。正是因为罗什曾撰有《实相论》,所以后人也将罗什的思想称为"实相宗",罗什的禅法称为"实相禅"。

现存的罗什著作有以下几端:

(1)鸠摩罗什给后秦国王姚兴的两封书信:

一封为《答秦主姚兴》[1],由于姚兴看中了鸠摩罗什的弟子道恒、道标的治国才能,要逼迫他们还俗为官,鸠摩罗什写了这封信为弟子

―――――――――――

〔1〕《高僧传》卷6《释道恒》。

求情,期望姚兴能让他们继续为僧。

另一封是《答姚兴通三世论书》[1],姚兴写了一篇题为《通三世论》的文章,来解释人生的因缘果报关系。[2] 文章写好后呈送罗什,请他给提意见,鸠摩罗什读完后写了这封回信,就三世之有无做了详细解说,并且赞誉姚兴的《通三世论》为"雅论"。

(2)鸠摩罗什同慧远的往来书信:

最早的一封是403年所写的《答慧远书》[3],这是他们的第一次通信,还互相赠送了礼物。

此外就是回答慧远书信中提出的18个问题而写的回信,后人编为《大乘大义章》18章,内容主要涉及法身、实相、念佛三昧等问题。这也是了解罗什与慧远思想的重要文献。[4]

(3)三首诗偈:

第一首是赠僧人法和的偈语:

> 心山育明德,流薰万由延。
> 哀鸾孤桐上,清音彻九天。[5]

这首诗偈是否是鸠摩罗什所作,学者们有所疑问。据说鸠摩罗什当时曾写了十首诗偈,文献中就保存下来了这一首,慧皎《高僧传》归之于罗什,目前只能断定为是罗什的作品。

第二首诗偈是罗什在《答慧远书》中所写,表达自己佛学思想的诗偈,含义深奥:

> 既已舍染乐,心得善摄不。
> 若得不驰散,深入实相不。
> 毕竟空相中,其心无所乐。
> 若悦禅智慧,是法性无照。
> 虚诳等无实,亦非停心处。

---

[1]《广弘明集》卷21。
[2]《高僧传》卷2《鸠摩罗什》。
[3]《高僧传》卷6《释慧远》。
[4]现存《大乘大义章》20卷,见《大正新修大藏经》第44册《论疏部五》《诸宗部一》。
[5]《高僧传》卷2《鸠摩罗什》。

仁者所得法,幸愿示其要。[1]

这首诗偈毫无疑问是罗什的作品。

第三首诗偈是有名的《十喻诗》:

十喻以喻空,空必待此喻。

借言以会意,意尽无会处。

既得出长罗,住此无所住。

若能映斯照,万象无来去。[2]

罗什的译作,《出三藏记集》载为35部、294卷,《开元释教录》列为74部、384卷,实际现存39部、313卷。[3]

罗什的译作侧重于般若类经,特别是龙树空宗一系的作品,译有《摩诃般若波罗蜜经》《小品般若波罗蜜经》《金刚般若经》等般若类经,《中论》《百论》《十二门论》《大智度论》等中观派经典,还有《阿弥陀经》《法华经》《维摩诘经》等大乘重要经典(后两种经也和般若类经互相发明),《坐禅三昧经》《禅法要解》《首楞严三昧经》等大乘禅经,《十诵律》《十诵比丘戒本》《梵网经》等大小乘戒律,以及其他一些大小乘经典。

13.2　鸠摩罗什对中观般若学发展的贡献

从佛学思想发展方面来看,鸠摩罗什对中观般若学说在中原的传播与发展具有划时代的意义。

鸠摩罗什是出身于一切有部的僧人,他早期的佛学知识与智慧,主要来自对有部典籍的深入广泛的学习,当在疏勒国接触大乘经典后,他为大乘学说的"毕竟空"所折服,从此继承了龙树菩萨的大乘思想。

---

〔1〕《高僧传》卷6《释慧远》。

〔2〕《艺文类聚》卷76。

〔3〕关于鸠摩罗什译经的数量,学者的看法存在分歧,有35部294卷说、30多部300多卷说、40部300余卷说,等等。参阅刘国防:《纪念鸠摩罗什诞辰1650周年国际学术讨论会综述》,载《西域研究》1994年第4期。

龙树的大乘思想是在部派佛教的基础上产生的。[1]

释迦牟尼去世后 100 余年,约公元前 4 世纪后期,佛教因内部对教义理解不同,遂分裂成上座部与大众部,之后这两派又多次分裂,到公元前后已有 18 部派之多,他们都或多或少地继承了一些原始佛教义理,但是对于佛经已有了各自不同的解说,被称为部派佛教。

部派佛教的共同特点是"多着有见",事实上已经背离了佛经的原始义理,不能辩证地看待问题,偏执实有,悲观厌世,自私自利,这就是所谓的小乘佛教。

在公元 150 至 250 年之间,龙树出生于南印度毗连婆国。当时,大乘佛教思想的经典如《大般若经》《华严经》《宝积经》《维摩经》《妙法莲花经》《楞严经》《涅槃经》等都已出现,且争鸣斗强,思想界一片混乱。

龙树依据诸多大乘经典,著书立说,其中以《中论》《十二门论》《大智度论》这"三论"最为著名,提倡中道实相之理,驳斥那些偏执妄见的大小乘错误观点。龙树的弟子提婆又著《百论》。龙树的"三论"重在破斥佛教内部小乘学派观点,而提婆的《百论》重在破斥其他宗教学说,从而形成了独树一帜的印度中观学派,推动了印度大乘佛学发展到新的阶段。中观派对般若思想的最重要发展,就是突出了中道的思想,既反"空"见,又反"有"见,反对各种偏执,无论是佛教内的,还是佛教外的,均以"中道"思想为原则来分析、破斥,这是中观派的重要特点。[2]

罗什首先研习的大乘思想就是龙树的中观学派,他承袭龙树思想,到长安后又系统地翻译了有关经律论,经弟子僧肇等人的释解推演,形成了三论宗,又称中观宗。"中观"是依其思想内核而称谓,又称"中道"。般若中道便是罗什大乘佛教的中心。

---

〔1〕参阅吕澂:《印度佛学源流略讲》,上海:上海世纪出版集团、上海人民出版社,2005 年,第 88 - 105 页。

〔2〕参阅姚卫群:《佛教般若思想发展源流》,北京:北京大学出版社,1996 年,第 200 - 204 页。

·欧·亚·历·史·文·化·文·库·

在鸠摩罗什翻译佛典之前,中国传播的般若学说是以支谶、支谦、竺法护等译的般若经典为主要依据的。般若思想在东汉末三国时期就传到了中原,支娄迦谶最早翻译出了《道行般若经》《般舟三昧经》《首楞严三昧经》等三部般若类大乘典籍,参与译事的还有天竺僧人竺佛朔。此后三国时期的支谦译出了《道行般若经》的异本《大明度经》6卷和《佛说维摩诘经》2卷;朱士行西去求取经典,译出《放光般若经》。西晋时期竺法护译出《光赞般若经》10卷,无罗叉译《放光般若经》20卷。由于翻译水平所限,这些般若类经典既不能非常充分地表达大乘般若类思想,也没有体现出印度大乘佛学思想的最新进展,因而中国的般若学发展水平在很大程度上要受这些经典中提出的理论的制约。

因而,两晋之际对于般若思想的理解,出现了"六家七宗"的纷繁解释局面。[1] 当时中国思想界之所以对般若思想的"空"观理解出现歧异与偏差,有三方面的原因:第一,中国僧人们受当时盛行的玄学思想的影响,用玄学的"有""无"之争来理解般若思想中的"空";第二,当时译出的般若经典本身的表述矛盾,译者对佛经翻译得不准确或含糊,都从源头上将般若思想引向偏执之道;第三,般若学发展的最新思想中观学说没有被及时引入中国思想界。印度的般若学说本身有一个发展过程,《般若经》的原本较杂,内容多有详略差异,并常有前后矛盾之处。龙树等在《般若经》的基础上写出了《中论》《十二门论》等著作,进一步将般若思想系统化,消除了不同本的《般若经》之中的思想歧异,使得般若思想得到了明显的发展。般若思想的这种最新发展情况,中国人从支谶、竺法护等人的译籍中是不能了解到的,再加上翻译工作本身及解释方面的问题,当时的中国思想界是很难达到印度中观派的般若思想发展水平的。

鸠摩罗什的翻译,正好就是一次性解决了以上三方面的问题,他对般若思想在中国的进一步传播发展的贡献主要表现在三方面:

一是译出了印度中观派的主要论著,将般若思想在印度发展鼎盛

---

〔1〕参阅吕澂:《中国佛学源流略讲》,北京:中华书局,1979 年,第 43–53 页。

时期所取得的主要成果介绍给了中国人；

二是重新译了般若经典，纠正了在他之前的汉魏以来所出的《般若经》汉译本中的不准确或含糊之处；

三是用中观派的观点来解释般若类经典，从根本上破除了"六家七宗"的各类偏执。

因而，鸠摩罗什对《中论》等一批中观派要典的翻译，对于般若思想在中国的发展来说，具有划时代的意义。

13.3 鸠摩罗什的翻译理论及其所译佛经的特色

在鸠摩罗什之前，汉时的译经数量也不少，就般若类经典而言，在中国早有译介，有名的如《放光》《光赞》和《道行般若》等，但在罗什之前，译得并不完备，因而在理解上也容易引起分歧。罗什的译经对空观做了全面而又准确的阐述，从而为解决般若学的纷争创造了条件。

据《高僧传》所述，早期的佛经译文"多滞文格义"，"不与胡本相应"，这样就在一定程度上影响了对佛教经典的正确理解和体悟。在佛教初传时期，采取格义方式，也就是用中原固有的一些名词来代替比附佛经中的名词，最初的出发点是为了使佛教教义易被中国人所了解，但这样做的同时也就强化了佛学与中国文化的共同性，增强了外来佛教学说与中国文化之间的"求同倾向"和人们对它的认同，削弱了排拒心理，这是佛教能够在中国立足生根的心理基础，也是外来文化进入本土的必要过程。但是，如果仅仅停留在求同上，只注意两种不同思想的概念和名词之间的相似性，并不能把它们真正融合起来，无助于真正理解哲学家的深层思想或者宗教学的核心教义，也无助于本土哲学吸取新鲜养料，反而会在思想上引起混乱和曲解。因此，鸠摩罗什决意一改以往的翻译方法，由直译改为意译，不拘泥形式，而注重对经义的正确传达和表述。

鸠摩罗什有深厚的印度、西域各国的语言、知识修养，又在凉州的

·欧·亚·历·史·文·化·文·库·

姑臧生活 15 年,对汉语言有熟练的掌握,因而他得天独厚地具有流畅地翻译佛经的学术修养。[1] 正是因为鸠摩罗什在翻译方面的巨大改变,才使翻译流畅、正确的佛经第一次在中原地区传播开来。

在佛经翻译史上,相对于罗什译经之前的译作而言,罗什的译作被称为新译,其译文兼顾文和质两个方面,行文优美,概念准确,达到了前所未有的高水平,因而受到后人很高的评价。

鸠摩罗什在佛经翻译方面不仅做到了译文流畅、准确,而且对于中国佛经翻译的技巧、理论等方面也做了非常可贵的探索。针对历来梵汉译经中出现的问题,鸠摩罗什在同其弟子僧睿讨论时认为是没有很好地把握中文、梵文在"文制"与"体韵"方面的巨大区别:"天竺国俗,甚重文制。其宫商体韵,以入弦为善。凡觐国王,必有赞德。见佛之仪,以歌叹为贵,经中偈颂,皆其式也。但改梵为秦,失其藻蔚。虽得大意,殊隔文体。有似嚼饭与人,非徒失味,乃令呕哕也。"[2]

鸠摩罗什认为,梵文辞体华美,可以配以音乐诵唱,但译为汉语后,虽然还能保存原意,却失掉了那份韵律美,所以,他同弟子们慎重斟酌、再三推敲,不但要译出原意,同时力求文字通俗化,兼富优美文学色彩,推翻道安认为应以古朴文体为本的理论。所以深受鸠摩罗什翻译思想影响的僧睿在《小品经序》中总结释道安等前辈僧人的"旧译"与罗什的"新译"之间的区别:"考之旧译,真若荒田之稼,芸过其半,未讵多也………胡文雅质,按本译之,于丽巧不足,朴正有余矣。"[3] 这个说法,正好就是对鸠摩罗什"改梵为秦,失其藻蔚。虽得大意,殊隔文体"这一认识在翻译中的实践。

鸠摩罗什对前人译作有深入研究与批评,并且在翻译实践中注重意译与音译的慎重选择,避免前人的缺陷。正如僧睿所言:"胡音失者,正之以天竺,秦言谬者,定之以字义;不可变者,即而书之。是以异

---

〔1〕刘宾:《鸠摩罗什的译典在比较文学研究上的意义》,载《西域研究》1999 年第 3 期。

〔2〕《高僧传》卷 2《鸠摩罗什》。

〔3〕僧睿:《小品经序》,载严可均辑《全晋文》卷 160,北京:商务印书馆,1999 年,第 1755 页。

名斌然,胡音殆半。斯实匠者之公谨,笔受之重慎也。"[1]鸠摩罗什引入革新的翻译方法,如通过音译法,重新定名,去掉那些旧译中援引的中国当时流行的玄学术语,避免混淆佛学基本的思想。纠正旧译,如阴、入、持等,改为众、处、性。[2] 并对旧译失当处,逐一校正,使之"义皆圆通,众心惬服"。如他翻译的《金刚经》《法华经》《维摩诘经》等都是富有文学韵味的佛经典籍。鸠摩罗什在处理专有名词如人名、神名和一些不可翻译的名词上都有他的独到见解,对于那些难以在汉语中找到对应的梵文词汇,他会坚持音译,而且力求统一译名,避免一词多译,使译文更见易读,同时亦不失异国文化色彩,多添了一份文字的美感。

无论是在文辞上还是对于佛教概念的把握上,罗什的译本可以说是最为成功,也是最流行的。譬如《维摩诘经》的翻译就是一个典型事例。《维摩诘经》,又名《维摩诘所说经》《维摩经》《不可思议解脱经》《净名经》,是印度早期大乘佛教的重要经典。此经在中国广泛流传,影响很大,前后共有 6 个汉文译本,分别是:东汉严佛调译《古维摩诘经》;三国吴支谦译《维摩诘所说不思议法门经》;西晋竺叔兰译《毗摩罗诘经》;西晋竺法护译《维摩诘所说法门经》;后秦鸠摩罗什译《维摩诘所说经》;唐玄奘译《说无垢称经》。其中支谦、鸠摩罗什和玄奘的译本留存至今。在这些译本中,流行最为广泛的是鸠摩罗什的译本,这一点从敦煌遗书中《维摩诘经》各译本的写卷数目就可一目了然:支谦译本有 2 个敦煌写本,玄奘译本也只有 4 个敦煌写本,而鸠摩罗什译本的写本却高达 821 个。[3] 由此可见鸠摩罗什译本的流行程度。

罗什译本在翻译方面的成功之处,一方面在于其优美的文学色彩,更主要的是由于他对大乘经义理解的"神悟"[4],使之有丰厚的学养根基,以流畅的语言恰当地表达了佛经真义。对此,唐代僧人道宣在

〔1〕僧睿:《大品经序》,载严可均辑《全晋文》卷 160,北京:商务印书馆,1999 年,第 1754 页。
〔2〕僧睿:《大品经序》,载严可均辑《全晋文》卷 160,北京:商务印书馆,1999 年,第 1754 页。
〔3〕吴文星:《维摩诘经的鸠摩罗什译本流行的原因分析》,载《华南师范大学学报》(社会科学版)2005 年第 2 期。
〔4〕郑郁卿:《鸠摩罗什研究》,台北:文津出版社,1988 年,第 97 页。

《道宣律师感通录》中认为鸠摩罗什的佛经翻译："绝后光前,仰之所不及,故其所译,以悟达为先,得佛遗寄之意也。"[1]罗什译本的语言生动活泼,明白晓畅,朗朗上口,符合汉语文法和语言习惯却又不违背原文的意旨,正是所谓"曲从方言而趣不乖本"[2],各种层次的读者都容易读懂,所以,罗什新译出来后就逐渐取代旧译,流行于大江南北了。

13.4　鸠摩罗什
对佛教中国化及东亚文化的贡献

鸠摩罗什长安译经讲道是中国佛教和文化历史中具有划时代意义的一件大事,他第一次把印度佛学按照真正意义翻译和引进来,不但对后世佛教诸宗的产生发展发挥了决定性作用,而且影响到以后中国的整个思想和文化的发展走向,使佛教与中国传统的儒、道并立而形成中国特色的文化基础。

鸠摩罗什翻译的佛经对中国佛教发展产生了重要的影响,很多佛经都成了此后中国佛教宗派及东亚佛教派别立宗的重要典籍。在唐朝,一共有八家著名的佛教宗派,其中的六家都是因鸠摩罗什法师的译经而建立的。如他所译的大品和小品《般若经》,当时就是般若学的要典;《维摩诘经》《金刚经》也为般若学所重,又为后来的禅僧所重;《成实论》为成实宗所宗;《阿弥陀经》《弥勒成佛经》为净土宗所宗;《中论》《百论》《十二门论》为三论宗所宗;《法华经》为天台宗所宗;《十住毗婆沙》也是华严宗所重的经论之一。

所译禅经和戒律类经典及经论也产生了很大影响,像《维摩经》《大智度论》等也是后来修习佛学者的必读典籍。在当时的长安逍遥园、大寺等译经场中,最高峰的时候有5000多僧人协助翻译,况且鸠摩罗什的弟子"十哲八俊"及姚兴、姚嵩等王公贵族都积极参与佛经的翻译、校订、辩论等工作,可以说,罗什的译作也是集体智慧的产物。

---

〔1〕《大正新修大藏经》第52册《史传部四·道宣律师感通录》。
〔2〕《大正新修大藏经》第52册《史传部三·法华经传记》卷2。

在文学方面,由于鸠摩罗什翻译的佛经具有优美的文学韵律,以印度文学为底色的佛经经文及其中的故事、表现手法等对中国文学的发展发挥了广泛的影响;在艺术方面,以《维摩诘经》为代表的佛经,为石窟寺的壁画创作提供了生动、简洁的底本,如敦煌莫高窟的壁画《维摩诘经变》就是依据鸠摩罗什译本绘制的,其他石窟中出现的大量"维摩诘经变"和"西方净土经变"都与罗什的译经有关。

图 13 - 1　陕西户县草堂寺鸠摩罗什舍利塔拓片(作者藏品)

鸠摩罗什所译的经典先后传到朝鲜、日本等国[1]，在日本知识分子里，认为他的译经在古代译师中最为准确，因此特别推崇，撰写赞文加以赞诵。在古代朝鲜和日本还流行着弥勒信仰，而这些都与鸠摩罗什译的《法华经》有重要关系，所以他对东亚佛教的发展有着重大的影响。

从中国佛教思想文化发展史的角度来看，鸠摩罗什翻译佛经和培养弟子，是中印文化交流、中国少数民族与汉族文化交流的巨大工程，也是中国历史上第一次大规模的外来文化与本土文化的碰撞、交融，具有重大的文化意义和历史意义。鸠摩罗什对于中国佛学与中国思想界的影响，方立天先生总结为以下两个方面：

第一，推动中国佛教思想的发展进入一个新的阶段。由于鸠摩罗什的翻译，中国始有良好的佛教译本和系统的教义，中国佛教才得以面目一新。尤其是使大乘空宗的思想获得广泛流传。大乘佛教根本义理的移植和弘传，实应归于鸠摩罗什。

第二，促进南朝学派和隋唐学派的形成。鸠摩罗什重译或新译的大量不同类型的佛典，为中国佛教学派和宗派的产生提供了基本的佛学根据和思想基础。[2]

由此可见，鸠摩罗什的业绩对中国思想发展的影响是广泛、深入而久远的，对中国佛教史的影响超越了佛教宗派和东晋以来的历史时限，从这个意义上说，鸠摩罗什赢得了在中国佛教史上首屈一指、高于他人的历史地位是绝对不过分的。

当然，鸠摩罗什以居士之行践菩萨之道，实践了《维摩诘经》所宣扬的"出家在家不二"的精神，为现世的士大夫和深受儒家孝道思想影响的民众解除了出家在家的心理矛盾，这可能也是罗什备受推崇的一个潜在原因。

---

〔1〕杨曾文：《鸠摩罗什的译经与日本佛教》，载《佛学研究》2004 年期（年刊）。
〔2〕方立天：《鸠摩罗什：影响中国佛教思想发展至深至广》，载《中国宗教》2001 年第 1 期。

鸠摩罗什年表

344年,东晋康帝建元二年,鸠摩罗什生于龟兹,其母年20岁。

350年,东晋穆帝永和六年,7岁,随母出家。

352年,东晋穆帝永和八年,9岁,随母渡辛头河,至罽宾,从槃头达多学习小乘学。

355年,东晋穆帝永和十一年,12岁,随母返回龟兹途中到沙勒(疏勒)国。

356年,东晋穆帝永和十二年,13岁,在沙勒国跟随须利耶苏摩学习大乘佛法。

357年,东晋穆帝升平元年,14岁,随母亲到温宿国,同一外道学者论难,初露锋芒,声誉鹊起,龟兹王将之迎归故国,为王女阿竭耶末帝开讲《方等经》,开始宣扬大乘佛法。

363年,东晋哀帝兴宁元年,20岁,在龟兹王宫受具足戒,跟随卑摩罗叉学习《十诵律》;是年,罗什母亲耆婆远走天竺,罗什于新寺侧故宫中得《放光经》。

364年,东晋哀帝兴宁二年,21岁,在雀离寺读大乘经论,与老师槃头达多讨论经义,使老师折服,信从大乘。

365年,西晋哀帝兴宁三年,前秦建元十三年,22岁,前秦国王苻坚初闻鸠摩罗什之名。

384年,东晋孝武太元九年,41岁,前秦大将吕光攻陷龟兹,俘获鸠摩罗什。在吕光的逼迫诱骗下,罗什与龟兹王女成婚,破戒。

386年,东晋孝武帝太元十一年,43岁,吕光在凉州称帝,建立后凉。此后的15年中,鸠摩罗什在后凉京城姑臧(今甘肃武威)做政治顾问。

·欧·亚·历·史·文·化·文·库·

387 年,东晋孝武帝太元十二年,后凉太安二年,44 岁,正月,罗什用观风预言的方式提醒吕光预防部下大将的叛乱,果然不久,梁谦及张掖太守彭晃相继造反,但很快就被平定。

397 年,东晋安帝隆安元年,后凉龙飞二年,54 岁,张掖卢水胡人沮渠男成与从弟沮渠蒙逊起兵对抗后凉政权,吕光派遣庶子吕纂率五万精兵前往征讨,罗什建议暂缓用兵,吕光不纳。

401 年,东晋安帝隆安五年,后秦弘始三年,58 岁,后秦姚兴出兵西伐吕凉,凉军大败,鸠摩罗什被邀于十二月二十日从凉州抵达长安,受到国师般的礼遇。

402 年,东晋安帝元兴元年,后秦弘始四年,59 岁,正月五日,在僧睿的协助下译《众家禅要》3 卷。二月八日译《阿弥陀经》1 卷,三月五日译《贤劫经》7 卷。盛夏于逍遥园的西门阁开始翻译《大智度论》,十二月一日译《思益梵天所问经》4 卷,随后译《百论》。罗什的老师佛陀耶舍抵达姑臧。后秦大臣姚嵩写信向庐山慧远介绍了鸠摩罗什抵达长安译经的情况。

403 年,东晋安帝元兴二年,后秦弘始五年,60 岁,在逍遥园开始翻译《大品般若经》。庐山慧远大师第一次写信并送法衣、法物等礼品给罗什,罗什回信,赠送鍮石和双口澡罐这两件礼物给慧远。

404 年,东晋安帝元兴三年,后秦弘始六年,61 岁,四月,将《大品经》校对完毕;十月十七日在弗若多罗度的协助下,翻译《十诵律》,将近译成 2/3 的时候,弗若多罗度谢世,翻译工作停顿了下来;其后,应姚嵩的请求译《百论》2 卷;慧远从法识和尚处听到鸠摩罗什打算回龟兹的消息,写信劝阻,并开始了长达十多年探讨经义的书信往来。

405 年,东晋安帝义熙元年,后秦弘始七年,62 岁,六月十二日,译《佛藏经》4 卷;十月,译《杂譬喻经》1 卷;十二月二十七日,翻译《大智度论》100 卷的工作完成,历时 5 年。同年,又译出《菩萨藏经》3 卷;秋天,昙摩流支到长安,同罗什共续译《十诵律》,成 58 卷。

406 年,东晋安帝义熙二年,后秦弘始八年,63 岁,罗什从逍遥园搬迁到大寺居住。夏天在大寺译《法华经》8 卷、《维摩经》;并译《华手经》10 卷。罗什老师卑罗摩又抵达长安。

407 年,东晋安帝义熙三年,后秦弘始九年,64 岁,闰月五日,重订《禅法要》;应姚显的请求翻译《自在王菩萨经》2 卷,共昙摩耶舍、昙摩掘多译《舍利弗阿毗昙》。

408 年,东晋安帝义熙四年,后秦弘始十年,65 岁,二月六日至四月三十日,译出《小品般若经》10 卷。鸠摩罗什的老师佛陀耶舍抵达长安。

409 年,东晋安帝义熙五年,后秦弘始十一年,66 岁,在大寺译出《中论》4 卷、《十二门论》1 卷。

410 年,东晋安帝义熙六年,后秦弘始十二年,67 岁,罗什同老师佛陀耶舍一起译出《十住经》;佛陀耶舍在中寺开始翻译《四分律》。支法领从西域带来新经,不知何名,由罗什在大寺译出。佛驮跋陀罗被逐出长安,远走庐山。

411 年,东晋安帝义熙七年,后秦弘始十三年,68 岁,九月八日,在弟子昙晷、昙影协助下,开始翻译《成实论》。

412 年,东晋安帝义熙八年,后秦弘始十四年,69 岁,九月十五日,《成实论》16 卷翻译完成。佛陀耶舍译出《四分律》40 卷。

413 年,东晋安帝义熙九年,后秦弘始十五年,70 岁,鸠摩罗什于四月十三日在大寺去世,在逍遥园外按西域、天竺僧人的丧仪火化,身体成灰而舌头不焦不烂。

·欧·亚·历·史·文·化·文·库·

参考文献

著作类文献

阿马蒂亚·森.惯于争鸣的印度人:印度人的历史、文化与身份论集.上海:上海三联书店,2007.

蔡绦.铁围山丛谈.北京:中华书局,1983.

岑中勉.中外史地考证.北京:中华书局,2004.

陈连庆.中国古代少数民族姓氏研究.长春:吉林文史出版社,1993.

陈垣.二十史朔闰表.北京:中华书局,1962.

段成式.《酉阳杂俎》续集:卷5《寺塔记》上//唐古代笔记小说大观(上).上海:上海古籍出版社,2000.

敦煌文物研究所.中国石窟敦煌莫高窟(四).北京:文物出版社,1987.

敦煌研究院.敦煌遗书总目索引新编.北京:中华书局,2000.

戴维·柴贝尔.中国佛教的解释学阶段//唐纳德·罗佩兹.佛教解释学.周广荣,常蕾,李建欣,译.上海:上海古籍出版社,2009.

杜继文.佛教史.南京:江苏人民出版社,2006.

法显.法显传校注.章巽,校注.北京:中华书局,2008.

房玄龄.晋书.北京:中华书局,1974.

宫治昭.吐峪沟石窟壁画与禅观.贺小萍,译,上海:上海古籍出版社,2009.

高田修.仏像の誕生.東京:岩波书店,1987.

果宗.竺道生思想之考察//张曼涛.现代佛教学术丛刊13·中国佛教史论集4·汉魏两晋南北朝篇(下).北京:北京图书馆出版

社,2005.

　　高楠顺次郎.大日本佛教全书:第 14 册(京都清凉寺藏本).东京:
共同印刷株式会社,1931(昭和六年).

　　甘肃省文物考古研究所.河西石窟.北京:文物出版社,1987.

　　甘肃省文物工作队,等.中国石窟·永靖炳灵寺.北京:文物出版
社,1989.

　　高敏.秦汉魏晋南北朝史论考.北京:中国社会科学出版社,2004.

　　何剑平.中国中古维摩诘信仰研究.成都:成都出版集团、巴蜀书
社,2009.

　　慧立,彦悰.大慈恩寺三藏法师传.北京:中华书局,1983.

　　慧皎.高僧传.汤用彤,校注,北京:中华书局,1992.

　　吉藏.三论玄义校释.韩廷杰,校释.北京:中华书局,1987.

　　季羡林.季羡林文集:第 7 卷.南昌:江西教育出版社,1998.

　　金维诺.中国古代佛雕——佛造像样式与风格.北京:文物出版
社,2002.

　　金申.佛教美术从考.北京:科学出版社,2004.

　　金申.佛教美术从考续编.北京:华龄出版社,2010 年,第 198 页。

　　江素云.《维摩诘所说经》敦煌写本综合目录.台北:东初出版
社,1991.

　　贾应逸.新疆佛教壁画的历史学研究.北京:中国人民大学出版
社,2010.

　　吕澂.印度佛学源流略讲.上海:上海世纪出版集团,上海人民出版
社,2005.

　　劳政武.佛学别裁.上海:上海古籍出版社,2009.

　　龙门文物保管所,北京大学考古系.中国石窟·龙门石窟 2.北京:
文物出版社、东京:平凡社,1992.

　　林保尧.印度圣迹:山奇大塔.新竹:觉风佛教艺术文化基金
会,2009.

　　陆扬.解读《鸠摩罗什传》:兼谈中国中古早期的佛教文化与史学

∥中国学术,2006,23.北京:商务印书馆,2006.

吕澂.印度佛学源流略讲.上海:世纪出版集团,上海人民出版社,2005.

吕建福:魏晋南北朝时期佛教的传播与中国民族观的嬗变∥周伟洲.西北民族论丛(第4辑).北京:中国社会科学出版社,2006.

拉铁摩尔.中国的亚洲内陆边疆.唐晓峰,译.南京:江苏人民出版社,2005.

林树中.海外藏中国历代雕塑(上).南昌:江西人民出版社,2006.

刘锡淦,陈良伟.龟兹古国史.乌鲁木齐:新疆大学出版社,1996.

穆罕默德·瓦利乌拉·汗.犍陀罗.陆水林,译,北京:五洲传播出版社,2009.

马长寿.碑铭所见前秦至隋初的关中部族.桂林:广西师范大学出版社,2006.

饶宗颐.饶宗颐史学论著选.上海:上海古籍出版社,1993.

任继愈.中国佛教史:第3卷,北京:中国社会科学出版社,1988.

释僧祐.出三藏记集.苏晋仁等点校,北京:中华书局,1995.

释慧皎.高僧传.汤用彤校注,北京:中华书局,1992.

释果朴.敦煌写卷P3006"支谦"本《维摩诘经》注解考.台北:法鼓文化事业股份有限公司,1998.

苏北海.丝绸之路与龟兹历史文化.乌鲁木齐:新疆人民出版社,1996.

尚永琪.3—6世纪佛教传播背景下的北方社会群体研究.北京:科学出版社,2008.

陶宗仪.南村辍耕录:卷17.旃檀佛.北京:中华书局,1959.

谭中,耿引曾.印度与中国——两大文明的交往与激荡.北京:商务印书馆,2006.

汤用彤.汉魏两晋南北朝佛教史.北京:北京大学出版社,1997.

涂艳秋.鸠摩罗什般若思想在中国.台北:里仁书局,2006.

王素,李方.魏晋南北朝敦煌文献编年.台北:新文丰出版公司,1997.

王亨通,杜斗成.炳灵寺石窟内容总录.兰州:兰州大学出版社,2006.

王铁钧.中国佛典翻译史稿.北京:中央编译出版社,2006.

巫鸿.礼仪中的美术——巫鸿中国古代美术史文编.郑岩,等,译,北京:生活·读书·新知三联书店,2005.

魏郭辉.敦煌写本佛经题记研究——以唐宋写经为中心.兰州大学博士学位论文,2009.

王永会.中国佛教僧团发展及其管理研究.成都:四川大学博士学位论文,2001.

吴涛.龟兹佛教与区域文化变迁研究.北京:中央民族大学出版社,2006.

吴焯.佛教东传与中国佛教艺术.台北:淑馨出版社,1994.

玄奘,辩机.大唐西域记校注.季羡林,等,校注.北京:中华书局,2000.

许理和.佛教征服中国.李四龙,裴勇,等,译.南京:江苏人民出版社,2003.

西修.罗什研究∥张曼涛.现代佛教学术丛刊·汉魏两晋南北朝篇(下)北京:北京图书馆出版社,2005.

谢重光.中古佛教僧官制度和社会生活.北京:商务印书馆,2009.

约翰·马歇尔.塔克西拉.昆明:云南人民出版社,2002.

约翰·马歇尔.犍陀罗佛教艺术.王冀青,译,兰州:甘肃教育出版社,1989.

姚卫群.佛教般若思想发展源流.北京:北京大学出版社,1996.

余太山.早期丝绸之路文献研究.上海:上海古籍出版社,2009.

严耕望.魏晋南北朝佛教地理稿.上海:上海古籍出版社,2007.

严可均.全晋文.北京:商务印书馆,1999.

严耀中.佛教戒律与中国社会.上海:上海古籍出版社,2007.

余敦康.魏晋玄学史.北京:北京大学出版社,2004.

张宝玺. 炳灵寺的西秦石窟 // 甘肃省文物工作队,等. 中国石窟·永靖炳灵寺. 北京:文物出版社,1989.

张华. 云冈石窟中维摩诘和文殊菩萨造像的探讨 // 云冈石窟研究院. 2005 年云冈国际学术研讨会论文集·研究卷. 北京:文物出版社,2006.

张乃翥. 龙门石窟与西域文明. 郑州:中州古籍出版社,2006.

张彦远. 历代名画记. 北京:人民美术出版社,1963.

张美兰. 祖堂集校注. 北京:商务印书馆,2009.

张广达,荣新江. 于阗史丛考. 北京:中国人民大学出版社,2008.

张星烺. 中西交通史料汇编. 北京:中华书局,2003.

曾晓红. 敦煌本《维摩经》注疏叙录. 上海:上海师范大学硕士学位论文,2008.

郑郁卿. 鸠摩罗什研究. 台北:文津出版社,1988.

Dennise Patry Leidy. The Art of Buddhism:an Introduction to Its History and Meaning. Shambhala Boston & London , 2008.

期刊文集文献

百濟康義.《旃檀瑞像中國渡來記》のウイグル訳とチベット訳. 森安孝夫. 中央ァジア出土文物論叢. 京都:朋友書店,2004.

陈世良. 龟兹白姓和佛教东传. 世界宗教研究,1984(4).

超烦. 佛陀跋陀罗与鸠摩罗什. 香港佛教,1992(1).

丁明夷. 鸠摩罗什与龟兹佛教艺术. 世界宗教研究,1994(2).

傅永魁. 河南巩县石窟寺发现一批石刻和造像龛 // 文物资料丛刊:5,文物出版社,1981.

方立天. 鸠摩罗什:影响中国佛教思想发展至深至广. 中国宗教,2001(1).

韩国良. 竺道生对玄学"言意观"的解构与重建. 云南民族大学学报:哲学社会科学版,2009(1).

贺世哲. 敦煌莫高窟壁画中的《维摩诘经变》. 敦煌研究,1983(2).

季羡林.鸠摩罗什时代及其前后龟兹和焉耆两地的佛教信仰.孔子研究,2005(6).

金申.汉藏佛教中的旃檀瑞像.文物春秋,2005(4).

刘剑锋.涅槃"有"与般若"空"义理论争的发展.江西社会科学,2007(11).

刘国防.纪念鸠摩罗什诞辰165周年国际学术讨论会综述.西域研究,1994(4).

刘宾.鸠摩罗什的译典在比较文学研究上的意义.西域研究,1999(3).

刘跃进.六朝僧侣:文化交流的特殊使者.中国社会科学,2004(5).

纳一.佛教美术中的维摩诘题材释读.故宫博物院院刊,2004(4).

宁稼雨.从《世说新语》看维摩在家居士观念的影响.南开学报,2000(4).

聂葛明.敦煌西魏写经及题记管窥.敦煌学辑刊,2007(4).

钱伯泉.汉唐龟兹人的内迁及其扩散.西域研究,2001(2).

沙武田.S.P.76《维摩诘经变稿》试析——敦煌壁画底稿研究之四.敦煌研究,2000(4).

谭淑琴.河南博物院收藏的四件造像碑.中原文物,2000(1).

谢和耐.论中国人的变化观念//法国汉学(第一辑).耿昇,译.北京:清华大学出版社,1996.

吴文星.维摩诘经的鸠摩罗什译本流行的原因分析.华南师范大学学报:社会科学版,2005(2).

吴文星.莫高窟《维摩诘经变》对《维摩诘经》的"误读".华南师范大学学报,2008(3).

杨曾文.鸠摩罗什的译经与日本佛教.佛学研究,2004(年刊).

张乃翥.龙门石窟维摩变造像及其意义.中原文物,1982(3).

周连宽.屈支国考//张国领,裴孝曾.龟兹文化研究(一).乌鲁木齐:新疆人民出版社,2006.

·欧·亚·历·史·文·化·文·库·

索 引

C

·欧·亚·历·史·文·化·文·库·

·欧·亚·历·史·文·化·文·库·

·欧·亚·历·史·文·化·文·库·

346

欧亚历史文化文库

林悟殊著:《中古夷教华化丛考》　　　　　　　　　　定价:66.00 元

赵俪生著:《弇兹集》　　　　　　　　　　　　　　　定价:69.00 元

华喆著:《阴山鸣镝——匈奴在北方草原上的兴衰》　　定价:48.00 元

杨军编著:《走向陌生的地方——内陆欧亚移民史话》　定价:38.00 元

贺菊莲著:《天山家宴——西域饮食文化纵横谈》　　　定价:64.00 元

陈鹏著:《路途漫漫丝貂情——明清东北亚丝绸之路研究》

　　　　　　　　　　　　　　　　　　　　　　　　定价:62.00 元

王颋著:《内陆亚洲史地求索》　　　　　　　　　　　定价:83.00 元

〔日〕堀敏一著,韩昇、刘建英编译:《隋唐帝国与东亚》　定价:38.00 元

〔印度〕艾哈默得·辛哈著,周翔翼译,徐百永校:《入藏四年》

　　　　　　　　　　　　　　　　　　　　　　　　定价:35.00 元

〔意〕伯戴克著,张云译:《中部西藏与蒙古人
　　——元代西藏历史》(增订本)　　　　　　　　　定价:38.00 元

陈高华著:《元朝史事新证》　　　　　　　　　　　　定价:74.00 元

王永兴著:《唐代经营西北研究》　　　　　　　　　　定价:94.00 元

王炳华著:《西域考古文存》　　　　　　　　　　　　定价:108.00 元

李健才著:《东北亚史地论集》　　　　　　　　　　　定价:73.00 元

孟凡人著:《新疆考古论集》　　　　　　　　　　　　定价:98.00 元

周伟洲著:《藏史论考》　　　　　　　　　　　　　　定价:55.00 元

刘文锁著:《丝绸之路——内陆欧亚考古与历史》　　　定价:88.00 元

张博泉著:《甫白文存》　　　　　　　　　　　　　　定价:62.00 元

孙玉良著:《史林遗痕》　　　　　　　　　　　　　　定价:85.00 元

马健著:《匈奴葬仪的考古学探索》　　　　　　　　　定价:76.00 元

〔俄〕柯兹洛夫著,王希隆、丁淑琴译:
　《蒙古、安多和死城哈喇浩特》(完整版)　　　　　定价:82.00 元

乌云高娃著:《元朝与高丽关系研究》　　　　　　　　定价:67.00 元

杨军著:《夫余史研究》　　　　　　　　　　　　　　定价:40.00 元

梁俊艳著:《英国与中国西藏(1774—1904)》　　　　定价:88.00 元

〔乌兹别克斯坦〕艾哈迈多夫著,陈远光译:
　《16—18 世纪中亚历史地理文献》(修订版)　　　定价:85.00 元

成一农著:《空间与形态——三至七世纪中国历史城市地理研究》

定价:76.00 元

杨铭著:《唐代吐蕃与西北民族关系史研究》　　　定价:86.00 元

殷小平著:《元代也里可温考述》　　　　　　　　定价:50.00 元

耿世民著:《西域文史论稿》　　　　　　　　　　定价:100.00 元

殷晴著:《丝绸之路经济史研究》　　　定价:135.00 元(上、下册)

余大钧译:《北方民族史与蒙古史译文集》　定价:160.00 元(上、下册)

韩儒林著:《蒙元史与内陆亚洲史研究》　　　　　定价:58.00 元

〔美〕查尔斯·林霍尔姆著,张士东、杨军译:

《伊斯兰中东——传统与变迁》　　　　　　　定价:88.00 元

〔美〕J.G.马勒著,王欣译:《唐代塑像中的西域人》　定价:58.00 元

顾世宝著:《蒙元时代的蒙古族文学家》　　　　　定价:42.00 元

杨铭编:《国外敦煌学、藏学研究——翻译与评述》　定价:78.00 元

牛汝极等著:《新疆文化的现代化转向》　　　　　定价:76.00 元

周伟洲著:《西域史地论集》　　　　　　　　　　定价:82.00 元

周晶著:《纷扰的雪山——20 世纪前半叶西藏社会生活研究》

定价:75.00 元

蓝琪著:《16—19 世纪中亚各国与俄国关系论述》　定价:58.00 元

许序雅著:《唐朝与中亚九姓胡关系史研究》　　　定价:65.00 元

汪受宽著:《骊靬梦断——古罗马军团东归伪史辨识》　定价:96.00 元

刘雪飞著:《上古欧洲斯基泰文化巡礼》　　　　　定价:32.00 元

〔俄〕Т.Б.巴尔采娃著,张良仁、李明华译:

《斯基泰时期的有色金属加工业——第聂伯河左岸森林草原带》

定价:44.00 元

叶德荣著:《汉晋胡汉佛教论稿》　　　　　　　　定价:60.00 元

王颋著:《内陆亚洲史地求索(续)》　　　　　　定价:86.00 元

尚永琪著:

《胡僧东来——汉唐时期的佛经翻译家和传播人》　定价:52.00 元

桂宝丽著:《可萨突厥》　　　　　　　　　　　　定价:30.00 元

篠原典生著:《西天伽蓝记》　　　　　　　　　　定价:48.00 元

〔德〕施林洛甫著,刘震、孟瑜译:

《叙事和图画——欧洲和印度艺术中的情节展现》　定价:35.00 元

马小鹤著:《光明的使者——摩尼和摩尼教》　　　定价:120.00 元

李鸣飞著:《蒙元时期的宗教变迁》　　　　　　　定价:54.00 元

·欧·亚·历·史·文·化·文·库·

〔苏联〕伊·亚·兹拉特金著,马曼丽译:

《准噶尔汗国史》(修订版)　　　　　　　　定价:86.00 元

〔苏联〕巴托尔德著,张丽译:《中亚历史——巴托尔德文集

　第 2 卷第 1 册第 1 部分》　　　　　　定价:200.00 元(上、下册)

〔俄〕格·尼·波塔宁著,〔苏联〕B.B.奥布鲁切夫编,吴吉康、吴立珺译:

《蒙古纪行》　　　　　　　　　　　　　　定价:96.00 元

张文德著:《朝贡与入附——明代西域人来华研究》　定价:52.00 元

张小贵著:《祆教史考论与述评》　　　　　　　　定价:55.00 元

〔苏联〕K.A.阿奇舍夫、Г.A.库沙耶夫著,孙危译:

《伊犁河流域塞人和乌孙的古代文明》　　　定价:60.00 元

陈明著:《文本与语言——出土文献与早期佛经词汇研究》

　　　　　　　　　　　　　　　　　　　　定价:78.00 元

李映洲著:《敦煌壁画艺术论》　　　定价:148.00 元(上、下册)

杜斗城著:《杜撰集》　　　　　　　　　　　定价:108.00 元

芮传明著:《内陆欧亚风云录》　　　　　　　定价:48.00 元

徐文堪著:《欧亚大陆语言及其研究说略》　　定价:54.00 元

刘迎胜著:《小儿锦研究》(一、二、三)　　　定价:300.00 元

郑炳林著:《敦煌占卜文献叙录》　　　　　　定价:60.00 元

许全胜著:《黑鞑事略校注》　　　　　　　　定价:66.00 元

段海蓉著:《萨都剌传》　　　　　　　　　　定价:35.00 元

马曼丽著:《塞外文论——马曼丽内陆欧亚研究自选集》　定价:98.00 元

〔苏联〕И. Я.兹拉特金主编,М. И.戈利曼、Г.И.斯列萨尔丘克著,

　马曼丽、胡尚哲译:《俄蒙关系历史档案文献集》(1607—1654)

　　　　　　　　　　　　　　　　　定价:180.00 元(上、下册)

华喆著:《帝国的背影——公元 14 世纪以后的蒙古》　定价:55.00 元

П. К.柯兹洛夫著,丁淑琴、韩莉、齐哲译:《蒙古和喀木》　定价:75.00 元

杨建新著:《边疆民族论集》　　　　　　　　定价:98.00 元

赵现海著:《明长城时代的开启

　——长城社会史视野下榆林长城修筑研究》(上、下册) 定价:122.00 元

李鸣飞著:《横跨欧亚——中世纪旅行者眼中的世界》　定价:53.00 元

李鸣飞著:《金元散官制度研究》　　　　　　定价:70.00 元

刘迎胜著:《蒙元史考论》　　　　　　　　　定价:150.00 元

王继光著:《中国西部文献题跋》　　　　　　定价:100.00 元

李艳玲著:《田作畜牧

　——公元前 2 世纪至公元 7 世纪前期西域绿洲农业研究》

　　　　　　　　　　　　　　　　　　　　定价:54.00 元

〔英〕马尔克·奥莱尔·斯坦因著,殷晴、张欣怡译:《沙埋和阗废墟记》

定价:100.00 元

梅维恒著,徐文堪编:《梅维恒内陆欧亚研究文选》　　　定价:92 元

杨林坤著:《西风万里交河道——时代西域丝路上的使者与商旅》

定价:65 元

王邦维著:《华梵问学集》　　　　　　　　　　　　　定价:75 元

芮传明著:《摩尼教敦煌吐鲁番文书译释与研究》　　　定价:88 元

陈晓露著:《楼兰考古》　　　　　　　　　　　　　　定价:92 元

石云涛著:《文明的互动

　　——汉唐间丝绸之路中的中外交流论稿》　　　定价:118 元

孙昊著:《辽代女真族群与社会研究》　　　　　　　　定价:48 元

尚永琪著:《鸠摩罗什及其时代》　　　　　　　　　　定价:70 元

石云涛著:《丝绸之路的起源》　　　　　　定价:83 元(暂定)

薛宗正著:《西域史汇考》　　　　　　　　定价:128 元(暂定)

〔英〕尼古拉斯·辛姆斯 - 威廉姆斯著:

《阿富汗北部的巴克特里亚文献》　　　　定价:163 元(暂定)

张小贵编:

　《三夷教研究——林悟殊先生古稀纪念论文集》　定价:100 元(暂定)

许全盛、刘震编:《内陆欧亚历史语言论集——徐文堪先生古稀纪念》

定价:90 元(暂定)

余太山、李锦秀编:《古代内陆欧亚史纲》　　定价:122 元(暂定)

王永兴著:《唐代土地制度研究——以敦煌吐鲁番田制文书为中心》

定价:70 元(暂定)

王永兴著:《敦煌吐鲁番出土唐代军事文书考释》　定价:84 元(暂定)

李锦绣编:《20 世纪内陆欧亚历史文化论文选粹:第一辑》

定价:104 元(暂定)

李锦绣编:《20 世纪内陆欧亚历史文化论文选粹:第二辑》

定价:98 元(暂定)

李锦绣编:《20 世纪内陆欧亚历史文化论文选粹:第三辑》

定价:97 元(暂定)

李锦绣编:《20 世纪内陆欧亚历史文化论文选粹:第四辑》

定价:100 元(暂定)

馬小鶴著:《霞浦文書研究》　　　　　　　定价:88 元(暂定)

林悟殊著:《摩尼教華化補說》　　　　　　定价:109 元(暂定)

淘宝网邮购地址:http://lzup.taobao.com

351

· 欧 · 亚 · 历 · 史 · 文 · 化 · 文 · 库 ·